Über die Autoren

Daniela Weise studierte Ethnologie und ist geprüfte Astrologin des Deutschen Astrologen-Verbandes (DAV). Ausbildung in der Astrologieschule Ernst Ott und Eva Stangenberg. Sie arbeitet freiberuflich als Verlagsredakteurin und Autorin sowie als beratende Astrologin in München.
www.weise-astrologie.de

Klemens Ludwig, Publizist und Journalist, ist geprüfter Astrologe des DAV. Seine Astrologieausbildung absolvierte er bei Erich Bauer und in der Astrologieschule Ernst Ott und Eva Stangenberg. Klemens Ludwig hat zahlreiche Bücher, vor allem über Tibet, veröffentlicht und arbeitet als astrologischer Berater in Tübingen.
www.astrologie-ludwig.de

Daniela Weise und
Klemens Ludwig

Das große Handbuch der Astrologie

Astrologie von A - Z

mit Mondzeichen- und
Aszendententabellen

KÖNIGSFURT-URANIA

Inhalt

Die Deutsche Nationalbibliothek verzeichnet diese Publikation in der Deutschen Nationalbibliographie; detaillierte bibliographische Daten sind im Internet über http://dnb.d-nb.de abrufbar.

Überarbeitete Neuausgabe
Krummwisch bei Kiel 2008

Umschlaggestaltung: Antje Betken
Umschlagmotive: mit freundlicher Genehmigung von Lo Scarabeo
Abbildungen im Innenteil: Nachweis siehe Seite 320
Redaktion: Martina Kloth
Satz und Layout: Jessica Quistorff
Druck und Bindung: Aalexx Druck, Großburgwedel

Printed in EU
ISBN 978-3-86826-350-3

Vorwort

Seit Jahrtausenden versuchen die Menschen, sich den Sinn ihrer Existenz und ihren Platz im Kosmos zu erklären. Eines der wichtigsten Modelle dafür bietet die Astrologie. Die Vorstellung, dass die sichtbare Ordnung am Himmel etwas über die weniger sichtbare Ordnung auf der Erde aussagen kann, ist uralt.

Auch den Menschen heute hat die Astrologie viel zu sagen: Sie wird inzwischen im Wesentlichen als Menschenkunde genutzt, als ein Weg zur Selbsterkenntnis. Sie zeigt Anlagen und Potenziale und weist Wege der Persönlichkeitsentwicklung. Da das Horoskop auch abbildet, was ein Mensch als „von außen" auf ihn zukommend erlebt, kann es helfen, ein selbst bestimmtes Leben zu führen.

Die Astrologie stellt den Menschen in den Mittelpunkt der Betrachtung. Mithin hängt sie keinem veralteten Weltbild an. Vielmehr lässt sie sich hervorragend mit modernen psychologischen Erkenntnissen vereinbaren. In den letzten Jahrzehnten hat die Astrologie einen enormen Aufschwung erlebt. Im Zuge dessen sind auch zahlreiche Bücher erschienen, die Laien einen leichten Einstieg und Fortgeschrittenen umfangreiche Möglichkeiten der Weiterbildung bieten. Die Zahl der Ausbildungszentren ist ebenfalls gestiegen. Dadurch können immer mehr Berufsastrologen einem wachsenden Bedürfnis nach fundierter astrologischer Beratung nachkommen.

Doch bei vielen Menschen herrscht Unklarheit angesichts der Fülle von astrologischen Begriffen und Informationen. Wofür steht eigentlich der Aszendent? Arbeiten die Astrologen mit dem richtigen Tierkreis, oder ist der selbstbewusste Löwe eigentlich ein sensibler Krebs? Was sind die charakteristischen Eigenschaften der Luftzeichen? Auch diejenigen, die schon tiefer eingestiegen sind, tun sich bei der Vielfalt an Anwendungsgebieten und Methoden der Astrologie häufig noch schwer.

Dieses Lexikon wendet sich an Anfänger wie an Fortgeschrittene. Es informiert über alle relevanten Begriffe im Zusammenhang mit der Astrologie. Dabei war es uns wichtig, die Beiträge ausführlich und verständlich zu formulieren. Dies entspricht nicht unbedingt dem Stil eines Lexikons, in dem gewöhnlich auf engstem Raum so viele Informationen wie möglich untergebracht sind und Abkürzungen das Lesen zusätzlich erschweren. Für uns standen hingegen Klarheit, Einfachheit, innere Logik und Nachvollziehbarkeit der Texte im Vordergrund, denn dieses Lexikon soll nicht nur Auskünfte geben, sondern auch dazu einladen, sich näher mit der Astrologie und ihren vielen Facetten zu befassen. Wir haben auch unterschiedliche Sichtweisen zu einzelnen Themen beschrieben.

Zahlreiche Querverweise stellen Verbindungen zwischen einzelnen Stichwörtern her. Doch haben wir der besseren Lesbarkeit wegen darauf verzichtet, auf Basisbegriffe der Astrologie wie etwa die zwölf Tierkreiszeichen oder die Hauptaspekte zu verweisen. Es ist selbstverständlich, dass diese mit ausführlichen Stichwörtern gewürdigt sind.

Den astronomischen sowie den mythologischen Grundlagen haben wir ausreichend Raum eingeräumt. Natürlich sind auch neue Entwicklungen der Astrologie berücksichtigt. Nicht zuletzt gibt es viele praktische Deutungshilfen und Beispiele. Auch Begriffen wie „Einfluss“, „Glaube“ oder „freier Wille“, die Fragen anschneiden, mit denen sich irgendwann jeder Astrologie-Interessierte beschäftigt, sind eigene Stichwörter gewidmet. Vorgestellt werden in diesem Lexikon darüber hinaus folgende Themen: Geschichte der Astrologie, die wichtigsten Schulen und Dachverbände im deutschsprachigen Raum – wir selbst gehören keiner speziellen Schule an –, Astrologiesysteme anderer Kulturen, die bekanntesten Astrologinnen und Astrologen. Hierbei haben wir uns auf historische beschränkt. Die Aufnahme bedeutender Fachleute der Gegenwart hätte den Rahmen dieses Lexikons gesprengt.

Für die vorliegende Neuauflage galt es vor allem, den Entdeckungen von neuen Planeten der letzten Jahre Rechnung zu tragen. Wir Astrologen können sie nicht ignorieren, auch wenn es immer schwieriger, ja nahezu unmöglich wird, sie alle in der Horoskopdeutung zu berücksichtigen.

Sicherlich ist es nicht sinnvoll, jedem neuen Trend in der Astrologie ungeprüft nachzugehen. Aber die neuen Kleinplaneten können unsere Erkenntnisse durchaus erweitern. Wenn wir zusätzlich zu den herkömmlichen Planeten einen oder mehrere von ihnen zur Deutung des Horoskops eines Menschen hinzunehmen, können wir in eine Persönlichkeitsecke leuchten, die uns vorher verborgen war. Jeder Astrologe, jede Astrologin verfährt hier nach eigenen Interessen und Vorlieben.

Wir sollten uns von der Vielfalt neuer Möglichkeiten aber auch nicht beunruhigen lassen. Nach wie vor können wir allein mit den wichtigsten Faktoren eines Horoskops – Sonne, Mond und Aszendent und darüber hinaus den sichtbaren Planeten – ein sehr vielschichtiges Bild einer Persönlichkeit zeichnen. An diesen Grundlagen hat sich nichts geändert. Das Horoskop gleicht einem geschliffenen Kristall, durch den wir die Dinge betrachten: Wir sehen sie mit besonderer Klarheit, bestimmte Züge treten deutlich hervor. Bewegen wir den Kristall etwas, dann kommen andere Züge zum Vorschein. Das Bild, das man sich von dem Menschen hinter dem Kristall macht, wird dadurch nicht in Frage gestellt, und auch nicht der Blickwinkel. Es zeigen sich nur jeweils neue Facetten. Dies erklärt, weshalb neue Horoskopfaktoren wie die Kleinplaneten oder auch die vielen verschiedenen astrologischen Methoden, z.B. für Prognosen, sich gegenseitig nicht ausschließen und sich auch nicht in Frage stellen, selbst wenn sie zu unterschiedlichen Ergebnissen führen. Sie tragen letztlich dem „Gegenstand“ der Betrachtung eines Astrologen Rechnung: dem Menschen in seiner ganzen Vielschichtigkeit.

Ein Hinweis noch zur Sprache: In aller Regel haben wir die männliche Form gewählt, denn sie ist in unserer Sprache nach wie vor bevorzugt. Der Grund liegt allein in der besseren Lesbarkeit. Unsere Leserinnen mögen es uns nachsehen.

Wir möchten folgenden Menschen danken: unseren Lehrern Erich Bauer, Geesje Dorenbos, Ernst Ott und Eva Stangenberg. All jenen, die uns mit Auskünften weitergeholfen haben: Herbert Böss, Dr. Baldur R. Ebertin, Manfred Gerling, Nikolaus Holz, Detlef Hover, Louise Huber, Ulrike Lange, Beate Metz, Udo Rudolph und Dr. Christoph Schubert-Weller. Im Verlag Königsfurt-Urania Johannes Fiebig für sein verlegerisches Engagement und Jessica Quistorff für die kompetente und sorgfältige herstellerische Betreuung, ebenso allen anderen Mitarbeitern des Verlages. Darüber hinaus allen Astrologinnen und Astrologen, von deren Veröffentlichungen wir inspiriert wurden.

Daniela Weise und
Klemens Ludwig

Abendstern

Der Planet Venus, wenn er abends am westlichen Himmel nach der Sonne untergeht. Im Tierkreis befindet er sich dann vor der Sonne. Beispiel: Die Sonne steht in den Fischen, Venus im Widder. Mit dem Begriff Abendstern wird genauso der Planet Merkur bezeichnet, wenn er sich in diesem Verhältnis zur Sonne befindet. Wenn allerdings von *dem* Abendstern die Rede ist, ist Venus gemeint. In der Antike nannte man Venus als Abendstern Hesperos.

Da Venus und Merkur als einzige Planeten die Sonne innerhalb der Erdumlaufbahn umkreisen, befinden sie sich von der Erde aus gesehen immer in der Nähe der Sonne (Venus kann sich maximal 47 Grad von ihr entfernen, Merkur höchstens 28 Grad, ▶ Elongation). So können sie niemals am mitternächtlichen Himmel auftauchen, zeitweilig sind sie auch gar nicht zu sehen, nämlich wenn sie weniger als 10 Grad von der Sonne entfernt sind. Aufgrund dieser Besonderheit, die mit sich bringt, dass diese beiden Planeten immer in Horizontnähe auftauchen und wenn, dann häufig in der Übergangszeit Dämmerung, haben sie von jeher die Aufmerksamkeit der Menschen auf sich gezogen, vor allem Venus, die nach Sonne und Mond das hellste Gestirn am Himmel ist. Wenn Venus oder Merkur am östlichen Himmel vor der Sonne aufgehen, werden sie ▶ Morgenstern genannt. *Der* Morgenstern ist wiederum Venus, und als solche wurde sie früher Phosphoros, die Lichtbringerin, genannt.

Deutung: Ob Venus und Merkur Morgenstern oder Abendstern sind, wird in der modernen Astrologie in der Regel relativ wenig berücksichtigt. Im Altertum hingegen maß man diesem Tatbestand eine große Bedeutung bei – spätestens seit Pythagoras (ca. 580–470 v. Chr.) war bekannt, dass es sich bei Hesperos und Phosphoros um ein und denselben Planeten handelte[1]. Auch heute kann man die Tatsache, ob es sich bei den beiden Planeten um einen Morgen- oder einen Abendstern handelt, bei der Deutung berücksichtigen und damit feinere Nuancen in die Interpretation einbringen: Denn Venus ist Herrscherin (▶ Herrscher) zweier Tierkreiszeichen: Stier und Waage. Als Abendstern entfaltet sie eher die Eigenschaften des Waage-Zeichens. So wie die Sonne in der Waage den Herbst mit seinen immer kürzer werdenden Tagen und damit eine Wendung nach innen einläutet, so erscheint der Abendstern als Kinder der Nacht.

Auch Merkur herrscht über zwei Zeichen: Zwillinge und Jungfrau. Als Abendstern entfaltet er eher die Eigenschaften der introvertierten Jungfrau, des Zeichens, das für die Ernte steht.

Abgehängter Planet

Gelegentlich verwendeter Ausdruck für ▶ unaspektierte Planeten.

Absteigender Mondknoten

Derjenige der beiden Schnittpunkte zwischen Sonnenbahn (▶ Ekliptik) und Mondbahn, den der Mond bei seinem Umlauf von Norden nach Süden überquert. Synonym: südlicher Mondknoten. Genau gegenüber liegt der aufsteigende oder nördliche Mondknoten (▶ Mondknoten).

AC

Abkürzung für ▶ Aszendent.

Achse

Mit den Achsen im Horoskop sind zumeist die Verbindung zwischen Aszendent und Deszendent, die so genannte Horizontachse, sowie die Verbindung zwischen Medium coeli und Imum coeli, die so genannte Vertikalachse, gemeint. Sie werden auch Hauptachsen genannt (Abbildung Seite 100).

Jede Achse teilt das Horoskop in zwei Hälften: Die Horizontachse teilt es in die ▶ Taghälfte (oben) und die ▶ Nachthälfte (unten), die Vertikalachse in die ▶ Osthälfte (links nach astrologischer Tradition) und die ▶ Westhälfte (rechts). Die zwei Achsen bilden zusammen das Achsenkreuz und teilen das Horoskop in vier ▶ Quadranten. Unabhängig davon, welches ▶ Häusersystem man verwendet, sind die beiden Hauptachsen für ein bestimmtes Horoskop immer identisch, nur die Zwischenhäuserspitzen (▶ Häuserspitze) unterscheiden sich bei den einzelnen Häusersystemen voneinander. Oft wird der Begriff Achse nur für Aszendent, Deszendent, Medium coeli oder Imum coeli verwendet, ohne dass der gegenüberliegende Part mit einbezogen wird. Im eigentlichen Sinn verbindet eine Achse aber immer zwei einander gegenüberliegende Punkte, so beispielsweise die Mondknotenachse (▶ Mondknoten). Auch jeweils zwei einander gegenüberliegende Häuser werden als Achse bezeichnet: So gelten die Häuser eins-sieben als Ich/Du-Achse, die Häuser zwei-acht als Substanzachse, die Häuser drei-neun als Kommunikationsachse, die Häuser vier-zehn als Eltern- und Skriptachse, die Häuser fünf-elf als Kreativitätsachse und schließlich die Häuser sechs-zwölf als Existenz- und Transzendenzachse.

Achsenbindung

Ein Planet befindet sich in einem Horoskop in Achsenbindung, wenn er einen Hauptaspekt zu einer der ▶ Achsen bildet. Wenn er beispielsweise ein Trigon zum Aszendenten bildet, steht er gleichzeitig im Sextil zum Deszendenten, er aspektiert also die ganze Achse. Ein Planet mit Achsenbindung ist in einem Horoskop dominant gestellt, also von herausragender Bedeutung, insbesondere wenn er eine Konjunktion zu Aszendent, Deszendent, Medium coeli oder Imum coeli bildet (▶ Dominanz). Umgekehrt färbt ein Planet mit Achsenbindung natürlich die von ihm aspektierte Achse auch mit seiner Eigenart ein. So hat, vereinfacht gesagt, ein Löweaszendent in Konjunktion mit Pluto auch etwas von einem Skorpionaszendenten.

Achsenkreuz

Die beiden ▶ Achsen Aszendent/Deszendent und Medium coeli/Imum coeli bilden im Horoskop ein Kreuz und teilen es in vier ▶ Quadranten. Das Achsenkreuz ist bei einem bestimmten Horoskop eindeutig definiert und bleibt immer dasselbe, unabhängig davon, welches ▶ Häusersystem man anwendet.

Das Achsenkreuz stellt den Menschen in eine räumliche und eine zeitliche Perspektive. Der Horoskopeigner steht symbolisch am Kreuzungspunkt der beiden Achsen, also in der Mitte (Abbildung Seite 100). Die Horizontachse stellt ihn in seinem räumlichen Umfeld dar: Am Aszendenten ist er, wie er sich der Welt zeigt, am Deszendenten, wie andere auf ihn zukommen. Die Vertikalachse zeigt ihn in zeitlicher Perspektive: Das Imum coeli entspricht seiner Vergangenheit und beschreibt, wo er herkommt und was seine Wurzeln sind, das Medium coeli schließlich ist die Zukunft und beschreibt, wo er hin soll, was sein Ziel ist.

Achtes Haus

Analoges Tierkreiszeichen: Skorpion
Herrscherplanet: Pluto (früher Mars)
Element: Wasser
Qualität: fix
Quadrant: dritter Quadrant, Taghälfte
Deutung: Das achte Haus steht für Umwandlungsprozesse des Menschen, wie sie vor allem durch Krisen, die eine grundlegende Regeneration nach sich ziehen, erfolgen. Es ist das Haus des Todes, der auch als Umwandlungsprozess verstanden werden kann; es sagt aber nichts über den Zeitpunkt des Todes aus (▶ Tod). Alle anderen »Tode« unterstehen ebenfalls der Domäne dieses Hauses: von der tiefen Sexualität mit ihrer spirituellen Komponente, bei der das Ich in der Vereinigung mit dem Du aufgeht, bis hin zu allen Loslöseprozessen, bei denen eine Sache oder ein Mensch für immer aufgegeben werden. Das Zeichen an der Spitze des achten Hauses (▶ Häuserspitze) sowie etwaige in ihm vorhandene Planeten sagen etwas darüber aus, wie ein Mensch mit diesem ewigen »Stirb und Werde« umgeht. Wie man sich tiefer bindet – über die im siebten Haus stattfindende Begegnung hinaus –, darüber informiert das achte Haus und ebenso über Tabuthemen und Hintergründiges aller Art. Auch das geistige und das materielle Erbe (damit sind auch Erbschaften gemeint) gehören in den Bereich des achten Hauses.
Während es im gegenüberliegenden zweiten Haus um das eigene Vermögen geht, symbolisiert das achte Haus das Vermögen der anderen, sofern man daran in irgendeiner Weise teilhat.

Adler, Oskar

Oskar Adler (geboren am 4.6.1875, um 5:35 Uhr in Wien, gestorben am 15.5.1955 in London) war ein bedeutender Vertreter der esoterischen Astrologie. Er war Arzt und Musiker, und als solcher befasste er sich nicht nur mit Musiktheorie, sondern fand auch als Geigensolist große Aufmerksamkeit. Er verfügte über eine außergewöhnliche Bildung. Am Wiener Volksbildungsverein und an der Volkshochschule hielt er jahrelang Vorträge über Musik und über esoterisches Denken. Als sich die Nationalsozialisten daran machten, seine Heimat Österreich zu besetzen, siedelte er nach England über, wo er bis zu seinem Lebensende blieb. Die Wiener Astrologin Baronin Hamar hatte den Hochgebildeten schon vor dem Ersten Weltkrieg zum ersten Mal mit der Astrologie in Verbindung gebracht. Schon bald ging er eigene Wege und wollte sich zunächst über die »erkenntniskritischen Grundlagen jenes Wissens« klar werden, wie er selbst sagt. Seine tiefen Erkenntnisse vermittelte er in den Jahren 1930 bis 1938 einem kleinen Schülerkreis in zahlreichen Vorträgen, die später zur Basis seines vierbändigen Werkes »Das Testament der Astrologie« wurden. Der erste Teil erschien zunächst bezeichnenderweise unter dem Titel »Einführung in die Astrologie als Geheimwissenschaft«. Adlers Anliegen war es nicht, sein breites Wissen der ▶ klassischen Astrologie dazu zu nutzen, Horoskope zu deuten, und ihm ging es nicht um technische Spitzfindigkeiten.

Was ihn interessierte, waren die geistigen Grundlagen der Astrologie und das, wozu sie einem Menschen verhelfen kann: seine Anlagen zu erkennen und schließlich Verantwortung für sich selbst zu übernehmen. Geheimwissen kann nach Ansicht Adlers letztlich nicht vermittelt, sondern nur selbst gesucht und gefunden werden. Der Schüler muss den ihm gewiesenen Weg selbst gehen.

Ägyptische Astrologie

Das alte Ägypten gilt aus gutem Grund als eine der bedeutenden Hochkulturen der Erde. Das bezieht sich nicht nur auf äußere Hinterlassenschaften wie Pyramiden und Tempel, sondern auch auf das spirituelle Wissen. Dabei spielte die Sterndeutung eine wichtige Rolle. Die altägyptische Astrologie basierte auf einem anderen System als die abendländische. Es gab beispielsweise keinen Tierkreis als Grundlage für die Deutung.

Der ägyptischen Weltanschauung lag ein zyklisches Denken zugrunde. Das innere und äußere Leben orientierte sich an immer wiederkehrenden Perioden. Die wichtigste war der scheinbare Lauf der Sonne um die Erde. Das ägyptische Jahr bestand aus 360 Tagen, die in drei Jahreszeiten unterteilt waren. Neujahr wurde gefeiert, wenn der Nil über die Fluten trat. Das war nach dem ältesten Kalender der 19. Juli. Gleichzeitig fiel es mit dem Aufgang des Sirius‘ zusammen, dem hellsten Fixstern der nördlichen Hemisphäre, der für die Ägypter eine besondere Bedeutung hatte. Damit begann die erste Jahreszeit, die Periode der Flut, die bis zum 18. November dauerte. Darauf folgte bis zum 18. März die Periode der Vegetation und schließlich die Zeit der Ernte bis zum Ende des ägyptischen Jahres. Das Jahr wurde außerdem in 12 Monate mit je 30 sowie in 36 Dekane mit je 10 Tagen unterteilt. Über Letztere herrschten 36 Dekangottheiten, die als Personifizierung von Zeit und Raum galten. Den ägyptischen Astronomen war bekannt, dass der scheinbare Sonnenumlauf fünf Tage länger dauert. Um die Differenz auszugleichen, führten sie fünf Schalttage ein, die sie nach den wichtigen Gottheiten Horus, Isis, Osiris, Nephthys und Seth benannten. Im Laufe der Zeit erkannten sie schließlich am sich verändernden Aufgang des Sirius, dass die fünf Tage nicht ausreichten. Diese Einsicht hatte jedoch keine praktischen Konsequenzen. Sie hielten bis zur Antike an der vertrauten Zeiteinteilung fest.

Der kleinste Zyklus war der Tag, die Drehung der Erde um ihre eigene Achse. Es gab eine Tag- und eine Nachtepoche von jeweils zwölf Stunden, die – wie die Dekane – einer bestimmten Gottheit zugeordnet waren. Unter babylonischem Einfluss wurden daraus zwölf Doppelstunden. Die Gottheiten der Dekane sowie der Tag- und Nachtperioden waren mit bestimmten Themen oder

Energien verbunden. Diese Zuordnung bildete ein wichtiges Element in der Sterndeutung. Sie war die Grundlage für Prognosen und Orakel, denn es war die Aufgabe der Sternkundigen, die Energien zu deuten. Gestützt auf die Erfahrung konnten sie Aussagen treffen, welches Unternehmen zu welcher Zeit begünstigt war oder wo Schwierigkeiten zu erwarten waren. Die periodische Unterteilung zeigt auch eine individuelle Ausprägung der Astrologie, wie sie in vielen frühen Kulturen nicht immer gegeben war. Durch den stündlichen Wechsel der 24 Tagesherrscher, die in gewisser Weise mit dem Aszendenten verglichen werden können, sowie den zehntägigen Wechsel der Dekanherrscher, vergleichbar den Tierkreiszeichen, waren selbst in kurzen Zeitabständen zahlreiche Kombinationen möglich.

Die hierarchische Gesellschaft beschränkte die astrologische Deutung jedoch auf die politische und religiöse Führung. Als Vermittler der Götter sowie als Repräsentanten des Staates schlechthin war es nur ihnen vorbehalten, an diesem Wissen Anteil zu haben. Die meisten Prognosen und Orakel befassten sich ohnehin mit gesellschaftlichen Ereignissen.

Nicht nur der Zyklus und die Qualität der Zeit prägten die altägyptische Astrologie. Auch der Himmel selbst galt als Spiegelbild der Erde. Die Ägypter sahen in allen Himmelserscheinungen ihre Gottheiten. Nut, die Himmelsgöttin, bildete das Firmament, auf dem Re, der Sonnengott seine ewige Bahn zog. Schu, der Gott des Raumes und der Atmosphäre, sowie seine Zwillingsschwester Tefnut, die Göttin der Feuchtigkeit, verbanden das Himmelsgewölbe mit der Erde, die wiederum von dem Gott Geb beherrscht wurde, dem männlichen Gegenpol zu Nut. Geb und Nut stammten aus der Verbindung von Schu und Tefnut.

Der Lauf der Sonne sowie der anderen Gestirne über das Firmament wurde von den ägyptischen Astronomen genau beobachtet. Dabei spielten nicht nur die Planeten und die Fixsterne der Sonnenbahn eine Rolle, sondern auch andere auffällige Fixsterne wie der erwähnte Sirius. Da in allen Gestirnen die Götter gesehen wurden, war das Schauspiel am Himmel der äußere Ausdruck für das göttliche Walten.

Der Lauf der Gestirne schuf auch die Verbindung zum Zyklus und zur Qualität der Zeit. Die Ägypter glaubten, dass die Himmelsgötter auf den Stationen ihrer ewigen Bahnen ihre Energien verteilten, die jeden Teil des Firmaments prägten. Unter den Gestirnen nahm die Sonne im Laufe der Zeit die zentrale Stellung ein. Mehr als in anderen Kulturen dominierte sie die Astrologie sowie die gesamte Weltanschauung. Der Pharao als oberster Herrscher galt als direkter Abkomme des Sonnengottes. Darüber hinaus waren die Ägypter vermutlich das erste Volk, das einen reinen Sonnenkalender benutzte (▶ Kalender).

Alterspunkt

Eine von ▶ Bruno Huber entwickelte Methode, bei der ein fiktiver Punkt durch die Häuser des ▶ Radixhoroskops geschoben wird, und zwar vom Aszendenten ausgehend und im Tierkreissinn. Voraussetzung sind eine genaue ▶ Geburtszeit und die Anwendung des Koch- ▶ Häusersystems (auch GOH genannt).

Berechnung: Der Alterspunkt benötigt für jedes Haus sechs Jahre. In den ersten sechs Lebensjahren wandert der Alterspunkt durchs erste Haus, von sieben bis zwölf durchs zweite Haus usw. So befindet er sich bei Gleichaltrigen immer im selben Haus. Mit 36 Jahren ist er beispielsweise am Deszendenten, mit 42 Jahren betritt er das achte Haus. Ein individueller Faktor wird er durch die individuelle Zeichenaufteilung des Radixhoroskops und durch die jeweiligen Aspekte, die er zu Planeten bildet.

Um genau zu berechnen, in welchem Jahr sich der Alterspunkt wo befindet, muss man die Gradzahl des Hauses, in dem er aktuell ist, errechnen – die Häuser sind beim Koch-Häusersystem unterschiedlich groß. Man teilt diese Zahl durch sechs und hat so die Gradzahl, um die sich der Alterspunkt pro Jahr weiter bewegt.

Deutung: Es wird vor allem auf Folgendes geachtet:

- Stellung im Haus, insbesondere der Wechsel in ein neues Haus
- Stellung im Zeichen, insbesondere der Wechsel in ein neues Zeichen
- Aspekte (Konjunktion und Opposition) zu Planeten im Radixhoroskop

Der Alterspunkt soll keineswegs der Ereignisprognose dienen. Er zeigt auch gar nicht so sehr äußere Ereignisse an, sondern vielmehr innere Entwicklungen und Bewusstseinsprozesse. Darüber hinaus wird er zur ▶ Geburtszeitkorrektur eingesetzt.

Analogie

Eines von zwei grundlegenden Erklärungsmodellen der Astrologie. Danach wirken die Gestirne nicht direkt auf die Erde, sondern sie dienen als Anzeiger. Die Erde ist demnach das Abbild des Kosmos. Alles, was sich auf ihr ereignet, hat seine Entsprechung am Himmel. Die Gestirne zeigen es an, und deshalb können Astrologen aus ihrem Stand Rückschlüsse auf irdische Ereignisse und Personen ziehen. Die ▶ psychologische Astrologie sieht die Gestirne als Indikatoren für seelische Prozesse. Die analoge Erklärung der Astrologie geht zurück auf ▶ Hermes Trismegistos. Die ▶ Astrologiegegner ignorieren bei der grundlegenden Ablehnung der Astrologie zumeist das Analogie-Modell und konzentrieren sich auf das alternative Modell der ▶ Kausalität, das einen Ursache-Wirkungs-Zusammenhang postuliert.

Analytischer Aspekt

Von ▶ Thomas Ring geprägter Begriff für einen spannungsreichen, herausfordernden, früher oft als »schlecht« bewerteten Aspekt. Ring bezeichnete damit die Opposition, das Quadrat, das Halbquadrat und das Anderthalbquadrat. Das Gegenteil ist ein ▶ synthetischer Aspekt. Bei dieser Einteilung nehmen die Konjunktion und der ▶ Quinkunx eine Zwischenstellung ein.

Anderthalbquadrat

Symbol: ⚼

Ein Aspekt, bei dem sich zwei Planeten im Winkelabstand von 135 Grad zueinander befinden. Das Anderthalbquadrat gilt als ▶ Nebenaspekt. Es kann mit einem ▶ Orbis von 2 bis 3 Grad berechnet werden. Die Energie des Anderthalbquadrats ähnelt der des Quadrats. Es zählt zu den analytischen Aspekten, die Spannungen anzeigen und eine Herausforderung darstellen, daran zu arbeiten und zu lernen. Anders als beim Quadrat sind die Konflikte jedoch nicht so offenkundig. Sie können leichter verdrängt werden, und daher kommt es nicht zu einem Lerneffekt. Anderthalbquadrate zeigen eher eine schwelende Auseinandersetzung an, die lieber unter den Teppich gekehrt wird. Die damit verbundene scheinbare Entspannung ist zumeist nur von kurzer Dauer. Anderthalbquadrate signalisieren deshalb langfristige und hartnäckige Themen. Der Astrologe ▶ Thomas Ring spricht auch von einem »Riss im Gefüge«. In der ▶ Kosmobiologie gelten Anderthalbquadrate als wichtige Aspekte.

Anima/Animus

Ein aus der analytischen Psychologie von ▶ C. G. Jung entlehntes Begriffspaar für die archetypische Vorstellung vom anderen Geschlecht. Dabei bezeichnet Anima das Urbild, das sich der Mann von der Frau macht. Animus beschreibt das Urbild, das sich die Frau vom Mann macht. Das Bild hat mit der realen Partnerschaft häufig wenig gemein. Es wird von Vorstellungen geprägt, die aus einem unbewussten Stadium stammen (frühkindlich, vorgeburtlich oder aus früheren Inkarnationen). Zum Wachstumsprozess des Menschen gehört es, sich über die Konzepte klar zu werden und sie bewusst in eine Partnerschaft zu integrieren.
In der Astrologie geben die so genannten weiblichen bzw. männlichen Planeten (▶ Polarität) Auskunft über die Anima-Animus-Vorstellungen: Die Haus- und Zeichenstellung sowie die Aspekte von Venus und Mond im Horoskop eines Mannes kennzeichnen seine Anima-Konzeption. Sind diese zum Beispiel skorpionisch geprägt, sucht er zumindest unbewusst eine leidenschaftliche Frau mit Tiefgang, die mit den Abgründen des Lebens vertraut ist. Überwiegen dagegen die Zwillinge-Energien, sehnt er sich nach einer aufgeschlossenen, leichtfüßigen, intellektuellen Frau, die nicht auf den Mund gefallen ist und sich mit ihm immer Neuem öffnet.
Im Horoskop der Frau zeigen die Haus- und Zeichenstellung sowie die Aspekte von Mars und Sonne ihre Animus-Konzeption. Werden diese zum Beispiel von Stier-Qualitäten bestimmt, sucht sie einen stabilen, sinnlichen und materiell gut ausgestatteten Partner, auf den sie sich immer verlassen kann. Bei einer Löwe-Prägung der männlichen Planeten sehnt sie sich bewusst oder unbewusst nach dem strahlenden Helden.

Antiszie

Ein Punkt auf dem Tierkreis, der sich in Bezug auf die ▶ Achse von 0 Grad Krebs zu 0 Grad Steinbock spiegelt, woher auch die alternative Bezeichnung rührt: Spiegelpunkt. So spiegelt sich 25 Grad Zwillinge in 5 Grad Krebs, oder 21 Grad Fische spiegelt sich in 9 Grad Waage. Befinden sich Planeten auf Antiszien, so ergibt dies eine aspektähnliche Verbindung.
Es gibt auch die Spiegelung über die Achse von 0 Grad Widder zu 0 Grad Waage. Sie wird Gegenantiszie genannt.

Aphel
Sonnenferne. Derjenige Punkt der elliptischen Bahn, die ein Planet um die Sonne beschreibt, welcher der Sonne am fernsten ist. Der sonnennächste Punkt ist das ▶ Perihel.
In der Astrologie hat das Aphel der Erde als so genannte ▶ schwarze Sonne eine Bedeutung.

Apogäum
Erdferne. Derjenige Punkt auf der elliptischen Bahn, welche der Mond um die Erde beschreibt, der am weitesten von der Erde entfernt ist. Die Erdnähe ist das ▶ Perigäum. In der Astrologie ist das Apogäum ▶ Lilith.

Applikativer Aspekt
Ein Aspekt, der sich erst noch bildet, auch Applikation (wörtlich: Zuführung) genannt. Das heißt, der schnellere der beiden an einem Aspekt beteiligten Planeten nähert sich der Stelle, wo der Aspekt genau wird. Das Gegenteil ist ein ▶ separativer Aspekt, also ein Aspekt, der bereits stattgefunden hat. Die beiden Planeten trennen sich wieder voneinander. Der applikative Aspekt gilt als stärker, denn hier bündeln sich die Kräfte, der Höhepunkt steht noch bevor.
Daher gilt bei ▶ Transiten – und natürlich auch bei Methoden wie ▶ Direktionen und ▶ Progressionen – ein größerer ▶ Orbis, wenn sich der Transitplanet in der Phase der Applikation befindet. Der Transit ist bei genauer Beobachtung schon einige Grade bevor es zu einem exakten Aspekt kommt spürbar, wohingegen die Wirkung schnell nachlässt, wenn der Transitplanet den genauen Aspekt überschritten hat.

Apsiden
Die zwei Punkte größter Entfernung bzw. Annäherung auf der Ellipsenbahn eines Himmelskörpers um ein Zentrum. Das sind im Falle der Bahn eines Planeten um die Sonne ▶ Aphel (Sonnenferne) und ▶ Perihel (Sonnennähe) und im Falle der Mondbahn um die Erde ▶ Apogäum (Erdferne) und ▶ Perigäum (Erdnähe).

Äquatorsystem
Eines der ▶ Koordinatensysteme, die der Positionsbestimmung von Himmelskörpern dienen. Das System der Längen- und Breitengrade auf der Erde ist ebenfalls ein äquatoriales Koordinatensystem.

Äquinoktialpunkte
Zusammenfassende Bezeichnung für den ▶ Frühlingspunkt und den ▶ Herbstpunkt.

Äquinoktium
Tagundnachtgleiche. Es gibt das Frühlings-Äquinoktium (Frühlings-Tagundnachtgleiche), das um den 21. März, und das Herbst-Äquinoktium (Herbst-Tagundnachtgleiche), das um den 23. September stattfindet. Ersteres leitet den Frühling ein, Letzteres den Herbst. Die Äquinoktien ereignen sich dann, wenn die Sonne auf ihrem scheinbaren Weg entlang der ▶ Ekliptik den ▶ Himmelsäquator – den in den Weltraum hinausprojizierten Erdäquator – überquert (Abbildung Seite 108): von Süden nach Norden zum Frühlings-Äquinoktium

und von Norden nach Süden zum Herbst-Äquinoktium. Zu beiden Zeitpunkten sind überall auf der Erde Tag und Nacht gleich lang.
Der Zeitpunkt, zu dem die Sonne ihre größte Abweichung vom Himmelsäquator erreicht – in nördlicher wie in südlicher Richtung –, heißt ▶ Solstitium (Sonnenwende).

Arabische Astrologie

Eine nennenswerte arabische Astrologie existiert erst seit dem Aufkommen des Islam im 7. Jahrhundert. Das, was seitdem unter arabischer Astrologie verstanden wird, beschränkt sich nicht streng auf die Araber als ethnische Einheit, sondern wurde auch von anderen Völkern übernommen und beeinflusst, die zum Islam bekehrt wurden. Man könnte deshalb auch von einer islamischen Astrologie sprechen.
Im arabisch-islamischen Kulturbereich war die Einstellung zur Astrologie ambivalent. Epochen großer Blüte wechselten mit Verfolgung und Verflachung ab. Auch theologisch gab es unterschiedliche Interpretationen bei der Beurteilung der Astrologie. Diese Zwiespältigkeit geht schon auf den Propheten Mohammed zurück, der ebenfalls nicht eindeutig dazu Stellung genommen hat und deshalb verschiedenen Interpretationen Raum gab. Die Sterndeutung war im Koran nicht ausdrücklich verboten, doch genoss sie keinen guten Ruf. Am Beispiel Abrahams kommt dies in der 6. Sure, Vers 77–80 deutlich zum Ausdruck:
»Als die Dunkelheit der Nacht ihn (Abraham) beschattete, sah er einen Stern und er sprach: ›Das ist mein Herr‹. Als dieser aber unterging sagte er: ›Ich liebe die Untergehenden nicht.‹ Und als er den Mond aufgehen sah, da sagte er: ›Wahrlich, das ist mein Herr.‹ Als aber auch dieser unterging, da sagte er: ›Wenn mein Herr mich nicht leitet, so bin auch ich wie dies irrende Volk.‹ Und als er nun die Sonne aufgehen sah, da sagte er: ›Siehe, das ist mein Gott, denn dies ist das größte Wesen.‹ Als aber auch die Sonne unterging, da sagte er: ›Oh, mein Volk, ich nehme keinen Anteil mehr an Eurem Götzendienste, ich wende mein Angesicht zu dem, der Himmel und Erde erschaffen hat.‹«
Auf der anderen Seite kam der von Teilen der Astrologie vertretene ▶ Determinismus dem im Islam verbreiteten Glauben an die Vorherbestimmung alles Seienden entgegen.
Vor dem Aufkommen des Islam war die Astrologie in der arabischen Welt nicht weit entwickelt. Die zumeist nomadischen Völker orientierten sich auf ihren Wanderungen zwar am Sternenhimmel und es gab auch einen einfachen Sternenkult, doch ein System der Deutung hatten sie nicht entwickelt. Nach der Übernahme des Islam unterwarfen die Araber in wenigen Jahrhunderten ein Reich, das sich vom Atlantischen Ozean im Westen bis Südostasien im Osten erstreckte. Dadurch gerieten nicht nur zahllose Völker unter die arabische Herrschaft; die Araber selbst sahen sich ihrerseits fremden Kultureinflüssen ausgesetzt. Das betraf auch die Astrologie, die in vielen der unterworfenen Regionen eine wichtige Rolle spielte.
Die wichtigsten Einflüsse auf die arabische Astrologie kamen aus dem hellenistischen, indischen und persischen Kul-

turkreis sowie aus der jüdischen Kabbala. Als Grundlage übernahmen die Araber den von den Griechen aus babylonischen Quellen entwickelten Tierkreis mit den sieben ▶ klassischen Planeten, die sieben Tagen und sieben Körperteilen zugeordnet waren. Von der ▶ indischen Astrologie stammte die besondere Bedeutung der Mondhäuser. Die Araber orientierten sich zudem an einem Mondkalender, der bis heute für den Beginn des Fastenmonats Ramadan herangezogen wird.

Arabische Astrologen übersetzten Werke der klassischen Antike und der indischen Sterndeutung in ihre Sprache. Damit erwiesen sie vor allem der abendländischen Kulturgeschichte einen unschätzbaren Dienst, denn viele griechische und römische Bücher haben die Zeit der Inquisition und anderer Verfolgungen nur als arabische Übersetzungen überstanden. Doch die arabische Astrologie beschränkte sich nicht allein darauf, altes Wissen zu überliefern. Sie gab auch wichtige Impulse für die Weiterentwicklung und setzte vor allem im mathematischen und astronomischen Bereich neue Maßstäbe. Arabische Astrologen waren die ersten, die ein vollständiges ▶ Häusersystem entwickelten. Auch bei der Berechnung der ▶ Direktionen gelangen ihnen wichtige Verbesserungen. So wurde die ▶ Prognose zu einem wesentlichen Bestandteil der arabischen Astrologie. Da die Araber durch den hellenistischen Einfluss mit der Erstellung eines individuellen Horoskops vertraut waren, beschränkte sich die Prognose nicht auf allgemeine Vorhersagen und Orakel. Dank ihrer mathematischen Fähigkeiten erreichte sie eine hohe Präzision. Die ▶ Stundenastrologie und die ▶ Elektion wären ohne die arabische Vorarbeit kaum denkbar.

Darüber hinaus widmeten sich die Araber der ▶ Mundanastrologie, vor allem der ▶ astrologischen Geschichtsbetrachtung. Auf der Basis von Planetenzyklen versuchten sie bestimmte historische Themen zu erschließen. Da Uranus, Neptun und Pluto noch nicht bekannt waren, studierten sie vor allem den ▶ Zyklus von Jupiter und Saturn, deren alle 20 Jahre stattfindende Konjunktion ein wichtiges astrologisches Ereignis ist (▶ Große Konjunktion).

Schließlich führte das astronomische und mathematische Wissen auch dazu, dass die Kategorisierung der ▶ Fixsterne in 48 Sternbilder, die ▶ Ptolemäus vorgenommen hatte, überarbeitet wurde und die Fixsterne teilweise neue Namen erhielten. Heute noch kennen wir beispielsweise Aldebaran, den hellsten Stern des Stiers, Beteigeuze und Rigel aus dem Orion, Deneb, den hellsten Stern des Schwans oder Fomalhaut in den Fischen. Den Fixsternen wurde auch eine bestimmte Energiequalität zugeschrieben. An der Zahl von 48 Sternbildern hielten die Araber jedoch fest. Schon während der Blütezeit der arabischen Astrologie etwa vom 9. bis 13. Jahrhundert waren auch okkulte Praktiken verbreitet, mit denen das Schicksal beeinflusst werden sollte. Das führte zur heftigen Abwehr durch die Theologen, die darin eine Konkurrenz zum Willen Gottes sahen, und schließlich zu einem allmählichen Niedergang der Astrologie. Darüber hinaus bedrohten mongolische und persische Invasionsheere seit dem 13. Jahrhundert die Hochburgen der arabischen Kultur, die dadurch an Bedeutung verloren. Die Mauren in Spanien blieben noch zwei weitere Jahrhunderte die Hüter der astrologischen Tradition. Mit ihrer Vertreibung verlor die arabische Astrologie ihre universelle Bedeutung. Heute dient sie in einigen arabischen Staaten noch als Orakel; von ihrem Glanz aus dem Mittelalter ist jedoch nur noch die Erinnerung geblieben.

Arabischer Punkt

Synonym für ▶ sensitiver Punkt. Ein solcher Punkt wird aus der Position zweier Planeten sowie des Aszendenten oder des Medium coeli abgeleitet. Die bekanntesten sensitiven Punkte sind:

- ▶ Glückspunkt
- ▶ Berufspunkt
- ▶ Liebespunkt
- ▶ Vaterpunkt
- ▶ Mutterpunkt
- ▶ Todespunkt

Archetyp

Der Begriff, vom griechischen *archetypon* (Urbild) abgeleitet, hat in der antiken Philosophie eine wichtige Rolle gespielt. Er bezeichnete grundlegende Ideen und Prinzipien, die in der geistigen Welt existieren und alles Seiende hervorgebracht haben.

▶ C. G. Jung hat den Terminus aufgegriffen. Er meint damit seelische Urbilder aus dem kollektiven Unbewussten, die durch Vererbung oder allgemeine frühkindliche ▶ Prägungen weitergegeben werden. Sie bestimmen die menschlichen Erfahrungen, Wahrnehmungen und das Handeln, noch bevor ein Individualisierungsprozess eingesetzt hat. Dabei geht es vor allem um allgemeingültige Themen wie Geburt, Partnerschaft, Krankheit und Tod. Märchen und Mythen sind Träger der archetypischen Bilder, in Träumen können sie individuell zum Ausdruck kommen.

Die moderne Astrologie, die von der Jungschen Tiefenpsychologie beeinflusst ist, sieht in den Energien der Planeten und Tierkreiszeichen archetypische Bilder. Das gilt vor allem dann, wenn das Horoskop benutzt wird, um die seelische Struktur zu erkennen. So ist der Planet Pluto ein Archetyp für alles, was mit Geburt, Sexualität, Wandlung, Sterben und Vergehen zu tun hat. Diese sehr allgemeine Zuordnung des Archetyps verrät noch nichts darüber, wie er bei einem bestimmten Menschen zum Ausdruck kommt. Die Hausstellung und die Position Plutos im Tierkreis sowie seine Aspekte zu anderen Planeten bestimmen die individuelle Ausprägung. Durch zeitliche ▶ Auslösungen können die mit den Planeten verknüpften archetypischen Bilder für eine bestimmte Zeit eine besondere Bedeutung erhalten.

Aspekt

Winkelverbindung zwischen zwei Planeten, aber auch zwischen einem Planeten und einer ▶ Achse. Dadurch kommt es zu einem Austausch der beteiligten Kräfte. Für die Gültigkeit von Aspekten gibt es einen bestimmten zu definierenden Spielraum, in der Fachsprache als ▶ Orbis bezeichnet. Ein Aspekt, der aus einem gewählten Orbis herausfällt, aber dennoch in die Deutung einbezogen wird, heißt ▶ *plaktischer Aspekt.*

Es gibt Haupt- und Nebenaspekte, auch große und kleine Aspekte genannt. *Hauptaspekte* (auch ptolemäische Aspekte genannt) sind:

- ▶ Konjunktion (0 Grad) ☌
- ▶ Sextil (60 Grad) ⚹
- ▶ Quadrat (90 Grad) □
- ▶ Trigon (120 Grad) △
- ▶ Opposition (180 Grad) ☍

Es gibt eine Vielzahl von *Nebenaspekten*. Die wichtigsten sind:

- ▶ Halbsextil (30 Grad) ⚺
- ▶ Quinkunx (150 Grad) ⚻
- ▶ Quintil (72 Grad) Q oder ⬠
- ▶ Biquintil (144 Grad) BQ oder ⬠
- ▶ Halbquadrat bzw. Oktil (45 Grad) ∠
- ▶ Anderthalbquadrat (135 Grad) ⚼
- ▶ Halbquintil bzw. Dezil (36 Grad)
- ▶ Septil (51 Grad 26 Minuten)
- ▶ Nonagon bzw. Nonil oder Novil (40 Grad)

Erwähnt werden sollen hier noch folgende Aspekte:

- Semihalbquadrat (22,5 Grad)
- Bilin (75 Grad)
- Trilin (105 Grad)
- Tridezil (108 Grad)
- Tao (165 Grad)

Planeten, die keinen (Haupt-)Aspekt aufweisen, nennt man ▶ *unaspektierte Planeten*. Auch diesem Tatbestand misst man bei der Horoskopinterpretation eine Bedeutung bei.
Mehrere Aspekte in einer bestimmten Anordnung bilden eine ▶ *Aspektfigur*.
Deutung: Es gibt harmonische bzw. synthetische Aspekte, bei denen sich die beiden beteiligten Planeten im Einklang miteinander befinden, und so genannte Spannungsaspekte, besser als analytische oder herausfordernde Aspekte bezeichnet. Früher unterteilte man die Aspekte in »gute« (etwa das Trigon) und »schlechte« (etwa das Quadrat) – eine Unterscheidung, die heute zunehmend in Frage gestellt wird. Denn die ▶ *analytischen Aspekte* bergen ein hohes Entwicklungspotenzial in sich: Sie stacheln dazu an, etwas zu unternehmen und sich mit den Reibungspunkten auseinanderzusetzen. Die ▶ *synthetischen Aspekte* hingegen können zu Trägheit führen.
Ist Saturn, Uranus, Neptun oder Pluto an einem Aspekt beteiligt, tritt diese Unterscheidung eher in den Hintergrund. Vielmehr ist das durch den jeweiligen Planeten beschriebene Thema entscheidend. Die Deutung von Nebenaspekten kann zu vertiefteren und differenzierteren Aussagen führen, wenngleich schon die Hauptaspekte sehr weit reichende Aussagen ermöglichen.
Vor der Deutung der Aspektklasse – also ob es sich um ein Quadrat, ein Trigon etc. handelt – muss geklärt werden, welche Planeten bzw. welcher Planet und welche Achse hier aufeinander treffen, welche Kräfte sich also miteinander im Austausch befinden. Es ist wichtig, einen Aspekt immer in beide Richtungen zu deuten. Zwar geht man davon aus, dass der langsamere der beiden beteiligten Planeten (▶ Tagesbewegung) auch derjenige ist, der dem anderen seinen Stempel nachhaltiger aufdrückt, doch fließt der Kräftestrom auch in umgekehrter Richtung. Bei einem Venus-Saturn-Aspekt beispielsweise verleiht auch Venus

dem langsameren Saturn etwas von ihrer Charakteristik, sie macht ihn weicher.

Weitere Zuordnungen: Wenn ein Aspekt kurz davor ist, exakt zu werden, wenn sich also der schnellere auf den langsameren Planeten zubewegt, so spricht man von einem ▶ *applikativen Aspekt.* Hat er die Stelle der Exaktheit bereits überschritten und trennen sich die beiden Planeten wieder voneinander, so ist dies ein ▶ *separativer Aspekt.* Applikative Aspekte sind stärker wirksam als separative.

Nicht zu verwechseln sind diese Begriffe mit der Unterscheidung zwischen einem *zunehmenden* und einem *abnehmenden* Aspekt: Jedes Planetenpaar bildet im Rahmen eines ▶ Zyklus alle möglichen Aspekte miteinander, und zwar außer der Konjunktion und der Opposition, die in jedem Zyklus nur einmal vorkommen, jeden Aspekt zweimal. Aspekte, die innerhalb eines Zyklus zweimal zustande kommen, sind zunehmend, wenn sie nach der Konjunktion, aber vor der Opposition stattfinden, und abnehmend, wenn sie nach der Opposition und vor der Konjunktion stattfinden. Ein Beispiel dafür ist der zunehmende und der abnehmende Halbmond im Verlauf des Sonne-Mond-Zyklus (▶ Mondphase). Bei einem zunehmenden Aspekt ist etwas im Wachsen begriffen, während in der abnehmenden Phase der Höhepunkt überschritten und eine gewisse Abgeklärtheit vorhanden ist.

Alle Aspekte mit einer Gradzahl teilbar durch 30 verbinden idealerweise bestimmte Tierkreiszeichen miteinander: Quadrate beispielsweise Zeichen derselben ▶ Qualität, Trigone Zeichen desselben ▶ Elements. Wenn sich die beteiligten Planeten aber nahe der Zeichengrenze befinden und man einen etwas weiteren Orbis zulässt, so trifft diese Regel nicht mehr notgedrungen zu. Man nennt das dann einen ▶ *dissoziierten Aspekt.* Wenn sich die Sonne beispielweise auf 3 Grad Stier befindet und der Mond auf 29 Grad Waage, so ist dies eine dissoziierte Opposition. Das eigentliche Oppositionszeichen von Stier ist Skorpion, während Stier und Waage im Quinkunxaspekt zueinander stehen. So bekommt die dissoziierte Opposition etwas vom Charakter eines Quinkunx.

Aspektbild

Die Gestalt der Aspektverbindungen in einer ▶ Horoskopzeichnung. Auch die Farbverteilung kann hierbei eine Rolle spielen – ▶ analytische Aspekte werden in der Regel rot oder grün eingezeichnet, ▶ synthetische blau. Das Aspektbild wird rein intuitiv gedeutet (▶ Intuition). So genannte ▶ Aspektfiguren sind Sonderfälle. Die Schweizer Astrologin Louise Huber empfiehlt: »Schauen Sie das Aspektbild durch halb geschlossene Augen an und versuchen Sie, logische Gedanken zu vermeiden. … Lassen Sie sich Zeit bei der Beobachtung. Was das Bild hergibt, kann sehr vielfältig sein: eine sich öffnende Blüte, ein Zeltdach, eine Pyramide, einen Schmetterling, eine Weltraumrakete, ein offenes Buch, ein Segelboot, eine Fahne usw.«[2]

Verschiedene Typen der Planetenverteilung hat Marc Edmund Jones beschrieben. Die wichtigsten werden unter dem jeweiligen Stichwort vorgestellt:

- ▶ Fächerfigur
- ▶ Keilfigur
- ▶ Sanduhrfigur
- ▶ Schüsselfigur
- ▶ Trichterfigur

Aspektfigur

Drei oder mehr Aspekte innerhalb eines ▶ Radixhoroskops, die in der ▶ Horoskopzeichnung eine bestimmte Figur ergeben.

Eine Aspektfigur ist einer von vielen Deutungsfaktoren im Horoskop (▶ Deutung). Es kann im übrigen jedes ▶ Aspektbild an sich gedeutet werden, also die Formation der Aspektlinien in der Horoskopzeichnung. Aspektfiguren, von denen es eine Vielzahl gibt, sind optisch herausragende geometrische Figuren. Die wichtigsten sind:

- ▶ großes Trigon
- ▶ großes Kreuz bzw. großes Quadrat
- ▶ großes Sextil
- ▶ T-Quadrat
- ▶ mystisches Rechteck bzw. Briefumschlag
- ▶ Yod-Figur bzw. Finger Gottes
- ▶ Drachenfigur

Wie die einzelnen Aspektfiguren gedeutet werden, ist unter den jeweiligen Stichwörtern nachzulesen.

Asteroid

Synonym zu Planetoid (wörtlich: Planetenähnlicher). Es handelt sich bei den Asteroiden um ▶ Kleinplaneten, die sich überwiegend zwischen den Planeten Mars und Jupiter, im so genannten Asteroidengürtel, um die Sonne bewegen. Die ersten Asteroiden wurden zu Beginn des 19. Jahrhunderts entdeckt: ▶ Ceres (inzwischen in die Kategorie der ▶ Zwergplaneten aufgenommen), ▶ Pallas, ▶ Juno und ▶ Vesta. Die Begriffe Asteroid (wörtlich: Sternähnlicher) bzw. Planetoid wurden von Astronomen ursprünglich gewählt, um zum Ausdruck zu bringen, dass es sich nicht um »richtige« Planeten handelt – eine Sichtweise, die heute nicht mehr geteilt wird (▶ Kleinplanet). Zumindest ist das Argument der Größe nicht entscheidend.

Im astrologischen Sprachgebrauch ist von Asteroiden vor allem im Zusammenhang mit Kleinplaneten aus dem erwähnten Asteroidengürtel die Rede, insbesondere mit den genannten vier. Sie werden so von einer anderen wichtigen Gruppe von Kleinplaneten, den ▶ Kentauren, unterschieden.

In der Astrologie haben die Asteroiden lange Zeit keine besondere Rolle gespielt. Dazu trug ihre geringe Größe bei. Darüber hinaus ist die Zuordnung zu bestimmten Tierkreiszeichen schwierig und umstritten. Seit den Achtzigerjahren gibt es ein wachsendes Interesse insbesondere an Ceres, Pallas, Juno und Vesta. Sie gelten als weibliches Gegengewicht zu den ansonsten weitgehend nach männlichen antiken Göttern benannten Planeten. Bei der Namensgebung der vier größten ist auffällig, dass drei aus der römischen Tradition stammen (Ceres, Juno und Vesta) und einer aus der griechischen (Pallas).

Asteroidengürtel

Der Ring von ▶ Asteroiden (besser: ▶ Kleinplaneten), die sich zwischen der

Mars- und der Jupiterbahn um die Sonne bewegen.

Astro * Carto * Graphy

Eine von dem amerikanischen Astrologen Jim Lewis in den Siebzigerjahren entwickelte Methode, mittels derer man auf einer Weltkarte auf einen Blick sehen kann, wo sich zu einem bestimmten Zeitpunkt welche Planeten an herausragender Stelle – nämlich in Konjunktion mit einer Achse (▶ Dominanz) – befinden. Die besondere Schreibweise des Begriffs ist darauf zurückzuführen, dass es sich um einen geschützten Markennamen handelt.

Im Unterschied zur Astro * Carto * Graphy-Karte bildet eine Radix-Zeichnung (▶ Radix) die Planetenstände zu einem bestimmten Zeitpunkt bezogen auf einen bestimmten Ort ab.

Wie auf der Abbildung zu sehen ist, sind auf der Weltkarte zahlreiche Linien eingezeichnet. Es werden bei derlei Ausdrucken üblicherweise folgende Abkürzungen verwendet:

SO	Sonne
MO	Mond
ME	Merkur
VE	Venus
MA	Mars
JU	Jupiter
SA	Saturn
UR	Uranus
NE	Neptun
PL	Pluto
AC	Aszendent
DC	Deszendent
MC	Medium coeli
IC	Imum coeli

Es gibt für jeden der 10 Planeten vier Möglichkeiten der ▶ Achsenbindung – nämlich in Konjunktion mit dem Aszendenten, dem Deszendenten, dem Medium coeli und dem Imum coeli. Mithin

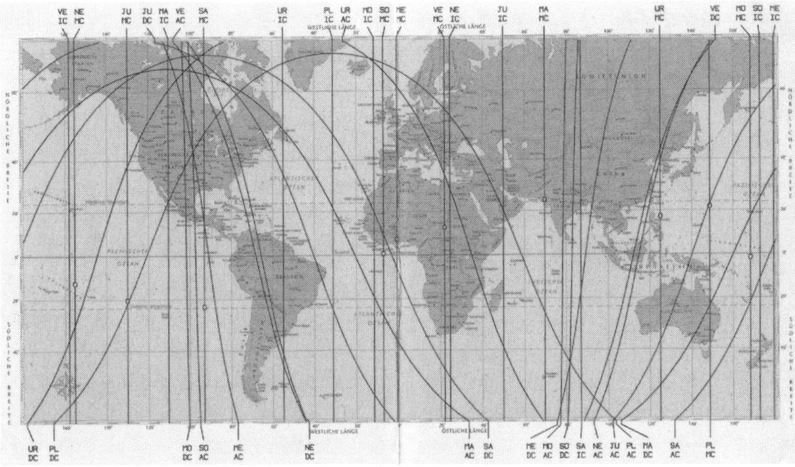

Astro*Carto*Graphy-Karte für den 24. März 1959, 12.35 Uhr Greenwich-Zeit.

finden sich 40 Linien auf der Astro * Carto * Graphy - Karte. Die senkrechten Linien zeigen an, wo Planeten in Konjunktion mit Medium coeli oder Imum coeli stehen, die kurvigen Linien, wo sie in Konjunktion mit Aszendent oder Deszendent stehen.

Für die vier Achsen ebenso wie für die zehn Planeten gelten die üblichen Deutungsregeln.

Die Astro * Carto * Graphy - Karte ist für die ▶ Individualastrologie ebenso von Bedeutung wie für die ▶ Mundanastrologie:

Individualastrologie: Man stellt eine Astro * Carto * Graphy - Karte auf den Zeitpunkt der Geburt eines Menschen aus. Auf der Karte kann man sehen, wo zu diesem Zeitpunkt – unabhängig vom Geburtsort – welcher Planet in Achsenbindung stand. Dort, wo sich eine Linie befindet, ist die benannte Planetenenergie besonders stark spürbar (und etwa 1000 Kilometer in beide Richtungen, wobei bei größerer Entfernung die Spürbarkeit abnimmt). Wenn beispielsweise bei einem in Hamburg Geborenen eine Linie durch Kuba führt, die mit VE / DC beschriftet ist, so heißt dies, dass Venus zum Zeitpunkt seiner Geburt in Kuba am Deszendenten stand. Das kann bedeuten, dass er in diesem Land auf Annehmlichkeiten trifft, dass ihm die Menschen liebevoll begegnen und er vielleicht sogar eine geliebte Frau hier findet.

Auf diese Weise kann man sehen, an welchen Orten der Welt ein bestimmtes Planetenprinzip verstärkt zum Ausdruck kommt. Das kann durchaus heißen, dass sich jemand an einem anderen als an seinem Geburtsort mit bestimmten Dingen leichter tut.

Außer den Linien an sich sind noch die Kreuzungen zweier Planetenlinien wichtig. An einer solchen Stelle befinden sich zwei Planeten in Konjunktion mit einer Achse. Die Deutungen für solche Kombinationen treffen auch für alle anderen Orte zu, die sich auf demselben Breitengrad befinden, wenn auch in weniger ausgeprägter Form. Man muss sich also immer von einem Kreuzungspunkt aus eine waagerechte Linie in beide Richtungen denken und die von ihr betroffenen Orte mit einbeziehen.

Eine Astro * Carto * Graphy - Karte ist immer auf der Grundlage des Radixhoroskops zu deuten. Das heißt, ein Mensch wird zu einem bestimmten Zeitpunkt und an einem bestimmten Ort geboren, und das darauf ausgestellte Radixhoroskop ist und bleibt seines. Er muss sich also zuerst darüber klar werden, wie er mit dem fraglichen Planetenprinzip überhaupt umgeht. Außerdem ist die Planetenkonstellation überall auf der Welt zum selben Zeitpunkt dieselbe. Man nimmt also beispielsweise etwaige schwierige Aspekte auf die Venus »überall hin mit«. Nicht zuletzt: Eine Garantie – sprich: die Hoffnung, an einem anderen Ort glücklicher zu werden – gibt es hier natürlich genauso wenig wie überhaupt in der Astrologie.

Die Astro * Carto * Graphy - Karte hilft also dabei zu erkennen, wo in der Welt man mit welchen Planetenprinzipien auf intensive Weise konfrontiert wird. Für die Urlaubsplanung kann das ausreichen – auch wenn nicht gesagt ist, dass die jeweiligen Energien schon nach zwei Wochen spürbar werden, wenngleich es durchaus sein kann. Will man an einen entfernteren Ort umziehen, so empfiehlt sich ein ▶ Relokationshoroskop, das auf die Geburtszeit, aber nicht auf den Geburtsort, sondern den Ort der Wahl ausgestellt ist. Dem kann man entnehmen, wie sich die gesamte Planetenkonstellation am neuen Ort darstellt. Außerdem ist die ▶ Cyclo * Carto * Graphy - Karte zu berücksichtigen. Sie überträgt die aktuellen Entwicklungen eines Menschen auf die Weltkarte, bezieht mit anderen Worten ▶ Auslösungen mit ein.

Mundanastrologie: Hier ist die Astro * Carto * Graphy ein überaus wichtiges Instrument. Wie bei der Individualastrologie gilt auch hier, dass auf der Karte den Linien und den Kreuzungspunkten Aufmerksamkeit geschenkt werden sollte. In der Regel werden Astro * Carto * Graphy - Karten für Finsternisse erstellt, denn sie gelten als wichtige ▶ Auslöser. Hieraus können Hinweise auf mundane Ereignisse entnommen werden. Auch Astro * Carto * Graphy - Karten bedeutender Politiker liefern Informationen über deren Beziehung zu bestimmten Ländern. Selbstverständlich macht es auch Sinn, eine Astro * Carto * Graphy - Karte für den Zeitpunkt eines weit reichenden Ereignisses zu erstellen und die Auswirkungen an bestimmten Stellen der Welt zu untersuchen.

Astrodrama

Eine in jüngerer Zeit entstandene Methode, mit der dem Klienten ein neuer Zugang zum Geburtshoroskop ermöglicht wird: Er kann die Planeten konkret erfahren. Für ein Astrodrama ist eine größere Gruppe von Teilnehmern wünschenswert. Sie übernehmen dabei die Rollen der Planeten von der Person, um deren Horoskop es sich handelt. Um die Identifikation mit einer bestimmten Rolle zu erleichtern, sind die Planeten zumeist in Form von Masken präsent. Dadurch erscheinen Mars, Venus oder Saturn nicht nur als Prinzip, das verstanden werden muss, um es im eigenen Horoskop zu erschließen. Sie sind stattdessen unmittelbar präsent und entwickeln eine eigene Dynamik im Austausch miteinander, ausgehend von den Stellungen in dem betreffenden Horoskop. Der Horoskopeigner kann bei einem Astrodrama als Zuschauer fungieren und die Dynamik seines eigenen Horoskops dadurch von außen betrachten, oder er kann in die Rolle eines Planeten – zumeist der Sonne – schlüpfen. Das kann während des Astrodramas wechseln. Außer den Positionen der Planeten ist nichts streng festgelegt.

Astrologe / Astrologin

Jemand, der die Astrologie haupt- oder nebenberuflich ausübt. Da es keinerlei Schutz oder offiziell anerkannte Voraussetzung gibt, diesen Titel zu führen, ist die Bandbreite der Astrologen sehr groß. Selbst Anfänger, die einen Wochenend-Einführungskurs belegt haben, können diese Bezeichnung für sich in Anspruch nehmen. Durch die Hinwendung größerer Teile der Bevölkerung zu spirituellen und esoterischen Themen in den vergangenen Jahrzehnten ist die Zahl derer, die den Titel führen, drastisch gestiegen. Das führt häufig zu Missverständnissen in der Öffentlichkeit.

Ungeachtet der Schwierigkeiten, das Berufsbild klar zu definieren, genießen

Astrologen juristisch einen gewissen Schutz. Dies hat das Bundesverwaltungsgericht im November 1965 klargestellt. In einem Grundsatzurteil gab es einem Astrologen in Bremen Recht, dem die Stadtverwaltung verbieten wollte, Horoskope für Geld zu deuten. Das widerspreche der Bremer Polizeiverordnung, argumentierte die Stadt. Sie scheiterte damit in letzter Instanz, denn die obersten Verwaltungsrichter sahen in einem generellen Verbot einen Verstoß gegen das im Grundgesetz verbürgte Recht auf freie Berufswahl und -ausübung.

Um der Beliebigkeit bei der Verwendung des Titels Astrologe einen gewissen Einhalt zu gebieten, hält der ▶ Deutsche Astrologen-Verband (DAV) – der wichtigste astrologische Berufsverband in Deutschland – eine eigene Prüfung ab, die sich an akademischen Kriterien orientiert. Gefordert wird zunächst eine umfangreiche schriftliche Arbeit. Wenn sie zufriedenstellend ausfällt, werden die Prüflinge zur mündlichen Prüfung zugelassen. Wer sie besteht, trägt den Titel »Geprüfter Astrologe DAV« bzw. »Geprüfte Astrologin DAV«. Es gibt ein Netz von Ausbildungszentren, die von einer Mitgliederversammlung anerkannt werden müssen. Die Ausbildung ist nebenberuflich und zieht sich etwa über zwei Jahre hin. Daneben stehen zahlreiche andere Ausbildungsangebote von verschiedenen astrologischen Schulen oder Einzelpersonen zur Verfügung. Insgesamt hat das Angebot an Ausbildungsmöglichkeiten zu einem deutlichen Anstieg des astrologischen Niveaus in der Breite geführt.

Astrologie

Die Bezeichnung setzt sich aus den griechischen Worten *astron* (Stern) und *logos* (Sinn) zusammen. Sie beschreiben die Astrologie als ein System, das in der Bewegung der Himmelskörper einen tieferen Sinn sieht, der für die Menschen und für Ereignisse auf der Erde erschlossen werden kann. Aus der Beobachtung der Planeten werden Schlüsse zur Beurteilung von irdischen Begebenheiten und deren Entwicklung zu einer bestimmten Zeit und an einem bestimmten Ort gezogen. Die Basis dafür ist das ▶ Horoskop. Da sich das Horoskop immer auf einen Punkt der Erde bezieht, arbeitet die Astrologie mit dem ▶ geozentrischen Weltbild. Die Astrologie begann mit der Beobachtung einzelner Himmelserscheinungen (▶ Geschichte der Astrologie). In dem Sinne war sie von der ▶ Astronomie nicht zu trennen. Mit der Interpretation der Beobachtungen ging sie jedoch über die Astronomie hinaus. Seit Beginn der Neuzeit distanziert sich die Astronomie von der Astrologie.

Für die Astrologie spielt ein weitgehend vergessenes Verständnis der ▶ Zeit eine entscheidende Rolle. Zeit offenbart sich demnach in Quantität und Qualität. Betrachtet man die Zeitqualität von etwas, das beginnt – und genau das macht die Astrologie, sie erstellt Horoskope auf den Beginn von etwas –, so enthält dieser Moment im Kern das, was sich daraus entwickelt.

Grundsätzlich lässt sich die Astrologie in zwei Betätigungsfelder aufteilen, die ▶ Individual- und die ▶ Mundanastrologie. Die Individualastrologie ist am weitesten verbreitet. Bei ihr geht es um

den einzelnen Menschen, bei der Mundanastrologie hingegen um bestimmte Gebiete, Orte und Länder der Erde.
In beiden Bereichen kann man über die Beschäftigung mit dem ▶ Radixhoroskop hinaus die ▶ prognostische und die ▶ vergleichende Astrologie anwenden. Ein Radixhoroskop ist in der Individualastrologie das Geburtshoroskop eines Menschen. In der Mundanastrologie ist es beispielsweise ein ▶ Länderhoroskop oder das Horoskop eines landes- oder weltweit bedeutenden Ereignisses.
Die prognostische Astrologie setzt aktuelle oder kommende Konstellationen in Beziehung zum Radixhoroskop und leitet daraus künftige Entwicklungen ab (▶ Prognose, ▶ Prognosemethode). Sie war bis zur Neuzeit dominierend. In Asien ist sie es noch immer.
Die vergleichende Astrologie setzt mindestens zwei Horoskope zueinander in Beziehung und entnimmt dem Informationen über den Charakter der Beziehung. Auch hier müssen es nicht ausschließlich Horoskope von Menschen sein – es kann letztlich jedes Horoskop mit einem anderen in Verbindung gebracht werden. Als wichtigste theoretische Basis gilt heute das, was im deutschsprachigen Bereich als ▶ Revidierte Astrologie bezeichnet wird. Sie baut auf der ▶ klassischen Astrologie auf, hat aber vieles von deren Wertungen verworfen und lehnt jeden ▶ Determinismus ab.
Da sich die Astrologie einer wissenschaftlichen Erfassung und objektiven Beweisbarkeit letztlich entzieht, ist vieles von der Interpretation der Astrologen abhängig. Hier gibt es zwei unterschiedliche Modelle, die ▶ Kausalität und die ▶ Analogie. Die Kausalität geht davon aus, dass die Himmelskörper die irdischen Ereignisse und Entwicklungen unmittelbar beeinflussen. Ihre Anhänger verweisen insbesondere auf das Beispiel des Mondes, der durch seinen Einfluss auf die Schwerkraft der Erde Ebbe und Flut auslöst sowie das Wachstum der Pflanzen, den Menstruationszyklus der Frauen und manches mehr mitbestimmt – Phänomene, die auch von keinem Wissenschaftler geleugnet werden. Ähnlich wie der Mond wirken danach die anderen Himmelskörper, auch wenn sie nicht immer so deutlich spürbar oder gar messbar sind. Die Vertreter der Analogie sehen die Planeten als Anzeiger irdischer Ereignisse, ohne dass es einen kausalen Zusammenhang zwischen beiden gäbe. Demzufolge sind die Planeten eine Art Messinstrument, ähnlich einem Thermometer oder einer Uhr, die beide die Temperatur bzw. die Zeit nicht beeinflussen, sondern nur anzeigen. Die Vertreter dieses Modells berufen sich auf den berühmten Grundsatz des ▶ Hermes Trismegistos »Wie oben so unten«, wonach der Mikrokosmos, die Erde, das Abbild des Makrokosmos, des Himmels, ist. Was sich am Himmel zeigt, hat seine Entsprechung auf der Erde. In Jahrtausenden der Natur- und Himmelsbeobachtung haben die Menschen gelernt, diese Analogie in den Sternen zu erkennen, und daraus das System der Astrologie geschaffen. In der modernen Astrologie hat das Analogie-Modell zahlreiche Anhänger. C. G. Jung hat dieses Prinzip ▶ Synchronizität genannt. Dabei wird der Gleichzeitigkeit verschiedener Ereignisse eine Bedeutung

beigemessen, auch wenn kein kausaler Zusammenhang vorliegt.

Astrologiegegner

Die uns vertraute Astrologie entstand am Königshof von Babylon und war lange eng mit den Geschicken der Herrscher im Zweistromland verflochten. Die sie betrieben, waren Priester der höchsten Gottheiten. Kritik konnte dort nicht aufkommen, denn sie hätte Kritik am König, ja sogar an den Gottheiten bedeutet – ein undenkbarer Vorgang.

In dem Maße, wie sich die Astrologie aus der engen Verbindung mit der absoluten Macht löste und breiten Schichten zugänglich wurde, rief sie auch Kritiker und Gegner auf den Plan. Dabei lassen sich im Wesentlichen drei Gruppen unterscheiden, die Theologen, die Naturwissenschaftler sowie die Philosophen.

Die theologische Kritik begann im Judentum, der ältesten der drei monotheistischen Religionen. Das Judentum bringt der Astrologie die größte Ablehnung entgegen. Die Juden waren während des ägyptischen und babylonischen Exils mit den Quellen der Astrologie zusammengekommen. Viele ihrer Propheten, darunter Moses und Jesaja, sahen darin eine religiöse Verehrung der Sterne. Das jedoch widersprach der herrschenden theologischen Überzeugung, wonach nur dem einzigen Gott Jahwe Verehrung entgegengebracht werden darf. Im Alten Testament gibt es deshalb viele Stellen, an denen die Astrologie verworfen wird.

Auch im antiken Rom wandten sich viele einflussreiche Persönlichkeiten gegen die Astrologie. Dort stand die Astrologie unter dem Einfluss der Stoiker, die einen ausgeprägten ▶ Determinismus lehrten. Alles, was geschah, betrachteten sie als naturgegeben. Dem müsse der Mensch aufgrund einer inneren Bestimmung folgen. Angelehnt an das stoische Weltbild beschränkte sich die Astrologie weitgehend darauf, das Unvermeidliche zu erkennen und vorherzusagen. Damit stieß sie bei vielen Gebildeten – auch Stoikern – auf Ablehnung. Führende Köpfe wie Cicero, Horaz, Plinius der Ältere, Seneca und Tacitus wandten sich gegen die gängige astrologische Praxis und bezweifelten einen Zusammenhang zwischen den Gestirnen und den Ereignissen auf der Erde.

Mit der Ausbreitung des Christentums wuchs die Gegnerschaft der Astrologie weiter. Die vorherrschende theologische Überzeugung sah im Wirken Gottes die oberste Macht, der sich der Mensch aus freiem Willen unterordnen könne. Dem gegenüber wurde der Einfluss der Sterne als Schicksalsglaube abgelehnt. Kirchenlehrer und Päpste, die der Astrologie aufgeschlossen gegenüberstanden, blieben in der Minderheit. Einflussreiche Vermittler zwischen Theologie und Astrologie wurden Albertus Magnus und Thomas von Aquin. Beide lehnten die prognostische Astrologie ab, da sie gegen den freien Willen des Menschen verstoße, räumten allerdings den Einfluss der Sterne auf physikalische Gegebenheiten wie den Körperbau und sogar auf den Charakter der Menschen ein. Zu einer generellen Neubewertung der Astrologie durch die Kirche führte diese Argumentation allerdings nicht. Der aktuelle katholische Katechismus schreibt dazu: »Hinter Horoskopen und Astrologie verbirgt sich der Wille,... sich die geheimen Kräfte geneigt zu machen. Dies widerspricht der mit liebender Ehrfurcht erfüllten Hochachtung, die wir allein Gott schulden.«

Ein entschiedener Gegner der Astrologie war auch der Reformator Martin Luther, obwohl er sich zunächst auf sie eingelassen hatte. Über ihn selbst kursierten mehrere Geburtshoroskope, deren sich seine Anhänger und Gegner nach Gutdünken bedienten. Als eine seiner astrologischen Prognosen über den Untergang des Papsttums nicht eintraf und zudem sein Freund Melanchthon viele unzutreffende astrologische Vorhersagen machte, wandte er sich von der Astrologie ab und verdammte sie auf sehr polemische Art.

Mit der Aufklärung geriet die Astrologie verstärkt in die Kritik. Nicht nur Theologen, sondern auch Naturwissenschaftler wandten sich von ihr ab. Bis dahin waren bedeutende Naturwissenschaftler wie ▶ Johannes Kepler oder Tycho Brahe selbst als Astrologen tätig; und zwar nicht nur aus finanziellen Gründen, wie heutige Naturwissenschaftler bisweilen behaupten. Die neuen Gegner sahen nicht nur einen Widerspruch zur Willensfreiheit des Menschen, sondern erhoben den Anspruch, die Welt und das Universum wissenschaftlich erfassen und erklären zu können. Astrologie gilt danach als unwissenschaftlich und nicht beweisbar (▶ Wissenschaft und Astrologie). Auch der Tier- und Häuserkreis als Basis der Astrologie sei statisch und stehe im Gegensatz zu den kosmischen Gesetzen, wonach alles in Bewegung ist.

Während die theologische Kritik an der Astrologie keine entscheidende Rolle mehr spielt, weil der Einfluss der Kirche zurückgegangen ist, liefert die naturwissenschaftliche Argumentation bis heute die wichtigsten Vorbehalte gegen sie. 1975 wandten sich 186 Wissenschaftler – darunter 18 Nobelpreisträger – mit einer ganzseitigen Anzeige in der amerikanischen Zeitschrift »The Humanist« gegen die Astrologie. Die Veröffentlichung hatte ein Nachspiel. BBC-Reporter wollten einige der Nobelpreisträger nach ihrer Haltung zur Astrologie befragen. Diese lehnten allerdings jede Stellungnahme mit der Begründung ab, sie hätten sich nie näher damit befasst.

In Deutschland forderten die Astronomen im »Rat Deutscher Planetarien« 1996, Astrologie in Volkshochschulen zu verbieten: »Öffentliche Bildungseinrichtungen, die mit Steuergeldern finanziert werden, haben die Aufgabe, die Astrologie als das darzustellen, was sie tatsächlich ist, nämlich Aberglaube und Pseudoreligion«, hieß es in ihrer Erklärung. Eine derartige Intoleranz, die dem Geist der Aufklärung grundlegend widerspricht, ist auf Seiten der Gegner häufig anzutreffen. Die in Unkenntnis dessen, was Astrologie tatsächlich ist, immer wieder vorgetragenen Argumente sind vor allem:

- Die Astrologen arbeiteten mit den falschen »Sternbildern« (siehe hierzu ▶ Präzession, ▶ tropischer Tierkreis).
- An den Astrologen sei die wesentliche neuzeitliche Erkenntnis, dass sich die Erde um die Sonne dreht und nicht umgekehrt, offensichtlich spurlos vorübergegangen (siehe hierzu ▶ geozentrisches Weltbild).

Diese Gegner benutzen inzwischen auch das Internet als Forum. Dort weisen sie nicht nur zum Jahreswechsel so undifferenziert wie zuvor auf astrologische Fehlprognosen hin – die übrigens meist von seriösen Astrologen ebenfalls abgelehnt werden.

Eine dritte Gruppe von Gegnern kommt aus dem Bereich der Philosophie. Ihre Argumente basieren sowohl auf theologischen wie auch auf naturwissenschaftlichen Überlegungen. Einer ihrer wichtigsten modernen Vertreter ist Theodor W. Adorno. Er schrieb in einem noch heute häufig zitierten Aufsatz: »Geheimnis und Trick der Astrologie ist lediglich die Art, wie sie die unter sich beziehungslosen, isoliert rational behandelten Sphären der Sozialpsychologie und Astronomie vereint ... Gerade die Unverbundenheit aber von Psychologie und Astronomie, des Menschenlebens und der Sterne, gewährt ihr die Chance, im Niemandsland dazwischen sich anzusiedeln, und usurpatorische Ansprüche nach beiden Seiten anzumelden. Ihr Reich ist die Beziehung zum Beziehungslosen als Mysterium.«[3]

In der breiten Bevölkerung gibt es immer noch viele Menschen, die die Astrologie mit der ▶ Vulgärastrologie identifizieren und daher ablehnen.

Astrologiegläubigkeit

»Glaubst du an Astrologie«, ist eine häufig gestellte Frage, die zumeist ohne religiösen oder philosophischen Hintergrund formuliert wird (▶ Glaube). Gemeint ist in der Regel, ob der ▶ Vulgärastrologie und den Prognosen und Tipps von ▶ Zeitungshoroskopen Glauben geschenkt wird. Wertfrei bedeutet Astrologiegläubigkeit jedoch, dass man an einen Zusammenhang zwischen dem Stand der Gestirne und den Ereignissen auf der Erde glaubt und die Astrologie als Mittel sieht, diesen Zusammenhang zu erschließen. Der Begriff wird allerdings zumeist als Kritik an Personen verwendet, die sich vermeintlich oder tatsächlich von der Astrologie abhängig machen. Astrologiegläubigkeit kann dann nicht nur bedeuten, Zeitungshoroskopen zu glauben und die Deutungen der Vulgärastrologie wörtlich zu nehmen, sondern zu allen möglichen Aktivitäten eine astrologische Prognose zu erstellen und sein Handeln danach auszurichten. Passivität, Unsicherheit und der Verzicht auf den ▶ freien Willen können die Folge sein.

Astrologische Geschichtsbetrachtung

Der Versuch, den Lauf der Menschheitsgeschichte mit dem Lauf der Gestirne in Verbindung zu setzen und zu deuten. Eine umfassende Einteilung ist das ▶ platonische Jahr von 25.729 (nach anderen Quellen auch 25.771) Sonnenjahren. In diesem Zeitraum wandert der ▶ Frühlingspunkt einmal durch den gesamten Tierkreis. 2.144 Jahre (einen so genannten platonischen Monat) lang hält sich der Frühlingspunkt in einem Zeichen auf, das dem Weltgeschehen während dieser Zeit seine Prägung gibt. Für die Geschichtsbetrachtung bleibt diese Klassifizierung jedoch zu vage, zumal keine Einigkeit darüber herrscht, wann genau der Übergang von einem Zeichen in ein anderes stattfindet. Die unterschiedlichen Auffassungen variieren zum Teil um Jahrhunderte und machen eine konkrete Betrachtung deshalb schwer. Es gibt daher den Ansatz, einen platonischen Monat in Abschnitte von einem ▶ Zoll (= 2,5 Grad) zu unterteilen. Dadurch entstehen Epochen von 179 Jahren, anhand derer historische Entwicklungen untersucht werden können. Konkreter sind die Konjunktionen der ▶ geistigen Planeten Uranus, Neptun und Pluto, die sehr exakt bestimmt werden können. Allerdings bezieht sich ihre Wirkung nicht nur auf den gradgenauen Zeitpunkt der Konjunktion, sondern schließt die Jahre bis Jahrzehnte davor und danach ein.

Der durch eine Konjunktion von Uranus, Neptun und Pluto gebildete Zyklus umfasst 4.500 Jahre. Zuletzt standen die drei Planeten in den Jahren 578 bis 576 vor unserer Zeitrechnung bei 9 Grad Stier zusammen. Ihnen gegenüber befand sich Saturn im Skorpion. In dieser Zeit formte sich die griechische Kultur, die das Abendland seitdem prägt. Die Vorsokratiker wie Pythagoras, Heraklit und andere schufen die philosophischen, wissenschaftlichen und weltanschaulichen Grundlagen für die abendländische Zivilisation. In Asien wirkten Buddha, Konfuzius und Zarathustra, deren Lehren ebenfalls noch heute große Teile der Menschheit beeinflussen.

Der Gesamtzyklus wird unterteilt in die Konjunktion von Neptun und Pluto, die sich etwa alle 500 Jahre ereignet. Seit der Konjunktion der drei Planeten fand sie fünfmal statt, und sie markierte immer einen besonderen Einschnitt; entweder den Neubeginn, den Abschluss oder den Höhepunkt einer Epoche:

- 82 vor unserer Zeitrechnung hatte sich das Römische Reich zur alles beherrschenden Weltmacht entwickelt.
- 412 nach Christus endete die klassische Antike. Die Völkerwanderung war dabei, das Gesicht Europas grundlegend zu verändern. In Indien erreichte die klassische Epoche unter der Gupta-Dynastie ihre kulturelle Blüte.
- 905 befand sich das Mittelalter auf dem Höhepunkt. Das erste Deutsche Reich wurde gegründet, und in Asien begann der Aufstieg der Mongolen mit der Eroberung der Mandschurei.
- 1399 war das Mittelalter mit seinem Wertesystem in Auflösung begriffen. Die ersten Reformatoren John Wycliff und Johannes Hus traten auf. Konstantinopel stand kurz vor der Einnahme durch die Türken, und nur der Vormarsch der Mongolen hielt dieses Schicksal vorübergehend auf.
- 1891 hatte die industrielle Revolution für eine tief greifende Veränderung der menschlichen Lebensbedingungen gesorgt. Durch die Urbanisierung und Individualisierung waren die für Jahrtausende stabilen sozialen Strukturen zerstört worden. Die Zeit markiert auch die Kolonisierung Afrikas sowie den Beginn der sozialistischen und der Frauenbewegung.

Der ganze Zyklus kann noch in Uranus-Neptun-Konjunktionen (zu denen es alle 172 Jahre kommt) unterteilt werden, die eine weitere Differenzierung der Geschichtsbetrachtung ermöglichen. Auch der Eintritt der langsam laufenden Planeten Uranus, Neptun und Pluto in ein neues Zeichen (▶ Ingress) sowie das plötzliche Auftauchen von ▶ Kometen,

▶ Finsternisse und ▶ Saroszyklen werden zur Erklärung weltgeschichtlicher Phänomene herangezogen.

Astrologisches Alphabet

Die Zuordnung von zueinander gehörigen, analogen Bausteinen bzw. Bestandteilen des Horoskops (▶ Analogie). So gehören beispielsweise das Tierkreiszeichen Widder, sein Herrscherplanet Mars (▶ Herrscher) und das diesen beiden entsprechende erste Haus zum Buchstaben A. Mit dem astrologischen Alphabet können leicht ▶ Themen im Horoskop ausgemacht werden, weshalb es ein wichtiges Instrument der Deutung ist.

Buchstabe A (Mars)
Tierkreiszeichen: Widder
Herrscherplanet: Mars
Hausentsprechung: erstes Haus

Buchstabe B (Venus)
Tierkreiszeichen: Stier
Herrscherplanet: Venus
Hausentsprechung: zweites Haus

Buchstabe C (Merkur)
Tierkreiszeichen: Zwillinge
Herrscherplanet: Merkur
Hausentsprechung: drittes Haus

Buchstabe D (Mond)
Tierkreiszeichen: Krebs
Herrscherplanet: Mond
Hausentsprechung: viertes Haus

Buchstabe E (Sonne)
Tierkreiszeichen: Löwe
Herrscherplanet: Sonne
Hausentsprechung: fünftes Haus

Buchstabe F (Merkur)
Tierkreiszeichen: Jungfrau
Herrscherplanet: Merkur
Hausentsprechung: sechstes Haus

Buchstabe G (Venus)
Tierkreiszeichen: Waage
Herrscherplanet: Venus
Hausentsprechung: siebtes Haus

Buchstabe H (Pluto)
Tierkreiszeichen: Skorpion
Herrscherplanet: Pluto
Hausentsprechung: achtes Haus

Buchstabe I (Jupiter)
Tierkreiszeichen: Schütze
Herrscherplanet: Jupiter
Hausentsprechung: neuntes Haus

Buchstabe J (Saturn)
Tierkreiszeichen: Steinbock
Herrscherplanet: Saturn
Hausentsprechung: zehntes Haus

Buchstabe K (Uranus)
Tierkreiszeichen: Wassermann
Herrscherplanet: Uranus
Hausentsprechung: elftes Haus

Buchstabe L (Neptun)
Tierkreiszeichen: Fische
Herrscherplanet: Neptun
Hausentsprechung: zwölftes Haus

Man kann jeden Buchstaben mit seinem Planeten benennen, also den Buchstaben A mit Mars, B mit Venus, C mit Merkur und so weiter. Ein Beispiel: Jemand hat mehrere Planeten im zweiten Haus (= Venus). Zusätzlich hat er eine Stiersonne (= Venus) im vierten Haus und die Venus selbst steht stark gestellt in Konjunktion mit dem Imum coeli. Dies wäre eine ausgesprochene Betonung des Prinzips »Venus«. Oder: Eine Widdersonne (= Mars) im neunten Haus (= Jupiter) im Quadrat zu Saturn (= Saturn) verbindet die drei Planeten Mars, Jupiter und Saturn miteinander. Würde man bei der weiteren Untersuchung des Horoskops beispielsweise auf einen Mars-Saturn-Aspekt stoßen, so würde diese Thematik bereits zum zweiten Mal auftreten und wäre damit verstärkt. Das gälte auch, wenn sich Saturn im ersten Haus (= Mars) befände.

Die Zuordnung zu den astrologischen Buchstaben ist allerdings nur der erste Schritt der Deutung. Im nächsten Schritt wird man – um bei dem zweiten Beispiel zu bleiben – eine klare Unterscheidung treffen zwischen einem Widdersonne-Saturn-Aspekt (= Mars - Saturn) und einer Sonne im Steinbock (= Saturn). Auch wenn es zweimal um eine Saturnthematik geht (Buchstabe J), so spielt doch im ersten Fall auch noch Mars eine Rolle. Da Mars und Saturn zwei verschiedene Prinzipien verkörpern, steht der Widdersonne-Saturn-Aspekt für innere Kämpfe beispielsweise zwischen Risikobereitschaft und Vorsicht – eine innere Spannung, die die Steinbock-Sonne nicht kennt.

Astrologische Schulen

Es gibt in der Astrologie zahlreiche unterschiedliche Methoden, Deutungsansätze und Schwerpunkte. Manche von ihnen wurden so weit systematisiert und institutionalisiert, dass daraus Schulen entstanden sind.

Die Schulen sind so vielfältig wie die Astrologie. Einige legen den Schwerpunkt auf die Verbindung mit der Psychologie, andere auf die Prognose oder besondere Auslösungsmechanismen. Ebenso vielfältig ist das astrologische Instrumentarium. Die von der Mehrheit der Astrologen wenig beachteten Elemente wie ▶ Halbsummen, ▶ Nebenaspekte, ▶ sensitiven Punkte sowie ▶ Transneptuner und ▶ Isis (Transpluto) spielen in manchen Schulen eine besondere Rolle.

Die wichtigsten[4] astrologischen Schulen im deutschsprachigen Raum sind

- die Aalener Schule (▶ Kosmobiologie)
- das ▶ Astrologisch-Psychologische Institut (Huber-Schule)
- die ▶ Hamburger Schule
- die ▶ Kosmobiosophische Gesellschaft
- die ▶ Münchener Rhythmenlehre
- die Schule für Transpersonale Astrologie (▶ Michael Roscher)

Neben den Schulen gibt es Berufsverbände wie den ▶ Deutschen Astrologen Verband (DAV) oder den ▶ Schweizer Astrologenbund (SAB), die den Anspruch haben, fach- und schulübergreifend allen seriösen astrologischen Richtungen eine Basis zu bieten.

Astrologische Zeitalter

Die Einteilung der Weltgeschichte in Zeitalter. Ausschlaggebend ist dabei die Bewegung des ▶ Frühlingspunktes durch den Tierkreis, die einen Zeitraum von 25.729 (einer anderen Quelle nach 25.771) Jahren umfasst, das so genannte ▶ platonische Jahr. Demnach befindet sich der ▶ Frühlingspunkt für gut 2.000 Jahre in einem Tierkreiszeichen und dieses prägt jeweils ein bestimmtes Zeitalter. Derzeit befinden wir uns nach Meinung vieler am Ausgang des Fischezeitalters und an der Schwelle zum ▶ Wassermannzeitalter. Doch sind die Meinungen darüber, wann ein Zeitalter genau beginnt, verschieden. Die Anfänge können um Jahrhunderte differieren. Sicher ist jedoch, dass von einer längeren Übergangszeit ausgegangen werden muss, die einige Jahrzehnte oder länger dauern kann.

Astrologisch-Psychologisches Institut

Das Astrologisch-Psychologische Institut (API, auch Huber-Schule genannt) mit Sitz in Adliswil (Schweiz) zählt zu den wichtigsten astrologischen Zentren in Europa. Es wurde von ▶ Bruno Huber und Louise Huber 1968 als Schule für astrologische Psychologie gegründet und bietet Seminare sowie eine dreijährige berufsbegleitende Ausbildung auch in Deutschland und Österreich an. Darüber hinaus hat es die zweimonatlich erscheinende Zeitschrift »Astrolog« ins Leben gerufen.
Die inhaltlichen Schwerpunkte liegen bis heute darin, astrologische und psychologische Erkenntnisse zu integrieren. Das API sieht in der Astrologie »ausschließlich ein Diagnose-Instrument, mit dem man verschiedene Charaktere, Probleme der menschlichen Psyche und der seelischgeistigen Entwicklung erkennen kann«. Es wendet sich entschieden gegen Zukunftsvorausschau, Wahrsagerei und Determinismus. Die Huber-Schule arbeitet mit dem Koch- ▶ Häusersystem (= GOH) und misst dem ▶ Mondknoten als geistigem Aufstiegs- und Entwicklungspunkt eine besondere Bedeutung bei. Die bekannteste Methode des API ist die Progression des ▶ Alterspunkts, die der Betrachtung von Lebenszyklen und inneren Entwicklungen dient.

Astronomie

Astronomie ist die Wissenschaft von den Himmelskörpern bzw. der kosmischen Materie. Im Gegensatz zur Astrologie geht es nicht darum, in den Himmelskörpern einen Sinn zu erkennen, sondern deren Entstehung, Entwicklung, Anordnung, Aufbau, Bewegung sowie physikalischen Zustand naturwissenschaftlich zu erforschen. Dies basiert auf der Beobachtung des Kosmos und der Messung von Strahlungen, die beide mit den Gesetzen der Physik und Chemie ausgewertet werden. Als Bereich der Astronomie ist daraus die Astrophysik entstanden, die ein genaues Bild von der kosmischen Materie vermittelt.
Aufzeichnungen über astronomische Beobachtungen gehen bis ins dritte Jahrtausend vor unserer Zeitrechnung zurück. Möglicherweise liegen die Anfänge jedoch noch weitaus früher. Die Astronomie gilt deshalb als die älteste Wissenschaft. Die Ägypter, Sumerer, Babylonier, Chinesen, Inder sowie die Indianer Mittelamerikas zeichneten die Beobachtungen der Himmelskörper systematisch auf und waren dadurch in der Lage, grundlegende Gesetzmäßigkeiten zu erkennen und Kalender zu erstellen. Dabei handelte es sich zunächst um Mondkalender. In all diesen Kulturen dienten diese Erkenntnisse vor allem als Hilfsmittel für die Astrologie.
Die Griechen mit ihrer hoch entwickelten Mathematik gingen daran, die Be-

obachtungen zu systematisieren und weitergehende Schlüsse daraus zu ziehen. Sie erkannten die Schiefe der ▶ Ekliptik sowie die Bahnen der Planeten. Im 5. vorchristlichen Jahrhundert tauchte erstmals die Theorie von der Erde als Kugel auf, 100 Jahre später spekulierte Aristarch über ein ▶ heliozentrisches Weltbild mit der Sonne als Mittelpunkt. Die Erkenntnisse der Antike fasste ▶ Ptolemäus etwa 150 nach Christus in seinem Buch »Almagest« zusammen, das bis zur Neuzeit das wichtigste Grundlagenwerk der Astronomie im Abendland war.

Nach dem Untergang der Antike verlor die Astronomie in Europa an Bedeutung. Ihr Zentrum verlagerte sich in die arabische Welt. Bagdad wurde zu ihrer Hochburg. In der Neuzeit entfaltete sie eine neue Blüte und trug entscheidend zur Herausbildung eines neuen universellen Bewusstseins der Menschheit bei. Nikolaus Kopernikus, Tycho Brahe, ▶ Johannes Kepler, Galileo Galilei und Isaac Newton lieferten Erkenntnisse und Beweise zum heliozentrischen Weltbild, den Umlaufbahnen der Planeten, dem Gravitationsgesetz und anderem. Die Erfindung und rasche Verbesserung von Fernrohren und Teleskopen ermöglichte eine erheblich bessere Beobachtung des Kosmos.

Im 20. Jahrhundert hat die Astronomie durch die Erforschung der unsichtbaren Strahlung (Radiowellen und Gammastrahlung), durch die bemannte und unbemannte Raumfahrt sowie die Möglichkeit der elektronischen Datenverarbeitung erhebliche Fortschritte gemacht. So ist es nicht nur möglich geworden, die Spekulationen über Entstehung und Alter des Universums auf eine wissenschaftliche Grundlage zu stellen, sondern neuen Spekulationen über Anti-Materie und Zwillingsplaneten Raum zu geben.

Die astronomischen Erkenntnisse über Entstehung und Entwicklung des Universums führen auch dazu, dass eine wachsende Zahl von Wissenschaftlern einen göttlichen Plan dahinter nicht länger ausschließt. Zu einer Rehabilitierung der seit der Neuzeit abgelehnten Astrologie ist es dadurch allerdings noch nicht gekommen.

Astrosophie

Die Bezeichnung stammt vom griechischen astron (Stern) und sophos (klug, weise). Gemeint ist eine Mysterienlehre, die einen Weg der Erkenntnis für den Menschen weist, der sich an der Ordnung der Gestirne orientiert. Die Astrosophie steht damit dem Modell der ▶ Analogie sowie der ▶ esoterischen Astrologie nahe, doch geht es ihr nicht darum, Orientierung im Alltag zu geben, sondern den kosmischen Lebensplan mit Hilfe der Gestirne zu erkennen.

Aszendent

Das zu einem bestimmten Moment am Osthorizont aufsteigende Tierkreiszeichen. Der Begriff kommt vom lateinischen *ascendere* (aufsteigen). Die übliche Abkürzung ist AC. Dem Aszendenten liegt der Deszendent polar gegenüber.

Astronomie: Der Aszendent ist der Schnittpunkt des östlichen Horizonts mit der ▶ Ekliptik. Durch die Drehung der Erde um die eigene Achse steigt, von einem bestimmten Ort aus gesehen, durchschnittlich alle zwei Stunden ein neues Zeichen am Osthorizont auf, sodass der Aszendent den gesamten Tierkreis innerhalb eines Tages durchläuft. Zwei Menschen, die zur gleichen Zeit an weit voneinander entfernten Orten geboren wurden, haben verschiedene Aszendenten.

Deutung: Der Aszendent ist ein sehr individueller Punkt im Horoskop. Die Stellung in einem bestimmten Tierkreiszeichen und etwaige Planeten in Konjunktion mit ihm verleihen ihm seine besondere persönliche Färbung. Er steht für den Start des Individuums ins Leben und die Energien, die die Qualität dieses Zeitpunkts geprägt haben. Der Aszendent gilt als derjenige Punkt, der die Zielrichtung des individuellen Lebensplans sowie die Absicht der Seele anzeigt. Darüber hinaus zeigt er, wie ein Mensch der Umwelt entgegentritt, wie er sich ihr zeigt, aber auch, wie er von dieser wahrgenommen wird. Er ist treffend mit dem lateinischen Wort persona beschrieben, das Maske bedeutet, also das, was man der Welt von sich zeigt.

Der Astrologe Wolfgang J. Denzinger schreibt über den Unterschied zwischen Aszendent und Planeten: »Oft wird er (der Aszendent) wie ein Anhängsel an das Zeichen der Sonne behandelt, als eine Art Ergänzung, der wir gerne jene Eigenschaften zuschreiben, die wir am Horoskopeigner feststellen und die zum Prinzip seines Sonnenzeichens einfach nicht passen wollen … Aber eines ist sicher: Mit Sonne, Mond und Planeten hat der Aszendent recht wenig gemeinsam. Schon die kosmische Symbolik ist eine vollständig andere. Sonne, Mond und Planeten besitzen physische Körper, die in dynamischer Bewegung sich um ein Zentrum drehen. Beim Aszendenten ist dies völlig anders gelagert. Weder hat er einen Körper, noch dreht er sich um ein Zentrum … Sonne, Mond und Planeten entsprechen bestimmten Qualitäten, die wir auf unserem Weg zur Verfügung haben – der Aszendent gibt uns seelisch-geistige Orientierung, die wir auf unserem Weg brauchen. Es wäre vergleichbar mit dem Unterschied zwischen einem Fahrzeug (Planeten) und einem Verkehrsschild (Aszendent). Obwohl grundverschieden, kann das Verkehrsschild dem Fahrzeug dazu verhelfen, ohne Irr- und Umwege ans Ziel zu kommen.«[5]

Mit dem Aszendenten beginnt das erste Haus, das dem Tierkreiszeichen Widder zugeordnet wird.

Aufsteigender Mondknoten

Derjenige der beiden Schnittpunkte von Sonnenbahn (▶ Ekliptik) und Mondbahn, den der Mond bei seinem Umlauf von Süden nach Norden überquert. Synonym: nördlicher Mondknoten. Gegenüber liegt der absteigende oder südliche Mondknoten. Näheres ist unter dem Stichwort Mondknoten nachzulesen.

Augenblicksastrologie

Synonym für ▶ Stundenastrologie.

Auslöser

Ein ▶ Horoskopfaktor, der eine ▶ Auslösung bewirkt. Da sich eine Auslösung auch über einen größeren Zeitraum erstrecken kann – ▶ Transite der Planeten Uranus, Neptun und Pluto beispielsweise über ein bis drei Jahre –, bedarf es in solchen Fällen oft eines konkreten Auslösers, der die Geschehnisse in Gang setzt bzw. mit dem eine Verdichtung der angesprochenen Thematik einhergeht. Solche Auslöser können beispielsweise Neu- oder Vollmondstellungen oder Mars-Transite sein.

Auslösung

Ein ▶ Radixhoroskop bildet die Planetenstände zum Zeitpunkt der Geburt eines Menschen ab. Es beschreibt das, was in diesem Menschen im Keim vorhanden ist und im Lauf des Lebens zur Entfaltung gebracht werden soll. Wenn ein bestimmter ▶ Horoskopfaktor aufgrund der »Berührung« beispielsweise durch einen ▶ Transit aktiviert wird, spricht man von einer Auslösung.
Eine Auslösung aktiviert den betreffenden Horoskopfaktor, sie rückt Themen, die mit ihm in Verbindung stehen, in den Vordergrund. Es ist nun die Möglichkeit gegeben, diesen Teil der Persönlichkeit näher kennen zu lernen und ihn vielleicht von einer neuen Seite zu sehen. Möglicherweise geht es auch darum, ihn grundlegend zu wandeln.
Die verschiedenen ▶ Prognosemethoden beschreiben, wann es zu Auslösungen kommt und wie diese aussehen. Worum es dabei geht, das sagt der ausgelöste Horoskopfaktor, welcher Art die Auslösung ist, darüber sagt der auslösende Faktor etwas aus. Eine Auslösung darf jedoch nicht als Grund für damit einhergehende Ereignisse angesehen werden (▶ Ursache – Wirkung). Auslösungen sind keineswegs immer Anzeiger mehr oder weniger markanter Ereignisse, doch werden sich wichtige Ereignisse im Leben immer in einer Auslösung spiegeln. Wichtige Auslösungen können zum Beispiel stattfinden bei ▶ Transiten der Langsamläufer Saturn, Uranus, Neptun und Pluto, ▶ Sekundärprogressionen oder ▶ Finsternissen. Selbstverständlich sind Auslösungen in jeder Art von Horoskop wirksam, nicht nur im Horoskop eines Menschen. Auch ein ▶ Länderhoroskop oder das Horoskop einer Aktie entwickeln sich im Lauf der Zeit, und die verschiedenen Auslösungen können etwas über diese Entwicklung aussagen. Das gilt genauso für Partnerschaftshoroskope (▶ Combin, ▶ Composit). Wenn sich Auslösungen über größere Zeiträume hinziehen, sorgen häufig ▶ Auslöser wie Mars oder eine Voll- oder Neumondstellung für eine konkrete Manifestation.

Äußere Planeten

Diejenigen Planeten, die sich außerhalb der Erdbahn um die Sonne bewegen (Abbildung Seite 229): Mars, Jupiter, Saturn, Uranus, Neptun und Pluto. Gegensatz: ▶ innere Planeten.

Ayanamsha

Ein in den ▶ Ephemeriden aufgeführter Wert, der angibt, um wie viele Bogengrade, -minuten und -sekunden sich der ▶ tropische Tierkreis vom ▶ siderischen Tierkreis unterscheidet. In der westlichen Astrologie arbeitet man gewöhnlich mit dem tropischen Tierkreis, bei dem die Tierkreiszeichen mit den ▶ Sternbildern nicht identisch sind. Deshalb beziehen sich die Angaben in den hier gebräuchlichen ▶ Ephemeriden auf den tropischen Tierkreis. Man muss also den dort unter Ayanamsha angegebenen Wert von der Planetenposition, für die man sich interessiert, abziehen, um in Erfahrung zu bringen, wo sich dieser Planet im siderischen Tierkreis befindet.

Der tropische Tierkreis entfernt sich alle 72 Jahre aufgrund der ▶ Präzession um etwa einen weiteren Grad vom siderischen Tierkreis.

Den Ayanamsha-Wert festzulegen ist keineswegs einfach und eindeutig. Während der Beginn des tropischen Tierkreises exakt definiert werden kann – nämlich durch die Bestimmung des ▶ Frühlingspunktes, der dann 0 Grad Widder entspricht –, ist dies beim siderischen Tierkreis nicht ohne weiteres möglich. Daher sind verschiedene Ayanamsha-Werte gebräuchlich, die teilweise um einige Grad voneinander abweichen.

In den New International Ephemerides 1900–2050 (erschienen 1993 in Frankreich bei Editions St. Michel) wird als Ayanamsha-Wert für den 1. Januar 2.000 23 Grad 51 Minuten 11 Sekunden angegeben. Dieser Wert wurde von N. C. Lahiri entwickelt und ist auch von der indischen Regierung anerkannt (in der ▶ indischen Astrologie wird mit dem siderischen Tierkreis gearbeitet, weshalb man sich in Indien viele Gedanken um dieses Problem macht). Auch andere wichtige Ayanamsha-Werte bewegen sich in etwa im Bereich dieser Gradzahl.

Azimutsystem

Synonym zu Horizontsystem, einem der ▶ Koordinatensysteme, die der Positionsbestimmung von Himmelskörpern dienen.

Beratung

In einer astrologischen Beratung deutet ein ▶ Astrologe oder eine Astrologin einem Klienten das Geburtshoroskop oder er gibt Auskunft mit Hilfe der ▶ Stundenastrologie oder der ▶ Elektionsastrologie, wenn es darum geht, einen günstigen Termin zu bestimmen.

In den meisten Fällen geht es aber um eine Auslegung des Geburtshoroskops und damit um Selbsterkenntnis. Eine solche Sitzung dauert für gewöhnlich ein bis zwei Stunden. (Daneben gibt es auch telefonische Beratungen und schriftliche Analysen.) Eine weitere Beschreibung des Ablaufs erübrigt sich hier, denn es gibt vermutlich genauso viele Beratungsstile, wie es Astrologinnen und Astrologen gibt. Die meisten Menschen gehen zu einem Astrologen, wenn sie sich in einer Krise befinden. Hier kann die (psychologische) Astrologie Hilfestellung leisten, denn sie vermag bedeutungsvolle Zusammenhänge zwischen verschiedenen Ereignissen oder Lebensphasen herzustellen, die nicht ohne weiteres ersichtlich sind, die zu erkennen aber sehr nützlich sein kann, und sie kann auf diese Weise den dahinter liegenden Sinn erhellen. Dies geschieht durch das Erkennen und Benennen von ▶ Auslösungen, die einen bestimmten ▶ Horoskopfaktor zu einer bestimmten Zeit in den Vordergrund rücken und die damit verbundenen Themen aktivieren. Der Vorteil einer persönlichen Beratung besteht darin, dass der Klient die Deutungen des Astrologen »mit Leben füllen« kann, indem er seine persönlichen Erfahrungen mit einbringt.

Wie es der Begriff Beratung suggeriert, gehen viele Menschen auch zu einer psychologischen Horoskopdeutung mit der Erwartung, konkrete Ratschläge zu bekommen, wie sie sich in einer bestimmten Lebenssituation verhalten sollen. Ob Astrologen nun tatsächlich einen Rat geben sollen oder nicht, darüber herrscht unter ihnen ebenso wenig Einigkeit wie über die Frage, ob ▶ Ereignisprognosen möglich und sinnvoll sind. »Die Kunst, keinen Rat zu geben«, nennt es der amerikanische Astrologe Stephen Arroyo. Astrologen, die diese Sichtweise vertreten, gehen davon aus, dass der Prozess der Selbsterkenntnis, der ja durch die Sitzung angeregt wird, automatisch zu einer Lösung des Problems führt. So sagt Arroyo: »Zum Beispiel habe ich oft Klienten Monate nach unserer Begegnung wiedergetroffen und entdeckt, dass sie entweder meinen ach so klugen Rat nicht befolgt hatten (gleich, ob sie immer noch meinten, sie sollten oder nicht) oder dass kurz nach unserem Dialog etwas eingetreten ist, was alle ihre Probleme in ein neues Licht oder in einen völlig anderen Zusammenhang setzte.«[6]

Geht man davon aus, dass jedes astrologische Symbol eine Bandbreite von Bedeutungen umfasst (▶ Entwicklungsniveau), dann ist auch die Lösung eines Problems, die im Horoskop ebenso enthalten sein muss wie das Problem selbst, vielschichtig und schon gar nicht mit Patentrezepten zu finden. In jedem Fall sollten beratende Astrologen

- akzeptieren, wenn der Klient eine Deutung nicht annimmt,
- das eigene Wertesystem und die eigene Weltanschauung nicht unreflektiert einbringen,
- keine Wertungen bei der Deutung vornehmen.

Jedwede Form von Manipulation, Angstmachen oder Festlegen verbietet sich von selbst, kommt jedoch immer wieder vor. Eine Problematik astrologischer Beratungen liegt darin, dass sich die langfristigen Konsequenzen dem Astrologen entziehen, sofern es sich um eine einmalige Zusammenkunft handelt. Inzwischen pflegen aber auch viele Menschen einen regelmäßigen Kontakt zu ihrem Astrologen und suchen ihn aus aktuellem Anlass oder einmal jährlich auf, um mit ihm über anstehende Trends und Themen zu sprechen.

Zum Zwecke einer verantwortungsbewussten Beratung verpflichtet der ▶ Deutsche Astrologen-Verband die von ihm geprüften Astrologinnen und Astrologen zu einem ▶ Berufsgelöbnis.

Berufsgelöbnis

Der ▶ Deutsche Astrologen-Verband (DAV) verlangt von seinen geprüften Astrologen ein Berufsgelöbnis. Im Folgenden soll der wesentliche Teil wiedergegeben werden, um zu verdeutlichen, worauf eine verantwortungsvolle ▶ Beratung gründet:

»Getragen von dem Bewusstsein der Grenzen astrologischer Aussagemöglichkeiten verbieten sich moralisch wertende Urteile ebenso selbstverständlich wie der Versuch, die Ratsuchenden zu einem bestimmten Verhalten zu drängen oder sie gar durch ängstigende konkrete Ereignisprognosen unter Druck zu setzen. Ich werde mich bemühen, meine Aussagen immer so zu formulieren, dass sie den Ratsuchenden Entwicklungs-

und Handlungsmöglichkeiten eröffnen und ihre Fähigkeiten stärken, eigenverantwortlich existenzielle Entscheidungen für sich zu treffen.
Niemals werde ich irgendeine Konstellation eines Horoskops als ›von Natur aus schlecht oder schädlich‹ hinstellen, und ich will nie etwas voraussagen, was die Ratsuchende oder den Ratsuchenden als Opfer eines unabänderlichen Schicksals erscheinen lässt, am wenigsten einen Todesfall.«

Berufspunkt

Einer der ▶ sensitiven Punkte im Horoskop. Er errechnet sich bei Taggeburten, indem zu der Gradzahl des ▶ Medium coeli die des Mondes hinzugefügt und die der Sonne abgezogen wird. Bei Nachtgeburten wird die Gradzahl der Sonne zu der des Medium coeli hinzugefügt und die des Mondes abgezogen. Näheres zur Berechnungsweise ist unter dem Stichwort sensitiver Punkt nachzulesen. Der Berufspunkt symbolisiert die Übereinstimmung von bewusstem Ziel (Sonne) mit subjektivem Gefühl (Mond) und deren Durchsetzung in der Öffentlichkeit (Medium coeli).

Bewusstsein

In der Astrologie die Fähigkeit, sich über die Anlagen, Potenziale und Gefahren des eigenen Horoskops im Klaren zu sein. Insbesondere die ▶ psychologische Astrologie zielt auf Selbsterkenntnis ab, also darauf, unbewusste und unterbewusste Persönlichkeitsanteile ins Bewusstsein zu heben. Kräfte, die einem Menschen bewusst sind, kann er auch gezielt einsetzen, wohingegen ihn das, was ihm nicht bewusst ist, stark prägt, manchmal in destruktiver Weise. Hier ist insbesondere der ▶ Schatten zu nennen – das, was ein Mensch als nicht zu ihm gehörig empfindet, was ihm aber immer wieder in der Außenwelt begegnet (▶ Projektion). Sich den eigenen Schatten bewusst zu machen – wobei das Horoskop eine wertvolle Hilfe darstellt –, kann heißen, verkümmerte Persönlichkeitsanteile ans Licht zu holen und diese fortan schöpferisch zu nutzen.

Biographiearbeit

Ein aus der Anthroposophie stammendes Verfahren, bei dem es darum geht, die eigene Biographie zu verstehen, das heißt, den Sinn hinter Ereignissen zu sehen und einen »roten Faden« in deren Ablauf zu erkennen. Dabei geht es sowohl um Gesetzmäßigkeiten im Entwicklungsablauf eines Menschen, die jeder in mehr oder weniger ähnlicher Weise durchläuft, wie um individuelle Erfahrungen. Auf dieser Grundlage gilt es dann, einen Entwurf für die Zukunft zu machen, mit dem Ziel, diese selbst positiv mitzugestalten. »Der Akzent liegt also, auch wenn man zuerst einmal einen Blick in die Vergangenheit des Klienten getan hat, ganz auf seiner ›Zukünftigkeit‹: Was steckt in ihm? Welche Möglichkeiten hat er, sich zu entwikkeln? Was können seine Lebensziele sein? Was sind seine Kraftquellen?«[7]
Die Astrologie lässt sich auf das Beste mit der Biographiearbeit kombinieren, zunächst bei der Rückschau: Hierbei bedient man sich der üblichen ▶ Prognosemethoden, die dann auf die – bereits bekannte – Vergangenheit angewendet werden (was sich für jeden, der

die Astrologie erlernt, ohnehin empfiehlt, weil es zu einem vertieften Verständnis nicht nur der eigenen Person und anderer, sondern auch der Astrologie führt). Es bieten sich hier insbesondere ▶ Transite von Saturn, Uranus, Neptun und Pluto sowie ▶ Sekundärprogressionen oder ▶ Sonnenbogendirektionen an, da mit diesen Methoden gewichtigere Entwicklungen erfasst werden, die sich über größere Zeiträume hin erstrecken. Auch zu allgemeingültigen ▶ Entwicklungszyklen macht die Astrologie wichtige Aussagen, vor allem durch Transitaspekte der Planeten Jupiter, Saturn, Uranus, Neptun und Pluto zu sich selbst. Um nur zwei Beispiele zu nennen: Jupiter kehrt alle 12 Jahre an seine Geburtsposition zurück und leitet damit neue Phasen des Persönlichkeitswachstums ein. Saturn ist für seinen Siebenjahresrhythmus bekannt: Er benötigt knapp 29 ½ Jahre, bis er wieder an seine Geburtsposition zurückkehrt, und bildet dazwischen etwa alle 7 Jahre wichtige Aspekte zu seiner Geburtsposition: zunehmendes Quadrat, Opposition und abnehmendes Quadrat.

Bei der Zukunftsgestaltung kann die Astrologie ebenfalls hervorragende Dienste leisten, denn es ist gerade eine ihrer Stärken, die Fähigkeiten und Möglichkeiten eines Menschen zu benennen und zu sagen, worin die schöpferische Seite einer Wesenskraft besteht, die bislang vielleicht eher destruktiv gelebt wurde.

Bezeichnenderweise ist die Biographiearbeit eine Methode des 20. Jahrhunderts, denn dieses hat auch den individuellen Lebenslauf hervorgebracht. Heute können Menschen in einer Weise ihr Leben selbst gestalten, wie dies früher in der Regel nicht möglich war. Ein Lebenslauf war durch Herkunft und Anforderungen der Gemeinschaft in viel stärkerem Maße vorgegeben.

Biquintil

Symbol: BQ oder ⬠

Ein Aspekt, bei dem sich zwei Planeten im Winkelabstand von 144 Grad zueinander befinden. Das Biquintil gilt als ▶ Nebenaspekt und findet in der praktischen Deutung wenig Beachtung, auch wenn es als günstiger Aspekt gilt. Es kann mit einem Orbis von 2 bis 3 Grad berechnet werden. Die Unterstützung, die das Biquintil bietet, betrifft insbesondere den künstlerischen Bereich. Insofern ähnelt es dem ▶ Quintil. Die Verbindung von Planeten durch ein Biquintil wird häufig nur sehr subtil wahrgenommen. Ist die Sensibilität jedoch groß genug, kann es eine schöpferische Kraft entfalten, neue Wege aufzeigen und ein positives Licht auf die Dinge werfen.

Bogengrad

Zeichen: °

Der 360. Teil eines Kreises. Verkürzt auch Grad genannt. Ein Bogengrad wird in 60 Bogenminuten unterteilt und eine Bogenminute wiederum in 60 Bogensekunden.

Bogenminute

Zeichen: ′

Eine Bogenminute, verkürzt auch Minute genannt, ist der 60. Teil eines ▶ Bogengrades. Eine Bogenminute wird in 60 Bogensekunden unterteilt.

Bogensekunde

Zeichen: ″

Eine Bogensekunde, verkürzt auch Sekunde genannt, ist der 60. Teil einer ▶ Bogenminute.

Börsenastrologie

Ein Teilgebiet der ▶ Wirtschafts- und damit der ▶ Mundanastrologie, das die Entwicklungen an der Börse zum Thema hat. Dieses Wissen kann dann für Anlagen nutzbar gemacht werden.

Breite

1) Die *geographische* Breite ist der in Grad gemessene Winkelabstand zwischen einer Stelle auf der Erde und dem Äquator. Die 90 Grad nördlich des Äquators werden als nördliche Breite bezeichnet, die 90 Grad südlich des Äquators als südliche Breite (siehe Abbildung unten).

Zusammen mit der Angabe der geographischen ▶ Länge dient die geographische Breite der exakten Ortsbestimmung.

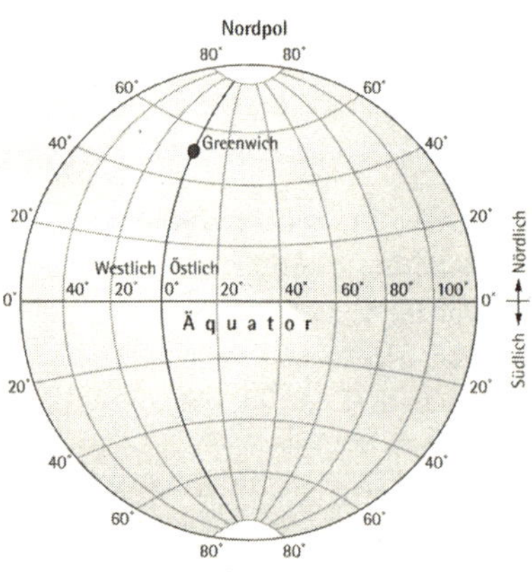

Die Längen- und Breitengrade auf der Erde. Der nullte Längengrad (Null-Meridian) führt durch Greenwich.

2) Die *ekliptikale Breite* dient zusammen mit der ekliptikalen Länge der Positionsbestimmung auf der ▶ Himmelskugel, und zwar in Bezug auf die ▶ Ekliptik.

Die ekliptikale Breite wird in Graden gemessen und beschreibt den Abstand von der Ekliptik entlang eines Längenkreises, der senkrecht zur Ekliptik steht (Abbildung Seite 108).

Briefumschlag

Synonym zu ▶ mystischem Rechteck, einer ▶ Aspektfigur.

Ceres

Symbol: ⚳

Astronomie: Ceres ist ein ▶ Kleinplanet, der die Sonne im ▶ Asteroidengürtel zwischen Mars und Jupiter umkreist. Sie ist der größte unter den Planeten bzw. Asteroiden dieses Rings. Seit 2006 zählt Ceres zur neu geschaffenen Gruppe der ▶ Zwergplaneten. Der Durchmesser beträgt 906 bis 960 Kilometer (Ceres ist nicht rund), der mittlere Sonnenabstand 413,9 Millionen Kilometer. Für einen siderischen Umlauf benötigt sie 4,6 Jahre. Ceres wurde als Erster der Asteroiden in der Neujahrsnacht 1801 von Giuseppe Piazzi auf der Sternwarte in Palermo entdeckt.

Mythologie: Die römische Fruchtbarkeitsgöttin Ceres hat diesem Planeten ihren Namen geliehen. Sie wurde früh mit der griechischen Demeter gleichgesetzt. Demeter war eines der sechs Kinder von Rhea mit Kronos (lateinisch Saturn). Ihre Brüder waren Zeus (Jupiter), Poseidon (Neptun) und Hades (Pluto), ihre Schwestern Hestia (▶ Vesta) und Hera (▶ Juno). Zwar gehörte sie zu den zwölf großen olympischen Gottheiten, doch hielt sie sich im Reich ihres machtbewussten Bruders Zeus nur selten auf. Sie liebte die Erde, insbesondere die fruchtbaren Mittelmeerinseln wie Sizilien. Dort sorgte sie in ihrer Großmut für Üppigkeit und Lebensfreude. Im griechischen Eleusis gab es ein ihr gewidmetes Heiligtum.

Bekannt ist vor allem der Mythos um ihre Tochter Persephone. Zeus hatte diese, ohne Demeter zu fragen, seinem Bruder Hades versprochen. Um das Versprechen einlösen zu können, lockte er Persephone auf eine Waldwiese mit wunderschönen Narzissen, den Blumen des Hades. Demeter hatte ihrer Tochter schon frühzeitig aufgetragen, diese Blumen niemals anzurühren. Die junge Frau konnte jedoch nicht widerstehen und pflückte eine der Blumen. Daraufhin tat sich die Erde vor ihr auf, Hades erschien mit seinen schwarzen Rossen und entführte sie in die Unterwelt. Als ihre Tochter nicht wieder auftauchte, machte sich Demeter neun Tage und Nächte auf die Suche. Dann erfuhr sie über Hekate, was passiert war. In ihrer Trauer über den Verlust ließ sie alles Leben auf Erden verdorren. Menschen und Tiere drohten auszusterben, und Zeus musste fürchten, dass ihm dann keine Opfer mehr gebracht würden. So schickte er verschiedene Boten zur Schwester, doch die ließ sich in der Trauer um ihre Tochter nicht besänftigen. Um nicht alles Leben der Vernichtung anheim zu geben, handelte Zeus mit Hades um Persephone und erreichte ihre Rückkehr. Hades gab seiner Frau für den Rückweg aus der Unterwelt jedoch einen Granatapfel mit, das Symbol für die Ehe. Als sie davon aß, war sie für immer auch mit ihm verbunden. Schließlich einigten sich die Götter darauf, dass Persephone zwei Drittel des Jahres bei ihrer Mutter Demeter über der Erde leben sollte und ein Drittel – nach der Erntezeit – bei ihrem Gemahl. Auch Demeter war damit einverstanden und gab der Erde das Leben zurück.

Deutung: In der astrologischen Deutung geht es bei Ceres um Fruchtbarkeit, Mütterlichkeit, Versorgung, Ökologie, aber auch Erwachsen-Werden und Loslassen. Ceres ist die Herausforderung, das rechte Maß zu finden zwischen Behüten und Freilassen, zwischen Versorgen und Vernachlässigen. Ceres mahnt, Kinder und sonstige Anvertraute nicht völlig zu vereinnahmen, sondern sie auch ihren eigenen Weg gehen zu lassen. Auch Missbrauchsthemen und Essstörungen werden ihr zugeordnet.

Ceres scheint eine Beziehung zu den Zeichen Krebs und Jungfrau zu haben und könnte dort ihr Domizil haben bzw. erhöht sein. Außerdem gibt es wohl auch einen Bezug zur Stier/Skorpion-Achse.

Chaldäer

Ursprünglich die Bezeichnung für die Angehörigen des gleichnamigen aramäischen Volkes, das im südlichen Mesopotamien beheimatet war. Im 7. vorchristlichen Jahrhundert übernahmen die Chaldäer die Herrschaft über Babylon. Ihr bekanntester König war Nebukadnezar II. Unter der Chaldäer-Dynastie erlebten Astrologie und Astronomie eine besondere Blüte. Dadurch wurde der Begriff in der Antike zum Synonym für Astrologen und Wahrsager. Im Römischen Reich wurde er zusehends in abwertendem Sinne benutzt, da die ▶ Vulgärastrologie mit ihren groben Prognosen einen immer größeren Raum einnahm. Unter Kaiser Augustus um die Zeitenwende gab es mehrere Dekrete, alle »Chaldäer«, das heißt Astrologen und Wahrsager, aus Rom zu verbannen und die astrologische Literatur zu verbieten. Praktischen Erfolg hatten sie jedoch nicht, weil die Bevölkerung danach verlangte (▶ Geschichte der Astrologie).

Chinesische Astrologie

Die chinesische Astrologie basiert auf einem anderen System als die abendländische. Nicht der Tierkreis bildet die Grundlage der Berechnungen und Erkenntnisse, sondern eine Kombination aus ▶ Zahlenmystik, ▶ Zeitqualität und dem Prinzip der ▶ Polarität. Entscheidend dabei sind die Zahlen Fünf und Zwölf.

Zwei Linien führen zu den astrologischen Erkenntnissen, die zehn Himmelsstämme und die zwölf Erdäste. Die zehn Himmelsstämme stehen für den himmlischen Raum. Sie leiten sich aus den fünf Planeten Merkur, Venus, Mars, Jupiter und Saturn bzw. den fünf ▶ Elementen Holz, Feuer, Erde, Metall und Wasser ab. Beide sind einander zugeordnet, und zwar Jupiter dem Holz, Mars dem Feuer, Saturn der Erde, Venus dem Metall und Merkur dem Wasser. Sonne und Mond gelten in der chinesischen Astrologie nicht als Planeten. Darüber hinaus erscheinen sie immer in ihrer weiblichen und männlichen Form, sodass sich die Zahl Zehn ergibt. Dieses Prinzip ist weit über China hinaus als ▶ Yin-Yang bekannt. Danach unterliegt die Existenz einem steten Wechsel aus Tag und Nacht, warm und kalt, hell und dunkel, Aktivität und Ruhe.

Der Gegenpol und die notwendige Ergänzung zu den zehn Himmelsstämmen sind die zwölf Erdäste. Sie repräsentieren die irdische Zeit, den Zyklus. Die Zwölf als ihre magische Zahl ergibt sich aus den Jahren des Jupiterumlaufs, den Monaten des scheinbaren Sonnenumlaufs sowie den Doppelstunden eines Tages. Die Himmelsstämme und die Erdäste – also die Energie der Planeten und Elemente sowie der Zyklus der Zeit – sind für sich genommen nicht von Bedeutung. Nur in ihrer gegenseitigen Bedingtheit entfalten sie ihre Wirkung, wie der Chinaspezialist Marcel Granet ausführt: »Da jedoch Raum und Zeit, Himmel und Erde nur in ständiger und enger Abhängigkeit voneinander vorstellbar sind, besitzt die Verbindung der beiden Zyklen nicht weniger Bedeutung als ihre Gegensätzlichkeit. Durch jeden der beiden Zyklen wird auf alle Orte und Gelegenheiten hingewiesen, und beide ermöglichen es, diese Gegebenheiten so zu ordnen, dass sie der Erde gemäß und für den Himmel verbindlich oder für den Himmel bezeichnend und für die Erde maßgeblich werden.«[8]

Die Stationen des zyklischen Umlaufs sind durch zwölf Tiere symbolisiert, die einmal mehr dem Yin-Yang-Prinzip entsprechen. Es handelt sich um sechs wilde Tiere für das Yang-Prinzip sowie um sechs Haustiere für das Yin-Prinzip. Im Einzelnen lauten die zwölf Zeichen:

- Ratte
- Büffel (Ochse)
- Tiger
- Hase
- Drache
- Schlange
- Pferd
- Schaf (Ziege)
- Affe
- Huhn
- Hund
- Schwein

Gelegentlich wird der chinesische Tierkreis mit dem westlichen in Beziehung gesetzt: Ratte entspricht demnach dem Widder, Büffel dem Stier, Tiger den Zwillingen usw. Es gibt auch eine andere Zuordnung, die mit dem Drachen beginnt. Er entspricht dann dem Widder, Schlange dem Stier, Pferd den Zwillingen usw. Derartige Vergleiche sind aber grob vereinfachend und werden keinem der beiden Systeme gerecht, die völlig unabhängig voneinander entwikkelt wurden.

Jedes Jahr, jeder Monat, jeder Tag und jede Doppelstunde beginnt mit einem Element und einem Tierkreissymbol. Die Zählung geht dann nach der oben angegebenen Reihenfolge weiter, wobei das Element in seiner männlichen und seiner weiblichen Form auftaucht, während das Tierkreissymbol unmittelbar wechselt, zum Beispiel Yang-Holz-Ratte, Yin-Holz-Büffel, Yang-Feuer-Tiger, Yin-Feuer-Hase usw. Da diese Zählung nicht nur für das Jahr, sondern auch für den Monat, den Tag und die Doppelstunde gilt, hat jeder Mensch acht Zeichen – vier Elemente und vier Tierkreissymbole –, die seine individuelle astrologische Prägung ausmachen.

Die chinesische Astrologie ist also bei weitem nicht so unpersönlich, wie eine oberflächliche Betrachtung, die nur die Zuordnung jeweils eines Tieres zu einem Jahr berücksichtigt, vermuten lässt.

Bei den zwölf Tierkreiszeichen spielt die Wertung eine große Rolle. Es gibt Zeichen, die als sehr günstig gelten, etwa Drache oder Schwein, und andere, die einen ausgesprochen schlechten Ruf haben, wie Schlange oder Hund.

Neben der Lehre von den Himmelsstämmen und den Erdästen gibt es eine auf den Mond ausgerichtete astrologische Tradition, die sehr alt ist. Demnach durchläuft der Mond 28 Stationen. Sie alle sind den Tierkreiszeichen zugeordnet. Nach 12 Stationen beginnt die Zählung aufs Neue. Da der Mondkalender nicht mit dem Zwölferzyklus im Einklang steht, muss mit zwei verschiedenen Kalendern gerechnet werden. Das hat sich jedoch als unpraktisch erwiesen. Der Einfluss der Mond-Astrologie ist deshalb in der konkreten Anwendung zurückgegangen.

Ein wichtiges Element der chinesischen Astrologie sind auch die beiden ▶ Mondknoten.

Für die Sterndeuter der Vergangenheit waren neben den Bewegungen der Planeten besondere Himmelserscheinungen wie ▶ Finsternisse oder ▶ Kometen von Bedeutung. Astronomie und Astrologie gingen dabei Hand in Hand. China verfügt deshalb über eine bedeutende Tradition bei der Himmelsbeobachtung. Sie war den Beamten des Kaisers vorbehalten. Dem obersten Herrscher oblag die Aufgabe, die Erkenntnisse in

praktische Politik umzusetzen, wie schon Konfutse gefordert hat: »Der Himmel lässt seine Bilder herabhängen, die Herrscher nehmen sie als Vorbild.«
Die chinesische Astrologie ist sehr prognostisch orientiert. Dabei spielt das Tierkreiszeichen, das in dem betreffenden Jahr herrscht, eine wichtige, aber nicht die einzige Rolle. Die ▶ Vulgärastrologie, die in China ebenso verbreitet ist wie in der abendländischen Tradition, beschränkt sich bei der Voraussage häufig darauf. Jede ernsthafte Prognose bringt jedoch die individuelle astrologische Prägung des Klienten mit der Qualität der Zeit in Verbindung, für die die Prognose gelten soll. So sind differenzierte Aussagen möglich. Zur Unterstützung der Prognose greift man auch auf andere Systeme zurück, darunter auf das bekannte I-Ging-Orakel, das im »Buch der Wandlungen« schriftlich fixiert ist.
Die Anwendung der prognostischen Astrologie ist gesellschaftlich weitgehend unbestritten, sogar unter Intellektuellen, Politikern, Offizieren oder Wirtschaftsvertretern, deren westliche Pendants jeden Kontakt mit der Astrologie (zumindest offiziell) meiden. Die Menschen lassen sich einen günstigen Termin für die Hochzeit, den Berufsstart, eine Firmengründung, eine Reise sowie andere mehr oder weniger bedeutende Ereignisse im Leben von einem Astrologen errechnen. Politiker suchen vor wichtigen Entscheidungen den Rat von Astrologen, Wirtschaftsführer befragen sie ebenfalls vor Investitionen, Käufen oder Börsengängen.
Die im Abendland populäre ▶ psychologische oder die ▶ esoterische Astrologie, bei der es darum geht, seelische Muster und Prozesse zu erkennen, spielt in China kaum eine Rolle.

Chiron

Symbol: ⚷
Astronomie: Der erstentdeckte der ▶ Kentauren unter den ▶ Kleinplaneten. Die Kentauren nehmen wohl eine Zwischenstellung zwischen ▶ Kometen und ▶ Asteroiden ein. Chiron bewegt sich zwischen der Saturn- und der Uranusbahn. Er wurde am 18. Oktober 1977 in Palomar, USA, von Charles T. Kowal entdeckt. Sein geschätzter Durchmesser liegt bei 288 Kilometern, der mittlere Sonnenabstand beträgt 2.036 Millionen Kilometer. Für einen siderischen Umlauf auf einer stark elliptischen, exzentrischen Bahn benötigt er 50,2 Jahre.[9] Seine Verweildauer in den Tierkreiszeichen ist unterschiedlich lang. So ist er beispielsweise sieben bis acht Jahre in den Fischen und im Widder. Dagegen verweilt er nur etwa anderthalb bis zwei Jahre in der Jungfrau und in der Waage.
Mythologie: In der antiken Mythologie ist Chiron der Weise und Heiler unter den Kentauren – Wesen mit dem Oberkörper eines Menschen und einem Pferdeleib – und ihr Anführer. Wie ▶ Pholos hebt er sich von der Masse der Triebhaften ab. Schon durch seine Abstammung unterscheidet er sich von den anderen Kentauren. Er war der Sohn von Kronos (Saturn) mit der Nymphe Philyra. Chiron kam zu seiner Gestalt, weil sich Kronos der Nymphe als Hengst angenähert hatte. Seine Mutter verstieß ihn nach seiner Geburt, abgestoßen von seinem Äußeren. Chi-

ron wurde von dem Sonnengott Apollon und der Mondgöttin Artemis unterwiesen. Er zeichnete sich durch seine Weisheit und durch seine heilerischen Fähigkeiten aus. So wurde der Hässliche schließlich zum Lehrer vieler Götter und Helden, denen er die Heilkunst und die Kriegskunst beibrachte, aber auch die Weissagung, die Jagd und die Musik.
Als Herakles sich im Kampf mit den Kentauren befand, traf einer seiner Giftpfeile versehentlich Chiron. Die Wunde führte zu schrecklichen Qualen, denn das Gift wirkte, konnte ihn aber nicht töten. Wegen seiner göttlichen Abstammung war Chiron unsterblich. Doch es blieb ihm versagt, sich selbst zu heilen, obwohl er anderen immer helfen konnte. So wurde er der verwundete Heiler. Seine Erlösung erlangte er, als ihm Herakles vom Schicksal des Titanen Prometheus berichtete. Der war wegen seines Aufbegehrens gegen Zeus' Willen an einen Felsen des Kaukasus gekettet worden. Jeden Tag kam Zeus' Adler und fraß seine Leber, doch er konnte nicht sterben, weil sie in der Nacht immer wieder nachwuchs. Entkommen konnte er seinem Schicksal nur, wenn einer der Unsterblichen bereit wäre, sich zu opfern und für ihn in die Unterwelt zu gehen. Chiron stimmte dem zu. Damit opferte er seine Unsterblichkeit und erlöste zugleich Prometheus von seinem Leiden. Zeus war davon so gerührt, dass er die Opfer annahm. Chiron durfte den Hades verlassen und in den Götterhimmel einkehren, wo er als Sternbild des Kentauren zu sehen ist.

Deutung: Chirons Themen sind die Ambivalenz von geistiger Größe und körperlicher Unvollkommenheit, von Heilen und der Schwierigkeit der Selbstheilung sowie von Opfer und Erlösung. Darüber hinaus ist Chiron mit seiner Position im Sonnensystem sowie mit seiner mythologischen Geschichte ein Mittler zwischen der materiellen Welt (Pferdekörper, Planet Saturn) und der geistigen (menschliche Weisheit, Planet Uranus). Er kennt beide Pole, und er kann ihnen nicht entrinnen, obwohl er es gern möchte. Wenn er versucht, den materiellen, körperlichen Teil zu ignorieren, ruft der sich in Form von Schmerzen in Erinnerung. Dagegen ist Chiron machtlos, obwohl er ein großer Heiler ist. Als er den materiellen Teil so weit akzeptiert, dass er sogar seine göttliche Herkunft dafür hinzugeben bereit ist, erfährt er Erlösung.
Die Astrologin Eva Stangenberg fasst zusammen, worum es dabei geht: »Seine Stellung in unserem Radix zeigt uns nun, wo wir die Spaltung, unsere Wunde, erfahren, wo wir aber dadurch auch die größte Chance haben, sie zu überwinden, heil zu werden. Und dadurch wird es möglich, mittels der geistigen Erkenntnisfähigkeit des Uranus die Einheit von Körper und Geist nicht nur in uns, sondern in allem, was ist, wahrzunehmen ... Bei Chiron geht es nicht darum, durch harte Arbeit am Thema zur Meisterschaft zu gelangen wie bei Saturn, oder durch Lösung von Traumata gebundene Energien zu befreien wie bei Pluto, sondern durch Annehmen des Mangels ›heil‹ zu werden ... Unsere Erfahrungen mit unserem Mangel und die Annahme dieses Mangels machen es erst möglich, andere, die ähnliche ›Probleme‹ haben, zu verste-

hen ... Wir schenken anderen unser Mitempfinden, unser Verständnis, unsere Erfahrungen und können ihnen damit helfen. Damit ›opfern‹ oder schenken wir nicht etwas, wodurch wir ›ärmer‹ werden, im Gegenteil, wir ›gewinnen‹ eine Verbindung, stellen Einheit her, wo vorher Abspaltung war.« [10]
Brigitte Hamann sieht Chiron als »Brennpunkt für besondere Fähigkeiten«.
Über das ▶ Domizil von Chiron sind sich die Astrologen noch nicht einig. Die meisten sehen ihn entweder als ▶ Herrscher des Schützen oder aber der Jungfrau.

Combin

Ein aufgrund der Geburtsdaten zweier Personen erstelltes Horoskop, nicht zu verwechseln mit dem ▶ Composit. Wie beim Composit kann man mithilfe des Combins Schwerpunktthemen einer Beziehung – und dies können alle möglichen Beziehungen zwischen Menschen sein – relativ schnell erfassen. Ein Combin kann auch für mehr als zwei Menschen angefertigt werden.
Berechnung: Zu Datum und Uhrzeit kommt man, indem man genau den Tag errechnet, der zwischen den Geburtstagen der beiden Beteiligten liegt. Auch die Combin-Uhrzeit stellt einen Mittelwert zwischen den beiden Geburtszeiten dar. Sofern die beiden nicht am selben Ort geboren wurden, wird der Combin-Ort errechnet, indem jeweils für die geographische ▶ Länge und für die ▶ Breite ein Mittelwert gebildet wird. Soll das Combin für mehr als zwei Personen erstellt werden, sind die Berechnungen entsprechend komplizierter.
Deutung: Auch wenn der Combin-Ort in den Pazifischen Ozean fällt – das Combin ist, im Gegensatz zum Composit, ein reales Horoskop, weshalb man darauf, wie auf jedes ▶ Radixhoroskop, ▶ Solarhoroskope erstellen und ▶ Progressionen und ▶ Transite ermitteln kann. Das Combin, so die Astrologin Mona Riegger, »gibt Aufschluss darüber, welches Hauptthema die Partner zusammengeführt hat, was sie gemeinsam erfahren möchten und auf welchen Lebensbereich sich ihr Handeln im Besonderen konzentriert.« [11] So kann das Combin auch die Tür zum Geheimnis einer Beziehung sein, das mit anderen Methoden des ▶ Partnerschaftsvergleichs nicht oder nicht so leicht zu entschlüsseln ist.
Die Interpretation richtet sich nach den üblichen Kriterien der ▶ Deutung. Das Combin-Horoskop beschreibt zunächst die Partnerschaft als Ganzes. Man kann ihm aber auch Informationen über die Rolle der beiden Beteiligten entnehmen: Dabei entspricht der Aszendent dem älteren Partner, der Deszendent dem jüngeren. Der Deszendent ist damit gleichsam der Aszendent des Jüngeren, das Medium coeli des Combins sein Imum coeli usw.

Composit

Ein aufgrund der Geburtsdaten zweier Menschen erstelltes Horoskop, nicht zu verwechseln mit dem ▶ Combin. Wie dieses ermöglicht auch das Composit ein schnelles Erfassen der Schwerpunktthemen einer Beziehung.
Berechnung: Aufgrund der ▶ Radixhoroskope der beiden Beteiligten werden jeweils zwischen zwei gleichen ▶ Horo-

skopfaktoren die kürzeren ▶ Halbsummen ermittelt. Wenn zum Beispiel der eine Partner den Mond auf 13 Grad Stier hat und die andere Partnerin den Mond auf 27 Grad Wassermann, so beträgt die kürzere Distanz 76 Grad. Die Mitte der Strecke (5 Grad Widder) ist die Halbsumme, und dort befindet sich auch der Composit-Mond. Genauso geht man mit allen anderen Planeten und der Mondknotenachse (▶ Mondknoten) vor, außerdem mit dem Medium coeli und dem Aszendenten. Die anderen ▶ Häuserspitzen werden aufgrund der Angaben von Medium coeli und Aszendent der Häusertabelle entnommen. Einer alternativen Möglichkeit zufolge wird der Aszendent nicht aus der Halbsumme der beiden Radix-Aszendenten gebildet, sondern man berechnet ihn auf den Wohnort der beiden Beteiligten. Dies ist natürlich nur möglich, wenn sie am selben Ort wohnen.

Deutung: Im Gegensatz zum ▶ Combin handelt es sich beim Composit um ein fiktives Horoskop, dessen Konstellationen in der Realität nicht stattgefunden haben (was manche Astrologen nicht hindert, die ▶ Transite auf das Composit zu untersuchen). So kann sich im Composit Merkur in Opposition zur Sonne befinden, obwohl er sich tatsächlich nicht mehr als 28 Bogengrad von ihr entfernen kann (▶ Elongation). Das Composit scheint eher die Energie, die den Beginn einer Beziehung ausmacht, zu offenbaren, weniger das tiefe Wesen der Beziehung, wie es beispielsweise im Combin zum Ausdruck kommt. Die Astrologin Mona Riegger ist der Ansicht, »dass das Composit-Horoskop den Themen des siebten Hauses entspricht, während das Combin-Horoskop Acht-Haus-Themen widerspiegelt. Das Composit beschreibt demnach die Phase des Findens, das Combin die Phase des Haltens.« Und weiter: »Ein Composit-Horoskop kann in allen Bereichen menschlichen Miteinanders Aufschluss über die wichtigsten Themen einer Partnerschaft geben. Nur in solchen Begegnungen, die eine sehr tiefe Verbindlichkeit nach sich ziehen, würde ich das Combin dem Composit vorziehen.«[12]

Es gelten die allgemeinen Deutungsregeln. Wie beim Combin gibt es auch hier zwei Lesarten: Das Composit kann als Ganzes gesehen werden und für die Partnerschaft bzw. Beziehung an sich stehen; man kann ihm aber auch Informationen über beide Partner entnehmen: Dabei entspricht der Aszendent dem älteren Partner und der Deszendent dem jüngeren. Der Deszendent ist damit der Aszendent des Jüngeren, und entsprechend funktioniert die Häuserzählung (das achte Haus ist sein zweites Haus usw.).

Computerastrologie

Die moderne Informationstechnologie hat in der astrologischen Praxis inzwischen große Bedeutung gewonnen – bei der Berechnung und der Anfertigung von ▶ Horoskopzeichnungen, aber auch bei der ▶ Deutung per Computer. Horoskopberechnungen und -zeichnungen per Computer sind aus der Astrologie nicht mehr wegzudenken. Die Vorteile liegen darin, dass man sich umständliche Rechenarbeit erspart und Rechenfehler, sofern es sich um erprobte und für gut befundene Software handelt, ausgeschlossen werden können. Besonders nützlich ist das bei den komplizierteren Berechnungen, wie sie etwa ▶ Solarhoroskope, Combine oder ▶ Composite verlangen. Auch die zugehörigen Zeichnungen sind dank Computer im Nu fertig, was allerdings auch Nachteile hat: Der Akt des Zeichnens, der Teil des Deutungsprozesses sein kann, fällt weg. Und es besteht bei der Computerzeichnung die Gefahr, dass man nur einen flüchtigen Blick darauf wirft.

Darüber hinaus sind Datenbanken eine große Hilfe für die astrologische Forschung. Statistiken, mit denen viele Astrologen den allgemeingültigen Charakter ihres Betätigungsfeldes belegen möchten (▶ Statistik und Astrologie), haben durch die Computerastrologie erheblich mehr Gewicht bekommen bzw. wurden dadurch überhaupt erst ermöglicht. Auch das Internet spielt in der Astrologie eine immer wichtigere Rolle – so ist dadurch beispielsweise ein weltweiter Austausch zwischen Astrologen möglich.

Problematischer ist die ▶ Deutung von Horoskopen durch Computer, die ebenfalls weit verbreitet ist. Dabei wird der Computer mit einer Fülle an Daten und Deutungsmöglichkeiten aller denkbaren astrologischen Konstellationen und Kombinationen gefüttert. Werden die konkreten Daten eines Klienten eingegeben, wählt der Computer die entsprechenden Konstellationen aus und liefert einen individuell zugeschnittenen Text. Anders als in einer persönlichen Beratungssituation (▶ Beratung), wo der persönliche Erfahrungshintergrund des Klienten mit einbezogen werden kann, müssen Computerdeutungen mit mehr oder minder allgemeinen Formulierungen auskommen. Es fehlen zwei der wichtigsten Dinge, die gute Astrologen ausmachen, die ▶ Intuition und die Erfahrung. So kann es durchaus vorkommen, dass sich Klienten in einer Computeranalyse nicht wiederfinden und sich daraufhin von der Astrologie abwenden. Für andere dient ein Computerhoroskop hingegen als Einstieg. Tatsächlich gibt es inzwischen Deutungsprogramme mit erstaunlich guten und differenzierten Texten.

Die wachsende Bedeutung der Computerhoroskope liefert den ▶ Astrologiegegnern neue Argumente. »Statt den Himmel zu beobachten, gucken die Astrologen nur noch in den Computer«, beklagt zum Beispiel Edgar Wunder, langjähriges Vorstandsmitglied der Gesellschaft zur wissenschaftlichen Untersuchung von Parawissenschaften.

Cyclo * Carto * Graphy

Wie die ▶ Astro * Carto * Graphy wurde auch die Cyclo * Carto * Graphy (auch hierbei handelt es sich um einen geschützten Markennamen) von dem amerikanischen Astrologen Jim Lewis entwickelt.

Während man mit Ersterer auf der Weltkarte abbilden kann, wo auf der Erde sich welche Planeten zum Zeitpunkt der Geburt eines Menschen in Konjunktion mit einer ▶ Achse befanden – wo sie als stark gestellt gelten (▶ Dominanz) –, zeigt Letztere zeitliche ▶ Auslösungen. Ein ▶ Radixhoroskop zeigt die Anlagen und das Potenzial eines Menschen, die dann im Lauf der Jahre und Jahrzehnte durch bestimmte ▶ Auslösungen

(▶ Prognose) zur Entfaltung gebracht werden (können). Diese Auslösungen für einen bestimmten Zeitraum kann man der Cyclo * Carto * Graphy - Karte entnehmen. Sonne-, Mond-, Merkur-, Venus- und Marslinien zeigen an, wo auf der Welt sich diese Planeten – nach ▶ Sekundärprogression vorgerückt – zum gewählten Zeitpunkt in Konjunktion mit einer Achse befinden. Hingegen markieren die Jupiter-, Saturn-, Uranus-, Neptun- und Plutolinien diejenigen Stellen, wo diese Planeten im ▶ Transit sich zum gewählten Zeitpunkt in Konjunktion mit einer Achse befinden.
Für die Darstellung und Deutung gilt das unter dem Stichwort Astro * Carto * Graphy Gesagte, wobei Letztere wie auch das Radix von primärer Bedeutung ist. Die Cyclo * Carto * Graphy zeigt somit, an welchen Orten bestimmte zeitliche Auslösungen stattfinden, die am Wohnort nicht unbedingt zum Tragen kommen.

Dalvit-Friis, Matthias

Matthias Dalvit-Friis (geboren am 27. März 1945, 14:17 Uhr MEZ in Zürich, gestorben am 9. Juni 2002) war von Haus aus Buchhändler und Bibliothekar. Die damit verbundenen Tugenden brachte er in die Astrologie ein. Er war äußerst belesen. Besonders bekannt wurde er durch seine fundierten Astroportraits bekannter Persönlichkeiten in Fachzeitschriften. Daneben verfasste er Bücher, in denen er unter anderem eine Verbindung zwischen der Astrologie und dem I Ging herstellte (»Geburts-I Ging und Astrologie«). Die Beschäftigung mit dem I Ging war seine zweite große Leidenschaft, die er ähnlich wie die Astrologie als praktische Lebenshilfe ansah und an der er sich orientierte.
Astrologisch betrachtete Dalvit-Friis die ▶ Revidierte Astrologie als seine Basis. Kulturell fühlte er sich der asiatischen Welt sehr verbunden, insbesondere dem tibetischen Buddhismus. Nach seiner Lehre machte er sich auf eine lange Indienreise, die ihn auch in die tibetischen Exilgemeinden führte. Als langfristiges Ergebnis davon beschäftigte er sich in einigen seiner Astrobiografien mit indischen und tibetischen Weisen. Doch Dalvit-Friis war nie auf nur eine Lehre fixiert, sondern nahm auch an der geistigen Entwicklung in Europa regen Anteil. Mit Hilfe der Jungschen Psychologie versuchte er mehr über sich und seine Umgebung zu erfahren. Er verstarb unerwartet an Herzversagen.

DC

Abkürzung für ▶ Deszendent.

Dekanat

Die Einteilung eines jeden Tierkreiszeichens in jeweils drei Abschnitte zu 10 Bogengraden. Das erste Dekanat umfasst die Grade 1 bis 9 Grad 59 Minuten, das zweite Dekanat die Grade 10 bis 19 Grad 59 Minuten und das dritte Dekanat die Grade 20 bis 29 Grad 59 Minuten.
▶ Herrscher des ersten Dekanats eines Tierkreiszeichens ist jeweils der Herrscher eben dieses Zeichens. Über das zweite Dekanat herrscht derjenige Planet, der über das nächste Tierkreiszeichen desselben Elementes herrscht. Über das dritte Dekanat herrscht derjenige Planet, der über das übernächste Tier-

kreiszeichen dieses Elementes herrscht. Entsprechend besteht auch immer eine Beziehung zu dem zugehörigen Tierkreiszeichen. Beispiel:

erstes Dekanat von Widder	Herrscher: Mars
zweites Dekanat von Widder	Herrscher: Sonne/Löwe
drittes Dekanat von Widder	Herrscher: Jupiter/Schütze
erstes Dekanat von Stier	Herrscher: Venus
zweites Dekanat von Stier	Herrscher: Merkur/Jungfrau
drittes Dekanat von Stier	Herrscher: Saturn/Steinbock
erstes Dekanat von Schütze	Herrscher: Jupiter
zweites Dekanat von Schütze	Herrscher: Mars/Widder
drittes Dekanat von Schütze	Herrscher: Sonne/Löwe

Eine Übersicht über die einzelnen Tierkreiszeichen und ihre Herrscher findet sich unter dem Stichwort ▶ Domizil.

Deklination

Der senkrechte Winkelabstand eines Planeten vom ▶ Himmelsäquator, dem in den Weltraum hinausprojizierten Erdäquator (Abbildung Seite 108). Die Deklination wird in Bogengraden, -minuten und -sekunden gemessen. Befindet sich der Planet nördlich des Himmelsäquators, spricht man von positiver Deklination, befindet er sich südlich, von negativer Deklination. Der Wert liegt irgendwo zwischen 0 und 90 Grad. Dabei entspricht 0 Grad dem ▶ Himmelsäquator, +90 Grad dem nördlichen Himmelspol und –90 Grad dem südlichen Himmelspol. Zusammen mit der ▶ Rektaszension dient die Deklination der exakten Positionsbestimmung eines Planeten. Vergleicht man das ▶ Koordinatensystem der ▶ Himmelskugel mit demjenigen der Erdkugel – wobei Erstere die in den Weltraum hinaus projizierte Erweiterung der Erde ist –, dann entspricht die Deklination den Breitengraden auf der Erde.
Die Deklination ist nicht zu verwechseln mit der ekliptikalen ▶ Breite, die den senkrechten Winkelabstand eines Planeten von der ▶ Ekliptik misst.

Deszendent

Das zu einem bestimmten Moment am Westhorizont untergehende Zeichen. Der Begriff kommt vom lateinischen descendere (absteigen). Die übliche Abkürzung ist DC. Dem Deszendenten liegt der Aszendent genau gegenüber.
Astronomie: Der Deszendent ist der Schnittpunkt des westlichen Horizonts mit der ▶ Ekliptik. Er weist dieselben astronomischen Eigenschaften wie der Aszendent auf.
Deutung: Der Deszendent gilt als der Du-Punkt im Horoskop. Er zeigt an, wie der Horoskopeigner das Gegenüber wahrnimmt. Damit ist häufig der Beziehungspartner gemeint, doch beschränkt sich die Symbolik nicht darauf. Es geht um die Wahrnehmung der gesamten Umwelt, auch wenn die Partnerschaft im Mittelpunkt steht. Gleichzeitig zeigt der Deszendent an, wie andere auf den Horoskopeigner zukommen. Das Zeichen am Deszendenten und etwaige Planeten in Konjunktion mit ihm verleihen ihm die besondere persönliche Färbung. So wie

der Deszendent die notwendige Ergänzung des Aszendenten ist, so ergänzt das Du das Ich, um zur Ganzheit zu gelangen. Es geht allerdings nicht um symbiotische Verschmelzung, sondern um neue Erfahrungen, die allein nicht möglich sind.

Dennoch ist es eine bemerkenswerte Symbolik, dass Partnerschaft und Liebe am Untergangspunkt des Horoskops stehen. Dazu schreibt der Astrologe Ernst Ott: »Manchen von uns fällt es schwer, ihr Ego in den Hintergrund zu stellen, sie müssen auch in der Beziehung den Ton angeben, sich durchsetzen oder sehen gar den Prozess der Liebe als Konkurrenzspiel. Andere wiederum haben zu wenig Selbstdurchsetzung und benutzen den Partner als Krücke für das fehlende eigene Selbstwertgefühl … Ohne ein gesundes Ego (Aszendent) gibt es keine wirklich gleichberechtigte Partnerschaft (Deszendent). Am Deszendent geht nicht nur das aufgeblähte Ego unter, sondern auch die ängstliche Anpassung. Nach diesem Untergang beginnt die Nacht der Liebe als ein wirkliches Fest der Begegnung zweier gleichberechtigter Persönlichkeiten.«[13]

Der Deszendent kann auch zur Projektionsfläche des Individuums werden. Dann steht er für die Eigenschaften, die selbst nicht gelebt, sondern auf den anderen übertragen und bei ihm auch gesucht werden; sei es, weil sie nicht im Bewusstsein sind oder weil sie beispielsweise aufgrund von Moralvorstellungen abgelehnt werden (▶ Projektion, ▶ Schatten). Mit dem Deszendenten beginnt das siebte Haus, das Haus der Partnerschaft, das dem Tierkreiszeichen Waage zugeordnet ist.

Determinismus

Eine Lehre, wonach alles Geschehen vorherbestimmt ist. Der Begriff kommt vom lateinischen *determinare* (bestimmen, festlegen). ▶ Astrologiegegner führen immer wieder ins Feld, die Astrologie sei deterministisch und lasse dem ▶ freien Willen keinen Spielraum.

Tatsächlich sahen viele Astrologen in vergangenen Jahrhunderten das Geburtshoroskop als unausweichliches Schicksal an. Die moderne Astrologie distanziert sich jedoch weitgehend von einer solchen Haltung. Sie betont den freien Willen und das aus dem Horoskop ersichtliche Entwicklungspotenzial.

Bis heute spielt der Determinismus für die stark prognostisch orientierte Astrologie in Asien eine wichtige Rolle. Selbst die Vorhersage des Todeszeitpunkts ist üblich – dies allerdings bei einem kulturell bedingt völlig anderen Verständnis vom ▶ Tod. Der Determinismus ist Ausdruck der in Asien weit verbreiteten Weltanschauung, wonach Individualität und freier Wille gegenüber der Einbindung des Menschen in kosmische Zusammenhänge und soziale Strukturen einen erheblich geringeren Stellenwert haben. Dem, was dort vorgegeben ist, kann er sich nicht entziehen. Die deterministische Deutung eines Horoskops wird deshalb nicht als Begrenzung der Persönlichkeit verstanden, sondern als Hilfe, seinen angestammten Platz zu erkennen. Dadurch erhält der Mensch Sicherheit und Orientierung. Die abendländische Weltanschauung hat sich vom Determinismus weit entfernt und betont die Eigenständigkeit und Willensfreiheit des Individuums.

Deutscher Astrologen-Verband

Der am 16. Oktober 1947 um 10:06 Uhr in Wiesbaden gegründete Deutsche Astrologen-Verband (DAV) ist die größte und wichtigste Vereinigung von Astrologinnen und Astrologen im deutschsprachigen Raum. Er knüpft an die Tradition der Deutschen Astrologischen Gesellschaft und der Astrologischen Zentralstelle an, die bis zur Herrschaft der Nationalsozialisten einen großen Einfluss ausübten. Diese untersagten jede unabhängige astrologische Betätigung und verboten die Berufsverbände.

Als seine Ziele definiert der DAV heute die »Aufklärung der Öffentlichkeit über Möglichkeiten und Grenzen einer seriös betriebenen Astrologie«, die »Unterstützung vorurteilsloser Forschung«, das »Prinzip der Toleranz gegenüber anderen Methoden« sowie die Vertretung der berufspolitischen Interessen seriös arbeitender Astrologen und Astrologinnen. Der DAV bietet außerdem eine Verbandsprüfung an. Sie umfasst eine schriftliche und eine mündliche Prüfung, die allerdings nicht Voraussetzung für die Aufnahme in den Verband ist. DAV-Ausbildungszentren in verschiedenen Städten Deutschlands bereiten Interessierte auf die Prüfungen vor. Der DAV verfügt zudem über eine umfangreiche Datenbank, eine Leihbücherei sowie eine Audio- bzw Videothek. Offizielles Organ ist die Zeitschrift Meridian, die sechsmal im Jahr erscheint.

Deutung

Die Deutung ist das Herzstück der Astrologie. Das Horoskop oder genauer die ▶ Horoskopzeichnung stellt zunächst nur Symbole dar. Diese gilt es zu deuten. Jedes astrologische Symbol kann auf vielfältige Weise gedeutet werden (▶ Entwicklungsniveau). Im Zusammenspiel mit den anderen ▶ Horoskopfaktoren vervielfachen sich die Möglichkeiten noch. Ein Astrologe oder eine Astrologin benötigt für die Deutung vor allem:

- astrologisches Wissen; er oder sie muss die Symbole kennen und bestimmten Erscheinungen zuordnen können.
- Intuition; sie verhilft unter anderem zu einer Gesamtschau der zahlreichen Informationen, die ein Horoskop beinhaltet, und liefert Bilder zu den Symbolen.
- Die Fähigkeit, widersprüchliche Aussagen, wie sie in den meisten Horoskopen zu finden sind, zusammenzubringen.

Das Geburtshoroskop als komplexes Gefüge erfordert, als Ganzes gedeutet zu werden (▶ Kombinatorik). Das bedeutet, dass jede ▶ Konstellation auch im Gesamtzusammenhang gesehen werden muss. Vielleicht wird sie durch andere Faktoren verstärkt, vielleicht auch abgemildert. Doch nicht nur deshalb sollten so genannte astrologische Rezeptbücher, die fertige Deutungen für jede Konstellation anbieten, nicht zu intensiv verwendet werden. Zwar bieten sie oft wertvolle Anregungen, doch sie können immer nur einen Ausschnitt aus der Bandbreite eines jeden Symbols liefern.

Ein wichtiger Bestandteil der Deutung ist auch die Benennung von Schwerpunktthemen (▶ Thema).

Die Deutung ist eine Kunst, die sich letztlich jeder statistischen Erfassbarkeit entzieht.

Dezil

Synonym für ▶ Halbquintil.

Diamant

Astrologische Bezeichnung für das ▶ Perihel, denjenigen Punkt auf der Umlaufbahn der Erde, der der Sonne am nächsten ist. Aus geozentrischer Perspektive ist es derjenige Punkt, wo die Sonne der Erde am nächsten ist. Das Gegenstück ist die ▶ Schwarze Sonne, die dem ▶ Aphel, dem sonnenfernsten Punkt, entspricht.
In der astrologischen Deutung spielt der Diamant kaum eine Rolle.

Direktion

Ein Überbegriff für bestimmte astrologische ▶ Prognosemethoden, bei denen die Planeten und/oder ▶ Achsen um jeweils die selbe Entfernung für einen bestimmten, zu definierenden Zeitraum verschoben werden. Der Begriff Direktion ist nicht zu verwechseln mit ▶ Progression. Direktion heißt wörtlich Richtung, und bei dieser Methode werden die Planeten »ausgerichtet«. Somit handelt es sich bei Direktionshoroskopen nicht um Planeten- und Achsenstellungen, die in der Realität in dieser Zusammensetzung stattgefunden haben, sondern um künstliche, symbolisch wirksame Horoskope. Dagegen entsprechen die Planetenstellungen von Progressionshoroskopen realen Konstellationen.
Methoden: Es gibt verschiedene Direktionsmethoden, die sich jeweils durch die Entfernung voneinander unterscheiden, um die die Horoskopfaktoren verschoben werden, also durch den Schlüssel:

- ▶ Primärdirektion
  (Schlüssel: 1 Grad ▶ Rektaszension des Medium coeli entspricht einem Lebensjahr; mit anderen Worten: etwa je 4 Minuten nach der Geburt entsprechen einem Lebensjahr).
  Nach dieser Methode werden nur die Achsen dirigiert.
- ▶ Sonnenbogendirektion
  (Schlüssel: alle Horoskopfaktoren werden pro Jahr um die Entfernung nach vorne geschoben, um die die Sonne sich täglich weiter bewegt).
- ▶ Graddirektion
  (Schlüssel: alle Horoskopfaktoren werden um jeweils 1 Grad pro Jahr nach vorne geschoben).
- ▶ Symbolische Direktion
  (verschiedene Schlüssel, je nach angewandter Methode).
- ▶ Konverse Direktion
  (verschiedene Schlüssel, je nach angewandter Methode).

Üblicherweise wird vor allem mit der Sonnenbogendirektion gearbeitet oder auch mit der Graddirektion, die eine vereinfachte Version der Sonnenbogendirektion darstellt und recht ungenau ist. Sie empfiehlt sich allenfalls, wenn man sich einen ersten Überblick über mögliche Auslösungen verschaffen will.
Deutung: Vor allem folgende Punkte werden bei der Deutung von Direktionen berücksichtigt:

- Wenn ein dirigierter (= vorgeschobener) Planet oder eine dirigierte Achse einen Aspekt zu einem Faktor des

▶ Radixhoroskops bildet, so ist dies eine ▶ Auslösung, das heißt, der betreffende Faktor erfährt eine Aktivierung. Der ▶ Orbis, also der Spielraum, innerhalb dessen die Auslösung wirksam ist, muss hier wesentlich kleiner angesetzt werden als üblich, da andernfalls der Zeitraum, für den eine Auslösung gültig ist, unüberschaubar groß ist und damit der Aussagewert hinfällig wird.

- Wenn ein dirigierter Planet oder eine dirigierte Achse das Tierkreiszeichen oder das (Radix-)Haus wechselt, beginnt ein neuer Abschnitt.

Achsen: Bei der Arbeit mit dirigierten Achsen ist eine minutengenaue ▶ Geburtszeit erforderlich, weil sich sonst zu große Ungenauigkeiten in der ▶ Prognose ergeben. So kann je nach Methode eine – häufig gar nicht so unwahrscheinliche – Unstimmigkeit der Geburtszeit von 4 Minuten eine Ungenauigkeit in der Prognose von einem Jahr ausmachen!

Direktläufigkeit

Auch Rechtläufigkeit genannt. Die normale Laufrichtung der Planeten. Sonne und Mond bewegen sich immer direktläufig entlang der ▶ Ekliptik und durch den Tierkreis. Alle anderen Planeten ändern hingegen aus der Sicht der Erde von Zeit zu Zeit die Laufrichtung (▶ Rückläufigkeit), ein Umstand, dem in der astrologischen ▶ Deutung Rechnung getragen wird. In den (englischsprachigen) Ephemeriden ist bei den einzelnen Planetenpositionen ein »D« für direct angegeben, wenn der betreffende Planet wieder direktläufig wird.

Dispositor

Über jedes Tierkreiszeichen herrscht ein bestimmter Planet (siehe die Übersicht unter dem Stichwort ▶ Domizil). Wenn sich ein Planet (A) in einem Tierkreiszeichen befindet, in dem ein anderer Planet (B) herrscht, so nennt man den den Planeten B den Dispositor von Planet A. Befindet sich beispielsweise Venus im Krebs, so ist der Mond der Dispositor der Venus. Der Dispositor prägt mit seiner Zeichen- und Hausstellung den Planeten A mit, er verleiht diesem bei differenzierter Betrachtung eine bestimmte Färbung. Ein Sonderfall tritt ein, wenn Planet A Dispositor von Planet B ist und umgekehrt gleichzeitig B Dispositor von A. Dies nennt man eine ▶ Rezeption, die eine aspektähnliche Verbindung zwischen den beiden beteiligten Planeten herstellt, auch wenn sie sich nicht im Aspekt zueinander befinden. Befände sich, um bei dem obigen Beispiel zu bleiben, der Mond im Stier oder auch im anderen Venuszeichen, der Waage, so wäre dies eine Rezeption.

Dissoziierter Aspekt

Ein Konjunktionsaspekt oder ein Aspekt mit einer Gradzahl teilbar durch 30, der *nicht*, wie dies bei exaktem ▶ Orbis der Fall wäre (also wenn die Gradzahl genau eingehalten würde), bestimmte Tierkreiszeichen miteinander verbindet: Bei einer Opposition sind dies einander gegenüberliegende Zeichen, bei einer Konjunktion ist es ein und dasselbe Zeichen, bei einem Quadrat sind es Zeichen derselben ▶ Qualität, bei einem Trigon Zeichen desselben ▶ Elements, bei einem Halbsextil

zwei nebeneinander liegende Zeichen, bei einem Sextil zwei Zeichen, zwischen denen ein weiteres liegt, bei einem Quinkunx zwei Zeichen, zwischen denen vier andere liegen.
Zu einem dissoziierten Aspekt kann es kommen, wenn die beiden am Aspekt beteiligten Planeten in der Nähe der Zeichengrenze stehen und den Aspekt mit einem etwas größeren Orbis bilden, sodass sie eben nicht die beiden Zeichen miteinander verbinden, die gerade genannt wurden. So bildet beispielsweise der Mond auf 1 Grad Fische ein dissoziiertes Sextil zu einem anderen Planeten auf 29 Grad Widder. Diese beiden Zeichen stehen aber im Halbsextil-Aspekt zueinander. Bei einem dissoziierten Aspekt nimmt der Aspekt etwas von der Charakteristik des Aspektes an, in dem die beiden daran beteiligten Tierkreiszeichen natürlicherweise zueinander stehen. Ein dissoziiertes Sextil bekäme also etwas von einem Halbsextil.

Dominantenverkettung

Eine von ▶ Thomas Ring eingeführte Methode, bei der das Kräfteverhältnis der Planeten innerhalb eines Horoskops schematisch abgebildet wird. Der ▶ Dispositor eines Planeten (das ist derjenige, der über das Tierkreiszeichen dieses Planeten herrscht) wird mit einem Pfeil in Richtung dieses Planeten dargestellt, und von diesem führt wiederum ein Pfeil zu einem anderen Planeten, der in dessen Zeichen steht usw. Planeten in ▶ Rezeption – wenn also der eine im ▶ Domizil des anderen steht – zeigen gegenseitig mit Pfeilen aufeinander. Ein Planet, der sich in seinem eigenen Zeichen befindet, steht am Anfang eines Zweiges. Ein Planet, der Dispositor eines anderen ist, verleiht diesem mit seiner Haus- und Zeichenstellung eine bestimmte Färbung; ein Planet, der mit einem anderen in einer Rezeption steht, ist mit diesem zusätzlich noch ähnlich wie durch einen Aspekt verbunden. Die Dominantenverkettung zeigt nicht nur das auf, sondern führt die Kette bis zum ersten Glied zurück.
Der Begriff Dominantenverkettung ist allerdings eher verwirrend, denn mit Dominanz hat er nichts zu tun. Herrscherverkettung oder Dispositorenverkettung wäre treffender.

Dominanz

Dominanzen oder dominante Planeten nennt man solche Planeten, die sich – die Aufzählung der Aspekte entspricht der Reihenfolge ihrer Bedeutung – in Konjunktion, Opposition, Quadrat, Trigon oder Sextil zu Aszendent oder Medium coeli befinden. Derjenige Planet, der demnach in einem Horoskop die erste Stelle einnimmt, ist der ▶ maximal bedeutsame Planet. Die Wesenskräfte eines dominanten Planeten stechen innerhalb eines Horoskops hervor. Sie prägen und charakterisieren den betreffenden Menschen in besonderer Weise. Von verschiedenen Astrologen werden auch folgende Planeten als dominant bezeichnet: solche, die sich in der ersten Hälfte eines ▶ Eckhauses, also des ersten, vierten, siebten oder zehnten Hauses befinden oder überhaupt in einem Eckhaus stehen; solche, die sich in ▶ Elevation befinden, also dem Medium coeli am nächsten stehen; und schließlich solche, die eine Konjunktion mit einer ▶ Häuserspitze bilden.

Domizil – Exil – Erhöhung – Fall

Planet	*Domizil*	*Exil*	*Erhöhung*	*Fall*
Sonne	Löwe	Wassermann	Widder	Waage
Mond	Krebs	Steinbock	Stier	Skorpion
Merkur	Zwillinge Jungfrau	Schütze Fische		
Venus	Stier Waage	Skorpion Widder	Fische	Jungfrau
Mars	Widder (Skorpion)	Waage (Stier)	Steinbock	Krebs
Jupiter	Schütze (Fische)	Zwillinge (Jungfrau)	Krebs	Steinbock
Saturn	Steinbock (Wassermann)	Krebs (Löwe)	Waage	Widder
Uranus	Wassermann	Löwe	Skorpion	Stier
Neptun	Fische	Jungfrau	Krebs	Steinbock
Pluto	Skorpion	Stier	Löwe	Wassermann

Domizil

Dasjenige Tierkreiszeichen, in dem ein Planet ▶ Herrscher ist. Dieses Tierkreiszeichen entspricht dem Wesen des zugehörigen Planeten am vollkommensten (Beispiel: Mars im Widder). Das dem Domizil gegenüberliegende Zeichen ist das *Exil*: Befindet sich ein Planet darin, so kommt er auf eine Art und Weise zum Ausdruck, die seinen Gegenpol darstellt (Beispiel: Mars in der Waage). Es gibt noch zwei weitere Kategorien: Befindet sich ein Planet in seinem Zeichen der *Erhöhung* – auch *Würde* genannt – (Beispiel: Mars im Steinbock), so kommt er auf eine Art zum Ausdruck, die seinem Wesen ähnlich ist. Diesem Zeichen wiederum liegt das Tierkreiszeichen gegenüber, in dem der Planet im Fall (auch *Vernichtung* oder *Erniedrigung* genannt) ist (Beispiel: Mars im Krebs) – hier kommt er auf eine seinem Wesen fremde Weise zum Ausdruck.

Eine solche Kategorisierung verleitet leicht dazu, die Stellung der Planeten in bestimmten Tierkreiszeichen als »gut« oder »schlecht« zu bewerten. Deshalb arbeitet die moderne ▶ psychologische Astrologie kaum mehr damit. In der ▶ klassischen Astrologie diente diese Einteilung dazu, in einer bildhaften Sprache die unterschiedlichen »Modulationen«, denen die Planeten in den verschiedenen Tierkreiszeichen unterstehen[14], zu beschreiben.

Drachenfigur

Eine ▶ Aspektfigur, bei der ein so genanntes ▶ großes Trigon – also drei miteinander verbundene Trigone (120 Grad), die ein umlaufendes Dreieck bilden – um eine zusätzliche Komponente erweitert ist: Zwei der Planeten, die im Trigon-Aspekt zueinander stehen, sind jeweils im Sextil (60 Grad) mit einem weiteren Planeten verbunden, der wiederum zum dritten Planeten des großen

Trigons in Opposition (180 Grad) steht. Derjenige Planet, der die beiden Sextile bildet, stellt den Mittelpunkt dieser Aspektfigur dar.
Die beiden Sextile und die Opposition ergänzen das große Trigon, das im Idealfall für einen unbeschwerten Energiefluss steht, aber auch die Gefahr der Trägheit birgt. So kommt Spannung durch die Opposition in die Figur, die für ein erhöhtes Maß an Bewusstheit sorgen kann. Die beiden Sextile bringen etwas Anregendes mit ein und fördern die Suche nach konstruktiven Ausdrucksmöglichkeiten.

Drachenkopf und Drachenschwanz

Synonyme für den aufsteigenden (Drachenkopf) und den absteigenden ▶ Mondknoten (Drachenschwanz). Da Neu- und Vollmonde in der Nähe von oder auf der Mondknotenachse zu ▶ Finsternissen führen (Neumond zur Sonnenfinsternis, Vollmond zur Mondfinsternis), war man in alter Zeit der Auffassung, ein Drachen verschlinge die Sonne bzw. den Mond, was zu diesen Namen führte.

Dreizehntes Sternbild

Zu Beginn des Jahres 1995 warteten die Medien international mit einer Meldung auf, man habe zwischen dem Skorpion und dem Schützen ein dreizehntes Sternbild entdeckt, den Schlangenträger (Ophiuchus). ▶ Astrologiegegner fühlten sich wieder einmal bestätigt: Der Tierkreis, mit dem die Astrologen arbeiteten, sei hinfällig. Die Wissenschaftlerin Jacqueline Mitton von der Königlichen Astronomischen Gesellschaft Großbritanniens wurde mit dieser vermeintlichen Neuentdeckung zitiert. Sie distanzierte sich daraufhin von der Behauptung, der Schlangenträger sei neu entdeckt worden; er ist tatsächlich bereits auf 2000 Jahre alten Sternkarten an seiner exakten Position verzeichnet. An der These, dass die Astrologie durch den Schlangenträger ihre Basis, die Aufteilung in die zwölf Tierkreiszeichen, verloren habe, hielt sie allerdings fest.
Der Verweis auf das dreizehnte Sternbild als Argument gegen die Astrologie lässt völlig außer Acht, dass die Astrologie mit dem in zwölf gleich große Abschnitte unterteilten Tierkreis arbeitet, beginnend mit dem ▶ Frühlingspunkt (▶ tropischer Tierkreis), nicht aber mit den unterschiedlich großen ▶ Sternbildern am Himmel.

Drittes Haus

Analoges Tierkreiszeichen: Zwillinge
Herrscherplanet: Merkur
Element: Luft
Qualität: veränderlich
Quadrant: erster Quadrant, Nachthälfte
Deutung: Das dritte Haus beschreibt das unmittelbare Umfeld eines Menschen: Geschwister, Verwandte, Nachbarn und wie er oder sie mit ihnen kommuniziert. Daher umfasst es alle möglichen Kommunikationsmittel und Medien. Auch Transportmittel gehören zu diesem Haus. Reisen in die nähere Umgebung, so genannte kleine Reisen (eine relative Definition!), unterstehen ebenfalls der Domäne des dritten Hauses.
Außerdem fallen in diesen Bereich die Sprache, die Fähigkeit, sich auszudrücken, der Verstand bzw. der Intellekt, der Erwerb von Wissen und die

Lernfähigkeit – alles zur linken Gehirnhälfte gehörig, im Unterschied zu dem ganzheitlichen, der rechten Gehirnhälfte zugeordneten Denken, wie es vom gegenüberliegenden neunten Haus repräsentiert wird. In körperlicher Hinsicht steht das dritte Haus für Gebärden und Körpersprache, überhaupt die Selbstdarstellung mit dem Körper, für den Bewegungsdrang und die Motorik.
Das Zeichen an der Spitze des dritten Hauses (▶ Häuserspitze) und etwaige Planeten darin sagen etwas darüber aus, wie jemand seine Umwelt wahrnimmt und mit ihr kommuniziert.

Dualität

Ein System von zwei Kräften, die sich gegenüber stehen und unterschiedliche Aspekte einer Thematik betonen, ähnlich wie die ▶ Polarität. Im Gegensatz dazu bedingen sich die zwei Kräfte jedoch nicht zwingend gegenseitig; sie können auch unabhängig voneinander existieren. Bisweilen enthält das Dualitäts-Prinzip auch eine Wertung der Gegensätze. In der Astrologie spielt das Konzept der Polarität eine wichtigere Rolle.

Du-Hälfte

Bei der üblichen Darstellung des Horoskops (▶ Horoskopzeichnung) die Seite rechts der Medium-coeli / Imum-coeli-Achse, auch ▶ Westhälfte genannt (Abbildung Seite 181). Wenn das Horoskop eine starke Betonung dieser Seite aufweist (auf der sich auch der ▶ Deszendent und das siebte Haus befinden), wenn also besonders viele Planeten in den Häusern vier bis neun sind, dann ist bei dem Horoskopeigner eine ausgeprägte Bezogenheit auf ein Gegenüber gegeben, im Gegensatz zu jemandem, bei dem die ▶ Ich-Hälfte sehr hervorgehoben ist.

Ebertin, Reinhold

Reinhold Ebertin (geboren am 16. 2. 1901 um 4:40 Uhr in Görlitz, gestorben am 14. 3. 1988 in Hirschlanden) ist das bekannteste Mitglied einer einflussreichen Astrologen-Familie. Seine Mutter Elsbeth Ebertin (geboren am 14. 5. 1880 um 18:30 Uhr in Görlitz, gestorben am 27. 11. 1944 in Freiburg) war eine bedeutende Vertreterin der psychologisch orientierten Astrologie um die Jahrhundertwende. Von ihr erhielt Reinhold Ebertin vielseitige Anregungen, sodass er nach seiner Ausbildung zum Lehrer und einigen Jahren Schuldienst 1928 in Erfurt den Ebertin-Verlag gründete und selbst Journalist, Schriftsteller, Verleger und Herausgeber des »Ebertin-Kalenders« wie auch der astrologischen Zeitung »Der Seher« wurde. Seine ersten beiden Bücher waren »Wege zum Horoskop« und »Transite – welcher Tag ist günstig für mich?«.
Am 11. Mai 1941 wurde Reinhold Ebertin, ebenso wie seine Mutter und andere Astrologen, von der Geheimen Staatspolizei (Gestapo) verhaftet. Nach einigen Monaten wurden sie wieder auf freien Fuß gesetzt.
Erst nach dem Krieg konnte Ebertin seine Arbeit wieder aufnehmen. Neben der publizistischen Tätigkeit organisierte er die von ihm begründete Institution »Arbeitstagung für Kosmobiologische Forschung«, aus der 1956 die Arbeits-

gemeinschaft Kosmobiologische Akademie Aalen (▶ Kosmobiologie) hervorging. Auch die Zeitschrift »Meridian«, offizielles Organ des Deutschen Astrologen-Verbandes, geht auf Ebertin zurück.
Ebertin wandte sich frühzeitig gegen jede Form von Determinismus. Zunächst fühlte er sich der ▶ Hamburger Schule nahe, distanzierte sich jedoch später wieder von dieser. Er war wissenschaftlichen Erkenntnissen gegenüber aufgeschlossen und suchte den Austausch mit den Naturwissenschaften. So spielt auch die ▶ medizinische Astrologie in seinem Werk eine wichtige Rolle. Ebertin ging auch dazu über, statt Astrologie den Begriff Kosmobiologie zu verwenden, um die Beziehungen zwischen Kosmos und Biologie zum Ausdruck zu bringen. Erst dieses ganzheitliche Zusammenspiel machte ihm zufolge eine Charakterisierung des Menschen möglich. Sein Hauptwerk ist die »Kombination der Gestirnseinflüsse«, das er bereits 1940 fertiggestellt hatte, doch erst nach dem Krieg herausgeben konnte. Reinhold Ebertins Werk wird heute von seinem Sohn Baldur R. Ebertin fortgeführt.

Eckhaus

Das erste, vierte, siebte und zehnte Haus werden als Eckhäuser bezeichnet (Abbildung Seite 100). Ihre Spitze (▶ Häuserspitze) ist zugleich eine der vier ▶ Achsen, nämlich der Aszendent beim ersten Haus, der Deszendent beim siebten Haus, das Medium coeli beim zehnten Haus und das Imum coeli beim vierten Haus (dies gilt allerdings nicht bei den so genannten äqualen ▶ Häusersystemen). Planeten in Eckhäusern gelten als stark gestellt, und das umso mehr, je näher sie bei der jeweiligen Achse stehen (▶ Dominanz).

Eckpunkt

Positionsbeschreibung von Planeten, die in Konjunktion mit einer der vier ▶ Achsen im Horoskop (Aszendent, Deszendent, Medium coeli und Imum coeli) stehen.
Planeten an Eckpunkten sind so genannte dominante Planeten (▶ Dominanz).

Edelsteine und Astrologie

Seit alters messen die Menschen Edelsteinen eine große Bedeutung bei, sei es wegen ihrer Schönheit, sei es, weil sie als Werkzeuge dienen können, oder sei es wegen der ihnen zugesprochenen Heilkräfte. Auch die Zuordnung zu den Planeten und den Tierkreiszeichen blickt auf eine lange Tradition zurück.
Es gibt zahlreiche unterschiedliche astrologische Einteilungen. Das bedeutet nicht notwendigerweise, dass die meisten von ihnen willkürlich sind, weil sie einander scheinbar widersprechen. Denn astrologische Symbole können nicht immer eindeutig in irdische Gegebenheiten übersetzt werden und umgekehrt (▶ kosmische Sprache).
Man kann Edelsteine aufgrund ihrer vielfältigen Eigenschaften kategorisieren und damit astrologisch zuordnen, zum Beispiel aufgrund ihrer Entstehung, ihrer Farbe, ihrer Transparenz, ihrer Härte und überhaupt ihrer physikalischen und chemischen Eigenschaften, nicht zuletzt aufgrund ihrer persönlichen Charakteristik.

Die hier gegebenen Zuordnungen von Edelsteinen zu Planeten und Tierkreiszeichen stammen von Agrippa von Nettesheim (1486–1535), der in seinem Werk »De occulta philosophia sive de magia«, 1533, die geheimen Lehren der Antike und des Mittelalters zusammengefasst hat.
Es werden in der folgenden Übersicht jeweils einige Eigenschaften genannt, die die Zuordnung nachvollziehbar machen.[15]

Tierkreiszeichen	*Edelstein*	*Eigenschaften (z.B. Farben)*
Widder	Sardonyx	Schwarzweißrot, die Urfarben der Menschen
Stier	Sarder	erdiges Rotbraun
Zwillinge	Topas	lichtes, klares Gelb
Krebs	Chalcedon	zartes, wässriges Blau
Löwe	Jaspis	prachtvolle Farben, z.B. leuchtendes Rot
Jungfrau	Smaragd	erdiges Grün
Waage	Beryll	ansprechende Pastellfarben
Skorpion	Amethyst	Das Violett der Eingeweihten
Schütze	(antiker) Hyazinth	klares Blau
Steinbock	Chrysopras	erdiges, dunkles Grün
Wassermann	Bergkristall	kühle, klare Farblosigkeit
Fische	Saphir	leuchtendes Meerblau

Planet	*Edelstein*	*Eigenschaften*
Sonne	Rubin	kraftvoll leuchtendes Rot, hohe Widerstandskraft (Härte 9)
Mond	Bergkristall	Wasser spielt eine bedeutende Rolle bei der Entstehung, Farblosigkeit, Durchlässigkeit, Transparenz, Piezoelektrizität
Merkur	Achat	feinste Bänderungen mit verspielten Formen, Entstehung bei niedrigen Temperaturen, geringe Eigenstruktur, der Stein füllt Hohlräume aus.
Venus	Smaragd	„gastfreundlicher" Edelstein: ist Wirt für viele Einschlüsse
Mars	Diamant	Unnachgiebigkeit, härtestes Material überhaupt (Härte 10)
Jupiter	Saphir	königliches Blau, seidiges Licht, Sterneffekte, hohe Widerstandskraft (Härte 9)
Saturn	Onyx	tiefes, reines, samtiges Schwarz, besondere Zähigkeit

Einfluss

Eine Vorstellung, der das Modell der ▶ Kausalität zugrunde liegt. Danach gilt in der Astrologie das Prinzip von Ursache/Wirkung, und die Planeten haben einen direkten Einfluss auf den Menschen.

Eingeschlossenes Tierkreiszeichen

Ein Tierkreiszeichen, in dem sich keine ▶ Häuserspitze befindet. Das heißt, das Haus ist so groß, dass sich die Spitze im vorangehenden Zeichen befindet und die Spitze des nächsten Hauses im nachfolgenden.

Bei der Deutung geht man davon aus, dass die Energie eines eingeschlossenen Zeichens »eingesperrt« ist und sich zunächst nicht frei entfalten kann, so wie es bereits das Bild, das sich in der ▶ Horoskopzeichnung ergibt, deutlich macht. Wenn es um Belange des betreffenden Hauses geht, ist zunächst das Zeichen »zuständig«, das von der Spitze angeschnitten wird, also das vorangehende. Erst in zweiter Linie und über Umwege kommt das eingeschlossene Zeichen zum Zug. Sein ▶ Herrscher ist Mitherrscher des Hauses, zusammen mit dem Herrscher des Zeichens an der Häuserspitze.

Eklipse

Fachbegriff für ▶ Finsternis. Es kommt zu einer Eklipse, wenn sich der Mond bei Neumond von der Erde aus gesehen vor die Sonne schiebt (Sonnenfinsternis) bzw. wenn bei Vollmond die Erde ihren Kernschatten auf den Mond wirft (Mondfinsternis). Damit dies der Fall ist, muss der Neumond (= Sonne-Mond-Konjunktion) bzw. der Vollmond (= Sonne-Mond-Opposition) in der Nähe der Mondknotenachse (▶ Mondknoten) stattfinden.

Ekliptik

Aus geozentrischer Perspektive die Bahn, die die Sonne bei ihrem scheinbaren Lauf um die Erde beschreibt (Abbildung Seite 108). Tatsächlich ist es die Ebene der Erdbahn, auf die ▶ Himmelskugel projiziert. Die Ekliptik wird in zwölf gleich große Abschnitte zu je 30 Grad unterteilt. Dies sind die zwölf Tierkreiszeichen. Die ▶ Sternbilder, die sich auf der Ekliptik befinden, haben den Tierkreiszeichen ihre Namen gegeben, sind aber nicht mit diesen identisch (▶ tropischer Tierkreis). Die Ekliptik ist gegenüber dem Himmelsäquator um etwa 23 Grad 26 Minuten geneigt. Man nennt dies die Schiefe der Ekliptik.

Ekliptikale Breite

▶ Breite.

Ekliptikale Länge

▶ Länge.

Ekliptiksystem

Eines der ▶ Koordinatensysteme, die der Positionsbestimmung von Himmelskörpern dienen.

Elektion

Die Wahl des richtigen Zeitpunkts nach astrologischen Gesichtspunkten. Es werden die günstigsten Konstellationen errechnet, um ein bestimmtes Projekt in Angriff zu nehmen. Früher spielten Elektionen eine wesentlich wichtigere Rolle in der Astrologie als heute.

Da es nie die perfekte Konstellation gibt, lautet der wichtigste Grundsatz, unpassende Konstellationen zu vermeiden. Die Elektionsastrologie arbeitet wie die ▶ Stundenastrologie, als deren Teilgebiet sie auch angesehen wird, mit den alten ▶ Herrschern, also Mars als Herrscher von Skorpion, Saturn von Wassermann und Jupiter von Fische. Auch die anderen Deutungsfaktoren entstammen der ▶ klassischen Astrologie. Es geht um sehr konkrete Aussagen, und ebenso konkret und eindeutig sind die Regeln der Interpretation. Allerdings zieht man auch das ▶ Radixhoroskop desjenigen, für den der Termin gesucht wird, hinzu und überprüft es auf die aktuellen ▶ Transite.

Für die Festlegung des bestmöglichen Termins muss auch der gültige Zeitpunkt bestimmt werden. Dies ist etwa bei einer Heirat der Moment, in dem die beiden Eheleute auf dem Standesamt die Urkunden unterschreiben oder sich das Ja-Wort geben.[16] Nicht immer lassen sich jedoch Termine exakt selbst festlegen, man denke etwa an (Not-)Operationen. Dann sind nach Möglichkeit unpassende oder gar ungünstige Konstellationen zu umgehen. Die Elektionsastrologie nimmt in Anspruch, dass Unternehmungen, die zu einem nach ihren Regeln bestimmten Termin begonnen wurden, zu besseren Ergebnissen führen.

Elektrisch

Zusammen mit ▶ magnetisch eines der Begriffspaare, die die grundlegende ▶ Polarität im Tierkreis zum Ausdruck bringen. Elektrisch entspricht der aktiven, nach außen gerichteten Energie.

Element

Neben der Einteilung in die ▶ Qualitäten ist diejenige in die vier Elemente eine weitere wichtige Unterteilung des Tierkreises. Die vier Elemente sind: Feuer, Erde, Luft und Wasser.

Der antiken griechischen Naturphilosophie zufolge bilden die vier Elemente die Grundlagen der Welt. Sie entstanden aus den Urqualitäten Trockenheit / Feuchtigkeit sowie Wärme / Kälte. Trockenheit und Wärme bilden das Feuer; Feuchtigkeit und Wärme die Luft; Feuchtigkeit und Kälte das Wasser; Trockenheit und Kälte die Erde. Auch die vier Temperamente finden sich in den Elementen wieder. Das Cholerische entspricht dem Feuer, das Sanguinische der Luft, das Phlegmatische dem Wasser und das Melancholische der Erde. Die antike Astrologie hat die zwölf Tierkreiszeichen ebenfalls den vier Elementen zugeordnet. Diese Einteilung ist bis heute gültig.

Alles beginnt mit dem *Feuer*. Dazu zählen Widder, Löwe und Schütze. Das Feuer steht für Dynamik, Energie und Antriebskraft. Feuer ist der Initiator für das, was wir angehen, und es ist die Kraft der Veränderung. Es verwandelt Materie in Energie. Dabei kann es angenehm wärmend, aber auch zerstörerisch und unkontrollierbar auftreten. Auf der spirituellen Ebene symbolisiert es den göttlichen Funken oder die geistige Läuterung, wie sie im Bild des Fegefeuers als Ort der Wandlung zum Ausdruck kommt.

Dem Feuer folgt im Tierkreis das Element *Erde*. Dazu zählen Stier, Jungfrau und Steinbock. Erde ist die Basis allen menschlichen Lebens. Hier geht es um

grundlegende Bedürfnisse wie materielles Auskommen oder die Verantwortung für das körperliche Wohlbefinden. Die Herausforderung für die Erdzeichen besteht darin, den materiellen Werten einen angemessenen Platz jenseits vom bloßen Selbstzweck und unangebrachter Geringschätzung zu geben. Kraftplätze in der Natur sind sichtbarer Ausdruck davon, wie die Erde als Mittler für spirituelle Erfahrungen dienen kann.
Nach der Erde kommt im Tierkreis das Element *Luft*. Es wird repräsentiert durch die Zeichen Zwillinge, Waage und Wassermann. Das Luftelement steht für den Kontakt mit anderen Menschen, unsere intellektuelle Kapazität, aber auch den Weg zur höheren geistigen Erkenntnis. Nicht zufällig stammen zwei seiner drei Symbolfiguren aus dem menschlichen Bereich. Es fordert zu Klarheit und Entscheidungsfähigkeit heraus. Ohne Klarheit ist keine Erkenntnis möglich, die neben der meditativen Versenkung in vielen Weisheitslehren die unverzichtbare Vorrausetzung für den Zugang zur spirituellen Welt ist.
Das letzte Element im Tierkreis ist das *Wasser* mit den Zeichen Krebs, Skorpion und Fische. Das Wasser steht für den emotionalen und intuitiven Bereich. Es ist der Ursprung allen Lebens und unberechenbar in seinem Auftreten. Es kann weich und glatt, aber auch aufbrausend und alles verschlingend sein. Durch nichts kann es aufgehalten werden. Das Wasserelement ist das einzige, das die astrologische Symbolik allein dem Reich der Tiere entlehnt, ein Hinweis darauf, dass im Wasser Intuition und Instinkt über den Intellekt herrschen. In seiner spirituellen Dimension wird das Wasser zum Träger der allumfassenden göttlichen Liebe. Ein altes Bild dazu ist der Grals-Mythos.
Feuer und Luft gelten als männliche Elemente oder auch als aktiv, elektrisch, positiv. Erde und Wasser als weibliche Elemente oder auch als passiv, magnetisch, negativ, wobei diese Begriffe nicht wertend zu verstehen sind (▶ Polarität).
In China werden nicht vier, sondern fünf Elemente gezählt, und zwar Holz, Feuer, Erde, Metall und Wasser. Es beginnt mit dem Holz, das zu Asche verbrennt und in die Erde eingeht. Die Erde bringt Metalladern hervor, aus denen Wasser entspringt, das wiederum das Holz – Symbol für die gesamte Vegetation – nährt. Den Elementen sind die fünf alten Planeten zugeordnet, und zwar Jupiter dem Holz, Mars dem Feuer, Saturn der Erde, Venus dem Metall und Merkur dem Wasser (▶ chinesische Astrologie).

Elevation

Innerhalb eines Horoskops steht derjenige Planet in Elevation bzw. ist eleviert, der dem Medium coeli am nächsten ist. Dieser Position wird von einigen Astrologen eine wichtige Bedeutung beigemessen: Sie bewerten einen solchen Planeten als dominant (▶ Dominanz).

Elftes Haus

Analoges Tierkreiszeichen: Wassermann
Herrscherplanet: Uranus (früher: Saturn)
Element: Luft
Qualität: fix
Quadrant: vierter Quadrant, Taghälfte
Deutung: Das elfte Haus steht für

Freunde und Gruppen. Hier geht es darum, sich mit Gleichgesinnten zusammenzuschließen und für gemeinsame Ziele einzutreten. So gehören zu diesem Haus Vereine, Interessenvertretungen und Parteien. Im weiteren Sinn umfasst die Gemeinschaft die ganze Menschheit. Somit ist mit dem elften Haus auch das angesprochen, was dieser dient und was zukunftsträchtig ist. Im Unterschied zum fünften Haus, in dem es um das geht, was man für sich selbst tut, beschreibt das elfte Haus den Einsatz für die Gesellschaft. Das Zeichen an der Spitze des elften Hauses (▶ Häuserspitze) sowie etwaige darin vorhandene Planeten sagen etwas darüber aus, in welcher Weise jemand etwas zum Wohl des Ganzen beiträgt.
Nicht zuletzt beschreibt dieses Haus Wünsche und Hoffnungen, und es gibt Auskunft darüber, ob und wie jemand seinerseits durch andere gefördert wird.

Elongation

Die Entfernung eines Planeten von der Sonne. Sie wird in Bogengraden, -minuten und -sekunden gemessen. Die Elongation der ▶ äußeren Planeten kann zwischen 0 und 180 Grad betragen. Daher können diese auch jeden möglichen Aspekt mit der Sonne bilden. Anders die beiden ▶ inneren Planeten: Merkur kann sich von der Erde aus gesehen im Höchstfall 28 Grad von der Sonne entfernen. Er befindet sich also immer entweder im selben Tierkreiszeichen wie die Sonne, im vorangehenden oder aber im nachfolgenden. Merkur kann somit außer einer Konjunktion (0 Grad) keinen Hauptaspekt zur Sonne bilden, allenfalls einen höchst selten verwendeten Nebenaspekt, das Semihalbquadrat (22,5 Grad). Venus, der andere innere Planet, kann sich bis zu 47 Grad von der Sonne wegbewegen. Sie steht also immer entweder im selben Tierkreiszeichen wie die Sonne, im angrenzenden (in beide Richtungen) oder aber im übernächsten bzw. vorletzten. Venus kann zusätzlich zu den bei Merkur genannten Aspekten noch ein ▶ Halbsextil (30 Grad) oder ein ▶ Halbquadrat (45 Grad) mit der Sonne bilden, außerdem noch die seltener verwendeten Nebenaspekte ▶ Dezil (36 Grad) und ▶ Nonil (40 Grad).

Empfängnishoroskop

Das Bedürfnis der Astrologie, ein Horoskop auf den Moment der Empfängnis als den eigentlichen Beginn des Lebens zu erstellen, ist alt. Biologisch ist das kaum möglich, denn selbst wenn Frau und Mann wissen, bei welcher Vereinigung ein Kind gezeugt wurde, ist noch nicht klar, wann genau die Befruchtung der Eizelle stattgefunden hat. Mangels biologischer Möglichkeiten, diesen Zeitpunkt zu ermitteln, gibt es Versuche, das mit astrologischen Methoden zu bewerkstelligen. Die bekannteste ist die so genannte ▶ Hermes-Waage (Trutina-Hermetis-Regel). Sie nimmt eine Beziehung zwischen Mond und Aszendent / Deszendent-Achse des Geburts- und des hypothetischen Empfängnishoroskops an.
Weder diese Methode noch eine andere ist jedoch allgemein verbindlich akzeptiert. Für die Mehrheit der Astrologen ist das Empfängnishoroskop ohnehin nicht relevant.

Empfängnismoment

Der Moment der Befruchtung der Ei- durch die Samenzelle, der als eigentlicher Beginn des Lebens gilt. Versuche, darauf ein Horoskop zu erstellen (▶ Empfängnishoroskop), sind jedoch problematisch, weil es keine Möglichkeit gibt, diesen Zeitpunkt genau zu ermitteln.

Energie

Diejenigen kosmischen Kräfte, die sich auf der Erde wahrnehmbar, wenn auch nicht sichtbar manifestieren. Der Begriff kommt vom griechischen *energeia* (wirkende Kraft). Im Zusammenhang mit der Astrologie ist häufig von Energie die Rede. So beschreibt der amerikanische Astrologe Stephen Arroyo die Astrologie als eine Sprache der Energie.[17] Demnach kann man die drei ▶ Qualitäten kardinal, fix und veränderlich verschiedenen Energiemustern zuordnen: Die kardinalen Tierkreiszeichen Widder, Krebs, Waage und Steinbock haben eine nach außen gerichtete, zentrifugale Energie, die fixen Zeichen Stier, Löwe, Skorpion und Wassermann eine nach innen gerichtete, zentripetale Energie und die veränderlichen Zeichen Zwillinge, Jungfrau, Schütze und Fische eine spiralförmige Energie. Die Planeten nennt Arroyo Energie-Regulatoren: »Die Planeten charakterisieren die Art und Weise des Energieaustausches zwischen dem individuellen Menschen und dem Potenzial des Universums.«

Entsprechung

Der Grundsatz der ▶ Analogie als Erklärungsmodell für die Astrologie. Danach hat der Sternenhimmel seine Entsprechung auf der Erde. Für die Entsprechung gibt es viele Begriffspaare, zum Beispiel ▶ Makrokosmos / Mikrokosmos; äußerer Himmel/innerer Himmel (▶ esoterische Astrologie, ▶ Hermes Trismegistos).

Entwicklungsniveau

Jede ▶ Konstellation und jedes Horoskop beinhalten ein breites Spektrum an Verwirklichungsmöglichkeiten. Dieses reicht von den problematischeren, ja zerstörerischen Seiten bis hin zu Ausdrucksformen auf höchster Ebene. Wie ein Mensch das in ihm enthaltene Potenzial lebt, ist aus dem Horoskop nicht zu ersehen, wenngleich man bei bestimmten Horoskopfaktoren in der Regel davon ausgehen kann, dass sie dem Horoskopeigner zumindest eine Zeit lang Schwierigkeiten bereiten (▶ Schatten).

Ob sich ein Mensch entscheidet, an seinen Schwächen zu arbeiten, ob er seine Anlagen zu höherer Entfaltung zu bringen versucht, unterliegt seinem ▶ freien Willen. Es zu einer reifen Ausdrucksweise der eigenen Anlagen zu bringen, kann als eine Lebensaufgabe angesehen werden. Es empfiehlt sich, ein ▶ Thema immer erst in seiner neutralen Form zu benennen, ehe man sich über die positiven oder negativen Erscheinungsformen Gedanken macht.

Diese Übersicht zeigt, wie sich die zwölf Tierkreiszeichen im positiven und negativen Fall manifestieren können und welches die neutrale Charakteristik ist. Die zwischen den beiden Extremen liegenden anderen Ausdrucksmöglichkeiten sind vielfältig und niemals vollständig erfassbar.

Die unterschiedlichen Gesichter der zwölf Tierkreiszeichen

	negativer Pol	*neutral*	*positiver Pol*
Widder	Aggressivität	Aktivität	Initiativkraft
Stier	Sturheit	Bezug zum Bewährten	Treue
Zwillinge	Verzettelung	Freude am Neuen	Vielseitigkeit
Krebs	Klammern	Gefühlsbindung	Geborgenheit
Löwe	Selbstherrlichkeit	Selbstausdruck	Großzügigkeit
Jungfrau	Pedanterie	Sinn fürs Kleine	Liebe zum Detail
Waage	Kitsch	Ästhetik	Schönheit
Skorpion	Getriebenheit	Tiefgang	Instinktsicherheit
Schütze	Großspurigkeit	Expansion	Großartigkeit
Steinbock	Geiz	Ökonomie	Konzentration auf das Wesentliche
Wassermann	Abgehobenheit	Distanz	Überblick
Fische	Chaos	Grenzauflösung	All-Einheit

Wichtig ist, dass der Bezug zur dahinter liegenden Idee gegeben ist. In der Regel leben Menschen beide Pole gleichzeitig.

Entwicklungszyklen

Im Horoskop sind nicht nur die individuellen Entfaltungsrhythmen angelegt, wie sie den verschiedenen ▶ Prognosemethoden zu entnehmen sind (beispielsweise Transiten und ▶ Sekundärprogressionen), sondern auch für alle Menschen gleichermaßen gültige Entwicklungszyklen. Diese werden angezeigt durch die Zyklen der Planeten Jupiter, Saturn, Uranus, Neptun und Pluto. Die wichtigsten Marksteine sind folgende: Jupiter kehrt alle 12 Jahre an die Geburtsposition zurück. Er läutet damit jeweils eine neue Phase des Persönlichkeitswachstums ein.

Saturn kehrt etwa alle 29 $^1/_2$ Jahre an die Geburtsposition zurück. Damit markiert er wichtige Reifungsphasen, in denen das bisher Erreichte einer kritischen Prüfung unterzogen wird und die Früchte des Geleisteten geerntet werden. Dazwischen bildet Saturn alle 7 Jahre wichtige Aspekte zu sich selbst: zunehmendes Quadrat, Opposition und abnehmendes Quadrat – Zeiten, zu denen diese Themen aufgegriffen werden. Der Siebenjahreszyklus spielt tatsächlich in vielen Traditionen eine Rolle (▶ Zahlenmystik).

Uranus benötigt für einen Umlauf durch den Tierkreis etwa 84 Jahre. Im Alter von ungefähr 40 Jahren bildet er eine Opposition zum Geburts-Uranus, mit 20 und 60 ein zunehmendes bzw. ein abnehmendes Quadrat. Hierbei geht es jeweils um Schritte der Selbstbefreiung, die oft von Krisen begleitet sind. Vor allem geht es zu den genannten Zeitpunkten um neue Freiheiten, mit denen umzugehen erst gelernt werden muss. Das Alter von Anfang vierzig ist häufig von der so genannten Midlife-Crisis gekennzeichnet, welche den Übergang in die zweite Lebenshälfte ankündigt. Mehrere wichtige Transite gehen damit einher: die Uranus-Uranus-Opposition (sie kommt nur einmal im Leben vor), die zweite Saturn-Saturn-Opposition sowie das Neptun-Neptun-Quadrat, von dem es nur eins im Leben gibt, denn Neptun hat eine Umlaufzeit von knapp 164 Jahren. Entsprechend tauchen in dieser Zeit vielfältige Fragestellungen auf: neu gewonnene Freiheiten auf dem Höhepunkt der beruflichen Karriere oder die Frage nach einem Neuanfang (Uranus); der Abschied vom Jung-Sein und die Auseinandersetzung mit dem Alter (Saturn); unerfüllte Wünsche und Sehnsüchte (Neptun). Es kann unter Umständen noch ein weiterer sehr wichtiger Transit zu dieser Zeit hinzukommen, nämlich das Pluto-Pluto-Quadrat, von dem es wegen Plutos langer Umlaufzeit (248 Jahre) auch nur eines im Leben gibt. Dabei geht es um eine Konfrontation mit bislang Verdrängtem und mit Schattenthemen (▶ Schatten). Das Pluto-Pluto-Quadrat findet jedoch nicht unbedingt zu Beginn des fünften Lebensjahrzehnts statt, sondern bei manchen Generationen schon etwas früher, bei anderen dagegen erst zehn bis zwanzig Jahre später. Dies liegt daran, dass die elliptische Umlaufbahn Plutos die stärkste Exzentrizität aller Planeten aufweist. Daher ist das Pluto-Pluto-Quadrat nicht für eine bestimmte Lebensphase typisch wie die anderen hier genannten Transite.

Ephemeride

Tabellenwerk mit den täglichen Positionen der Planeten und der ▶ Mondknoten. Es gibt 0 - Uhr- und 12 - Uhr-Ephemeriden. Für Chiron und andere ▶ Kleinplaneten bzw. ▶ Asteroiden gibt es Ephemeriden, die die Positionen in größeren als in Tagesabständen angeben, beispielsweise monatlich. Um die Planetenpositionen in bestimmten Zeiträumen optisch schnell erfassen zu können, gibt es auch ▶ graphische Ephemeriden.

Erde

Symbole: ⊕ ♁

Astronomie: Nach Merkur und Venus ist die Erde derjenige Planet, der der Sonne am nächsten steht. Ihr Äquatordurchmesser beträgt 12.756 Kilometer, ihr mittlerer Abstand von der Sonne 149,6 Millionen Kilometer. Für einen Umlauf um die Sonne benötigt sie 365 Tage 5 Stunden und 49 Minuten, für eine Drehung um die eigene Achse 23 Stunden, 56 Minuten und 4 Sekunden.

Mythologie: Die Erde wird mit Gaia in Verbindung gebracht, der mythischen Mutter, die als Erstes dem Urchaos entsprang. Sie brachte Uranos, den Himmel, das Meer und das Gebirge hervor. Uranos vereinigte sich mit ihr, und sie gebar die Titanen, die Kyklopen, hundert-

armige Riesen und schließlich Kronos (lateinisch Saturn) und Rhea. Da Uranos die meisten seiner Kinder nicht akzeptierte und fürchtete, von ihnen gestürzt zu werden, stieß er sie wieder in den Bauch der Erde zurück. Das bereitete Gaia große Schmerzen. Sie gab ihrem Sohn Kronos deshalb ein Messer, mit dem er Uranos entmannte. Dadurch war Gaia befreit.
Bei den Auseinandersetzungen der olympischen Gottheiten ergriff sie gern Partei. Häufig trat sie dabei als Gegenspielerin des obersten patriarchalen Gottes Zeus auf. Mit Orakeln war sie besonders verbunden.
Deutung : In der astrologischen Deutung spielt die Erde kaum eine Rolle. Vielmehr ist sie der Standpunkt des Beobachters (▶ geozentrisches Weltbild). Der Ansatz, vertreten durch die Astrologin Ursula Fassbender, die Erde ins Horoskop zu integrieren, hat sich nicht in weiteren Kreisen durchgesetzt. Die Position der Erde im Horoskop befindet sich danach in Opposition zur Sonne. Sie wird als das Prinzip der großen Mutter und des Ur-Weiblichen eingeführt. Damit übernimmt die Erde teilweise Zuordnungen des Mondes. In der praktischen Arbeit wird sie vor allem mit ökologischen Themen in Verbindung gebracht. Ihre Position zeigt danach an, wo ein Horoskopeigner eine besondere Verantwortung für die Bewahrung der natürlichen Umwelt entfalten kann, wo Mensch und Natur wieder ausgesöhnt werden. Die Basis einer solchen Sicht ist ein spiritueller und ökologischer Feminismus, der Teilen der esoterischen Astrologie nahesteht. Ursula Fassbender selbst spricht von »intuitiver Astrologie«.

Erdzeichen

Die dem ▶ Element Erde zugeordneten Tierkreiszeichen Stier, Jungfrau und Steinbock.

Ereignishoroskop

Ein auf den genauen Zeitpunkt und den Ort eines bestimmten Ereignisses ausgestelltes Horoskop, beispielsweise ein Zugunglück oder eine politisch bedeutsame Vertragsunterzeichnung. Das Horoskop liefert Hintergrundinformationen zu diesem Ereignis und trägt dazu bei, es besser zu verstehen.

Ereignisprognose

Eine Form der ▶ Prognose, bei der konkrete Ereignisse vorhergesagt werden, bis hin zum ▶ Tod. Ereignisprognosen waren früher weit verbreitet. Dem Verlangen der Klienten gemäß handelt es sich häufig um Dinge, die möglichst präzise in Erfahrung gebracht werden wollen, etwa ob und wenn ja wann man mit einer schlimmen Krankheit zu rechnen hat, wann der richtige Partner ins Leben tritt oder wann sich eine Situation zum Besseren wendet. Diesem Anspruch kommen viele Astrologen nach, ungeachtet der Tatsache, dass eine wachsende Zahl von Astrologen der Meinung ist, dass Ereignisprognosen gar nicht möglich sind.
Solche Vorhersagen bergen immer die Gefahr der sich selbst erfüllenden Prophezeiung, sie schwächen den Klienten in seinem ▶ freien Willen und entbinden ihn von seiner Verantwortung.

Erhöhung

Kategorisierungsmöglichkeit der Planeten (▶ Domizil). Wenn ein Planet in einem Tierkreiszeichen erhöht ist (Übersicht unter dem Stichwort Domizil), so kommt er dort auf eine Weise zum Ausdruck, die seinem Wesen ähnlich ist. Ein Synonym für Erhöhung ist Würde. Das Zeichen der Erhöhung liegt immer dem Zeichen gegenüber, in dem der Planet, um den es geht, im Fall ist.

Eris

Astronomie: Am 5. Januar 2005 wurde dieses Himmelsobjekt im kalifornischen San Diego, USA, von Michael Brown, Chad Trujillo und David Rabinowitz im ▶ Kuiper-Gürtel entdeckt. Dem Vorschlag der Entdecker, ihm den Namen Xena zu geben, folgte die Internationale Astronomische Union (IAU) nicht, stattdessen entschied sie sich für den Namen Eris. Mit einem Durchmesser von ca. 2.400 Kilometern übertrifft Eris sogar Pluto. Sie wurde, ebenso wie Pluto und Ceres, in die im Jahr 2006 neu geschaffene Kategorie der ▶ Zwergplaneten eingeordnet. Die Umlaufzeit um die Sonne beträgt 557 Jahre in einer stark elliptischen Umlaufbahn. Diese ist zudem stark zur Ekliptik geneigt. Der Abstand zur Sonne beträgt 38 bis 98 Astronomische Einheiten (1 AE entspricht ca. 149,6 Millionen Kilometer).
Mythologie: Eris ist in der griechischen Mythologie die Göttin der Zwietracht. Als solche verursachte sie unter den Göttinnen Hera, Athene und Aphrodite einen Streit, indem sie ihnen einen goldenen Apfel mit der Aufschrift »Der Schönsten« zukommen ließ, was letztlich den Trojanischen Krieg auslöste. Im positiven Sinne steht Eris für eine gesunde Konkurrenz, die den Menschen dazu bringt, etwas zu leisten.
Deutung: Die Entdeckung von Eris erregte auch unter Astrologen Aufmerksamkeit, war doch vielfach die Rede davon, dass dies der »zehnte Planet« des Sonnensystems sein könne. Die IAU entschied jedoch anders und machte Eris wie bereits erwähnt zum Zwergplaneten. Ob Eris allerdings in der astrologischen Deutung einen Platz finden wird, wird sich erst zeigen. Bislang liegen noch kaum Forschungen vor.

Erlöst

Ein in der modernen Astrologie relativ häufig verwendeter Begriff, um die positiven, konstruktiven, ausgereiften Seiten eines ▶ Horoskopfaktors zu benennen. Das Gegenteil zu »erlöst« ist »unerlöst«, und damit sind die negativen, destruktiven, unausgereiften Seiten gemeint. Dahinter steht die Vorstellung, das im Horoskop angelegte schöpferische Potenzial müsse im Lauf des Lebens entfaltet werden, so wie der Frosch im Märchen von seinem Froschdasein erlöst und zu dem Prinzen wird, der er eigentlich ist. Die Unterscheidung von »erlöst« und »unerlöst«, auch wenn sie als Denkmodell durchaus ihre Berechtigung hat, birgt eine gewisse Problematik in sich. Jeder ▶ Horoskopfaktor trägt eine breite Palette von Entfaltungsmöglichkeiten in sich (▶ Entwicklungsniveau). So hat ein Mensch mit einer Betonung des Tierkreiszeichens Jungfrau das Vermögen, sich mit Hingabe einer Detailarbeit zu widmen; vielleicht dient ihm aber sein Blick für das Kleine auch nur dazu, seinen Mitmenschen mit seiner Pedanterie das Leben schwer zu machen. Man

würde Ersteres als eine »erlöste«, Letzteres als eine »unerlöste« Form des Jungfrauprinzips bezeichnen.
Die Begriffe »erlöst« und »unerlöst« suggerieren jedoch, es handelte sich um einen einmaligen Prozess, der, wenn er einmal vollzogen ist, nicht mehr rückgängig gemacht werden kann. Dagegen steht die Erfahrung, dass man leicht wieder in gewohnte destruktive Verhaltensmuster verfallen kann, sobald man sich vor Schwierigkeiten gestellt sieht oder in eine Krise gerät. Einen Horoskopfaktor zu einem bestimmten Zeitpunkt auf reife Weise zu leben heißt keineswegs, dass dies immer problemlos gelingt.
Diese Zweiteilung lässt auch in Vergessenheit geraten, dass der Horoskopeigner vielleicht mal mehr das eine Extrem, mal mehr das andere lebt, möglicherweise manchmal – in unterschiedlichen Kontexten – beide gleichzeitig. Zudem hat sie einen religiös-moralischen Beiklang. Es ist natürlich sinnvoll, das Horoskop als Wegweiser zu begreifen, der einem zeigt, wie man das vorhandene Potenzial auf möglichst konstruktive Weise zum Ausdruck bringt. Dabei ist eine Polarisierung durchaus hilfreich. So kann man beispielsweise von den Chancen bzw. Möglichkeiten, die mit einem Horoskopfaktor gegeben sind, sprechen und diese unterscheiden von den Gefahren bzw. Fallen. Oder man wählt die Gegenüberstellungen schöpferisch/zerstörerisch bzw. konstruktiv/destruktiv. Damit ist nicht so ein Absolutheitsanspruch gegeben wie bei »erlöst« versus »unerlöst«.
Wie auch immer man es nennt, es ist einem Horoskop nicht zu entnehmen, auf welcher Ebene der Horoskopeigner einen Horoskopfaktor lebt.

Erniedrigung

Synonym zu ▶ Fall. Eine Kategorisierungsmöglichkeit der Planeten (▶ Domizil).

Erstes Haus

Analoges Tierkreiszeichen: Widder
Herrscherplanet: Mars
Element: Feuer
Qualität: kardinal
Quadrant: erster Quadrant, Nachthälfte
Deutung: Das erste Haus – und insbesondere der Aszendent, der die Spitze des ersten Hauses darstellt (▶ Häuserspitze) – sagt etwas darüber aus, wie ein Mensch auf die Welt zugeht und, umgekehrt, wie er von dieser wahrgenommen wird. Es zeigt, wie man sich durchsetzt und seinem Willen Ausdruck verleiht. Dem Aszendentenzeichen und etwaigen Planeten im ersten Haus ist zu entnehmen, wie man auftritt, wie man sich gibt und, gegebenenfalls, welches Image man pflegt. Oft spiegelt es auch die äußeren Erscheinungs-merkmale und die Konstitution eines Menschen wider.
Das erste Haus steht für Anfänge aller Art, dafür, wie man an etwas herangeht und wie man unvermittelt reagiert. Es repräsentiert das Ich, wie es mit anderen umgeht, im Unterschied zum gegenüberliegenden siebten Haus, wo die Begegnung mit anderen Menschen stattfindet.

Esoterische Astrologie

Das griechische Wort *esoterikos* bedeutet innen oder geheim. Damit sind beide Eigenschaften dieser sehr alten Richtung der Astrologie beschrieben. Verglichen mit der ▶ psychologischen Astrologie wurde und wird sie nur von einer Minderheit praktiziert. Ihr haftet die Aura des Geheimnisvollen an. Zudem kümmert sie sich weniger um die Geschehnisse im Alltag oder um psychische Entwicklungen, sondern sucht den Sinn der Existenz über das materielle Dasein hinaus zu ergründen. Damit kommt sie dem Bereich der Religion nahe.

Für die esoterische Astrologie spielt sich alles Wesentliche innen ab. Sie vertritt konsequent das Konzept der ▶ Analogie, wonach der äußere Sternenhimmel der Anzeiger für die innere Welt ist. Die äußeren Gestirne bewirken nichts, selbst ihre Existenz ist letztlich irrelevant. »Der innere Himmel mit seinen Planeten, der tut's«, schrieb Paracelsus, ein wichtiger Vertreter der esoterischen Astrologie.

Ihre Nähe zur Religion führt dazu, dass es weniger allgemein verbindliche Grundmuster gibt als bei den anderen Formen der Astrologie. Der persönlichen Färbung der sie betreibenden Astrologen ist mehr Raum gegeben. So gibt es zum Teil eine andere Zuordnung der Planeten zu den Zeichen, manche benutzen fiktive Planeten (▶ hypothetische Planeten) oder beziehen die sieben Chakras (feinstoffliche Energiewirbel) ein, die mit den sieben klassischen Planeten in Verbindung gebracht werden. Die wichtigste Vertreterin der esoterischen Astrologie der jüngeren Zeit ist Alice A. Bailey (1880–1949). Die folgenden esoterischen Deutungen der Planetenenergien stammen von dem Astrologen ▶ Bernd A. Mertz[18]:

- Mond: Die Seele, die Opfer fordert – die Seele, die sich opfert.
- Sonne: Das Ziel in dir – der Weg zum Sein.
- Merkur: Das Denken als Geschenk des Himmels.
- Venus: Die Liebe des Himmels – die Liebe auf Erden.
- Mars: Der unabhängige Selbsterzieher.
- Jupiter: Die Schatzkammer in dir.
- Saturn: Mach den Hüter der Schwelle zu deinem Freund.
- Uranus: Die Intuition als Flügel des Ikarus.
- Neptun: Vom animalischen Instinkt zur einfühlenden Inspiration.
- Pluto: Der unbewusste Trieb zur Macht.
- Mondknotenachse: Bäume wachsen nicht in den Himmel.

Exil

Kategorisierungsmöglichkeit der Planeten (▶ Domizil). Wenn ein Planet in einem Tierkreiszeichen im Exil ist (Übersicht unter dem Stichwort Domizil), so kommt er auf eine Art zum Ausdruck, die seinem Wesen entgegengesetzt ist.

Das Zeichen des Exils liegt immer dem Zeichen gegenüber, in dem der betreffende Planet Herrscher ist.

Fächerfigur

Eine Konstellation, bei der innerhalb eines Horoskops alle Planeten in recht regelmäßigen Abständen über das Horoskop verteilt sind. Es ist eines der Aspektmuster von Marc Edmund Jones (▶ Aspektbild). Die Fächerfigur signalisiert eine große Offenheit, aber auch die Schwierigkeit, sich auf Wesentliches zu konzentrieren. Die Herausforderung besteht darin, das Gleichgewicht zu erlangen.

Fall

Kategorisierungsmöglichkeit der Planeten (▶ Domizil). Synonyme: Vernichtung oder Erniedrigung. Wenn ein Planet in einem Tierkreiszeichen im Fall ist (Übersicht unter dem Stichwort Domizil), so kommt er auf eine Art zum Ausdruck, die seinem Wesen fremd ist.

Das Zeichen des Falls liegt immer dem Zeichen gegenüber, in dem der Planet, um den es geht, erhöht bzw. in Würde ist.

Fatalismus

Die Ergebenheit in ein als unabänderlich angesehenes Schicksal. Der Begriff leitet sich vom lateinischen *fatum* (Schicksalsspruch) ab. Häufig wird eine religiöse Instanz als zugrunde liegend angesehen. Es kann sich dabei um eine unpersönliche Macht handeln, die alle Geschicke auf Erden lenkt, oder es kann Gottes Wille sein, dem sich der Mensch hingeben muss. Diese Haltung ist besonders im Islam ausgeprägt: Bereits das Wort Islam bedeutet »Ergebung« (in den Willen Allahs).

Der Fatalismus verneint den ▶ freien Willen des Menschen, doch führt er nicht unbedingt zur Passivität. So postulierten in der Antike die Stoiker und andere Schulen, dass eine moralische Handlung auch dann sinnvoll sei, wenn das Schicksal dadurch nicht beeinflusst werden kann.

In der Astrologie bedeutet Fatalismus, die aus dem Horoskop ersichtlichen Anlagen als unabänderliche Tatsache hinzunehmen und damit die eigene Verantwortung abzugeben. Astrologischer Fatalismus verneint die Möglichkeit, das Horoskop als Basis für einen Entwicklungsprozess – welcher Art auch immer – zu benutzen, das bestimmte Potenziale offenbart, deren Verwirklichung jedoch offenlässt. Er wird darum von der modernen Astrologie abgelehnt (▶ Revidierte Astrologie und ▶ psychologische Astrologie).

Feld

Häufig alternativ zu ▶ Haus verwendeter Begriff.

Feuerzeichen

Die dem Element ▶ Feuer zugeordneten Tierkreiszeichen Widder, Löwe und Schütze.

Finanzastrologie

Ein Teilgebiet der Astrologie, das sich mit der Finanzwelt befasst (▶ Börsenastrologie, ▶ Wirtschaftsastrologie).

Finger Gottes

Synonym zu ▶ Yod-Figur, einer ▶ Aspektfigur.

Finsternis

Bei einer Finsternis schiebt sich entweder der Mond vor die Sonne und verdunkelt diese für eine Zeit (Sonnenfinsternis), oder die Erde schiebt sich zwischen Sonne und Mond, sodass der Mond vorübergehend verdunkelt wird (Mondfinsternis). Der Fachbegriff für Finsternis lautet Eklipse.

Astronomie: Die Voraussetzungen, dass es zu einer *Sonnenfinsternis* kommt, sind folgende: Sonne und Mond müssen sich in Konjunktion befinden, es muss

also Neumond sein. Neumond findet einmal im Monat statt, aber zu einer Sonnenfinsternis kommt es nur ungefähr zweimal jährlich. Bei einem Neumond ohne Sonnenfinsternis befindet sich der Mond aus der Sicht der Erde ober- oder unterhalb der Sonne. Damit es zu einer Sonnenfinsternis kommt, muss der Mond eine möglichst geringe ▶ ekliptikale Breite haben. In der Horoskopzeichnung stellt sich dies so dar, dass die Konjunktion auf oder in der Nähe der Mondknotenachse (▶ Mondknoten) stattfindet. Es kommt jährlich normalerweise zu zwei Sonnenfinsternissen im Abstand von einem halben Jahr, manchmal sind es insgesamt vier oder sogar fünf.
Es gibt verschiedene Arten von Sonnenfinsternissen:

- Die totale Sonnenfinsternis. Dabei bedeckt die Mondscheibe die Sonnenscheibe vollständig – aus der Sicht derer, die sich im Kernschattenbereich der abgedunkelten Sonne befinden (siehe Abbildung). Damit es zu einer totalen Sonnenfinsternis kommt, muss die Sonne-Mond-Konjunktion innerhalb eines Abstands von 11 Grad 15 Minuten von der Mondknotenachse stattfinden.[19]
- Bei der so genannten ringförmigen Sonnenfinsternis geschieht dasselbe wie bei der totalen Sonnenfinsternis. Die Sonne ist jedoch wegen der Erdferne des Mondes, die diesen kleiner erscheinen lässt, während der Verdunkelungsphase um den Mond herum wie ein Ring zu sehen.
- Zu einer partiellen Sonnenfinsternis schließlich kommt es, wenn der Mond die Sonne nur teilweise verdeckt. Dabei beträgt der Abstand zur Mondknotenachse zwischen 9 Grad 55 Minuten bzw. 11 Grad 15 Minuten und 15 Grad 21 Minuten bzw. 18 Grad 31 Minuten, je nachdem ob der Mond sich in Erdferne oder Erdnähe befindet.

Die Voraussetzungen, dass es zu einer *Mondfinsternis* kommt, sind folgende: Sonne und Mond müssen sich in Opposition befinden, es muss also Vollmond sein. Vollmond ist einmal im Monat, und dabei befindet sich der Mond normalerweise ober- oder unterhalb des Schattens der Erde. Es kommt aber nur

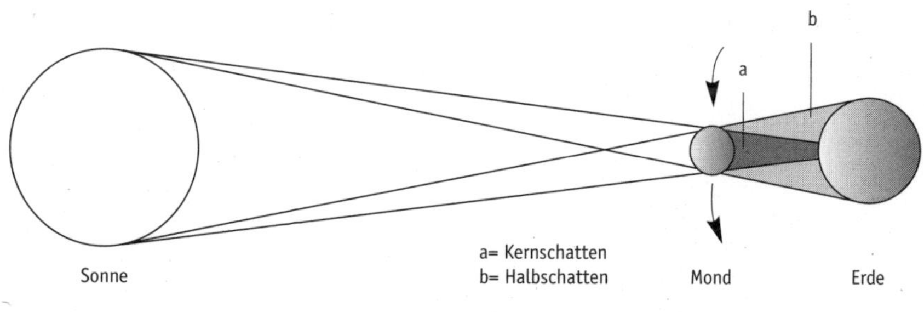

So kommt eine Sonnenfinsternis zustande.

höchstens dreimal im Jahr zu einer Mondfinsternis, nämlich dann, wenn der Mond in einer Linie mit Sonne und Erde steht. Das bedeutet: Die Opposition muss auf oder in der Nähe der Mondknotenachse stattfinden. In manchen Jahren ergibt sich gar keine Mondfinsternis.

Es gibt verschiedene Arten von Mondfinsternissen:

- Bei der totalen Mondfinsternis wirft die Erde ihren (Kern-)Schatten auf den Mond und verfinstert ihn ganz (siehe Abbildung). Der Abstand zwischen Sonne-Mond-Opposition und Mondknotenachse beträgt maximal zwischen 3 Grad 34 Minuten und 6 Grad, je nachdem, ob sich der Mond in Erdferne oder Erdnähe befindet.
- Bei der partiellen Mondfinsternis wird der Mond nur teilweise verdunkelt. Dabei beträgt die Entfernung zur Mondknotenachse zwischen 3 Grad 34 Minuten bzw. 6 Grad und 9 Grad 30 Minuten bzw. 12 Grad 15 Minuten, je nach Erdferne oder Erdnähe des Mondes.
- Bei der so genannten Halbschattenfinsternis (auch penumbrale Finsternis genannt) befindet sich der Mond im Halbschatten der Erde. Er wird von dieser nicht abgedunkelt, sein Licht verblasst nur.

Eine Finsternis findet alle 18 Jahre und 10 bis 11 Tage an etwa derselben Stelle im Tierkreis statt. Dies ist eine ▶ Sarosperiode (siehe auch ▶ Saroszyklus).

Deutung: Finsternisse galten früher als Künder kommenden Unheils, boten sie doch ein Angst erregendes Naturschauspiel. Dem tragen auch die alten Begriffe für den aufsteigenden und den absteigenden Mondknoten Rechnung, nämlich Drachenkopf für Ersteren und Drachenschwanz für Letzteren: Man ging davon aus, dass bei einer Finsternis ein Drache das Licht am Himmel verschlang. In der modernen Astrologie schenkte man Finsternissen lange Zeit wenig Beachtung. Erst mit dem Tod der englischen Prinzessin Diana im Jahr 1997, der mit einer Sonnenfinsternis einherging, und der viel beachteten Sonnenfinsternis vom August 1999, die in

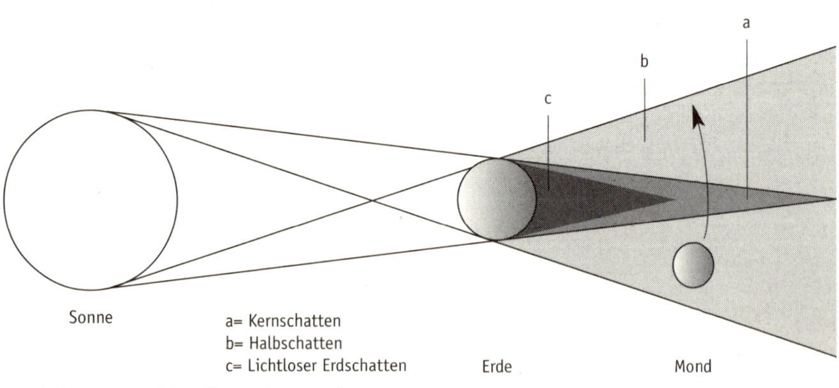

So kommt eine Mondfinsternis zustande.

Europa gut zu beobachten war, wandten sich wieder weitere Kreise von Astrologen der Erforschung dieses Phänomens zu.

Finsternisse sind machtvolle ▶ Auslöser, das heißt sie können Horoskopfaktoren aktivieren, sei es im individuellen Horoskop oder in irgendeiner anderen Art von Horoskop. Nicht jede Finsternis wirkt gleich stark. Je näher der Neumond bzw. der Vollmond an der Mondknotenachse stattfindet, desto wirkungsvoller ist die Finsternis, mit anderen Worten: Eine totale Finsternis ist stärker wirksam als eine partielle. Sonnenfinsternisse sind außerdem stärker wirksam als Mondfinsternisse.

Um in einem ▶ Radixhoroskop etwas auszulösen, muss der Grad, auf dem der verfinsterte Planet (Sonne oder Mond) steht, eine Konjunktion, eine Opposition oder ein Quadrat oder auch einen anderen Hauptaspekt zu einem ▶ Horoskopfaktor im Radix bilden. Wie ein Planet im ▶ Transit – der er ja tatsächlich auch ist – aktiviert er den betreffenden Horoskopfaktor. Dies geschieht bei einer totalen Sonnenfinsternis und in weniger starkem Maß bei einer totalen Mondfinsternis meist in extremer Weise, sei es, dass es zu einem Durchbruch kommt oder dass etwas Altes endgültig abgeschlossen wird. Eine Finsternis wird wegen ihrer Intensität und ihrer transformierenden Kraft auch mit einer ▶ Auslösung durch Pluto verglichen.[20]

Die Tatsache, dass bei einer Finsternis die beiden gegensätzlichen Pole schlechthin – nämlich Mond und Sonne, die das Prinzip Yin/Yang oder weiblich/männlich repräsentieren – aufeinandertreffen (Sonnenfinsternis) bzw. einander gegenüberstehen (Mondfinsternis), unterstreicht dies, denn bei Pluto geht es ebenfalls um die zwei Seiten, das Lichte und das Schattenhafte, die zusammen eine Ganzheit ergeben.

Finsternissen schenkt man insbesondere in der ▶ Mundanastrologie große Beachtung. Einen ersten Überblick, wo eine Finsternis Auswirkungen haben könnte, liefert eine ▶ Astro * Carto * Graphy, ausgestellt auf den Zeitpunkt der Finsternis. Hiermit kann man auf einen Blick sehen, an welchen Orten der Welt der verfinsterte Planet in Konjunktion mit einer Achse steht. Um weiter ins Detail zu gehen, ist zu überprüfen, ob dieser einen Aspekt zur Sonne, zum Aszendenten oder zum Medium coeli einer Stadt, eines Landes oder eines Regierungschefs bildet.[21]

Was die Wirkungsdauer von Finsternissen betrifft, so kann man davon ausgehen, dass sie bis zur nächsten gleichartigen Finsternis anhalten, also in der Regel ein halbes Jahr. Eine Sonnenfinsternis kann sich schon drei Monate vor ihrem Stattfinden ankündigen.[22]

Fische

Symbol: ♓
Element: Wasser
Qualität: veränderlich
Polarität: Yin/weiblich
Herrscherplanet: Neptun, früher Jupiter
Sonne in den Fischen: etwa vom 20. Februar bis zum 20. März
Jahreszeit: Ausklang des Winters, Schneeschmelze, Wassermassen, stille Vorahnung des kommenden Frühlings
Kultur: Fastenzeit, Rückzug nach innen
Körperbereich: Füße
Namen gebendes Sternbild: Pisces

Mythologie des Sternbilds: Es handelt sich hier um zwei in verschiedene Richtungen schwimmende Fische, deren Schwanzflossen durch ein Band miteinander verbunden sind. In der griechischen Mythologie werden die Fische vor allem mit Aphrodite, der Göttin der Schönheit und der Liebe, in Verbindung gebracht. Sie befand sich auf der Flucht vor dem Ungeheuer Typhon, das die Erdmutter Gaia in ihrem Zorn auf die Götter gehetzt hatte.

Aphrodite verbarg sich mit ihrem Sohn Eros am Ufer des Euphrat im Schilf. Da schwammen zwei Fische herbei und brachten die beiden in Sicherheit. Einer anderen Version zufolge waren es Aphrodite und Eros selbst, die sich in die Fische verwandelten und durch das Band auf immer miteinander verbunden sind.

Fische, französische Buchmalerei um 1423 (The British Library, London).

Deutung: Die Fische sind das zwölfte und letzte Zeichen des Tierkreises. Hier geht es um den Wunsch des Individuums, in etwas Größerem aufzugehen, das über die Beschränkungen des menschlichen Daseins hinausgeht.

Menschen, die mit einer Betonung dieses Zeichens geboren wurden, verfügen über viel Fantasie, Sehnsucht und Ahnungsvermögen. Spiritualität und Religion spielen in ihrem Leben eine wichtige Rolle. Sie haben einen unvermittelten Zugang zur geistigen Welt, wo das ▶ Ursache - Wirkungs - Prinzip und die Gesetze der Materie keine Gültigkeit haben. Außerdem ist ihre soziale Ader stark ausgeprägt. Sie können anderen selbstlos helfen und sich für deren Wohl aufopfern, denn sie empfinden deren Leid in einer Weise, als wäre es das eigene. Mit seismographischer Genauigkeit nehmen sie Dinge wahr, die um sie herum stattfinden. Die Gefahr besteht darin, die Grenzen zwischen sich und anderen nicht mehr wahrzunehmen und sich zu verlieren. Weil die Sehnsucht nach Verschmelzung so ausgeprägt ist, neigen sie dazu, im anderen aufzugehen und sich selbst völlig zu vergessen. Fische-Geborene sind häufig Träumer. Sie wollen es nicht wahrhaben, wenn die Realität anders ist, als sie es sich in ihrer Fantasie vorstellen. Stattdessen sehnen sie Idealzustände herbei. Sie wollen selbst erlöst werden und andere erlösen. Wenn sie sich dessen nicht bewusst sind, besteht die Gefahr, Süchten jedweder Art zu verfallen. Fische-Geborene haben ein tiefes Gefühl für die Einheit allen Lebens

und die Verbundenheit aller Menschen. Das Tierkreiszeichen Fische verleiht den ▶ Achsen und Planeten, die sich in ihm befinden, etwas Ungreifbares, Feingefühl und Hingabefähigkeit.
Mit ihrem Oppositionszeichen Jungfrau haben die Fische die Fähigkeit gemein, sich an Vorhandenes anzupassen: Die Jungfrau kann sich in die gegebenen Umstände einfügen und ihre Ansprüche danach richten, die Fische identifizieren sich mit diesen Umständen. Mit den anderen beiden Wasserzeichen, Krebs und Skorpion, teilen die Fische die Tiefgründigkeit: Beim Krebs reicht diese in die seelischen Tiefen, beim Skorpion in die Abgründe des Daseins und bei den Fischen in das, was alle Menschen miteinander verbindet. Von den beiden Zeichen, die zu ihnen im Quadrat stehen, können die Fische Umgang mit dem Intellekt (Zwillinge) und Überzeugungskraft (Schütze) lernen.
In den Fischen ist Venus erhöht und Merkur im Exil.

Fix

Mit fix wird eine von drei ▶ Qualitäten im Tierkreis beschrieben. Es ist die fixierende oder erhaltende und stabilisierende Kraft im Tierkreis, bestehend aus den Zeichen Stier, Löwe, Skorpion und Wassermann. Die anderen beiden Qualitäten sind: kardinal und veränderlich.

Fixstern

Ein selbst leuchtender Himmelskörper. Genauer handelt es sich um Gaskugeln. Gruppierungen von Fixsternen ergeben die ▶ Sternbilder. Die Fixsterne werden von den so genannten Wandelsternen, den Planeten, unterschieden.

Fragenastrologie

Anderer Ausdruck für ▶ Stundenastrologie. Auf den Moment, in dem eine Frage gestellt wird, wird ein Horoskop errechnet, dem dann die Antwort entnommen wird.

Freier Wille

Ein Grundsatz der modernen Astrologie, wonach das ▶ Horoskop bestimmte Anlagen und Möglichkeiten enthält, aber keine zwingende Notwendigkeit besteht, sie zu verwirklichen. Der Mensch ist demnach nicht schicksalhaft den kosmischen Kräften, seinem Erbgut, seiner Erziehung oder Sozialisation ausgeliefert. Er verfügt stattdessen über einen freien Willen, mit dem er aus dem vorhandenen vielfältigen Potenzial sein eigenes Schicksal gestalten kann (▶ Entwicklungsniveau).

Frühlingspunkt

Der Punkt, an dem die Sonne bei ihrem scheinbaren Lauf um die Erde den ▶ Himmelsäquator (= den in den Weltraum hinausprojizierten Erdäquator) von Süden nach Norden überquert, oder, anders ausgedrückt, einer der beiden Schnittpunkte zwischen ▶ Ekliptik und Himmelsäquator (Abbildung Seite 108). Der andere Schnittpunkt ist der ▶ Herbstpunkt, der sich genau gegenüber befindet.
Der Frühlingspunkt wird auch ▶ Widderpunkt genannt, weil er sich zum Zeitpunkt seiner Bestimmung im Sternbild Widder befand. Er ist jedoch inzwischen aufgrund der ▶ Präzession ins Sternbild Fische gerückt. Für die westliche Astrologie ist dies allerdings nicht von Belang. Sie arbeitet mit dem so ge-

nannten ▶ tropischen Tierkreis, dessen Beginn (0 Grad Widder) der Frühlingspunkt ist. Der tropische Tierkreis verschiebt sich also mit diesem.
Die Sonne berührt den Frühlingspunkt zum Zeitpunkt der Frühlings-Tagundnachtgleiche (▶ Äquinoktium), die um den 21. März stattfindet.

Fünftes Haus

Analoges Tierkreiszeichen: Löwe
Herrscherplanet: Sonne
Element: Feuer
Qualität: fix
Quadrant: zweiter Quadrant, Nachthälfte
Deutung: Das fünfte Haus steht für das, was ein Mensch schöpferisch hervorbringt – seien dies Kinder oder Produkte künstlerischer Tätigkeit. Es geht hier darum, was ein Mensch erschafft, was von ihm bleibt, wenn er nicht mehr da ist. Das fünfte Haus gleicht einer Bühne, auf der der Mensch sich der Welt zeigt. Das Zeichen an der Spitze des fünften Hauses (▶ Häuserspitze) sowie etwaige in ihm stehende Planeten sagen etwas über das »innere Kind« eines Menschen aus, das das Leben auf spielerische Weise nimmt.
Zu diesem Haus gehört alles, was Spaß macht – Flirten, Liebesabenteuer, Erotik – und was die Risikofreude anspricht – Spiele, Wetten, Spekulieren. Es ist das Haus der Liebesaffären, nicht jedoch der festen Partnerschaft, die den Häusern sieben und acht zugeordnet wird. Im Unterschied zum gegenüberliegenden elften Haus, wo der Einzelne Teil einer Gemeinschaft ist, präsentiert er sich im fünften Haus der Gemeinschaft.

Gauquelin, Michel

Die statistische Erfassung der Astrologie ist eng mit den Namen Michel Gauquelin (geboren am 13. 11. 1928 um 22:15 Uhr in Paris, gestorben am 20. 5. 1991 in Paris) und seiner ersten Frau Françoise Schneider-Gauquelin verbunden. Die beiden heirateten 1954 und verbrachten 31 Jahre zusammen. In diese Zeit fiel ihre fruchtbarste Schaffensphase.
Michel Gauquelin war Statistiker und Psychologe. Mit diesen Voraussetzungen interessierte er sich frühzeitig für die Frage, ob astrologische Erkenntnisse statistisch erfassbar sind. Von der Astrologie verstand er genug, um zu wissen, dass der Sonnenstand allein nicht ausreicht, um solche Forschungen seriös betreiben zu können.
Die Gauquelins besorgten sich deshalb die Daten von Tausenden Persönlichkeiten, die es in bestimmten Berufen zu besonderem Erfolg gebracht hatten (Sportler, Wissenschaftler, Schriftsteller etc.). Dabei kamen sie zu signifikanten Ergebnissen (▶ Statistik und Astrologie). Vor allem Michel Gauquelin lag viel an der Anerkennung seiner Arbeit durch die Wissenschaft. Er genoss es, im Mittelpunkt zu stehen und bewundert zu werden. Die wissenschaftliche Anerkennung blieb ihm jedoch versagt. Er wurde im Gegenteil häufig für seine Arbeit verspottet. Diese Kritik verletzte sein Selbstwertgefühl zutiefst. Er schied freiwillig aus dem Leben.

Geburtsastrologie

Derjenige Bereich der Astrologie, der sich mit Geburtshoroskopen befasst. Heute nimmt er den größten Teil in der westlichen Astrologie ein, hatte aber früher nicht diese Bedeutung

Geburtsbild
Alternativ für das Geburtshoroskop verwendeter Begriff.

Geburtsherrscher
Derjenige Planet in einem Geburtshoroskop, der Herrscher des Aszendenten ist. Seiner Stellung in Haus und Tierkreiszeichen wird bei der Deutung großes Gewicht beigemessen. Er gibt Auskunft darüber, in welchem Bereich (Hausstellung) und wie (Zeichenstellung) die Anlage (Aszendent) verwirklicht wird, liefert also Hintergründe zur Beschreibung des Aszendenten.

Geburtsmoment
Derjenige Augenblick, der den Beginn des selbstständigen Lebens darstellt und auf den somit das Geburtshoroskop erstellt wird. Dies ist nach verbreiteter Auffassung der erste Atemzug. Da dieser die Neugeborenen viel Kraft kostet, tun sie ihn oft, aber keineswegs immer zusammen mit einem Schrei. Manchmal schreit das Baby erst etwas später. Gelegentlich atmet ein Kind, noch bevor sein ganzer Körper aus dem Mutterleib herausgekommen ist.
Es gibt aber auch den Brauch, den Zeitpunkt des Austritts aus dem Mutterleib oder denjenigen der Abnabelung als Geburtsmoment aufzuschreiben. Die Abnabelung geschieht heute allerdings oft erst zu einem Zeitpunkt, zu dem das Baby schon einige Minuten auf der Welt ist. Dies alles soll zeigen, dass auch eine in einer Geburtsurkunde festgehaltene minutengenaue ▶ Geburtszeit kein Garant dafür ist, dass hier tatsächlich der erste Atemzug gemeint ist.

Geburtszeit
Für die Erstellung eines Geburtshoroskops ist eine möglichst minutengenaue Geburtszeit erforderlich. Für die Horoskopberechnung muss die Geburtszeit in die ▶ Greenwich-Zeit umgerechnet werden, deshalb muss die ▶ Zeitzone des Geburtsortes bekannt sein und man muss etwaige ▶ Sommerzeiten berücksichtigen.
Seit dem Jahr 1876 wird die Geburtszeit in Deutschland auf die Stunde genau registriert. Zuvor war das Personenstandswesen Aufgabe der Kirchen. Seit dem Ende des Zweiten Weltkriegs wird auch auf die Minute genau registriert. Jeder Mensch kann und sollte, wenn er sich ein Horoskop erstellen lassen möchte, seine Geburtszeit beim Standesamt seines Geburtsortes erfragen.
Die Geburtszeiten aus der ersten Hälfte des 20. Jahrhunderts sind in der Regel nur auf eine viertel Stunde genau. Erst seit den Fünfzigerjahren sind sie meist minutengenau oder aber auf fünf Minuten genau. Normalerweise reicht auch Letzteres. Dies gilt allerdings nicht, wenn sich der Aszendent oder das Medium coeli, gegebenenfalls auch eine andere ▶ Häuserspitze, an der Zeichengrenze befindet, denn der Aszendent bewegt sich durchschnittlich alle vier Minuten um ein Bogengrad weiter (die anderen Häuserspitzen ändern sich damit auch), und so kann in einem solchen Fall die Frage, in welchem Tierkreiszeichen sich der Aszendent bzw. eine andere Häuserspitze befindet, durchaus von der Genauigkeit der Geburtszeit ab-

hängen. Zudem sind für bestimmte ▶ Prognosemethoden minutengenaue Geburtszeiten nötig. Manche Astrologen arbeiten, um zu genaueren Ergebnissen zu gelangen, mit verschiedenen Methoden der ▶ Geburtszeitkorrektur. Was genau als Zeitpunkt der Geburt definiert wird, ist unter dem Stichwort ▶ Geburtsmoment nachzulesen.

Ein viel diskutiertes Feld sind Kaiserschnitt- und künstlich eingeleitete Geburten. Oft wird die Frage gestellt, ob solche Geburtszeiten ebenso gültig sind wie »natürliche« Geburtszeiten? Hierzu gibt es verschiedene Ansichten: Geht man von der Hypothese aus, dass die Astrologie »auf einer Sensibilität der Organismen für kosmische Reize beruht«[23], wird man zumindest Bedenken haben, dass der Zeitpunkt einer Kaiserschnittgeburt oder einer anderen operativen Geburt, die vom Arzt zeitlich bestimmt werden kann, einem kosmischen Plan entsprechen könnte. Dieser Argumentation zufolge liefern auch eingeleitete Geburten, bei denen die Wehentätigkeit medikamentös (durch Hormone) oder anderweitig künstlich ausgelöst wird (womit jedoch der Geburtszeitpunkt nicht exakt festgelegt werden kann), nur mit Einschränkungen Geburtszeiten, die für die Astrologie nützlich sind.

Es gibt eine Menge Menschen, die mittels Kaiserschnitt auf die Welt kamen oder deren Geburt auf diese Weise künstlich eingeleitet wurde. Würde man deren Geburtszeiten in Hinsicht auf die astrologische Nutzbarkeit für zumindest fragwürdig erklären, so gälte dies für einen gar nicht unbeträchtlichen Teil der Geburtszeiten, mit denen Astrologen arbeiten. Darüber hinaus gilt es zu bedenken, dass auch in der natürlichen Geburtshilfe, für die sich immer mehr Menschen interessieren, Geburten im Problemfall eingeleitet werden, wenn auch mit homöopathischen Medikamenten oder ebenso einfachen wie wirkungsvollen Methoden wie der Brustwarzenstimulation oder einem Einlauf in Verbindung mit Fasten. Jedenfalls hat auch hier der Mensch seine Hand im Spiel.

Dies führt direkt zur anderen Argumentationslinie, die nämlich davon ausgeht, dass es auch Teil des kosmischen Plans sein kann, dass der Mensch seine Hand im Spiel hat, dass also letztlich ein Kind in jedem Fall zu dem Zeitpunkt auf die Welt kommt, der das ihm entsprechende Horoskop abbildet, ob nun jemand bei der Geburt nachgeholfen hat oder nicht.

Geburtszeitkorrektur

Die Rekonstruktion einer minutengenauen ▶ Geburtszeit mit Hilfe von Prognosemethoden, die metagnostisch, das heißt rückwirkend angewandt werden. Viele Astrologen halten für die Deutung eine minutengenaue ▶ Geburtszeit für unabdingbar, andere nur dann, wenn sich eine ▶ Achse oder auch eine ▶ Häuserspitze an der Grenze zwischen zwei Tierkreiszeichen befindet und man ohne eine exakte Geburtszeit deren genauen Stand nicht bestimmen kann. Auch bestimmte Prognosemethoden, etwa ▶ Primärdirektionen, funktionieren nur, wenn ihnen eine minutengenaue Geburtszeit zugrunde liegt.

Eine solche ist aber oft nicht gegeben – standesamtliche Angaben sind unter Umständen nur auf fünf oder, in früheren Zeiten, auf fünfzehn Minuten genau. Manche Menschen kennen ihre ▶ Geburtszeit nur auf eine halbe Stunde oder noch weniger genau.

Es gibt also genügend Gründe, eine Geburtszeitkorrektur vorzunehmen, was jedoch in der Praxis gar nicht so häufig geschieht, weil das Verfahren relativ zeitaufwendig ist. Heute bieten verschiedene Computerprogramme eine Geburtszeitkorrektur an, was die Sache erheblich vereinfacht und verkürzt. Man muss aber auch das Problem im Auge behalten, dass der Moment der Geburt gar nicht immer auf einen so kurzen Zeitraum, wie ihn eine Minute darstellt, festzulegen ist, und auch, dass es verschiedene Auffassungen darüber gibt, was denn nun eigentlich diesen Moment charakterisiert (▶ Geburtsmoment). Daraus ergibt sich die Frage, wie eine minutengenaue Geburtszeit überhaupt zu bewerten ist. Eine weitere Problematik ist darin zu sehen, dass eine Astrologie, die nicht ereignisorientiert ist, sich mit der Geburtszeitkorrektur schwertut, eben weil diese, wie gleich gezeigt wird, mit ganz konkreten Ereignissen arbeitet, nicht aber mit den dahinter liegenden Entwicklungen.[24]

Für die Geburtszeitkorrektur werden einige markante Daten im Leben desjenigen gewählt, dessen Geburtszeit fraglich ist: beispielsweise eine Abschlussprüfung, eine Hochzeit, die Geburt eines Kindes, der Tod eines Elternteils usw. Daraufhin wird mit Hilfe von Prognosemethoden wie ▶ Transiten und ▶ Sekundärprogressionen (es empfiehlt sich, mehr als eine Methode zu nehmen) nachgesehen, ob es bei diesen Ereignissen zu ▶ Auslösungen auf ▶ Achsen, also Aszendent, Deszendent, Medium coeli oder Imum coeli, gekommen ist. Dies sind die individuellsten Faktoren im Horoskop, das heißt, sie ändern sich so schnell, dass sich Unterschiede von Minuten bemerkbar machen: Aszendent und Medium coeli wandern etwa alle vier Minuten ein Bogengrad weiter. Auslösungen zu den schnell laufenden Planeten können nicht hinzugezogen werden, denn diese ändern ihre Position im Verlauf eines Tages nur wenig, mit Ausnahme des Mondes, der alle zwei Stunden etwa ein Grad weiter wandert. Doch auch das ist für eine Feinkorrektur – also eine Korrektur im Rahmen von einer halben bis einer ganzen Stunde – zu ungenau. Die im Folgenden vorgestellte Methode soll die Vorgehensweise bei der Feinkorrektur verdeutlichen:

- Für jede Auslösung, soweit sie inhaltlich stimmig ist, wird ein hypothetischer Aszendent bzw. ein hypothetisches Medium coeli erstellt, je nachdem, welche der Achsen durch das jeweilige Ereignis ausgelöst wurde. Ein Beispiel: Der (unkorrigierte) Aszendent befindet sich auf 18 Grad 30 Minuten Steinbock. Die Hochzeit fand statt, als Saturn sich auf 16 Grad 15 Minuten Krebs befand, also am Deszendenten. Der hypothetische Aszendent läge demnach bei 16 Grad 15 Minuten Steinbock. Dem liegt die Überlegung zugrunde, dass eine solche Auslösung auch zeitlich exakt ist, was nur tendenziell stimmen kann, nicht aber in jedem Einzelfall. Man sammelt daher mehrere hypothetische Aszendenten und Medium coelis aufgrund der verschiedenen Ereignisse.

- Die Aszendenten werden jeweils in die zugehörigen Medium coelis umgerechnet, womit dann eine Anzahl verschiedener Medium-coeli-Werte vorliegt.
- Man wählt nun aus diesen entweder diejenigen, die größer sind als das unkorrigierte Medium coeli oder diejenigen, die kleiner sind, je nachdem, welche glaubwürdiger und in der Überzahl sind.
- Aus diesen wiederum bildet man einen Mittelwert, der das korrigierte Medium coeli darstellt. Daraus kann man dann sämtliche Häuserspitzen einschließlich des Aszendenten berechnen.

Es gibt daneben noch weitere Methoden – überzeugende und weniger glaubwürdige. Zusammenfassend lässt sich sagen, dass die Geburtszeitkorrektur ein Feld ist, wo enorm viel spekuliert wird. Und, wie der Astrologe Christoph Schubert-Weller bemerkt, einen Beweis für die richtige Geburtszeit kann eine Geburtszeitkorrektur ohnehin nicht erbringen.[25]

Geistige Planeten

Die Planeten Uranus, Neptun und Pluto. Sie sind aufgrund ihrer Entfernung von der Erde aus nicht mit dem bloßen Auge zu sehen. Ihre Umlaufzeit bedingt, dass sie sich viele Jahre in einem Tierkreiszeichen aufhalten. Bei Uranus sind es ungefähr 7 Jahre, bei Neptun durchschnittlich knapp 14 und bei Pluto zwischen 12 und 32 Jahren. (Plutos Bahn ist sehr exzentrisch, sodass er sich in den Frühlingszeichen Widder und Stier über 30 Jahre aufhält, in den Herbstzeichen Skorpion und Schütze dagegen nur etwa 12.) Damit haben Menschen mehrerer Jahrgänge oder gar einer Generation diese Planeten im selben Zeichen.

Uranus, Neptun und Pluto stehen für Themen, die über das, was die ▶ persönlichen Planeten (Sonne, Mond, Merkur, Venus und Mars) und die ▶ gesellschaftlichen Planeten (Jupiter und Saturn) repräsentieren, hinausgehen. Sie beschreiben ein geistiges Prinzip. Auch die Tatsache, dass die Planeten ohne Hilfsmittel nicht sichtbar sind, ist ein Symbol für ihren Bezug zum Geistigen, das ebenfalls unsichtbar bleibt. Das, was Uranus, Neptun und Pluto verkörpern, überschreitet die Grenzen des Materiellen, symbolisiert von Saturn. Es steht auch für das, was in der Jungschen Psychologie das kollektive Unbewusste genannt wird. Es ist dem Bewusstsein des Menschen in der Regel nicht leicht zugänglich. Insbesondere wenn Menschen dem materiell Fassbaren zu stark verhaftet sind, tun sie sich schwer mit den Energien der geistigen Planeten.

Im individuellen Erleben, wie es durch die Hausstellung und die Aspekte im Geburtshoroskop zum Ausdruck kommt, weniger durch die Stellung im Tierkreiszeichen, verschafft Uranus dem Menschen blitzhafte Einsichten und die Erschütterung eingefahrener Strukturen, womit neue geistige Horizonte und Perspektiven einhergehen. Bei Neptun geht es darum, dass sich der Einzelne mit allen und allem verbunden fühlt. Neptun stellt den Zugang zum feinstofflichen Bereich her und verhilft zu Durchlässigkeit. Plutos Themen sind alle grundlegenden Wandlungsprozesse,

denen sich der Mensch im Lauf seines Lebens unterziehen muss und denen er nicht entgehen kann.
Die geistigen Planeten waren noch nicht bekannt, als die Grundlagen für die Astrologie geschaffen wurden. Uranus wurde 1781 entdeckt, Neptun 1846 und Pluto 1930. Dennoch gelang es der Astrologie, ihr System zu öffnen und die neuen Planeten zu integrieren. Bemerkenswerterweise fiel die Entdeckung des Uranus mit der größten Krise der Astrologie in der Geschichte zusammen. Der Aufbruch des alten klassischen Systems führte jedoch nicht zu ihrem gänzlichen Untergang, wie Wissenschaftler prophezeiten, sondern letztlich zu einem Ausweg aus der Krise (▶ Geschichte der Astrologie).

Geozentrisches Weltbild

Bis zur ▶ kopernikanischen Wende die Vorstellung, dass die Erde der Mittelpunkt des Universums ist, um die sich Sonne, Mond und Planeten sowie der Fixsternhimmel bewegen. Grundlage dafür ist die subjektive Wahrnehmung des Kosmos durch den Menschen von seiner Position auf der Erde aus. Diese Sicht, die der antike Astrologe und Astronom ▶ Ptolemäus zu einem System zusammengefasst hat, prägte bis zu dem Zeitpunkt, als Kopernikus das ▶ heliozentrische Weltbild schuf, das Bewusstsein der Menschen. Judentum, Christentum und Islam haben ihren Anteil dazu beigetragen, an dieser Überzeugung festzuhalten, da es leichter mit dem Bild vom Menschen als Krone der Schöpfung in Einklang zu bringen war. Die Astrologie arbeitet bis heute mit einem geozentrischen Weltbild. Der Grund dafür ist nicht die Verhaftung in überkommenen Traditionen oder die Ignoranz gegenüber naturwissenschaftlichen Erkenntnissen, sondern die Stellung des Menschen im Kosmos. Für den Menschen stellen sich die Himmelserscheinungen von der Erde aus dar. Der Horoskopeigner wird zum Zentrum der Betrachtung, um den sich die Himmelskörper bewegen.

Geschichte der Astrologie

Die Beobachtung des Sternenhimmels ist vermutlich so alt wie die Geschichte der Menschheit. Dabei ging es nicht nur um den erhabenen Anblick, dem sich noch heute selbst rationale Geister nicht entziehen können. Sonne und Mond, Fixsterne und Planeten waren schon immer wichtige Orientierungspunkte für das Bedürfnis des Menschen, seinen Platz im Universum zu bestimmen und sich mit dessen Kräften auszusöhnen. Dabei bedeutet Himmelsbeobachtung noch keine Astrologie. Die ältesten sicheren Spuren der Astrologie lassen sich bis etwa 2.500 Jahre vor unserer Zeitrechnung in Mesopotamien zurückverfolgen. Träger der Kultur waren die Sumerer und Babylonier. Europäische Zeugnisse der frühen Himmelsbeobachtung wie Stonehenge in England lassen vermuten, dass man sich auf die Sonne konzentrierte.
Offenbar erkannten die Menschen bei der Himmelsbeobachtung schon bald, dass es gewisse ▶ Zyklen gibt, die mit einiger Erfahrung vorausberechenbar sind. Aus dem Jahr 1970 vor Christus stammt die älteste erhaltene ▶ Ephemeride. Mit bestimmten Phasen der Zyklen konnten bald positive oder nega-

tive Erwartungen verknüpft werden. Das war der Beginn der ▶ Prognose. Darüber hinaus achteten die Beobachter des Sternenhimmels auf besondere Erscheinungen wie ▶ Finsternisse, aber auch auf weniger auffällige Phänomene, etwa ob der Mond einen Hof hatte oder welche Färbung die Planeten aufwiesen. Aus diesen Beobachtungen wurden Prognosen über das Schicksal des Staates erstellt.

Bei den Hochkulturen der Ägypter (▶ ägyptische Astrologie) und Chinesen (▶ chinesische Astrologie) kam zu der Himmelsbeobachtung das Wissen um die Qualität der ▶ Zeit hinzu. Dadurch wurde die Prognose erheblich verbessert. Dennoch unterscheiden sich all diese Systeme grundlegend von der abendländischen Astrologie. Letztere hat sich zwischen dem siebten und vierten Jahrhundert vor unserer Zeitrechnung entwickelt. Die Erkenntnisse der Himmelsbeobachtung in Mesopotamien sowie das mathematische Verständnis der aufkommenden griechischen Kultur führten zu dieser Synthese. Zwar kannten auch die Babylonier manche Sternbilder, doch erst die Griechen schufen den vollständigen Tierkreis. Zudem entdeckten sie die ▶ Präzession, sie entwickelten die für das ▶ Häusersystem wichtige sphärische Vorstellung vom Kosmos sowie die Lehre von den vier ▶ Elementen.

Das waren die Voraussetzungen für die Astrologie, wie sie im Wesentlichen bis heute weitergegeben wird. Sie bestand aus dem zwölfteiligen Tierkreis, den Anfängen eines Häusersystems mit dem Aszendenten, den sieben ▶ klassischen Planeten, benannt nach den Gottheiten des griechischen Olymp (später in ihrer römischen Version) sowie den Aspekten. Die älteste überlieferte Horoskopdeutung stammt aus dem Jahr 410 vor unserer Zeitrechnung.

Die führenden Astrologen waren gleichzeitig Astronomen. Persönlichkeiten wie Hipparch (etwa 190 – 125 v. Chr.) oder ▶ Ptolemäus (etwa 100 – 160 n. Chr.) prägten mit ihren Erkenntnissen Jahrhunderte. Ptolemäus' Buch »Tetrabiblos« war bis zum Mittelalter das Standardwerk der Astrologie.

Im Römischen Reich war die Astrologie nicht länger einer kleinen Priester- und Herrscherschicht vorbehalten. Sie öffnete sich und entwickelte die ▶ Individualastrologie für gut situierte Bürger. Dadurch verflachte sie im Laufe der Zeit jedoch auch. Das tiefe Wissen um die kosmischen Zusammenhänge blühte in esoterischen Kulten weiter, die von unterworfenen Völkern übernommen wurden, so der Mithras-Kult aus Persien oder der Isis-Kult aus Ägypten. Mit dem Aufkommen des Christentums ging der Einfluss der Astrologie spürbar zurück. Ungeachtet einzelner Förderer lehnte die Mehrheit der Theologen die Astrologie ab (▶ Astrologiegegner).

Dem aufstrebenden arabischen Weltreich war es zu verdanken, dass vieles von dem antiken astrologischen Wissen der Nachwelt erhalten blieb (▶ arabische Astrologie). Im 9. und 10. Jahrhundert waren Bagdad und Kairo die Zentren der Gelehrsamkeit, in denen sich auch die Astrologie großer Wertschätzung erfreute. Die bedeutenden antiken Werke wurden übersetzt und das Wissen aufgrund mathematischer und astronomischer Fortschritte erweitert.

Die von der arabisch-islamischen Kultur geprägte Epoche der Astrologie hielt sich in Spanien bis zum 15. Jahrhundert, dann setzte auch im Islam ein Niedergang der Astrologie ein, der bis heute anhält.

In Europa dagegen kam es im ausgehenden Mittelalter zu einer Renaissance der Astrologie, die ihre wichtigsten Anstöße aus Spanien erhielt. Dort herrschte nach der Vertreibung der Mauren für kurze Zeit eine sehr tolerante Atmosphäre, die viele Wissensgebiete befruchtete. Toledo in Spanien und Chartres in Frankreich wurden zu den neuen Zentren der Astrologie.

Die Aufbruchstimmung der Neuzeit förderte die alte Sterndeutung ganz außerordentlich. Die Reform des ▶ Kalenders durch Papst Gregor, die Erfindung des Buchdrucks sowie der mechanischen Uhr, die Entdeckung der Planetengesetze durch ▶ Johannes Kepler und die verbesserten mathematischen Grundlagen bei der Berechnung der Häuser schufen ihr eine neue Basis. Zum letzten Mal arbeiteten Astrologie und Astronomie Hand in Hand. Tycho Brahe und Kepler leisteten nicht nur Bahnbrechendes bei der Himmelsbeobachtung und der Systematisierung der naturwissenschaftlichen Gesetze, sondern sie praktizierten auch die Astrologie.

Die neuen Erkenntnisse um den Aufbau des Kosmos (▶ heliozentrisches Weltbild, ▶ kopernikanische Wende) konnten die Basis der Astrologie nicht erschüttern; im Gegenteil, andere Naturwissenschaften beriefen sich ausdrücklich auf sie. Paracelsus (1493–1541), der Wegbereiter der modernen Medizin, erklärte: »Wer will denn ein Arzt sein, der den äußeren Himmel nicht kennt? Aus dem äußeren Himmel muss der Arzt den inneren einsehen, um daraus für seinen Kranken zu bilden das innere Firmament (die Arznei).« Zahlreiche gekrönte Häupter und sogar Kirchenfürsten wie Papst Paul III. hielten sich Hofastrologen.

Die Blütezeit der Astrologie dauerte bis zur Ära des Barock im 17. Jahrhundert. Danach setzte ein Niedergang ein, der mehrere Ursachen hatte. Die Fortschritte der Naturwissenschaft machten deren Vertreter glauben, den gesamten Kosmos physikalisch erklären zu können. Dieser Positivismus ließ der Astrologie keinen Raum mehr. Darüber hinaus verstärkte sich der Widerstand in den christlichen Kirchen. Der Reformator Martin Luther (1483–1546) hatte die Astrologie schon frühzeitig abgelehnt; die Jesuiten, die durch die Gegenreformation zum einflussreichsten Orden innerhalb der katholischen Kirche wurden, verwarfen sie ebenfalls. Die Aufklärung im 18. Jahrhundert tat ihr Übriges, um die Astrologie aus den Universitäten und dem öffentlichen Bewusstsein zu vertreiben. Die Entdekkung des Planeten Uranus 1781, die das alte System der sieben ▶ klassischen Planeten sprengte, schien ihr den endgültigen Todesstoß zu versetzen. 1817 endete in Deutschland die akademische Epoche der Astrologie: In diesem Jahr hielt Professor Julius Wilhelm Andreas Pfaff an der Universität Erlangen seine letzte astrologische Vorlesung.

Doch die Astrologie war nicht am Ende. Seit dem 19. Jahrhundert erlebt sie eine neue Blüte, die bis heute anhält. Die Ursachen dafür sind vielfältig. Äußere Entwicklungen wie die Einführung der Zeitzonen 1884 erleichterten die Arbeit mit ihr erheblich. Es gelang ihr zudem, sich neuen (wissenschaftlichen) Entdeckungen zu öffnen und diese in ihr System zu integrieren. Das betraf nicht nur die neu entdeckten Planeten, sondern auch die Psychologie, mit der ein fruchtbarer Austausch entstand. Einige ihrer Vertreter wie ▶ C. G. Jung erhielten von der Astrologie wichtige Impulse. Gleichzeitig nutzten Astrologen wie ▶ Dane Rudhyar und ▶ Thomas Ring tiefenpsychologische Erkenntnisse zu einer grundlegenden Reformierung der Astrologie (▶ Revidierte Astrologie).

In der zweiten Hälfte des 20. Jahrhunderts geriet die Naturwissenschaft zunehmend an ihre Grenzen. Ihre bahnbrechenden Forschungen führten zu immer neuen Fragen, sodass viele Wissenschaftler um die Jahrtausendwende einen kosmischen Plan hinter dem Universum nicht mehr ausschließen. Allerdings sind die Vorbehalte gegenüber der Astrologie noch immer groß.

Die heutige Astrologie vereint alle Elemente, die ihre Geschichte geprägt haben: Es gibt die niveauvolle Forschung und Deutung, die in engem Austausch mit anderen Disziplinen steht (▶ Wissenschaft und Astrologie) ebenso wie die Verflachung und Kommerzialisierung der ▶ Vulgärastrologie. Und es gibt die grundlegende Ablehnung durch die Mehrzahl der Wissenschaftler (▶ Astrologiegegner).

Die zahlreichen Entdeckungen im ▶ Kuiper-Gürtel seit Beginn der Neunzigerjahre haben unsere Vorstellung vom ▶ Sonnensystem erweitert und viele bislang in der Astronomie geltende Annahmen in Frage gestellt. Die neu entdeckten ▶ Kleinplaneten, deren Größe an diejenige Plutos heranreicht bzw. sie noch übertrifft, können von Astrologen nicht ignoriert werden (▶ neue Planeten) und stellen die Astrologie langfristig vor neue Herausforderungen. Gegenüber den Anfängen der Astronomie und Astrologie hat sich das Sonnensystem verändert, und entsprechend wird sich auch die Astrologie verändern.

Gesellschaftliche Planeten

Die Planeten Jupiter und Saturn. Gelegentlich liest man auch den Begriff soziale Planeten. Jupiter und Saturn sind von den sichtbaren Planeten am weitesten von der Erde entfernt. Ihre Umlaufzeit bedingt, dass sich Jupiter durchschnittlich 1 Jahr und Saturn 2 1/2 Jahre in einem Tierkreiszeichen aufhält. Damit haben Menschen eines Jahrgangs bzw. mehrerer aufeinander folgender Jahrgänge Jupiter und Saturn im gleichen Zeichen.

Diese beiden Planeten repräsentieren Themen, die über den individuellen Bereich hinausgehen. Bei Jupiter sind dies die höheren Werte, die eine Gesellschaft zusammenhalten, wie Moral und Ethik; bei Saturn sind es die Gesetze, die dem Einzelnen Grenzen setzen und Halt bieten. Im individuellen Horoskop sind Haus- und Zeichenstellung sowie die Aspekte der beiden Planeten von Bedeutung. Dabei geht es bei Jupiter um das Streben nach höheren Werten und fremden Welten, nach Fülle und Großzügigkeit; im Falle Saturns geht es um die Konzentration auf das Wesentliche, um den Realitätsbezug, um Disziplin und Grenzziehung. Die gesellschaftlichen Planeten werden von den ▶ persönlichen Planeten (Sonne, Mond, Merkur, Venus und Mars) und den ▶ geistigen Planeten (Uranus, Neptun und Pluto) unterschieden.

Glaube

Da es bei der Astrologie vielfach um persönliche Erfahrungen geht, kann die Frage nach dem Glauben nicht ausgeklammert werden. Bisweilen wird die Astrologie in die Nähe der Religion gerückt, und manche ▶ Astrologiegegner bezeichnen sie sogar als Ersatz- oder Pseudoreligion. Vor allem Vertreter der ▶ psychologischen Astrologie wenden sich entschieden gegen derartige Verbindungen. Mit ihrer Auffassung, wonach Astrologie ein Weg ist, sich selbst näher kennen zu lernen, distanziert sie sich von allen Glaubensfragen im religiösen Sinn. Ähnlich wie in der Psychologie spielt es bei der ▶ Deutung des Horoskops aus dieser Sicht keine Rolle, welche religiöse oder spirituelle Überzeugung ein Mensch hat, solange er sich auf die Selbsterfahrung einlässt (▶ Astrologiegläubigkeit). Allerdings stellt sich die Frage auf einer profaneren Ebene, nämlich ob eine Person daran glaubt, dass es so etwas wie Selbsterfahrung und Selbsterkenntnis gibt.

Die ▶ esoterische Astrologie kommt dagegen um Glaubensfragen im religiösen Sinn nicht herum. Das lateinische Wort *religio* bedeutet Rückbindung, Verbindung mit dem Ursprung. In dem Sinn erhebt die esoterische Astrologie den Anspruch, die alten Fragen zu beantworten: Woher kommt der Mensch? Wohin geht er? Was ist der Sinn des Lebens? Somit tritt sie in Verbindung oder in Konkurrenz zu anderen religiösen Lehren, die denselben Anspruch erheben. Die Entscheidung, ob die Astrologie diesem Anspruch gerecht werden kann, ist letztlich wieder eine Glaubensfrage jedes Einzelnen. Wie bei jeder ernsthaften religiösen Überzeugung bedeutet Glaube für die esoterische Astrologie kein unverbindliches »Nicht-Wissen«, sondern eine Entscheidung aufgrund der subjektiven Erfahrung, die sich einer objektiven Beweisbarkeit entzieht.

Glückspunkt

Der am häufigsten verwendete ▶ sensitive Punkt im Horoskop. Er wird durch ein Kreuz in einem Kreis dargestellt (▶ Symbolik). Der Glückspunkt, auch Pars fortuna genannt, errechnet sich bei Taggeburten, indem zu der Gradzahl des Aszendenten die des Mondes hinzugefügt und die der Sonne abgezogen wird. Bei Nachtgeburten wird die Gradzahl der Sonne zu der des Aszendenten hinzugefügt und die des Mondes abgezogen. Näheres zur Berechnungsweise ist unter dem Stichwort sensitiver Punkt nachzulesen.

Der Glückspunkt symbolisiert die Übereinstimmung von bewusstem Ziel (Sonne) mit subjektivem Gefühl (Mond) und deren Durchsetzung im Augenblick (Aszendent).

GMT

Abkürzung für Greenwich Mean Time, die mittlere ▶ Greenwich-Zeit.

GOH

Abkürzung für Geburtsorthäuser, auch unter dem Begriff Koch-Häusersystem bekannt, weil es von dem Oberstudienrat Dr. Walter Koch (1895–1970) geschaffen wurde. Es ist das neben dem Placidus-Häusersystem am häufigsten verwendete ▶ Häusersystem.

Graddirektion

Eine ▶ Prognosemethode, bei der Planeten und ▶ Achsen um jeweils 1 Grad pro Jahr vorgerückt werden. Dies ist eine vereinfachte Version der ▶ Sonnenbogendirektion. Die Graddirektion ist für genauere ▶ Prognosen nicht von Wert, allenfalls kann sie dazu dienen, sich einen ersten Überblick zu verschaffen.

Graphische Ephemeride

Die graphische Darstellung der Planetenpositionen im Gegensatz zur tabellarischen Darstellung in normalen ▶ Ephemeriden. Graphische Ephemeriden dienen dazu, den Verlauf der Planeten innerhalb eines bestimmten Zeitraums – beispielsweise eines Monats oder eines Jahres – optisch schnell zu erfassen. Es gibt kreisförmige Darstellungsweisen, bei denen die zwölf Segmente des Kreises für die zwölf Tierkreiszeichen stehen und die Linien, die den Verlauf der Planeten darstellen, von innen nach außen führen, das heißt, der Beginn des Zeitraums befindet sich im Inneren des Kreises, das Ende außen.
Meist findet man graphische Ephemeriden in Form eines rechteckigen Diagramms, wobei die waagrechte Koordinate von links nach rechts den linearen Zeitablauf anzeigt, die senkrechte hingegen den Tierkreis von 0 bis 360 Grad. Die Planetenlinien verlaufen dann von links nach rechts. Kreuzungen zweier Linien zeigen eine Konjunktion der beiden betreffenden Planeten an. Auch die ▶ Rückläufigkeit eines Planeten kann man auf einen Blick erkennen, weil dann seine Linie eine Wellenbewegung einschlägt.
Bei der so genannten 45-Grad-Ephemeride werden im Unterschied zur gerade beschriebenen in der linken Koordinate des Diagramms nicht alle 360 Grad des Tierkreises aufgeführt, sondern nur 45. Der Tierkreis wird praktisch in 8 Teile zu je 45 Grad unterteilt, und diese Teile werden aufeinandergelegt. Schnittpunkte zweier Linien zeigen nun über die Konjunktion hinaus auch solche Aspekte an, die 45 Grad (▶ Halbquadrat) oder ein Vielfaches davon darstellen (Quadrat=90 Grad; ▶ Anderthalbquadrat=135 Grad; Opposition=180 Grad), also die wichtigsten ▶ analytischen Aspekte.
Werden Planeten eines Radixhoroskops in die graphische Ephemeride eingetragen (bei der rechteckigen Darstellungsform in waagerechten Linien in Höhe der Gradzahl, auf der sie sich befinden), so kann man sehen, wann innerhalb des definierten Zeitraums ▶ Transite stattfinden, nämlich dann, wenn sie von anderen Planetenlinien gekreuzt werden.

Gravelaine, Joëlle de

Joëlle de Gravelaine (geboren am 12. Januar 1929, 4:40 Uhr GMT, Paris, gestorben am 26. Juli 1997) wurde im deutschsprachigen Bereich vor allem als Expertin für ▶ Lilith bekannt, doch ihr astrologisches Wirkungsfeld war weit größer.

Sie unterhielt einen engen Draht zu Persönlichkeiten aus der Filmbranche und führte mit Stars wie Catherine Deneuve, Isabelle Huppert, Wim Wenders, Bernardo Bertolucci, Gérard Depardieu und anderen Interviews mit astrologischem Hintergrund. Auf Deutsch erschienen diese Artikel in »Astrologie Heute«. Als Herausgeberin und Autorin astrologischer Publikationen war sie in Frankreich einem breiten Publikum bekannt. Ihr Buch »Tierkreiszeichen, Aszendent und Charakter« wurde zu einem Standardwerk weit über die Heimat hinaus.

Das besondere Interesse von Joëlle de Gravelaine galt der Erforschung von Lilith. Etwa 20 Jahre beschäftigte sie sich mit dem Projekt, 1985 konnte sie es endlich vorlegen, und fünf Jahre später erschien es auf Deutsch unter dem Titel »Lilith – Der schwarze Mond. Die große Göttin im Horoskop«. Auch diese Veröffentlichung gilt bis heute als Grundlagenwerk zum Verständnis von Lilith. Es ist ein dunkles Buch, in dem die ansonsten als sehr humorvoll beschriebene Astrologin den Schattenseiten der Existenz Raum gibt. So schreibt sie über den Schwarzen Mond: »Er treibt uns in die Enge und zwingt uns, durch die schmale Pforte zu gehen.« Aber es geht ihr in diesem Buch nicht nur um Theorie. Anhand vieler prominenter Beispiele aus Literatur, Kunst und Film untersucht und beschreibt sie Liliths Erscheinungsformen ganz konkret.

Ein anderes großes Forschungsgebiet war die Astromedizin, worüber sie eine ähnlich fundierte Publikation plante. Sie konnte das Projekt jedoch vor ihrem Tod nicht mehr verwirklichen.

Greenwich-Zeit

Die zum ▶ Null-Meridian gehörende Zonenzeit (Kürzel GZ für Greenwich-Zeit, auch MGZ für Mittlere Greenwich-Zeit, international GMT für Greenwich Mean Time). Sie ist identisch mit der Weltzeit (WZ), englisch: Universal Time (UT), und als solche internationale zeitliche Bezugsgröße. Egal wofür man ein Horoskop erstellt, der Zeitpunkt (im Falle eines Geburtshoroskops also die Geburtszeit) muss für alle weiteren Berechnungen in Greenwich-Zeit umgerechnet werden. Planetentabellen, so genannte ▶ Ephemeriden, beziehen sich auf die Greenwich-Zeit, entweder auf 0 Uhr oder auf 12 Uhr.

Große Konjunktion

Die Konjunktion der Planeten Jupiter und Saturn, die etwa alle 20 Jahre stattfindet.

Sie wird auch Königsaspekt genannt. Jede dritte ist eine Dreifachkonjunktion, das heißt: Jupiter zieht zunächst direktläufig, dann rückläufig und schließlich wieder direktläufig an Saturn vorbei (▶ Rückläufigkeit). Ihr wird eine besondere Bedeutung beigemessen, und sie gilt als eines der Erklärungsmodelle für den ▶ Stern von Bethlehem. Je zwei aufeinander folgende große Konjunktionen ereignen sich immer im Trigon zueinander, bei einer rückläufigen Bewegung durch den Tierkreis. Nach etwa 800 Jahren beginnt der Zyklus ungefähr an derselben Stelle des Tierkreises wieder von vorne.

Großes Kreuz

Eine ▶ Aspektfigur, bei der sich vier Planeten im Winkelabstand von jeweils

90 Grad zueinander befinden, also vier Quadrate und damit ein geschlossenes Viereck bilden. Darüber hinaus befinden sich im Normalfall je zwei einander gegenüberliegende Planeten in Opposition. Das große Kreuz verbindet in der Regel jeweils vier kardinale, vier fixe oder vier veränderliche Zeichen (▶ Qualität). Es wird auch als großes Quadrat bezeichnet. Die Konstellation wirkt schon durch ihr Bild ausgesprochen stabil, aber auch unflexibel. Das große Kreuz gilt als starker ▶ analytischer Aspekt. Es symbolisiert eine Herausforderung, der man nicht ausweichen kann. Sie zu bestehen, erfordert einen erheblichen Einsatz und Aufwand. Durch den stabilen Charakter des großen Kreuzes ist aber auch die Bereitschaft vorhanden, die Hindernisse auszuhalten. Insofern enthält es die Chance, sich schwierigen Themen zu stellen, daran zu wachsen und sie zu meistern. Schlägt die Stabilität jedoch in Starrheit um, besteht die Gefahr, den Zeitpunkt zu verpassen, zu dem ein bestimmtes Thema losgelassen werden soll, oder man sucht Lösungen, indem man eine Aufgabe übers Knie bricht. Kommt es zu einer ▶ Auslösung eines der beteiligten Planeten, so sind immer gleichzeitig die anderen Planeten entweder durch Konjunktion, Quadrat oder Opposition mit betroffen. Dadurch wird sie besonders machtvoll. Um der Gefahr der Überforderung zu begegnen, ist ein bewusster Umgang damit notwendig.

Großes Quadrat

Synonym für das ▶ große Kreuz, eine ▶ Aspektfigur.

Großes Sextil

Eine sehr seltene ▶ Aspektfigur, bei der sich sechs Planeten im Winkelabstand von jeweils 60 Grad, also im Sextil, zueinander befinden und ein Hexagramm bilden. Die Planeten stehen dabei im Normalfall in Zeichen, die sich ergänzenden ▶ Elementen angehören, also entweder Feuer und Luft oder Wasser und Erde.

Eine solche Konstellation verstärkt das Potenzial eines einfachen Sextils. Der Energiefluss ermutigt zu Arbeiten und Unternehmungen, die nicht länger aufgeschoben werden sollen. Die Unterstützung, die einem hierbei zuteil wird, ist nicht so selbstverständlich wie beim ▶ großen Trigon, dafür kann sie aber verbindlicher erscheinen, wenn die Chance ergriffen wird. Da viele Planeten an dem Aspekt beteiligt sind, ist es unwahrscheinlich, dass die Chance gänzlich verpasst wird. Das große Sextil beinhaltet das Potenzial, den Horizont noch mehr zu erweitern, als es das Sextil ohnehin ermöglicht.

Großes Trigon

Eine ▶ Aspektfigur, bei der sich drei Planeten im Winkelabstand von jeweils 120 Grad, also im Trigon, zueinander befinden und damit ein gleichseitiges Dreieck bilden. Das Dreieck schließt in der Regel jeweils die drei Zeichen eines ▶ Elementes ein. Es wird in der esoterischen Astrologie auch als Erlösungsdreieck bezeichnet. Bildet ein vierter Planet zu zweien des großen Trigons je ein Sextil (60 Grad) und zum dritten eine Opposition (180 Grad), so handelt es sich um eine ▶ Drachenfigur.

Das große Trigon verstärkt das Potenzial vom einfachen Trigon. Das betreffende Element wird als besondere Unterstützung erfahren. Die Unterstützung muss nicht erkämpft werden, sondern wird als Geschenk erlebt. Der Begriff Erlösungsdreieck macht das besonders deutlich. Je nach der Art des Elements und der beteiligten Planeten lädt ein großes Trigon dazu ein, seine Fähigkeiten in besonderer Weise zu entfalten.

Das große Trigon birgt aber auch eine Problematik, die häufig unterschätzt wird. Weil Spannung und Leidensdruck fehlen, kann es zu einer gewissen Trägheit führen. Der Horoskopeigner spürt keine Veranlassung, sich auf den häufig schmerzhaften Prozess des Wachstums und der Bewusstseinserweiterung einzulassen. Das große Trigon führt dann nicht zur Erlösung, sondern davon weg. Um sein Potenzial auszunutzen, ist also ein bewusster Umgang damit unverzichtbar. Sonst kann es bei einem schönen Gefühl ohne weitere Verbindlichkeiten bleiben.

Halbquadrat

Symbol: ∟

Ein Aspekt, bei dem sich zwei Planeten im Winkelabstand von 45 Grad zueinander befinden. Er wird auch als Oktil bezeichnet. Das Halbquadrat gilt als ▶ Nebenaspekt und findet in der praktischen Deutung nicht so häufig Beachtung. Es kann mit einem Orbis von 1 bis 2 Grad berechnet werden.

Die Energie des Halbquadrats ähnelt der des Quadrats. Es zählt somit zu den analytischen Aspekten, die Spannungen anzeigen, aber auch eine Herausforderung darstellen, daran zu arbeiten und zu lernen. Die Konflikte drängen sich jedoch nicht mit der gleichen Schärfe auf wie beim Quadrat. Insofern ist es leichter, ihnen auszuweichen, sodass der Lerneffekt ausbleibt. Halbquadrate können also eine schwelende Auseinandersetzung anzeigen, die lieber unter den Teppich gekehrt wird. Das mag zwar kurzfristig verlockend erscheinen, führt jedoch langfristig zu keiner Lösung.

Die ▶ Kosmobiologie folgt der gängigen Auffassung bei der Bewertung der Halbquadrate nicht und bezieht sie als wichtige Aspekte in ihre Deutung ein.

Halbquintil

Ein Aspekt, bei dem sich zwei Planeten im Winkelabstand von 36 Grad zueinander befinden. Er wird auch als Dezil bezeichnet und basiert auf einer Teilung des Kreises durch zehn. Das Halbquintil gilt als ▶ Nebenaspekt und findet in der praktischen Deutung kaum Beachtung. Es kann mit einem Orbis von 1 bis 2 Grad berechnet werden.

Die Energie des Halbquintils ähnelt in abgeschwächter Form der des ▶ Quintils.

Es kann verborgene künstlerische Qualitäten anzeigen, die bei hoher Sensibilität wahrgenommen und entwickelt werden können.

Halbsextil

Symbol: ⊻

Ein Aspekt, bei dem sich zwei Planeten im Winkelabstand von 30 Grad zueinander befinden. Es kann mit einem ▶ Orbis von 1 bis 2 Grad berechnet werden. Das Halbsextil gilt als ▶ Nebenaspekt. Bei der Deutung findet es zumeist wenig Beachtung, doch darf

dieser Aspekt auch nicht unterschätzt werden.
Beim Halbsextil sind zwei aufeinander folgende Zeichen einbezogen. Wenn sich einer der beiden Planeten ganz am Anfang und der andere ganz am Ende des gleichen Zeichens befindet – was nur als Halbsextil gedeutet werden kann, wenn man einen größeren Orbis zulässt –, so ist dies ein so genanntes »unechtes« Halbsextil (▶ dissoziierter Aspekt). Ein Zeichenwechsel jedoch beinhaltet die Verbindung zweier gegensätzlicher Energien. Zwei nebeneinander liegende Zeichen gehören immer unterschiedlichen ▶ Elementen und unterschiedlichen ▶ Qualitäten an. Halbsextile haben deshalb einen schlechten Ruf. Sie werden entweder als »nichts Halbes und nichts Ganzes« betrachtet – das heißt, sie schaffen eine Verbindung, bei der die beteiligten Planetenenergien nicht wissen, was sie miteinander anfangen können – oder als Indikatoren für Schwierigkeiten bzw. eine große Herausforderung, weil zwei fremde Energien integriert werden müssen.
Dabei wird jedoch häufig übersehen, dass die Abfolge der zwölf Tierkreiszeichen nicht willkürlich ist, sondern eine tiefe innere Logik beinhaltet. Jedes Tierkreiszeichen schafft mit seiner Energie die Voraussetzung für das folgende. Insofern können sich Planeten, die durch ein Halbsextil miteinander verbunden sind, auf konstruktive Art ergänzen, allerdings mit einer klaren Aufgabenteilung: Der Planet im vorangehenden Zeichen ist derjenige, der für den nachfolgenden den Boden bereitet. Bei einem solchen Verständnis wird aus der Schwierigkeit, die häufig mit einem Halbsextil in Verbindung gebracht wird, eine Chance.
Diese Deutung erweist sich auch im Vergleich zweier Horoskope (▶ vergleichende Astrologie) als sehr nützlich: So kann zum Beispiel eine Sonne in der Jungfrau durch ihre verantwortliche und umsichtige Art dafür Sorge tragen, dass sich eine Venus oder Sonne in der Waage wohl fühlt und ihr Potenzial entfalten kann.

Halbsumme

Die arithmetische Mitte zwischen zwei Planeten oder generell zwei Horoskoppunkten. Die Schreibweise ist am Beispiel der Halbsumme zwischen Venus und Saturn auf 5 Grad Zwillinge: ♀ / ♄ = 5 Grad Zwillinge. Es gibt immer zwei Halbsummen für zwei Horoskopfaktoren: eine auf der längeren und eine auf der kürzeren Distanz. Letzterer gilt die Aufmerksamkeit.
An diesem Punkt bündeln sich die Kräfte der beiden beteiligten Planeten. Befindet sich hier ein dritter Planet, so empfängt dieser beider Energien und wird gewissermaßen zu einem Kanal für sie (dies ist beispielsweise bei der ▶ Aspektfigur ▶ T-Quadrat der Fall: Zwei Planeten stehen in Opposition zueinander, ein dritter im Quadrat zu beiden). Auch ▶ Transite über die Halbsumme und natürlich auch andere ▶ Auslösungen sprechen die beiden beteiligten Horoskopfaktoren an.
Halbsummen spielen nicht zuletzt im Horoskopvergleich eine Rolle (▶ vergleichende Astrologie). So besteht das ▶ Composit aus den Halbsummenpunkten von jeweils zwei gleichen Planeten zweier ▶ Radixhoroskope.

Hamburger Schule

Eine am 17. August 1948 um 14:45 Uhr (Eintragung ins Vereinsregister) in Hamburg gegründete astrologische Schule, die vor allem von dem Astrologen ▶ Alfred Witte geprägt ist. Ihre genaue Bezeichnung lautet »Astrologische Studiengesellschaft Hamburger Schule« (ASHS). Vorläufer war ein am 13. März 1915 von dem Astrologen Friedrich Sieggrün (20. 12. 1877 bis 4. 5. 1951) gegründeter »Kepler-Zirkel«. Witte wurde von Sieggrün in diese Gruppe eingeführt und konnte dort seine Erkenntnisse vorstellen. Die dritte prägende Persönlichkeit aus der Zeit war Ludwig Rudolph, der die Arbeiten publiziert hat.

Die Hamburger Schule betrachtet die ▶ klassische Astrologie als ihre Basis, hat jedoch folgende sechs grundlegende Neuerungen bei den Deutungsmethoden eingeführt:

- Ein eigenes ▶ Häusersystem mit äqualen Häusern und dem Aszendenten bei 0 Grad Waage sowie dem MC bei 0 Grad Krebs.
- Drehbare Gradscheiben zu 360 Grad und 90 Grad. Sie dienen zur Untersuchung und Aufschlüsselung der Häuser. Am Außenrand der Scheiben werden die Planeten und die für das spezielle Thema wichtigen sensitiven Punkte angebracht.
- Den Widderpunkt, der den Beginn der 360-Grad-Teilung markiert und eine wichtige Rolle bei der Deutung spielt.
- Acht ▶ Transneptuner, die mit den jenseits von Neptun entdeckten Himmelskörpern (▶ Kuiper-Gürtel) nicht identisch sind. Sie wurden von Witte und Sieggrün intuitiv erfasst. Da es keine Bestätigung für ihre physische Existenz gibt, werden sie als »immaterielle Energiezentren« betrachtet.
- Den Begriff Planetenbilder, die von Witte als »symmetrische Anordnungen der Planeten und Bezugspunkte um eine gemeinsame Achse« definiert werden.
- Die praktischen Anwendungsmöglichkeiten aus den Planetenbildern, die nicht nur die Deutung des Radixhoroskops betreffen, sondern auch Prognosen, Partnerschaftsvergleiche, Ereignis- und Ortspunktuntersuchungen. Letztere sagen etwas darüber aus, wie sich ein betreffender Aufenthaltsort auf eine Person auswirkt.

Die Hamburger Schule ist für ihre präzisen Prognosen bekannt. Da Alfred Witte selbst Vermessungstechniker war, ist die Hamburger Schule bis heute sehr technikorientiert. Gleichzeitig zeigt ihr Ansatz eine tiefe Verbindung zur Spiritualität. Das Horoskop gilt als Schöpfungsplan für das Leben, das als eine Inkarnation in einem langen Kreislauf von Wiedergeburten verstanden wird. Auf dem Weg zur Vervollkommnung betrachtet die Hamburger Schule die Astrologie als eine »willkommene Orientierungshilfe, weil sie uns gestattet, unsere Anlagen kennen zu lernen«.

Die Schule ist auch publizistisch sehr rege. Seit 1961 erscheint vierteljährlich die Zeitschrift »Hamburger Hefte«, die zunächst von Ludwig Rudolph und seinem Sohn Udo in ihrem der Hamburger Schule nahestehenden Verlag publiziert wurde. Seit 1995 wird sie von Michael

Feist herausgegeben. Seit 1997 gibt es zudem das ASHS-Forum als Organ der Schule.
Die Hamburger Schule ist auch im Ausland sehr bekannt, in der englischsprachigen Welt unter dem Namen Uranian System.

Harmonic

Ein Unterhoroskop, mit dem verborgene Aspektstrukturen eines Radixhoroskops erkennbar gemacht werden können. Diese Methode geht auf die ▶ indische Astrologie zurück und wurde in der Mitte des 20. Jahrhunderts von John Addey aufgegriffen.
Um ein Harmonic zu erstellen, unterteilt man den 360-Grad-Kreis entsprechend der Zahl des gewünschten Harmonics. Theoretisch kann man mit jeder beliebigen Zahl arbeiten, praktisch sind es vor allem das 4., 5., 7., 8. und 9. Harmonic (kurz: H4, H5, H7, H8 und H9), mit denen Astrologen arbeiten.
Um das Prinzip zu verdeutlichen, wird im Folgenden die Vorgehensweise anhand der Zahl 5, mit anderen Worten das 5. Harmonic, erläutert: Der 360-Grad-Kreis wird in 5 Segmente unterteilt. Der Aspekt, der sich bei dieser Unterteilung ergibt, ist das ▶ Quintil (72 Grad); um ihn, seine Vielfachen und seine Bruchteile geht es beim 5. Harmonic. Jedes der 5 Segmente enthält in sich den gesamten Tierkreis, immer beginnend bei 0 Grad Widder. Man legt die fünf Segmente aufeinander, sodass Planeten, die ursprünglich einen Quintil-Aspekt oder ein Vielfaches davon miteinander bilden, aufeinander zu liegen kommen. Man hat nun ein einziges Segment von 72 Grad, das abschließend wieder zu einem vollen Kreis auseinander gezogen wird. Das ist das 5. Harmonic-Horoskop. Hierin befinden sich alle Planeten in Konjunktion, die im Radixhoroskop ein Quintil oder ein Vielfaches davon bilden. Eine Opposition im Harmonic ist ein Halbquintil (36 Grad) im Radix, ein Trigon im Harmonie ist ein Drittel eines Quintiis (24 Grad) im Radix.
Berechnung: Um die Positionen der Planeten sowie Aszendent und Medium coeli im Harmonic zu berechnen, geht man folgendermaßen vor: Man multipliziert die absolute Gradzahl eines jeden ▶ Horoskopfaktors im Radix mit der Harmonic-Zahl, also im Falle des 5. Harmonic mit 5 (die absolute Gradzahl wird immer von 0 Grad Widder aus gemessen; 23 Grad Zwillinge sind absolut gesehen beispielsweise 83 Grad). Ergibt sich eine Zahl größer als 360 Grad, so muss man so lange 360 abziehen, bis die Zahl kleiner als 360 ist. Dies ist dann die Stellung des betreffenden Horoskopfaktors im Harmonic.
Deutung: Naturgemäß spielt für die Deutung der Harmonics die Zahlensymbolik (▶ Zahlenmystik) eine wichtige Rolle: Die Zahl des Harmonics gibt die darin enthaltenen Themen vor, ebenso der Aspekt, der sich durch die Teilung des Kreises ergibt – im Falle des 5. Harmonics das Quintil. Den Planeten, die sich in einem Harmonic in Konjunktion befinden, kommt die größte Bedeutung zu, denn sie sind am ehesten mit der Harmonic-Zahl in Resonanz. In zweiter Linie können dann die Planeten, die zueinander andere ▶ Hauptaspekte bilden, hinzugezogen werden,

denn auch sie weisen auf gemeinsame Schwingungen hin.
Christoph Schubert-Weller gibt einige Stichworte zur Deutung: »Ein starkes H4-Harmonic verweist vor allem auf die Aufgabe der Selbstintegration, aber auch auf das Erfolgsstreben, auf die Durchsetzungsbetonung in der Welt. Das starke H5-Horoskop hat ... vor allem mit dem bauenden und konstruierenden, strukturierenden und formenden Zugriff auf die Welt zu tun. Im H7-Harmonic kommt der Künstler, der kreative Mensch zum Vorschein. Aber auch kriminelle Aspekte sind häufiger mit starken H7-Horoskopen verknüpft. Im starken H9-Harmonic kommen idealistische, religiöse, mitunter auch paranormale Kräfte zum Vorschein. Das 9. Harmonic hat etwas zu tun mit Weisheit und Gelassenheit.«[26]

Harvey, Charles

Charles Harvey wurde am 22. Juni 1940 um 9:16 Uhr WET (Sommerzeit) in Bookham, Großbritannien, geboren, und starb am 22. Februar 2000 an Lymphdrüsenkrebs. Er arbeitete als Astrologe in der Lehre, beratend und publizistisch. Sein Weg führte ihn schon früh zur Astrologie: 1963 trat er der »Astrological Association of Great Britain« bei und war deren Präsident von 1973 bis 1994, außerdem Vizepräsident der »Faculty of Astrological Studies« in London (1973 bis 1986). Zusammen mit Liz Greene leitete er das Londoner »Centre for Psychological Astrology« von 1992 bis zu seinem Tod. Zu seinen wichtigen Veröffentlichungen zählen »Mundanastrologie. Handbuch der Astrologie des Weltgeschehens« und »Die Feinanalyse des Horoskops. Das Arbeiten mit Harmonics, Schnittpunkten und Astro*Carto*Graphy«, die er beide zusammen mit anderen Autoren verfasste.
Harvey setzte sich mit seinem Schaffen nachdrücklich dafür ein, dass die Astrologie den ihr gebührenden – nämlich einen ganz zentralen – Platz in der Gesellschaft finden sollte, und so würdigte ihn auch die Londoner »Times« als »Synonym für das Bestreben, die jahrhundertealte Wertschätzung der Astrologie wieder herzustellen«. Seine herausragende Leistung ist die Einbeziehung von ▶ Harmonics und ▶ Halbsummen in die Traditionen der Astrologie seiner Heimat und die so geschaffene Synthese.

Hauptachse

Aszendent, Deszendent, Medium coeli oder Imum coeli. Sie werden auch einfach nur als ▶ Achsen bezeichnet. Oft ist mit Achse oder Hauptachse auch die Verbindung von Aszendent zu Deszendent oder diejenige von Medium coeli zu Imum coeli gemeint.

Hauptaspekt

Hauptaspekte sind:

- ▶ Konjunktion
- ▶ Opposition
- ▶ Quadrat
- ▶ Trigon
- ▶ Sextil

Sie werden auch ptolemäische Aspekte genannt. Alle anderen ▶ Aspekte sind so genannte ▶ Nebenaspekte.

Haus

Das Horoskop wird in zwölf Abschnitte unterteilt, die als Häuser oder Felder bezeichnet werden und – je nach ▶ Häusersystem – gleich groß oder unterschiedlich groß sind. Man kann sich die zwölf Häuser wie eine Scheibe vorstellen, die auf den ebenfalls zwölffach unterteilten Tierkreis gelegt wird, und das in den verschiedensten Varianten, sodass alle möglichen Kombinationen denkbar sind. Wie der Tierkreis, so werden auch die Häuser in der Reihenfolge eins bis zwölf entgegen dem Uhrzeigersinn dargestellt.

Zwischen den Häusern und den Tierkreiszeichen besteht eine Analogie: So entspricht das erste Haus dem Zeichen Widder, das zweite dem Stier usw. Ebenso ist der ▶ Herrscher des analogen Tierkreiszeichens auch der natürliche Herrscher des Hauses, also Mars der Herrscher des ersten Hauses, Venus Herrscherin des zweiten Hauses usw. (▶ Häuserherrscher). Während die Planeten die Wesenskräfte und die Tierkreiszeichen die Eigenschaften beschreiben, stellen die Häuser die Lebensbereiche dar, wo die Anlagen verwirklicht werden. Die Häuser sind gegenüber den »himmlischen« Tierkreiszeichen und Planeten »irdisch«. Hier geht es darum, das, was man mitbekommen hat, umzusetzen. So sind Häuserthemen in den Horoskopen von Kindern zunächst kaum von Bedeutung, sie werden es erst im Lauf der Zeit.

Als ▶ Eckhäuser oder kardinale Häuser (▶ Qualität) bezeichnet man das erste, vierte, siebte und zehnte Haus. Planeten in den Eckhäusern, zumindest wenn sie sich in der ersten Hälfte befinden, gelten häufig als stark gestellt. Jedes Haus entspricht einem bestimmten Lebensbereich (Genaueres ist unter den Stichwörtern ▶ erstes Haus, ▶ zweites Haus usw. nachzulesen). Ungeachtet der verschiedenen Häusersysteme, mit denen Astrologen arbeiten, sind diese Zuordnungen im Wesentlichen gleich:

- *erstes Haus:* Selbstdarstellung, Anfänge
- *zweites Haus:* Werte, Substanz, Talente
- *drittes Haus:* direktes Umfeld, Kommunikation, Lernen
- *viertes Haus:* Familie, Wurzeln, seelische Prägungen
- *fünftes Haus:* schöpferischer Selbstausdruck, Kinder, Spaß
- *sechstes Haus:* Gesundheit, Arbeit
- *siebtes Haus:* Begegnung, Partnerschaft
- *achtes Haus:* Wandlung, Loslassen, Teilhabe am Ganzen
- *neuntes Haus:* Sinnfindung, große Reisen, Weltbild
- *zehntes Haus:* Berufung, Lebensziel
- *elftes Haus:* Freunde, Gruppen
- *zwölftes Haus:* Rückzug, Transzendenz, Spiritualität

Die ▶ Häuserspitze ist der Beginn eines Hauses. Das Tierkreiszeichen, das von ihr angeschnitten wird, und in zweiter Linie ein etwaiges ▶ eingeschlossenes Tierkreiszeichen (das heißt, ein Zeichen, das von keiner Häuserspitze angeschnitten wird) geben Auskunft darüber, wie der jeweilige Lebensbereich im individuellen Horoskop angegangen wird. Planeten in den Häusern sagen etwas darüber aus, welche Wesenskräfte wo zum Ausdruck kommen.

Die Einteilung in Häuser hat etwas mit der Erdumdrehung zu tun. Sie ist abhängig vom Ort des Geschehens (der Geburt) und von der Uhrzeit. Innerhalb eines Tages wandert – von einem bestimmten Ort aus betrachtet – der Aszendent (die Spitze des ersten Hauses) einmal durch den gesamten Tierkreis, und mit ihm alle Häuser. Die Häuserverteilung in einem Horoskop ist der individuellste Faktor, individueller noch als der Mond, der sich ungefähr alle zwei Stunden ein Bogengrad weiterbewegt. Wenn zwei Menschen im Abstand von einer halben Stunde am selben Ort geboren werden, so hat sich der Aszendent bereits 7 ½ Grad weiterbewegt (durchschnittlich alle 4 Minuten 1 Grad) und kann sich durchaus bereits in einem anderen Tierkreiszeichen befinden. Auch einzelne Planeten können durch diese Verschiebung in ein anderes Haus gerückt sein. Bei den Planeten Saturn, Uranus, Neptun und Pluto, die Jahre in einem bestimmten Tierkreiszeichen verbringen, ist die Hausstellung sogar wesentlich aussagekräftiger als die Zeichenstellung.

Häuserherrscher

Derjenige Planet, der entweder so genannter natürlicher Herrscher eines Hauses ist (eine Übersicht findet sich unter dem Stichwort ▶ Herrscher), oder aber der Planet, der in einem Horoskop Herrscher desjenigen Tierkreiszeichens ist, das sich an der Spitze des fraglichen Hauses befindet (▶ Häuserspitze). Letzterer ist der individuelle Häuserherrscher.

Über die Häuserherrscher – ebenso wie über die ▶ Dispositoren, also diejenigen Planeten, die Herrscher eines Zeichens sind, in dem sich ein anderer Planet befindet – können innere Zusammenhänge und Vernetzungen eines Horoskops erschlossen werden.

Häuserspitze

Die Häuser werden in der Horoskopzeichnung, ebenso wie die Tierkreiszeichen, gegen den Uhrzeigersinn eingetragen. Dabei gilt als Spitze eines Hauses dasjenige Ende, das an das vorangehende Haus anstößt. So ist der Aszendent gleichzeitig die Spitze des ersten Hauses, der Deszendent die Spitze des siebten Hauses, das Medium coeli die Spitze des zehnten Hauses und das Imum coeli die Spitze des vierten Hauses (Abbildung Seite 100). Planeten wirken umso stärker in einem bestimmten Haus, je näher sie der Häuserspitze sind. Planeten kurz vor einer Häuserspitze, die rein rechnerisch noch in das vorangehende Haus fallen, werden häufig in dem Haus gedeutet, um dessen Häuserspitze es geht, und zwar nach der Regel, dass das sechste Sechstel eines Hauses oder aber die letzten 5 Grad bereits dem nächsten Haus zugeordnet werden. Dies gilt bei ▶ Rückläufigkeit eines Planeten nicht unbedingt, denn dann weist er ja wieder ins vorangehende Haus.

Häusersystem

Das System, nach dem der Tierkreis in zwölf weitere Abschnitte, die Häuser (▶ Haus), unterteilt wird (siehe Abbildung Seite 100). Die Häuser bilden das »irdische« Bezugssystem des Horoskops, wohingegen der Tierkreis das »himmlische« Bezugssystem ist.

Die Häusersysteme werden in äquale und inäquale eingeteilt. Ungeachtet dessen sind aber die ▶ Achsen Aszendent/Deszendent und Medium coeli/Imum coeli immer dieselben.

Bei den äqualen (= gleich großen) Häusersystemen umfasst jedes Haus 30 Grad. Dabei ist der Aszendent entweder die Spitze des ersten Hauses (▶ Häuserspitze) oder aber er befindet sich in der Mitte desselben. Das Medium coeli muss sich dann keineswegs im zehnten Haus befinden, sondern kann auch im achten, neunten oder elften Haus sein. Dafür gibt es bei den äqualen Häusern keine ▶ eingeschlossenen Tierkreiszeichen.

Das äquale Häusersystem (mit dem Aszendenten als Spitze des ersten Hauses) ist das älteste überhaupt.

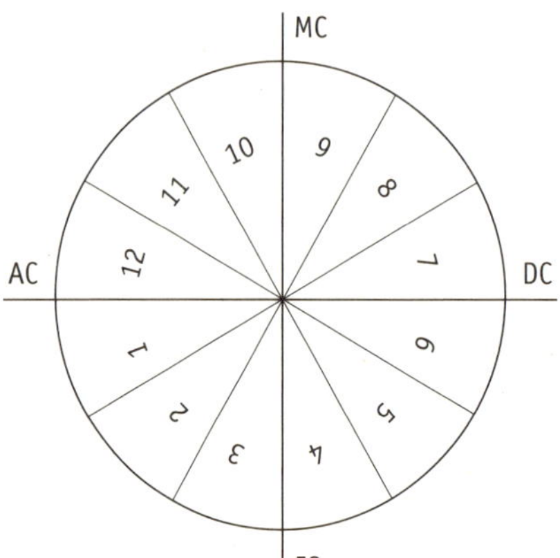

Die zwölf Häuser, schematisch dargestellt. Der Aszendent (AC) ist die Spitze des ersten Hauses, das Medium coeli (MC) die Spitze des zehnten Hauses.

Bei den inäqualen (= verschieden großen) Häusersystemen werden die vier ▶ Quadranten, also die Abschnitte zwischen den Achsen, in jeweils drei weitere, ungleich große Abschnitte unterteilt. Die einander gegenüberliegenden Häuser haben die gleiche Größe. Es gibt zahlreiche inäquale Häusersysteme. Die bekanntesten:

- Porphyrius
- Campanus
- Regiomontanus
- Placidus
- GOH (Koch-Häusersystem)

Das GOH (Geburtsort-Häuser)- und das Placidus-System sind am gebräuchlichsten.

Porphyrius: Dieses System wird heute kaum mehr verwendet. Es stammt aus dem dritten Jahrhundert vor Christus und unterteilt die vier Quadranten in jeweils gleich große Abschnitte. Bezugskreis ist die ▶ Ekliptik.

Campanus: Schöpfer dieses Systems war der Mathematiker Giovanni Campani (1233–1296). Es beruht auf der Unterteilung eines Großkreises, der durch den Ost- und Westpunkt des Horizontes sowie durch ▶ Zenit und ▶ Nadir führt, in Abschnitte zu je 30 Grad. Durch jede Marke führt ein Kreis, und diese Kreise treffen sich am Südpunkt und am Nordpunkt des Horizontes. Die Häuserspitzen befinden sich dort, wo sich diese zwölf Kreise mit der Ekliptik schneiden.

Regiomontanus: Bei diesem System von Regiomontanus (Johannes Müller, 1436–1476), Mathematiker, Astronom und Astrologe, wird der ▶ Himmelsäquator in Abschnitte zu je 30 Grad unterteilt. Dort, wo sich die Kreise, die durch die Marken führen und sich wiederum am Südpunkt und am Nordpunkt treffen, mit der Ekliptik schneiden, befinden sich die Häuserspitzen.

Placidus: Placidus de Titis (1603 -1668), ein italienischer Geistlicher, schuf ein Häusersystem, bei dem die Strecke zwischen Aszendent und Medium coeli zeitlich in drei Teile unterteilt wird, ebenso diejenige zwischen Aszendent und Imum coeli. Zeitlich unterteilt bedeutet, dass als Grundlage die Zeit gilt, die ein Grad der Ekliptik für die entsprechende Strecke benötigt.

GOH: Das so genannte Geburtsorthäuser (GOH)-System stammt von dem Oberstudienrat Dr. Walter Koch (1895 – 1970) und wird verschiedentlich auch nach ihm benannt. Der Breitenkreis des Geburtsortes wird in zwölf gleich große Abschnitte unterteilt.

Unter Astrologen herrscht keineswegs Einigkeit darüber, welches Häusersystem »das richtige« ist. Es gibt kein System, das erwiesenermaßen den anderen überlegen wäre, und so muss jeder Astrologe selbst Erfahrungen sammeln, um feststellen zu können, mit welchem er die besten Deutungsergebnisse erzielt.

Die inäqualen Systeme haben den Nachteil, dass sie in Gegenden mit höheren Breitengraden nicht mehr funktionieren.

Häusertabelle

Tabellenwerk, mit dessen Hilfe der Aszendent, das Medium coeli und die anderen ▶ Häuserspitzen ermittelt werden können.

Heliozentrisches Weltbild

Das von dem deutsch-polnischen Astronomen Nikolaus Kopernikus (1473 – 1543) zu Beginn des 16. Jahrhunderts entwickelte kosmische System, wonach nicht die Erde, sondern die Sonne das Zentrum unseres Planetensystems ist. Zwar hatte bereits der griechische Astronom Aristarchos von Samos im dritten vorchristlichen Jahrhundert über ein heliozentrisches Weltbild spekuliert, doch war diese Idee für das Bewusstsein der Menschen bis zum Mittelalter nicht von Bedeutung. Aus religiösen und wissenschaftlichen Gründen war das ▶ geozentrische Weltbild mit der Erde als Mittelpunkt allgemein verbindlich. Allerdings verstummten die Spekulationen um das heliozentrische Weltbild niemals vollständig. In wissenschaftlichen Kreisen hatte vor allem das Werk des Astronomen Regiomontanus aus dem 15. Jahrhundert einen gewissen Einfluss, der als ein Vorläufer von Kopernikus betrachtet werden kann. Durch Kopernikus wurde das heliozentrische Weltbild zur Grundlage des neuzeitlichen Denkens (▶ kopernikanische Wende).

▶ Johannes Kepler präzisierte Kopernikus' Berechnungen im Hinblick auf die Planetenbewegungen, doch definitiv bewiesen wurde das heliozentrische Weltbild erst 1728 von James Bradley durch die Entdeckung der scheinbaren Ortsveränderung eines Fixsterns in Richtung der Erdbewegung (so genannte Aberration). Astrologen arbeiten nach wie vor mit dem geozentrischen Weltbild, und zwar nicht aus Unkenntnis oder Ignoranz, sondern weil sie die Planetenbewegungen, wie sie sich von der

Erde aus darstellen, zur Grundlage ihrer Deutung nehmen.

Hemmung

Zusammen mit ▶ Kompensation ein aus der Psychologie stammendes Begriffspaar, mit dem die beiden gegensätzlichen Arten benannt werden, eine Anlage in einer letztlich unausgereiften Weise zu leben. Übertragen auf die Astrologie bedeutet dies, dass ein Horoskopfaktor, wenn er nicht auf schöpferische Weise gelebt wird (▶ Entwicklungsniveau), entweder in der Hemmung oder aber in der Kompensation erfahren wird. Hemmung heißt, dass der Horoskopeigner zu einer bestimmten Kraft keinen oder nur wenig Zugang hat. Der Kompensation liegt dasselbe Problem zugrunde, nur führt dies dazu, dass der Horoskopeigner auf übertriebene bis zwanghafte Weise mit dieser Kraft umgeht und so ständig beweisen möchte, dass er eigentlich kein Problem hat.

Heraklesmythos und Tierkreis

Der Mythos von Herakles und seinen zwölf Aufgaben zählt zu den bedeutendsten der griechischen Mythologie. Obwohl Herakles in der Astrologie kein direkter Namensgeber für einen Planeten ist, begegnet er doch immer wieder wichtigen astrologischen Symbolfiguren. Darüber hinaus lag es schon immer nahe, eine Analogie zwischen seinen zwölf Aufgaben und den zwölf Tierkreiszeichen herzustellen. Wichtige Veröffentlichungen dazu stammen von Wolfgang Denzinger und Olga von Ungern-Sternberg.[27] Auf Letztere geht die folgende Zuordnung zurück:

- Die erste Arbeit, die Tötung des Nemeischen Löwen, entspricht dem Zeichen Löwe. Der Nemeische Löwe war ein unverwundbares Raubtier, das Menschenopfer verlangte. Mit Hilfsmitteln wie Pfeil, Schwert und Keule richtete Herakles nichts gegen ihn aus. Nur mit der eigenen Körperkraft konnte er den Löwen schließlich erwürgen. Daraufhin zog er ihm das Fell ab, legte es sich selbst um und verleibte sich damit dessen Kräfte ein. Beim Zeichen Löwe geht es darum, sich seiner subjektiven Ich-Kräfte bewusst zu werden und sie auf konstruktive sowie der Gemeinschaft nützliche Art zur Entfaltung zu bringen.
- Die zweite Arbeit, die Tötung der Lernäischen Hydra, entspricht dem Zeichen Krebs. Die Hydra war ein Ungeheuer, halb Wasserschlange, halb Hund, mit zahllosen Köpfen. Als Herakles gegen sie kämpfte, schickte die ihm feindlich gesinnte Göttin Hera einen Riesenkrebs, um die Hydra zu unterstützen. Er biss den Helden in die Ferse und ließ ihn nicht mehr los, doch dieser zerschmetterte ihn schließlich mit dem Fuß. Beim Krebs-Zeichen geht es um das Thema Festhalten und Loslassen. Im schwierigen Fall tut sich der Krebs schwer mit dem Loslassen. Dann ist bisweilen ein schmerzhafter Befreiungsschlag nötig.
- Die dritte Arbeit, die Überwindung der Kerynitischen Hirschkuh, entspricht dem Zeichen Widder. Dabei handelt es sich um eine Hirschkuh, die der Mondgöttin Artemis geweiht war. Olga von Ungern-Sternberg setzt sie in Bezie-

hung zu dem Widder, dessen goldenes Fell Jason, Herakles und andere Helden zu einer abenteuerlichen Reise veranlasst hat. Dabei geht es um Aufbruch, Kampf und Durchsetzungsfähigkeit gegenüber Gegnern – Themen des Tierkreiszeichens Widder.

- Die vierte Arbeit, der Kampf mit dem Erymanthischen Eber, entspricht dem Zeichen Wassermann. Dabei handelt es sich um einen riesigen Eber, der auf dem Berg Erymanthos hauste und die Umgebung unsicher machte. Um der Unberechenbarkeit des Ebers Herr zu werden, war äußerste Wachsamkeit erforderlich, »Wachsamkeit als Lebenselement, die aus der Sphäre des Geistigen heraus alles Versteckte, noch Triebhafte zur Strecke bringt und das Bewusstsein auf sich selbst stellt. Das Denken wird vorurteilslos.«[28] Diese Eigenschaften schreibt die Astrologie dem dritten Luftzeichen, dem Wassermann, zu.
- Die fünfte Arbeit, die Reinigung der Augiasställe, entspricht dem Zeichen Jungfrau. König Augias, ein Sohn des Sonnengottes Helios, besaß riesige Viehherden, deren Ställe so schmutzig waren, dass sie nicht mehr benutzt werden konnten. Herakles bekam die Arbeit, sie zu reinigen. Dafür schlug er Löcher in die Stallmauern und leitete die Flüsse Alpheios und Peneios hindurch. Das weist auf die emanzipierte Jungfrau-Energie hin, die sich nicht in pedantischer Kleinarbeit verliert, sondern sich die kosmischen Ströme zunutze macht, um im Inneren zu Reinheit und Klarheit zu kommen.
- Die sechste Arbeit, die Vertreibung der Stymphalischen Vögel, entspricht dem Zeichen Zwillinge. Dabei handelt es sich um Vögel mit eisernen Schnäbeln und Krallen, die ihre Federn als Geschosse einsetzten und damit die Menschen am See Stymphalos bedrohten. Herakles vertrieb sie mit gigantischen Rasseln aus Bronze, die ihm der himmlische Schmied Hephaistos eigens angefertigt hatte. Die Vögel symbolisieren das Luftelement, die Gedanken, die, wenn sie ungezähmt sind, die Klarheit und Reinheit des Geistes gefährden. Erst durch Töne (Rasseln) können sie harmonisiert werden (▶ Sphärenharmonie).
- Die siebte Arbeit, der Raub des Kretischen Stiers, entspricht dem Zeichen Stier. Herakles musste den Stier von König Minos aus Kreta holen, der eigentlich dem Meeresgott Poseidon zum Opfer gebracht werden sollte. König Minos hatte das Opfer jedoch verweigert, weil der Stier so makellos war. Da der Stier anschließend zur Bedrohung wurde und Felder und Tiere vernichtete, ließ Minos den Herakles damit ziehen. Das mächtige Tier ergab sich der Kraft des Helden. Die Geschichte ist ein Bild für die Natur in ihrer vollen Kraft des Frühlings, wie sie sich im Stier offenbart. Sie muss jedoch gezähmt werden, damit der Mensch sie genießen kann.
- Die achte Arbeit, der Raub der Stuten des Diomedes, entspricht dem Zeichen Steinbock. Dabei handelte es sich um menschenfressende Stuten des grausamen Königs Diomedes, die Herakles holen musste. Diomedes wollte das verhindern, doch Herakles erschlug ihn und verfütterte ihn an die

Pferde. Daraufhin wurden sie zahm. Diese Arbeit weist zum einen auf Parallelen zu Saturn hin, dem Herrscher des Zeichens Steinbock, der seine Kinder verschlungen hat und erst zahm wurde, nachdem seine Männlichkeit getötet worden war. Darüber hinaus ist die Bändigung der Rosse ein Symbol dafür, Struktur und Ordnung in wilde, chaotische und machtvolle Gedanken zu bringen, die große Herausforderung des Steinbock.

- Die neunte Arbeit, der Raub des Gürtels der Amazonenkönigin Hippolyte, entspricht dem Zeichen Fische. Die Tochter von König Eurystheus, dem Herakles dienen musste, begehrte den Gürtel der Amazonenkönigin Hippolyte als ausgefallenes Hochzeitsgeschenk. Herakles machte sich auf den Weg zur Königin, und als diese ihn erblickte, war sie bereit, den Gürtel freiwillig an den großen Sonnenhelden abzugeben. In manchen Mythen geht die Geschichte so weiter, dass die Herakles feindlich gesinnte Göttin Hera ihm einen so leichten Sieg nicht gönnen wollte. Deshalb stachelte sie die Amazonen auf, Herakles anzugreifen, weil er angeblich ihre Königin entführen wolle. Herakles verdächtigte daraufhin die Königin, ihr Wort gebrochen zu haben, erschlug sie und entriss ihr den Gürtel. Olga von Ungern-Sternberg geht auf diese Fortsetzung nicht ein, sondern interpretiert die Arbeit als »Hinüberbewegen in ein Reich, wo nicht mehr die Gesetze der geschlechtlichen Differenzierung das Leben bestimmen«. Die Fische sind das Symbol für die Auflösung aller Grenzen, auch der geschlechtsspezifischen.
- Die zehnte Arbeit, der Raub der Rinder des Geryon, entspricht dem Zeichen Schütze. Geryon war ein dreiköpfiges Ungeheuer, das im Westen der damals bekannten Welt nahe der Meerenge von Gibraltar eine große Viehherde besaß. Herakles sollte sie nach Argos in Griechenland treiben. Schon die Reise dorthin war sehr abenteuerlich. Dabei erhielt er unter anderem Unterstützung vom Sonnengott Helios, der ihm seine goldene Schale lieh, mit der er immer am Himmelszelt entlangzog. Am Ziel angekommen, trieb Herakles das Vieh auf die goldene Schale, den herbeieilenden Geryon streckte er mit einem Pfeil nieder. Der Rückweg war noch abenteuerlicher. Nachdem Herakles Helios seine Schale zurückgegeben hatte, durchquerte er Spanien und Südfrankreich zu Fuß, geriet vom Weg ab, irrte bis zum Schwarzen Meer, kehrte von dort nach Italien zurück und schließlich über Sizilien nach Griechenland. Häufig wurde er überfallen, und einmal wurde ihm nachts die Herde geraubt. Herakles überwand jedoch alle Gefahren. Als er endlich wieder bei seinem Auftraggeber, König Eurystheus, angelangt war, zeigte sich dieser sehr überrascht, den Helden nach so langer Zeit noch wiederzusehen. Die Analogie zur Schütze-Energie drängt sich auf: Erfahrungen sammeln in der Ferne, seinen Horizont erweitern, Schwierigkeiten meistern und dadurch am Ende zu seinen Wurzeln finden.
- Die elfte Arbeit, der Raub der goldenen Äpfel der Hesperiden, entspricht dem Zeichen Skorpion. Die Hesperiden waren Töchter des Atlas, der das Him-

melsgewölbe trägt. Ihre Äpfel befanden sich in einem Garten am Rande der Welt und wurden von einem Drachen bewacht. Sie waren ein Hochzeitsgeschenk von Gaia an Hera. Um die Äpfel zu bekommen, bediente sich Herakles diesmal einer List und nicht der Körperkraft. Er bat Atlas, ihm behilflich zu sein, während er sich anbot, solange das Himmelsgewölbe zu tragen. Atlas ging darauf gern ein, denn so konnte er von der schweren Arbeit ausruhen. Seine Töchter gaben ihm gern die Äpfel. Er fand Gefallen an der neuen Rolle und wollte sie statt Herakles nach Griechenland bringen. Erneut bediente sich Herakles einer List. Er willigte scheinbar in den Rollentausch ein, bat Atlas aber, kurz noch einmal das Himmelsgewölbe zu halten, damit er sich den Kopf polstern könne. Atlas tat ihm den Gefallen, und Herakles nutzte die Chance, nahm die Äpfel und entkam mit ihnen. Der Ort dieser Arbeit ist die Grenze zum Jenseits, das in der Astrologie Skorpion / Pluto zugeordnet ist. Um etwas zu erreichen, werden List, wenn nicht gar Heimtücke eingesetzt. Das sind Themen, die eng mit dem Skorpion verbunden sind.

- Die zwölfte Arbeit, die Überwältigung des Höllenhundes Kerberos, entspricht dem Zeichen Waage. Bis Herakles zu dem dreiköpfigen Hund vorgedrungen war, hatte er bereits zahlreiche Kämpfe bestehen müssen, unter anderem mit Hades, dem Herrn der Unterwelt persönlich. Dabei war ihm der Götterbote Hermes zu Hilfe gekommen. Schließlich konnte er den Hund ergreifen und König Eurystheus vorführen. Der hatte ihm die Arbeit eigentlich nur übertragen, weil er sicher war, dass Herakles sie nicht lösen könne und in der Unterwelt bleiben müsse. Olga von Ungern-Sternberg ordnet diese Arbeit der Waage zu, denn darin sieht sie das »Sinnbild der Todesbegegnung oder genauer der Begegnung mit dem höheren Ich … In Ägypten war Osiris der Totenrichter. Er legte das Herz des Verstorbenen auf die eine Schale der Waage, auf die andere wurde eine Flaumfeder gelegt. Das Herz musste leichter sein als die Flaumfeder. Also sollte alles Irdische losgelöst werden, damit der Tote aufsteigen könne zu anderen Sphären.«

Herbstpunkt

Der Punkt, wo die Sonne bei ihrem scheinbaren Lauf entlang der ▶ Ekliptik den ▶ Himmelsäquator von Norden nach Süden überquert (Abbildung Seite 108), was zum Zeitpunkt der Herbst-Tagundnachtgleiche (▶ Äquinoktium), um den 23. September, geschieht. Der Herbstpunkt liegt dem ▶ Frühlingspunkt genau gegenüber.

Wie der Frühlingspunkt wandert auch der Herbstpunkt aufgrund der ▶ Präzession rückwärts durch den Tierkreis: Befand er sich zum Zeitpunkt seiner Bestimmung noch im Sternbild Waage, weshalb er auch Waagepunkt genannt wird, so ist er inzwischen im Sternbild Jungfrau zu finden.

Für die westliche Astrologie ist das nicht von Bedeutung, da sie mit dem ▶ tropischen Tierkreis arbeitet. Bei diesem entspricht der Herbstpunkt immer 0 Grad Waage.

Hermes Trismegistos

Die mythische Gestalt des Hermes Trismegistos gilt als eine der wichtigsten Quellen für alchimistische, philosophische, esoterische und spirituelle Lehren aller Art, darunter auch die Astrologie. Er ist so etwas wie der Urvater der Erkenntnis. Trismegistos kommt aus dem Griechischen und bedeutet übersetzt: der dreimal Größte, das heißt der Allergrößte. Die Bezeichnung stammt aus der Zeit, als die griechische Kultur stark von der ägyptischen beeinflusst war. Es handelt sich um den griechischen Namen des altägyptischen Gottes der Schrift und Gelehrsamkeit, Thoth. Sein berühmter Grundsatz »wie oben so unten« ist nur eine sehr verkürzte Wiedergabe der Tabula smaragdina, auf der seine Weisheiten niedergeschrieben sind. Die wesentlichsten Aussagen davon lauten: »Dasjenige, welches unten ist, gleicht demjenigen, welches oben ist. Und dasjenige, welches oben ist, gleicht demjenigen, welches unten ist, um zu vollbringen die Wunderwerke eines einzigen Dinges. Und gleich wie aus der Einheit hervorgegangen sind alle Dinge, in Ausdehnung eines einzigen Dinges. Also sind von diesem einzigen Dinge geboren alle Dinge in der Nachahmung. Dieses Dinges Vater ist die Sonne, dieses Dinges Mutter ist der Mond.«
Darauf berufen sich vor allem die ▶ esoterische Astrologie und die Vertreter des Prinzips der ▶ Analogie.

Hermeswaage

Eine astrologische Methode, den biologisch kaum zu bestimmenden ▶ Empfängnismoment herauszufinden und darauf ein Horoskop zu erstellen. Das Fachwort lautet Trutina-Hermetis-Regel. Sie geht davon aus, dass es eine ausgewogene Beziehung zwischen dem Geburtshoroskop und dem (hypothetischen) Empfängnishoroskop gibt. Diese offenbart sich im wechselseitigen Verhältnis von Mond und Aszendent/Deszendent-Achse beider Horoskope. Demnach befindet sich Aszendent oder Deszendent des Empfängnishoroskops dort, wo im Geburtshoroskop der Mond steht, und umgekehrt befindet sich der Mond des Empfängnishoroskops dort, wo im Geburtshoroskop der Aszendent oder der Deszendent steht.

Herrscher

Jeder der zehn Planeten ist Herrscher bzw. Regent mindestens eines Tierkreiszeichens. Das Tierkreiszeichen, in dem ein Planet Herrscher ist, entspricht seinem Wesen am vollkommensten. Befindet sich nun ein Planet in »seinem« Zeichen (beispielsweise Venus im Stier), so kommt er in einer Weise zum Ausdruck, die seinem Wesen am ehesten entspricht. Zu den weiteren Kategorisierungen der Planeten, nämlich Exil, Erhöhung und Fall, steht Näheres unter dem Stichwort ▶ Domizil (so wird das Zeichen, in dem ein Planet Herrscher ist, genannt).
Merkur und Venus sind Herrscher zweier Zeichen. Auch Mars, Jupiter und Saturn waren Herrscher zweier Zeichen, zu Zeiten, als man nur sieben Planeten kannte: Mars herrschte neben dem Widder über den Skorpion, Jupiter neben dem Schützen über die Fische und Saturn neben dem Steinbock über den Wassermann. Seit der Entdeckung

der transsaturnischen Planeten gilt Uranus als Herrscher des Wassermanns, Neptun als Herrscher der Fische und Pluto als Herrscher des Skorpions. Daneben sind auch die alten Zuordnungen noch gültig. In der ▶ Stundenastrologie und in der Elektionsastrologie (▶ Elektion) wird ausschließlich mit den alten Zuordnungen gearbeitet.

Die Tierkreiszeichen und ihre Planetenherrscher

Widder	Mars
Stier	Venus
Zwillinge	Merkur
Krebs	Mond
Löwe	Sonne
Jungfrau	Merkur
Waage	Venus
Skorpion	Pluto (früher: Mars)
Schütze	Jupiter
Steinbock	Saturn
Wassermann	Uranus (früher: Saturn)
Fische	Neptun (früher: Jupiter)

Die Kenntnis der Herrscher ist wichtig, um die inneren Vernetzungen eines Horoskops erschließen zu können. Hierbei kommt der Stellung des Herrschers vom Aszendenten, des so genannten ▶ Geburtsherrschers, in Haus und Tierkreiszeichen eine besondere Bedeutung zu. Außerdem werden folgende Verbindungen hergestellt:

- ▶ Häuserherrscher:
  1) Der Herrscher des Zeichens, das eine ▶ Häuserspitze anschneidet, schafft eine Verbindung zwischen sich und diesem Haus.
  2) Der jeweilige natürliche Häuserherrscher (siehe Übersicht) schafft eine Verbindung zwischen sich und diesem Haus.
- ▶ Zeichenherrscher: Ein Planet (A), der über das Zeichen herrscht, in dem ein anderer Planet (B) steht, ist dessen so genannter ▶ Dispositor. A hat einen Einfluss auf B.

Die Häuser und ihre natürlichen Planetenherrscher

1. Haus	Mars
2. Haus	Venus
3. Haus	Merkur
4. Haus	Mond
5. Haus	Sonne
6. Haus	Merkur
7. Haus	Venus
8. Haus	Pluto (früher: Mars)
9. Haus	Jupiter
10. Haus	Saturn
11. Haus	Uranus (früher: Saturn)
12. Haus	Neptun (früher: Jupiter)

Himmelsäquator

Der in den Weltraum – genauer: auf die Himmelskugel – hinausprojizierte Erdäquator (Abbildung unten). Die Schnittpunkte zwischen der ▶ Ekliptik und dem Himmelsäquator sind der ▶ Frühlings- und der ▶ Herbstpunkt. Wo die Sonne bei ihrem scheinbaren Lauf den Himmelsäquator von Süden nach Norden überquert, ist der Frühlingspunkt, dort, wo sie ihn von Norden nach Süden überquert, ist der Herbstpunkt.

Himmelskugel

Die in den Weltraum hinausprojizierte Erdkugel (siehe Abbildung). Auf der Himmelskugel befindet sich die ▶ Ekliptik gleich einem Band. Der auf die Himmelskugel projizierte Erdäquator ist der Himmelsäquator, Nordpol und Südpol entsprechen dem Himmelsnordpol und Himmelssüdpol. Auch das ▶ Koordinatensystem der Erde findet

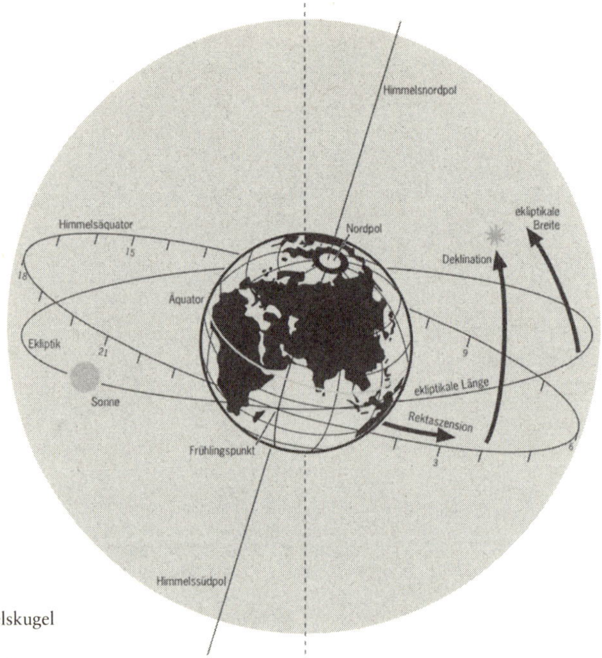

Die Himmelskugel

sich auf der Himmelskugel wieder: Die Längengrade entsprechen der ▶ Rektaszension, die Breitengrade der ▶ Deklination. Die Vorstellung von einer Himmelskugel ermöglicht es, die Position von Gestirnen genau festzuhalten.

Himmelsmitte

Synonym zu ▶ Medium coeli.

Himmelstiefe

Synonym zu ▶ Imum coeli.

Höheres Selbst

Außer vom ▶ Selbst, das die Aspekte der Persönlichkeit in der irdischen Existenz umfasst, spricht man, vor allem in der esoterischen Astrologie, vom Höheren Selbst. Sie will damit ausdrücken, dass der Wesenskern eines Menschen nicht allein auf die irdische Existenz beschränkt ist. Sein unsterblicher Teil, der in der religiösen Terminologie als Seele bezeichnet wird, entzieht sich den physischen Grenzen. Er verfügt über ein allumfassendes Bewusstsein sowie unbegrenzte Schöpferkraft.

Ziel des spirituellen Weges ist es, zunächst ein Bewusstsein vom Höheren Selbst zu erlangen, damit in Kontakt zu treten und schließlich den Übergang vom Selbst zum Höheren Selbst zu beschreiten. Die esoterische Astrologie findet im Horoskop Orientierungshilfen für die Stationen dieses Weges und das Potenzial der jeweiligen Persönlichkeit. Darüber geben insbesondere die Positionen und Aspektierungen der ▶ geistigen Planeten und die Mondknotenachse (▶ Mondknoten) Auskunft.

stimmten Standpunkt aus
rtlich übersetzt bedeutet
Abkürzung: IC) Himmels-
um coeli liegt dem ▶ Me-
olar gegenüber.

Das Imum coeli, der Mit-
kt, ist der untere Schnitt-
Meridian und ▶ Ekliptik
ht mit dem ▶ Nadir ver-
den. Wie über die anderen
andert der gesamte Tier-
n Tag auch über das Imum

s tiefster Punkt im Horo-
isiert das Imum coeli den
ein Mensch ganz bei sich
ist der Ort größter Intimi-
h größter Verletzlichkeit.
ie Wurzeln der Persönlich-
tlichen (Familie) wie im
Sinn (Seele) und die ar-
Muster (▶ Archetyp).
inem Menschen das, was
eli symbolisiert, nicht be-
weil es ihm von frühester
o vertraut ist. Es steht für
nheit, im Gegensatz zum
i, das die Zukunft symbo-

szeichen am Imum coeli
t darüber, wie ein Mensch
klich ist, welcher Prägung
n Bedürfnisse und Gefühle
n Imum coeli beginnt das
las dem Mond zugeordnet

r Tierkreis

ner Nordamerikas waren
Erscheinungen der Natur
Basis für spirituelle Er-
d den praktischen Alltag.

Da sie in Breitengraden leben, die in etwa denjenigen in Europa, insbesondere Südeuropa, entsprechen, erleben sie auch ähnliche Jahreszeiten und einen ähnlichen Jahresrhythmus: die Wintersonnenwende um den 22. Dezember, die Sommersonnenwende um den 22. Juni (▶ Solstitium), die Frühlings-Tagundnachtgleiche um den 21. März und die Herbst-Tagundnachtgleiche um den 23. September (▶ Äquinoktium). Dies prägte die grundlegende Einteilung des Jahres, das jedoch nicht mit dem Frühlingsbeginn, sondern mit der Wintersonnenwende begann. Die vier daraus entstehenden Jahreszeiten heißen Geist des Nordens oder Waboose für den Winter; Geist des Ostens oder Wabun für den Frühling; Geist des Südens oder Shawnodese für den Sommer sowie Geist des Westens oder Mudjekeewis für den Herbst.

Dieser Zyklus wird noch einmal in jeweils drei Monde (= Monate) unterteilt, die nach zwölf Tierzeichen benannt wurden. Sie können mit dem abendländischen Tierkreis in Beziehung gesetzt werden, obwohl die Bezeichnungen natürlich dem speziellen Umfeld Nordamerikas entstammen. Bemerkenswert ist, dass sich die indianische Symbolik ausschließlich des Tierreichs bedient. Zeichen mit menschlichen Symbolen kommen nicht vor.

Die Indianer kennen auch die Vier als Heilige Zahl: Sie geht auf die Erfahrungen mit den vier Himmelsrichtungen, den vier Winden und den vier Jahreszeiten zurück. Der Tierkreis wird bei den Indianern häufig als Medizinrad verstanden. Die folgende Gleichsetzung geht auf den Chippewa-Medizinmann

Horizontachse

Die Verbindung von Aszendent und Deszendent. Die Horizontachse teilt das Horoskop in die ▶ Taghälfte und in die Nachthälfte. Sie stellt den Menschen in eine räumliche Perspektive: Am Aszendent ist er, wie er sich den anderen zeigt, und am Deszendent, wie andere auf ihn zukommen. Die zweite Hauptachse im Horoskop ist die ▶ Vertikalachse, die Medium coeli und Imum coeli miteinander verbindet.

Horizontsystem

Eines der ▶ Koordinatensysteme, die der Positionsbestimmung von Himmelskörpern dienen.

Horoskop

Der Begriff stammt aus dem Griechischen und setzt sich zusammen aus den Worten *hora* (Stunde, Zeit) und *skopein* (blicken, schauen). Das Horoskop ist also ein »Blick in die Stunde«, manche übersetzen es auch mit »die Zeit beobachten«. Mit Horoskop ist meist die ▶ Horoskopzeichnung gemeint: die graphische Darstellung der Planetenstände zum Zeitpunkt der Geburt oder eines Ereignisses, von dem Ort des Geschehens aus gesehen. Das Zeichen, das zu diesem Zeitpunkt am östlichen Horizont aufgeht, also der Aszendent, zeigt die Stunde an, wohingegen die Planeten sich im Lauf eines Tages nur wenig weiter bewegen, sieht man einmal vom Mond ab, der aber auch nicht ein so genauer Zeitanzeiger wie der Aszendent ist.

Das Horoskop bildet die Grundlage der astrologischen ▶ Deutung. Es wird aufgrund von astronomischen Berechnungen erstellt, und zwar aufgrund einer möglichst minutengenauen Zeitangabe. Die gewonnenen Daten werden in ein kreisförmiges Schema gebracht. Früher wurde ein Horoskop häufig auch als Quadrat dargestellt.

Im weiteren Sinn beinhaltet der Begriff Horoskop auch das, was man aus den ▶ Symbolen herausdeutet.

Bis zur Antike wurden Horoskope überwiegend für Herrscher und Priester erstellt oder aber für eine ganze Gemeinschaft. Individuelle Horoskope ließen sich erstmals reiche Römer anfertigen (▶ Geschichte der Astrologie). Heute kann sich jeder Interessierte ein Horoskop erstellen und deuten lassen.

Die astrologisch weniger gut informierte Öffentlichkeit versteht unter dem Begriff Horoskop die groben Charakteristiken und Prognosen der ▶ Vulgärastrologie, die zum unverzichtbaren Unterhaltungsteil nahezu aller Zeitungen und Zeitschriften gehören. Das führt häufig zu Aussagen wie »mein Horoskop stimmt ja doch nicht«, obwohl die Betreffenden vielleicht noch nicht einmal den genauen Zeitpunkt ihrer Geburt wissen, geschweige denn sich jemals ein Geburtshoroskop erstellen ließen.

Horoskopeigner

Der Mensch, auf dessen Horoskop sich eine Deutung oder Prognose bezieht.

Horoskopfaktor

Jeder einzelne Bestandteil des Horoskops, der für die ▶ Deutung wichtig ist.

Horoskopzeichnung

Die Horoskopzeichnung stellt den Stand der Planeten und die Einteilung in die zwölf Häuser zu einem bestimmten

Zeitpunkt von einem bestimmten Ort aus gesehen optisch dar. Sie fasst das Dreidimensionale in zwei Dimensionen. Die heute übliche Form sieht so aus: In einem Außenkreis werden die zwölf Tierkreiszeichen der Reihenfolge nach entgegen dem Uhrzeigersinn eingetragen. Innerhalb dieses Kreises sind die Symbole der Planeten, der ▶ Mondknoten (manchmal nur der nördliche) und eventuell auch der sensitiven Punkte eingezeichnet, mit gradgenauem Stand. Ein »R« hinter einem Planetensymbol besagt, dass dieser rückläufig ist (▶ Rückläufigkeit). Der Aszendent (Osten) steht links und bildet zusammen mit dem gegenüberliegenden Deszendenten (Westen) eine horizontale Linie. Das Medium coeli (Süden) wird oben eingetragen, das Imum coeli (Norden) unten. Die zwölf Häuser – ebenfalls entgegen dem Uhrzeigersinn – unterteilen den Kreis in zwölf weitere Teile.
Aspekte werden mit farbigen Linien eingezeichnet. Bei ▶ Hauptaspekten nimmt man meist blau für ▶ synthetische und rot für ▶ analytische Aspekte. Auf diese Weise kann man beim Betrachten der Horoskopzeichnung optisch schnell erfassen, um welche Art von Aspekt es sich handelt. Wenn man außerdem die Aspektlinien um so dicker zeichnet, je genauer der Aspekt ist (d. h. je kleiner der ▶ Orbis ist), kann man auf einen Blick die Bedeutung eines Aspektes sehen (einige Computerprogramme können dies bereits bewerkstelligen). Denn je genauer ein Aspekt ist, desto wirksamer ist er. Visuelle Informationen wie die Farbe oder auch die Dicke der Linien fördern die ▶ Intuition und ersparen dem Betrachter den Umweg über

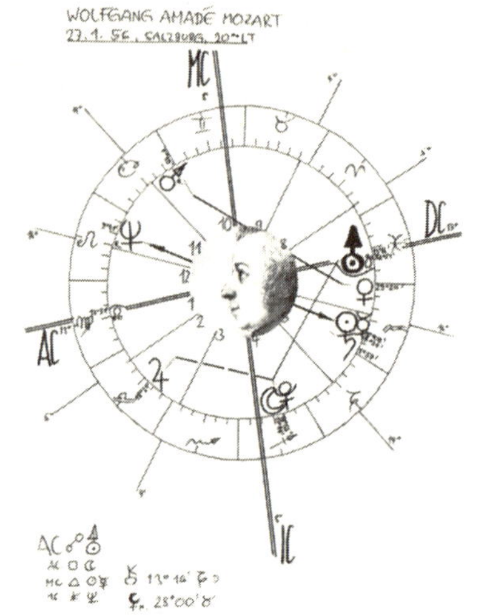

Das Horoskop von Wolfgang Amadeus Mozart, gezeichnet von dem Astrologen Ernst Ott.

zu viel Verstandestätigkeit wie Kopfrechnerei. Zu viele visuelle Informationen können allerdings zur Verwirrung beitragen, weshalb es sich nicht empfiehlt, in eine Horoskopzeichnung alle Haupt- und Nebenaspekte einzuzeichnen. Nebenaspekte, die man aus diesem Grund nicht einträgt, obwohl sie beachtenswert sind, kann man als Symbole am Rand der Zeichnung vermerken. Die Aspektlinien ermöglichen es, ▶ Aspektfiguren und ▶ Aspektbilder schnell zu erkennen. Früher war es nicht üblich, Aspektlinien in die Zeichnung einzutragen.
Dank moderner Computertechnik ist es heute kaum mehr üblich, Horoskope von Hand zu zeichnen. Dies birgt durchaus auch Nachteile. Denn allein der Akt des Zeichnens ist schon ein Teil des Deutungsprozesses. Darüber hinaus besteht bei der Arbeit mit dem Computer (▶ Computerastrologie) die Gefahr, dass man schnell ein paar Horoskope ausdruckt und diese nur oberflächlich betrachtet. Ein handgezeichnetes Horoskop ist hingegen immer auch ein erarbeitetes Horoskop und im besten Fall ein kleines Kunstwerk, das die persönlichen Akzente des Zeichners offenlegt.

Huber, Bruno

Der Schweizer Astrologe Bruno Huber (geboren am 29. 11. 1930 um 12:55 Uhr in Zürich, gestorben am 3. November 1999 in Zürich) war eine der international bekanntesten Persönlichkeiten der Astrologie am Ausgang des 20. Jahrhunderts. Zusammen mit seiner Frau, Louise Huber, die er 1952 kennen gelernt und mit der er sein Lebenswerk geteilt hat, gründete er 1968 das ▶ Astrologisch-Psychologische Institut (API) in Adliswil. Dort wurden in den seither vergangenen Jahrzehnten Tausende von Interessierten in psychologisch und humanistisch ausgerichteter Astrologie unterrichtet; viele von ihnen wurden zu professionellen Astrologen ausgebildet. Der geistige Hintergrund ist die Psychosynthese von Roberto Assagioli. Seit 1981 brachten Bruno und Louise Huber die im Zwei-Monats-Rhythmus erscheinende Zeitschrift »Astrolog« heraus. Zusammen entwickelten sie auch eine eigene Methode, die weltbekannte Huber-Methode. Dazu zählen vor allem die Altersprogressionsmethode (▶ Alterspunkt), das Häuserhoroskop und das Mondknotenhoroskop. Bruno und Louise Huber haben zahlreiche Bücher geschrieben (darunter »Die astrologischen Häuser«, »Lebensuhr im Horoskop«). Bruno Huber schrieb ein »Astro-Glossarium«,

von einem
gesehen. W
Imum coeli
tiefe. Das I
dium coeli
Astronomie
ternachtspu
punkt von
und darf n
wechselt w
▶ Achsen
kreis an ein
coeli.
Deutung: A
skop symb
Bereich, w
selbst ist. E
tät, aber a
Hier liegen
keit im w
übertragene
chetypische
Oftmals ist
sein Imum
wusst, gera
Kindheit an
die Vergang
Medium co
lisiert.
Das Tierkr
gibt Auskun
tief innen w
seine inners
sind. Mit d
vierte Haus
ist.

Indianisch

Für die Ind
und sind di
eine wichti
fahrungen

Sun Bear zurück, der durch zahlreiche Publikationen auch im deutschsprachigen Raum bekannt ist.

- Roter Habicht, entspricht der Widder-Energie, dynamisch und vorwärtsstrebend;
- Biber, entspricht der Stier-Energie, sinnlich und ästhetisch;
- Hirsch, entspricht der Zwillinge-Energie, aufmerksam und umsichtig;
- Specht, entspricht der Krebs-Energie, häuslich und fürsorglich;
- Stör, entspricht der Löwe-Energie, kraftvoll und begehrenswert;
- Braunbär, entspricht der Jungfrau-Energie, vorausplanend und streng;
- Rabe, entspricht der Waage-Energie, ausbalancierend und gerecht;
- Schlange, entspricht der Skorpion-Energie, hingebungsvoll und erotisierend;
- Wapiti, entspricht der Schütze-Energie, spirituell und suchend;
- Schneegans, entspricht der Steinbock-Energie, zäh und ausdauernd;
- Otter, entspricht der Wassermann-Energie, klug und kommunikativ;
- Puma, entspricht der Fische-Energie, verborgen und grenzgängerisch.

Indische Astrologie

Die indische Astrologie ist eine einzigartige Synthese aus babylonischen und hellenistischen Elementen sowie der hinduistischen Religion, wie sie in den Veden überliefert ist. Ihre Basis ist damit die gleiche wie im Abendland. Durch das ganz andere kulturelle und religiöse Umfeld, mit dem die babylonische Sterndeutung östlich des Indus konfrontiert worden ist, hat sich jedoch ein System entwickelt, das den Menschen in Europa auf den ersten Blick fremd erscheint.

Um 1500 vor unserer Zeitrechnung besiedelten indogermanische Völker aus dem Nordwesten den indischen Subkontinent. Sie nannten sich selbst Aryer (= Edle) und waren die Begründer der hinduistischen Religion. Dieser Glaube zeichnete sich durch die Karmalehre (▶ Karma), den Glauben an die Wiedergeburt sowie ein hierarchisches Kastensystem aus. Im Volksglauben gewann die Überzeugung weiten Raum, wonach das eigene Schicksal die Folge der vergangenen Taten sei und deshalb fatalistisch angenommen werden müsse. Das beeinflusste auch die Entwicklung der indischen Astrologie. Die Aryer trafen bei ihrer Eroberung Indiens auf eine Hochkultur drawidischer Völker im Industal sowie auf die Nachkommen vorgeschichtlicher Einwanderer, die heute als Adivasi (= Ureinwohner) bezeichnet werden. Die voraryschen Völker pflegten einen ausgeprägten Mondkult; über ihr sonstiges astrologisches System ist jedoch wenig bekannt.

Im Gegensatz zu dem anderen großen asiatischen System, der ▶ chinesischen Astrologie, benutzt die indische den von den Babyloniern entwickelten Tierkreis mit den uns bekannten Tierkreiszeichen. Darin bewegen sich die sieben (klassischen) Planeten sowie der aufsteigende und der absteigende ▶ Mondknoten. Das ergibt neun wichtige Punkte, eine in der indischen Mythologie besonders beliebte Zahl. Die Planeten sind denselben Tagen zugeordnet wie im Abendland. Zudem arbeitet die indische Astrologie mit zwölf Häusern und deren Herrschern sowie den Aspekten zwischen den Planeten.

Damit endet die Gemeinsamkeit mit der abendländischen Astrologie. Die besondere Form der indischen Astrologie hat sich aus den Einflüssen des Hinduismus, aber auch älterer Traditionen entwickelt. Die wesentlichen Unterschiede zur abendländischen Astrologie liegen in der Rolle des Mondes und der Mondknoten, der Benutzung des ▶ siderischen Tierkreises, der Anordnung und Zählung der Häuser, der Unterteilung in zahlreiche Abschnitte und Planetenperioden sowie in bestimmten Prognose- und Deutungsmethoden, die eng mit der Karmalehre zusammenhängen.

Der Mond nimmt in der indischen Astrologie eine ganz besondere Stellung ein. Er ist nicht eines von mehreren Himmelslichtern, die ihren Teil zu der Gesamtschau beitragen, sondern das wesentliche. Man kann sogar von einer Mond-Astrologie sprechen, denn es gibt die Tradition, den Tierkreis in 27 Mondhäuser zu je 13 Grad 20 Minuten Länge zu unterteilen. Poetisch wird auch von den »27 Frauen des Mondes« gesprochen. Auf Hindi heißen sie Nakshatras. Die Länge eines Mondhauses entspricht genau dem durchschnittlichen Lauf des Mondes an einem Tag. In der indischen Mythologie ist der Mond deshalb mit 27 Schwestern vermählt, von denen er an jedem Tag eine andere besucht. Auf der Reise verliert er immer mehr an Kraft, bis er sich am tiefsten Punkt schließlich wieder erholt und seine Energie zunimmt. Die Stellung des Mondes in seinen Häusern beeinflusst das Leben auf der Erde in besonderem Maße. Vereinfacht lässt sich sagen, dass ein zunehmender Mond als günstig und ein abnehmender Mond als ungünstig gilt.

Auch den beiden Mondknoten wird eine große Bedeutung beigemessen. Der aufsteigende Mondknoten heißt Rahu, der absteigende Ketu. Sie werden als sehr negativ bewertet. In der Mythologie war der Mondknoten ein Drache, der die Götter stürzen wollte. Das gelang ihm allerdings nicht, denn er wurde vom Sonnengott enthauptet. Zuvor hatte der Kopf jedoch bereits vom unsterblichen Göttertrank gekostet, sodass er zu den Göttlichen gezählt wurde.

Die erst in der Neuzeit entdeckten transsaturnischen Planeten Uranus, Neptun und Pluto spielen in der indischen Astrologie bis heute keine besondere Rolle, obwohl manche Astrologen sie in ihre Arbeit mit einbeziehen. Die meisten indischen Astrologen benutzen als Basis für das Horoskop den siderischen Tierkreis. Die Abweichung, die sich aufgrund der ▶ Präzession zum feststehenden ▶ tropischen Tierkreis ergibt, wird als ▶ Ayanamsha bezeichnet.

Die indische Astrologie arbeitet mit äqualen Häusern (▶ Häusersystem), die im Uhrzeigersinn – also entgegengesetzt zum abendländischen Horoskop – angeordnet werden. Die graphische Darstellung ist rechteckig.

Eine weitere Besonderheit ist die Aufteilung des Tierkreises sowie der Planetenumläufe in immer kleinere Abschnitte. Verbreitet sind Dekanate, Abschnitte von 10 Grad, sowie Navamshas, Abschnitte von 3 Grad 20 Minuten, die sich aus der Teilung eines Zeichens durch die mythische Zahl

Neun ergeben. Zugleich umfassen sie ein Viertel eines Mondhauses. Durch diese Methode wird die Prognose verfeinert. Dem gleichen Zweck dient auch die Unterteilung einer Lebensspanne in so genannte Dashas. Diese wiederum werden in Unterperioden, Bhuktis, unterteilt. Die Dashas werden aufgrund des Mondstandes im Geburtshoroskop errechnet.

Schließlich ist die indische Astrologie von Eigenschaften gekennzeichnet, die jahrhundertelang auch die abendländische geprägt haben. Die Planeten, Zeichen und Häuser sind starken Wertungen unterworfen. Das fünfte und neunte Haus gelten zum Beispiel als besonders günstig, das zwölfte Haus als Verlust, das sechste als feindlich. Die starren Zuordnungen bereiten dem ▶ Determinismus den Boden. Die Karmalehre, wie sie im Alltag verstanden wird, leistet ihren Beitrag dazu. Als Resultat der vergangenen Leben muss die jetzige Existenz angenommen werden. Das Horoskop zeigt die Bestimmung an, ändern kann man nichts. Wenn ohnehin alles vorherbestimmt ist, kommt der Astrologie die Rolle zu, die Zukunft zu offenbaren. Insofern ist die Prognose das wichtigste Anwendungsgebiet. Die emanzipierte Form des hinduistischen Verständnisses sieht in der Karmalehre allerdings keinen Determinismus. Sie betont, dass Karma in jedem Augenblick neu geschaffen wird, der Mensch demnach der Schöpfer seines eigenen Schicksals ist. Auf dieser Basis kommt der astrologischen Prognose eine andere Bedeutung zu. Sie offenbart nicht, was sich ohnehin ereignet, sondern kann günstige und ungünstige Einflüsse auf ein bestimmtes Unternehmen erkennen und entsprechende Ratschläge erteilen. Bei der Prognose spielt auch die Vorhersage des ▶ Todes eine wichtige Rolle. In Indien ist der Tod bei weitem nicht so tabuisiert wie im Abendland. Die Menschen gehen selbstverständlicher damit um. Die Vorhersage des Todes ist im hinduistischen Weltbild eine große Hilfe, um sein Karma für das nächste Leben zu verbessern. Verbreitete Praxis ist auch, dass Angehörige ein Horoskop auf das Todesdatum eines Verstorbenen erstellen lassen, weil sie sich davon Auskunft über seine Wiedergeburt versprechen.

Individualastrologie

Derjenige Bereich der Astrologie, bei dem ein einzelner Mensch im Mittelpunkt der Deutung oder Prognose steht. Dazu gehören sein ▶ Radixhoroskop und alle weiteren daraus abgeleiteten Horoskope.

Historisch betrachtet hat sich die Individualastrologie erst spät entwickelt. Bis zur Zeit des Römischen Reiches war sie nur gekrönten Häuptern oder Priestern vorbehalten. Auch deren Horoskope gewannen ihre Bedeutung nur daraus, dass ihr Schicksal mit dem des Staates gleichgesetzt wurde. Für die Masse der Bevölkerung, selbst in gehobenen Positionen, war ein individuelles Horoskop hingegen undenkbar. Die Betonung der Individualität durch die antike Philosophie und später die Neuzeit beeinflusste auch die Astrologie. Sie begann ihre Methoden zusehends auch auf einzelne Personen auszudehnen, auch wenn sie keine besondere Verantwortung für die Allgemeinheit trugen. Bereits Ptolemäus widmet der Individualastrologie in seinem Standardwerk »Tetrabiblos« großen Raum. Heute ist die Individualastrologie so weit verbreitet, dass ihr Gegenpol, die ▶ Mundanastrologie, immer mehr aus dem öffentlichen Bewusstsein verschwindet. Das astrologische Wissen steht grundsätzlich jedem zur Verfügung, und auch materiell gibt es keine ernsten Hindernisse mehr, sich darauf einzulassen.

Ingress

Der Eintritt eines Planeten in ein neues Tierkreiszeichen. Einem solchen Tatbestand wird vor allem in der ▶ Mundanastrologie eine große Bedeutung beigemessen, insbesondere wenn es um die ▶ langsam laufenden Planeten Saturn, Uranus, Neptun und Pluto geht. Einem Ingress wird deshalb Bedeutung beigemessen, weil in der Astrologie Anfänge überhaupt für sehr wichtig erachtet werden und man davon ausgeht, dass sie den Kern der künftigen Entwicklung in sich tragen. Man denke nur an das Geburtshoroskop, das für den Anfang des Lebens erstellt wird.

Innere Planeten

Diejenigen Planeten, die sich innerhalb der Erdbahn um die Sonne bewegen (Abbildung Seite 229): Merkur und Venus. Gegensatz: ▶ äußere Planeten.

Interaspekt

Ein Aspekt zwischen zwei Horoskopen. Die Methode, die man anwendet, um Interaspekte auszuwerten, heißt ▶ Synastrie. Dabei können die verschiedensten Horoskope zueinander in Beziehung gesetzt werden, etwa das von Mutter und Kind oder zweier Liebespartner, aber beispielsweise auch das Horoskop eines Politikers und das Horoskop der Verfassung seines Landes oder ein ▶ Radixhoroskop und das zugehörige ▶ Solarhoroskop. Bei Interaspekten empfiehlt es sich, den ▶ Orbis – also den Spielraum, innerhalb dessen die Aspekte gültig sind – geringer anzusetzen als in einem einzelnen Horoskop, denn dadurch, dass sich nun die Anzahl der ▶ Horoskopfaktoren verdoppelt, sind auch wesentlich mehr Aspekte möglich. Zu viele Aspekte machen aber das Ganze unübersichtlich und erschweren die Interpretation.

Interpolation

Der für die Horoskopberechnung notwendige Rechenvorgang, um die genaue Stellung der Planeten zu ermitteln. Dies ist erforderlich, da in den ▶ Ephemeriden die Positionen für 0 Uhr (oder aber für 12 Uhr) angegeben sind.

Man errechnet nun, indem man die 0-Uhr-Position des Geburtstages mit der 0-Uhr-Position des folgenden Tages vergleicht, die ▶ Tagesbewegung des Planeten, also die Strecke, die er am fraglichen Tag zurückgelegt hat. Mit Hilfe des mathematischen Dreisatzes kann man nun die Strecke herausfinden, die er von 0 Uhr des Geburtstages bis zum Zeitpunkt der Geburt (eine Uhrzeit, die bereits in die ▶ Greenwich-Zeit umgerechnet sein muss) gelaufen ist. Diesen Wert muss man zum 0-Uhr-Wert des Geburtstages dazuzählen. Damit hat man die genaue Position des Planeten. Entsprechend verfährt man mit den Angaben bei 12-Uhr-Ephemeriden.

Es gibt in den Ephemeriden auch Interpolationstabellen. Sie sollen die Rechenarbeit ersparen und reichen zumindest für einen groben Überblick aus, liefern jedoch nur Durchschnittswerte. Tatsächlich weist jeder einzelne Planet für sich unterschiedliche Geschwindigkeiten auf, insbesondere wenn er die Laufrichtung ändert (▶ Rückläufigkeit). Auch für die Berechnung der ▶ Häuserspitzen muss man interpolieren, da in den Häusertabellen die Werte nur in Etappen angegeben sind.

Intuition

Das unmittelbare Erfassen der Themen, Chancen und Schwierigkeiten des Horoskops ohne gedankliche Reflexion, geschweige denn die Zuhilfenahme so genannter Rezeptbücher. Der Begriff stammt vom lateinischen *intueri* (ansehen, betrachten). Neben der Kenntnis astrologischer Sachverhalte ist Intuition die zweite wichtige Voraussetzung für die ▶ Deutung eines Horoskops.

Bei der Frage, ob Intuition erlernt werden kann, gehen die Meinungen auseinander. Unbestritten ist, dass sie nicht allein durch Übung erreicht wird, dass sie jedoch auch dann immer geübt und erweitert werden muss, wenn die Anlage dazu vorhanden ist. Ebenso unbestritten ist, dass sie ohne astrologische Kenntnis zur umfassenden Deutung nicht ausreicht. Ein wichtiges Element der Intuition sind Bilder. Das intuitive Verständnis eines bestimmten Zusammenhangs wird häufig in Form von Bildern vermittelt, die in eine allgemein verständliche Form – dazu steht nicht nur die Sprache zur Verfügung – umgesetzt werden müssen.

Astrologisch ist die Intuition den Planeten Uranus und Neptun, den Zeichen Wassermann und Fische sowie dem elften und zwölften Haus zugeordnet. Der uranische Teil besteht im schnellen, nicht reflektierten, analogen Erfassen von Zusammenhängen und Schwerpunkten (▶ Analogie). Der neptunische Anteil ist die tiefe Schau hinter die äußere Erscheinung. Der Astrologe ▶ Bernd A. Mertz nennt die neptunische Energie auch Inspiration. Wenn diese Faktoren im Horoskop besonders betont sind oder durch ▶ Auslösungen, beispielsweise Planeten im ▶ Transit, aktiviert werden, ist das Potenzial für die Entwicklung der Intuition gegeben. Auch in der Mystik, die Neptun, den Fischen und dem zwölften Haus zugeordnet wird, spielt die Intuition eine wichtige Rolle.

Isis

Bezeichnung für einen ▶ hypothetischen Planeten jenseits der Plutobahn (weshalb er auch als Transpluto bezeichnet wird). Der Planet wurde nach der ägyptischen Mondgöttin Isis benannt. Mit den zahlreichen Entdeckungen in diesem Bereich des Sonnensystems (▶ Kuiper-Gürtel, ▶ neue Planeten) hat Isis jedoch nichts zu tun. Die Spekulation um Isis, für die es sogar Ephemeriden gibt, konnte von der Astronomie nicht bestätigt werden.

Islamische Astrologie

Siehe ▶ arabische Astrologie.

Isolierter Planet

Anderer Ausdruck für ▶ unaspektierter Planet.

Jahresherrscher

In der ▶ Vulgärastrologie früher wie heute verwendete Zuordnung eines Planeten zu einem Jahr, aufgrund dessen allgemeine Prognosen beispielsweise für die Landwirtschaft erstellt wurden und werden. Es gibt verschiedene Methoden, einen Jahresherrscher zu ermitteln.

Jung, C. G.

Der Psychoanalytiker Carl Gustav Jung (geboren am 26. 7. 1875 in Kesswil, Schweiz, um 18:50 Uhr ▶ Greenwich-Zeit, gestorben am 6. 6. 1961 in Küsnacht) war zwar nicht in erster Linie Astrologe, doch hat er die ▶ psychologische Astrologie maßgeblich geprägt. Wie kaum jemand sonst unter den Begründern der modernen Psychologie hat er die Astrologie geschätzt und in seine Arbeit integriert. Als Schüler Sigmund Freuds ging Jung bald über dessen Lehre von der Dominanz der Libido als Antrieb des menschlichen Handelns hinaus. 1912 trennten sich ihre Wege. Jung nannte seine Richtung analytische Psychologie. Er maß dem kollektiven Unbewussten als wichtigem Antriebsfaktor des Menschen eine große Bedeutung bei. Dies führte ihn zur Mythologie und zur Lehre von den Symbolen und ▶ Archetypen, die das menschliche Verhalten prägen. Über diesen Weg kam er auch zur Astrologie, die er als wichtige Bereicherung der Tiefenpsychologie verstand. Häufig zitiert wird seine Einschätzung: »Die moderne Astrologie nähert sich mehr und mehr der Psychologie und klopft bereits vernehmlich an die Tore der Universitäten.« Diese optimistische Aussage hält jedoch den Gegebenheiten am Beginn des 21. Jahrhunderts nicht stand.

Jungfrau

Symbol: ♍
Element: Erde
Qualität: veränderlich
Polarität: Yin/weiblich
Herrscherplanet: Merkur
Sonne in der Jungfrau: etwa vom 23. August bis zum 22. September
Jahreszeit: Die Zeit der Reife, kürzer werdende Tage, beginnender Vogelzug
Kultur: Ernte, Vorräte anlegen, Arbeit
Körperbereich: Dünndarm
Namen gebendes Sternbild: Virgo
Mythologie des Sternbilds: Für das Sternbild Virgo gibt es verschiedene mythologische Entsprechungen, doch sind

Jungfrau, französische Buchmalerei um 1423 (The British Library, London).

es vor allem machtvolle Göttinnen, die mit dem Zeichen in Verbindung gebracht werden, zum Beispiel Dike, die Göttin der Gerechtigkeit, Tyche, die Göttin des Glücks bzw. Zufalls und Astaria, die Göttin des Rechts und der Sitte. Sie wandte sich von der Erde ab, als die Menschen immer mehr verrohten.

Am ehesten aber gilt Demeter als die Jungfrau des Tierkreises. Sie ist die griechische Fruchtbarkeitsgöttin und herrscht über die Jahreszyklen. Die Menschen gedachten ihrer ganz besonders im Spätsommer, wenn die goldenen Getreideähren geerntet wurden. Den Männern hat sie das Pflügen beigebracht, den Frauen das Getreidemahlen und Brotbacken. Als ihre Tochter Persephone von Hades (lateinisch Pluto) im Zusammenspiel mit Zeus geraubt wurde, ließ sie die Erde verdorren. Zeus fürchtete, dass die Menschen aussterben würden und ihm dann niemand mehr Opfer bringen konnte. Er verhandelte deshalb mit Hades über die Rückkehr der Persephone. Auf ihrem Weg zu ihrer Mutter aß Persephone jedoch von einem Granatapfel, dem Symbol für die Ehe. Damit war sie auch an Hades gebunden, und Demeter musste akzeptieren, dass Persephones Platz ebenso in der Unterwelt war; dass zur Fruchtbarkeit auch die Kargheit gehört. Fortan blieb Persephone ein Drittel des Jahres bei Hades und zwei Drittel bei ihrer Mutter (▶ Ceres).

Deutung: Die Jungfrau ist das sechste Zeichen des Tierkreises. Hier geht es um das Auswerten und Verwerten. Die Jungfrau widmet sich mit Liebe dem Detail und hat einen scharfen Sinn für Kleinigkeiten, selbst wenn diese anderen belanglos erscheinen. Was sie anpackt, nimmt sie sehr genau. Sie versteht es hervorragend, Ordnung im Kleinen zu schaffen. Und sie kann einer Sache oder einem Menschen dienen – ein Begriff, der in unserer Zeit und in unserer Gesellschaft vor allem negative Assoziationen hervorruft, auch wenn nur die wenigsten tatsächlich von sich sagen können, sie stehen nicht in irgendwelchen Diensten. Deshalb und weil der Begriff Jungfrau überdies noch mit sexueller Enthaltsamkeit verbunden wird, hat das Zeichen keinen guten Ruf. Tatsächlich geht es jedoch um etwas anderes. Die mythologische Jungfrau, so die Psychoanalytikerin und Astrologin Liz Greene, ist »das archetypische Bild der freien Frau, die zunächst mit ihrem inneren Selbst vermählt wird und erst in zweiter Linie mit einem Mann«.[29] Demnach geht es vor allem darum, auf sich selbst zu hören, statt ausführendes Organ der Machtansprüche anderer zu sein. Die Jungfrau kann sich sehr gut in Gegebenheiten einfügen und das Beste aus allem machen.

Die Jungfrau macht sich die Fruchtbarkeit der Erde zu Eigen und sorgt vor für karge Zeiten. Damit übernimmt sie eine wichtige Aufgabe für die Gemeinschaft – in der ihr eigenen Zurückhaltung, aber auch im Bewusstsein ihrer Bedeutung. Sie hat es nicht nötig, sich in den Mittelpunkt zu drängen.

Sie hat nur bisweilen Schwierigkeiten, den Wald vor lauter Bäumen zu sehen. Dann verliert sie sich in Einzelheiten und kann nicht über den eigenen Tellerrand hinausschauen. Sie kann penibel, steril und kleinkariert werden. Es

besteht auch die Gefahr, dass sie sich nur dem äußeren Leben widmet und dabei die verborgene andere Seite außer Acht lässt. Der Mythos von Hades und Persephone zeigt, dass beide zusammengehören.
Jungfrau-Geborene haben auch heilerische Qualitäten. Ernährung und Gesundheit und wie diese zusammenhängen, das ist für sie von großer Bedeutung. Das Tierkreiszeichen Jungfrau verleiht Achsen und Planeten, die sich darin befinden, Anpassungsfähigkeit, Vernunft und Vorsicht.
Mit ihrem Oppositionszeichen Fische hat die Jungfrau die Hingabe an die Welt gemein – sie widmet sich der stofflichen, die Fische der feinstofflichen Seite. Mit den anderen beiden Erdzeichen Stier und Steinbock teilt die Jungfrau die Ausrichtung auf das Körperliche. Der Stier findet hier seinen Weg zum Genuss, die Jungfrau erlangt über den Körper Kenntnisse über die Gesundheit, und der Steinbock setzt ihn ein, um seine Aufgabe zu erfüllen. Von den beiden Zeichen, die im Quadrat zu ihr stehen, kann die Jungfrau lernen, sich mehreren Dingen gleichzeitig zu widmen (Zwillinge) und sich von einer Vision beflügeln zu lassen (Schütze).
Jupiter und Neptun sind in der Jungfrau im Exil.

Juno

Symbol: ⚵

Astronomie: Juno ist ein ▶ Kleinplanet bzw. ▶ Asteroid, der die Sonne im ▶ Asteroidengürtel zwischen Mars und Jupiter umkreist. Ihr Durchmesser beträgt 236 Kilometer, der mittlere Sonnenabstand 399,4 Millionen Kilometer. Für einen siderischen Umlauf benötigt sie 4,36 Jahre. Juno wurde am 1. September 1801 von Karl Ludwig Harding in Lilienthal bei Bremen entdeckt.

Mythologie: Die römische Göttin Juno (griechisch Hera) lieh dem Asteroiden ihren Namen. Hera war eines der sechs Kinder von Rhea mit Kronos (lateinisch Saturn). Ihre Brüder waren Zeus (Jupiter), Poseidon (Neptun) und Hades (Pluto), ihre Schwestern Demeter (▶ Ceres) und Hestia (▶ Vesta). Hera war nicht nur die Schwester, sondern auch die Gemahlin von Zeus, dem obersten Herrscher des Olymp. Sie war damit die höchste Göttin und Beherrscherin des Himmels sowie die Beschützerin der Ehe. An der Seite von Zeus hatte es Hera jedoch nicht leicht. Einerseits war sie die einzige unter den Göttinnen, die Zeus wirklich als ebenbürtig ansah, um sie zur Frau zu nehmen. Andererseits hatte der oberste Gott zahllose freiwillige und unfreiwillige Geliebte, auf die Hera sehr eifersüchtig war. Manche von ihnen sowie die Kinder der außerehelichen Affären verfolgte sie mit rücksichtsloser Härte. Zu ihren Opfern zählten Herakles und Leto, die Mutter des Sonnengottes Apollon. Ihre Eifersucht führte wiederum zu Sanktionen von Seiten des Zeus. Die Intrigen gegen Herakles erzürnten den obersten Gott so sehr, dass er seine Gemahlin an den Handgelenken aufhängte und ihre Füße mit Ambossen beschwerte. So war die göttliche Ehe zumeist ein Machtkampf. Gleichzeitig nahm Hera ihre Verantwortung als Beschützerin der Ehe sehr ernst und war ihrem Gemahl treu. Sie gebar dem Zeus drei Kinder, darunter den Kriegsgott Ares. Ohne Zeus oder sonstige männliche Beteiligung schenkte sie außerdem noch dem göttlichen Schmied Hephaistos das Leben.

Deutung: Juno steht für das Thema Beziehungen sowie für Ideale und Prinzipien. Je nach Stellung und Aspektierung stellt sich die Frage, ob eine gleichberechtigte Partnerschaft geführt werden kann oder ob Eifersucht und Misstrauen die Beziehungsmuster prägen. Juno verkörpert hohe Ideale und eine große Unerbittlichkeit, wenn diese Ideale verletzt werden. Damit ist sie auch eine Herausforderung, sich der Frage zu stellen, wie man mit einer schmerzhaften Beziehung umgeht. Darf sie beendet werden oder soll man sie aushalten, vielleicht weil Kinder, die Meinung der Umgebung oder das eigene Wunschbild davon berührt sind? Auf einer grundsätzlicheren Ebene geht es bei Juno auch darum, wie sich Ideale oder Prinzipien zum konkreten Menschen verhalten. Juno läuft Gefahr, die Ideale wichtiger zu nehmen und damit der Unmenschlichkeit Vorschub zu leisten – egal wie ehrenvoll die Ideale sein mögen. Juno scheint eine Beziehung zu den Tierkreiszeichen Waage und Skorpion zu haben und könnte dort ihr ▶ Domizil haben bzw. erhöht sein.

Jupiter

Symbol: ♃

Astronomie: Jupiter ist der größte Planet unseres Sonnensystems. Sein Äquatordurchmesser beträgt 142.984 Kilometer. Er ist damit mehr als elfmal so groß wie die Erde. Sein mittlerer Abstand von der Sonne beträgt 778,4 Millionen Kilometer. Für einen Umlauf um die Sonne benötigt er knapp zwölf

Thronender Zeus, griechische Bronzeplastik, 4. Jahrh. v. Chr. (Wien, Kunsthistorisches Museum)

Jahre. Die ▶ Tagesbewegung beträgt maximal 12,76 Bogenminuten, im Durchschnitt sind es 5 Bogenminuten.

Mythologie: Zeus (lateinisch Jupiter) war der höchste Gott des Olymp. Er trug den Beinamen »der Blitzeschleuderer« oder auch »Vater der Götter und Menschen«. Mit seinen Brüdern Poseidon (lateinisch Neptun), dem Meeresgott, und Hades (lateinisch Pluto), dem Gott des Totenreichs, teilte er sich die Herrschaft über das Universum. Zeus war ein Sohn von Rhea und Kronos (lateinisch Saturn). Letzterer hatte seinen Vater Uranos entmannt und so die Herrschaft über die Welt erlangt. Aus Angst, ihm könnte das Gleiche widerfahren, verschlang er seine Kinder nach der Geburt. Rhea konnte Zeus vor diesem

Schicksal bewahren, indem sie Kronos einen in Windeln gewickelten Stein gab. Den Neugeborenen schmuggelte sie nach Kreta, wo ihn Nymphen versteckten und aufzogen. Im Mannesalter machte er sich auf, seine Geschwister zu befreien und seinen Vater zu stürzen. Er fand Unterstützung bei der Nymphe Metis, die Kronos ein Brechmittel gab, so dass dieser alle anderen Kinder gemeinsam mit dem Stein wieder ausspie. Der Kampf gegen Kronos, der die Macht nicht einfach abgeben wollte, dauerte zehn Jahre. Dann hatte sich mit Zeus die jüngste Göttergeneration durchgesetzt.

Neben seiner Gemahlin Hera, die unter anderem die Göttin der Ehe war (▶ Juno), hatte Zeus eine unüberschaubare Zahl von Bettgefährtinnen – freiwillige und unfreiwillige. Wenn Zeus eine Frau begehrte, hielt er sich nicht zurück. Mit List oder mit Gewalt nahm er sich, was er wollte. So war die Zahl seiner Nachkommen ähnlich unüberschaubar. Die Ehe mit Hera war Schauplatz ständiger Auseinandersetzungen. Hera verfolgte unnachgiebig die Geliebten ihres Gatten sowie die daraus entsprungenen Kinder. Wo immer er konnte, schützte Zeus die Frauen und Kinder und strafte Hera für ihre Unerbittlichkeit. Es gab zahllose Versuche, Zeus zu stürzen, doch am Ende behielt er immer die Oberhand. Wenn er sich seiner Herrschaft sicher fühlte, war er ein unparteiischer, großherziger Göttervater, der die Geschicke im Himmel und auf der Erde würdevoll lenkte. Die Menschen der Antike zollten ihm großen Respekt.

Körper: Jupiter wird die Leber zugeordnet, eines der größten und wichtigsten Organe und die größte Drüse des Körpers.

Deutung: Jupiter zählt zusammen mit Saturn zu den ▶ gesellschaftlichen Planeten. Durch ihre längeren Umlaufzeiten zeigen sie, anders als die ▶ persönlichen Planeten Sonne, Mond, Merkur, Venus und Mars, größere Entwicklungen an, die Menschen eines oder mehrerer Jahrgänge miteinander verbinden. Da Jupiter durchschnittlich ein Jahr für einen Durchlauf durch ein Tierkreiszeichen benötigt, befindet er sich bei allen Menschen, die innerhalb dieser Zeitraums geboren wurden, im selben Zeichen. Wie Saturn, so steht auch Jupiter für Kräfte, die über das, was für die Entfaltung der Persönlichkeit eines einzelnen Menschen nötig ist, hinausgehen, nämlich gesellschaftlich Relevantes. Bei Jupiter sind dies Gerechtigkeit im Sinne einer höheren Ordnung, Moral im Sinne einer ethischen Ordnung sowie Religion im Sinne einer göttlichen Ordnung. Das alles ermöglicht das Zusammenleben mehrerer Menschen innerhalb einer Gemeinschaft oder Gesellschaft.

Jupiter steht für das Prinzip der Expansion. So sagt er mit seiner Haus- und Zeichenstellung im Horoskop eines Menschen etwas darüber aus, in welchem Bereich und wie dieser seinen Horizont zu erweitern sucht – sei es durch Reisen in ferne Länder und die Beschäftigung mit anderen Kulturen, durch philosophische und weltanschauliche Betrachtungen oder die religiöse Überzeugung. In dem Haus, in dem Jupiter im Horoskop steht, sucht man nach höheren Werten, nach Sinn und möchte über sich selbst hinauswachsen.

Bei Jupiter geht es um das ganzheitliche Erfassen, im Gegensatz zu Merkur mit seinem Sinn fürs Detail und seiner Fähigkeit, verschiedene Fakten zusammenzutragen. Im Aspekt mit einem anderen Planeten oder einer ▶ Achse sorgt Jupiter für eine Erweiterung und Sinngebung des angesprochenen Prinzips. Bei harmonischer Aspektierung läuft es in diesem Bereich einfach gut, wiewohl damit unter Umständen auch eine unproduktive Bequemlichkeit bis Trägheit vorhanden sein kann. Bei schwieriger Aspektierung besteht möglicherweise eine Neigung zur Maßlosigkeit, man will zu viel oder schießt über das Ziel hinaus.

Ganz ähnlich verhält es sich, wenn Jupiter einen Planeten oder eine Achse im ▶ Transit berührt. Jupiter-Transite sollten jedoch nicht überschätzt werden, sind sie doch meist nur von kurzer Dauer und nicht sehr nachhaltig. In der Regel ist ein Jupiter-Transit allenfalls, wenn es sich um einen Dreifachtransit handelt, als wichtig zu bewerten.

Der ▶ klassischen Astrologie galt Jupiter als das »große Glück«, im Unterschied zu Venus, die für das »kleine Glück« stand. Jupiter ist Herrscher des Zeichens Schütze und im Exil in den Zwillingen. Er ist erhöht im Krebs und im Steinbock im Fall. Bevor Neptun entdeckt wurde, war Jupiter auch Herrscher des Zeichens Fische und entsprechend in der Jungfrau im Exil.

Kalender

Seit frühester Zeit Ausdruck für das Bedürfnis der Menschen, ihre Erfahrung von ▶ Zeit zu systematisieren, in überschaubare Abschnitte einzuteilen und zu zählen. Die Basis dafür bilden die kosmischen ▶ Zyklen. Der Kalender hatte religiöse und praktische Bedeutung. Er schuf den äußeren Rahmen für den Rhythmus der Festtage, an denen die Menschen in besonderer Weise des Göttlichen gedachten, und er machte es möglich, grundlegende Aktivitäten wie Aussaat und Ernte im Voraus zu bestimmen.

Die ersten Kalender waren vermutlich Mondkalender mit einem Zyklus von 29,5 Tagen (was einem ▶ synodischen Mondlauf entspricht). Zwölf Monde (Monate), der Lauf durch den Tierkreis, betragen demnach 354 Tage. Das ist die Länge eines Mondjahres. Im Laufe der Kulturgeschichte erwies sich der Sonnenzyklus als brauchbarer, da er eine größere Einheit schuf, die außerdem den Erfahrungen des Menschen mit den Jahreszeiten Rechnung trug. Mit dem Mondumlauf war der um gut elf Tage längere Sonnenumlauf allerdings nur schwer in Einklang zu bringen. Um den Abstand nicht unüberschaubar groß werden zu lassen, rechneten die alten Kulturen abwechselnd mit zwölf und dreizehn Monden für ein Mondjahr. Die ältesten Hinweise auf einen Lunisolarkalender (der also Mond und Sonne einbezieht) stammen aus dem alten babylonischen Reich und sind knapp 4.000 Jahre alt. Die Ägypter benutzten als erste einen reinen Sonnenkalender (▶ ägyptische Astrologie). Das wichtigste Naturereignis, die jährlichen Nilüberflutungen, von denen die Landwirtschaft abhing, konnte so leichter bestimmt werden. Indikator dafür war das Wiedererscheinen des Sirius, des hellsten Fixsterns in der nördlichen Hemisphäre. Die ägyptischen Priester berechneten für ein Jahr 365 Tage, unterteilt in zwölf Monate zu dreißig Tagen sowie fünf Zusatztage. Bald bemerkten sie jedoch, dass der tatsächliche Sonnenumlauf etwas länger war. Deshalb wurde alle vier Jahre ein weiterer Zusatztag hinzugeschaltet (Schalttag).

Julianischer Kalender: Bis zur Zeit Gaius Julius Caesars (100–44 v. Chr.) hatte jede Kultur ihren mehr oder weniger genauen Kalender. Juden, Araber und Griechen orientierten sich noch am Mondkalender, eine Praxis, die der aus der arabischen Kultur entstandene Islam übernahm. Caesar gab im Jahre 46 vor unserer Zeitrechnung schließlich eine grundlegende Kalenderreform in Auftrag, nicht zuletzt aus machtpolitischen Gründen, um im römischen Weltreich eine Vereinheitlichung in einer so wichtigen Frage zu erreichen. Als Basis für den seither so genannten Julianischen Kalender diente die ägyptische Zählung mit den Schalttagen. Danach betrug die Länge eines Jahres 365,25 Tage, die Monate waren abwechselnd 29 und 30 Tage lang. Diese Einteilung hatte viele Vorzüge. Nach 28 Jahren fielen alle Daten wieder auf dieselben Wochentage, sodass sich die Zuordnung der Wochentage im Nachhinein und im Voraus leicht bestimmen ließ. Der Kalender hatte nur einen Nachteil, er war 0,0075 Tage länger als der Sonnenzyklus.

Gregorianischer Kalender: Dies erkannten mittelalterliche Astronomen, denn das Konzil von Nicäa hatte im Jahr 325 den Frühlingsbeginn auf den 21. März festgelegt. 1.200 Jahre später war er auf den 31. März gewandert. Aufgrund dieser Erfahrung leitete Papst Gregor XIII. im Jahre 1582 eine weitere Kalenderreform ein. Damals kannten die Astronomen die genaue Dauer eines Sonnenzyklus von 365,2425 Tagen. Für die praktische Zählung bedeutete das, die Schalttage in den Jahren 1700,1900, 2100 und weiter alle 200 Jahre ausfallen zu lassen. Damit wurde eine so genaue Übereinstimmung mit dem Sonnenlauf erzielt, dass der Kalender in 3.000 Jahren nur um einen Tag vom Sonnenzyklus abweicht. Zur Zeit der Kalenderreform betrug die Abweichung der Zählung vom Sonnenzyklus bereits 11 Tage. Um dies auszugleichen, verfügte der Papst, die Zeit vom 4. bis 15. Oktober 1582 zu überspringen. Danach stimmten Zählung und Zyklus wieder überein.

Ungeachtet der astronomischen Genauigkeit dauerte es lange, bis alle Kulturen den Gregorianischen Kalender übernahmen. Die katholische Kirche führte ihn sofort ein, die protestantischen Kirchen blieben teilweise bis zum 18. Jahrhundert dem Julianischen Kalender treu. Im orthodoxen Russland war der Julianische Kalender erst im 13. Jahrhundert eingeführt worden. Er hatte bis zum Ende der Zarenherrschaft Bestand. Erst die bolschewistischen Revolutionäre übernahmen die päpstliche Reform, und sie mussten bereits 13 Tage überspringen, um Zählung und Zyklus in Einklang zu bringen. So verfügten sie, dass auf den 1. Februar 1918 der 14. folgte. Die Türkei übernahm 1927 und China 1949 die gregorianische Reform.

Inzwischen gilt der Gregorianische Kalender weltweit, jedoch gibt es kulturell bedingt unterschiedliche Ausgangspunkte für die Zählung. Die Juden zählen ab 3 761 vor unserer Zeitrechnung, dem Beginn ihrer fiktiven Weltschöpfung. Die Chinesen beginnen 2637 vor unserer Zeitrechnung, mit der Epoche des mythischen Kaisers Huangti; die Buddhisten 544, dem Datum der Erleuchtung Buddhas. Die Tibeter gehen auf 127 vor unserer Zeitrechnung zurück, den Anfang ihres Königtums; die Moslems zählen seit 622 unserer Zeitrechnung, der Flucht des Propheten Mohammed von Mekka nach Medina.

Kardinal

Mit kardinal wird eine von drei ▶ Qualitäten im Tierkreis beschrieben. Es ist die kardinale oder aufbauende und schöpferische Kraft im Tierkreis, bestehend aus den Zeichen Widder, Krebs, Waage und Steinbock. Die anderen beiden Qualitäten sind: fix und veränderlich.

Karma

Der Begriff stammt aus dem Sanskrit und bedeutet Tat, auch wirkende Tat. Er bezeichnet die Lehre von Ursache und Wirkung, die nicht nur für das irdische Geschehen gilt. Im Gegensatz zur weit verbreiteten Meinung beinhaltet Karma keinerlei moralische oder ethische Wertung; es geht nicht um Schuld, Belohnung oder Bestrafung, sondern darum, dass alles Tun Konsequenzen hat und sich der Mensch diesen Konsequenzen nicht entziehen kann. Ohne den Glauben an die Wiedergeburt kann die Karma-Lehre nicht erfasst werden, denn die Kette von Ursache und Wirkung endet nicht mit dem physischen Tod. Die noch nicht eingetretene Wirkung begleitet den Menschen im Guten wie im Schlechten in das nächste Leben. Ziel ist nicht, durch gute Handlungen möglichst viel gutes Karma anzuhäufen, sondern sich von allem Karma zu befreien. Nur so ist es möglich, den Kreislauf der Wiedergeburten zu beenden. Die Karma-Lehre verlangt wie kaum eine andere spirituelle Lehre vom Menschen, die vollständige Verantwortung für sein Schicksal zu übernehmen. Letztlich ist nichts, was ihm widerfährt, durch äußere Faktoren wie Vererbung, Erziehung oder Sozialisation bestimmt. Alles ist die Wirkung von Ursachen, die er selbst ausgelöst hat. Darin liegt eine große Freiheit, die in der abendländischen Welt zumeist missverstanden wird. Die Karma-Lehre wird dort als Begründung für ▶ Fatalismus verstanden. Tatsächlich beinhaltet Karma genau das Gegenteil. Es ist die Freiheit, in jedem Moment neue Ursachen zu schaffen und dadurch neue Wirkungen zu erzielen.
Für die ▶ esoterische und die ▶ karmische Astrologie ist das Geburtshoroskop der Indikator, von welcher karmischen Konstellation ein Mensch zu Beginn seines Lebens geprägt ist und welche Ursachen noch auf ihre Verwirklichung warten.

Karmische Astrologie

Eine Richtung der Astrologie, die von dem Kreislauf der Wiedergeburten sowie dem Gesetz von Ursache und Wirkung ausgeht. Die karmische Astrologie sieht im Horoskop die Möglichkeit, die Wirkung vergangener Taten für das jetzige Leben, die gegenwärtige karmische Konstitution sowie das für die Zukunft wirkende ▶ Karma zu erkennen. Die karmische Astrologie geht sehr stark in den religiös-spirituellen Bereich hinein und basiert mehr als andere Richtungen auf subjektiven Erfahrungen.

Zu den wenigen allgemein gültigen Deutungsregeln zählt die besondere Berücksichtigung des vierten, achten und zwölften Hauses, die dem ▶ Element Wasser zugeordnet sind. Im achten Haus offenbart sich danach das in den vergangenen Leben angehäufte Karma, im vierten das jetzige und im zwölften das zukünftige. Der über das achte Haus herrschende Planet Pluto sowie das entsprechende Zeichen Skorpion geben ebenfalls Hinweise auf die karmische Vergangenheit. Über die Frage nach den Aufgaben, die der Mensch auf seinem karmischen Weg zu lösen hat, gibt das Imum coeli, die Spitze des vierten Hauses, Auskunft.

Ebenfalls von großer Bedeutung in der karmischen Astrologie sind der Mond sowie Saturn, der oft als »Herr des Karma« bezeichnet wird. Schließlich spielen die ▶ Mondknoten eine wichtige Rolle. Dabei gilt der absteigende Mondknoten als Indikator für die karmische Herkunft. Mit den dort angelegten Themen fühlt sich der Horoskopeigner vertraut. Der aufsteigende Mondknoten zeigt das karmische Ziel an, das bisweilen Angst einflößen kann, da bei dem Weg dorthin nicht auf eigene Erfahrungen zurückgegriffen werden kann.

Karmischer Neumond

Der letzte Neumond vor der Geburt. Seine Stellung im Geburtshoroskop gibt Auskunft über die karmische Prägung einer Person. Er wird auch ▶ vorgeburtlicher Neumond genannt (dort ist Näheres nachzulesen).

Kausalität

Eines von zwei grundlegenden Erklärungsmodellen der Astrologie. Es basiert auf dem Prinzip von Ursache und Wirkung. Danach wirken die Gestirne unmittelbar auf die Erde ein. Sie sind die Ursache für das dortige Geschehen. Zur Begründung wird in erster Linie der Mond genannt, der – wissenschaftlich messbar – Ebbe und Flut, den Menstruationszyklus der Frau und das Wachstum der Pflanzen beeinflusst. Neben dem Mond wirken weitere kosmische Strahlungen auf die Erde, so der Sonnenwind, abgeschwächt durch die Erdatmosphäre, Gammastrahlen und Radiowellen. Auch die Sonnenflecken, die in einem Rhythmus von elf Jahren stärker und schwächer erscheinen, haben konkrete Auswirkungen auf irdische Gegebenheiten wie das Wetter. Ein wichtiger Pfeiler für die Begründung der Kausalität ist zudem das Gravitationsgesetz Newtons. Beweist es doch die unsichtbaren Kräfte, die das Universum zusammenhalten und auf alles einwirken. Obwohl von anderen Planeten keine direkte Einwirkung auf die Erde gemessen werden kann, gehen Anhänger des kausalen Prinzips davon aus, dass dies der Fall ist und nur die technischen Möglichkeiten der Menschen unzureichend sind, sie zu messen. Jeder Planet wirkt demnach auf seine Weise und bringt die unterschiedlichen Qualitäten des Tierkreises hervor.

Die ▶ Astrologiegegner konzentrieren sich bei ihrer grundlegenden Ablehnung der Astrologie zumeist auf das Kausalitäts-Modell. Mit dem alternativen Modell der ▶ Analogie setzen sie sich nur selten auseinander.

Keilfigur

Eine Konstellation, bei der alle Planeten in vier oder fünf aufeinander folgenden Zeichen konzentriert sind. Es ist eines der Aspektmuster von Marc Edmund Jones (▶ Aspektbild). Diese Figur steht für eine Konzentration auf wenige Themen.

Kentauren

Wesen aus der griechischen Mythologie mit Pferdekörpern sowie Brust, Armen und Kopf von Menschen. Eine andere Schreibweise ist Zentauren.
Astronomie: In der Astronomie werden, teilweise aufgrund von Namensvorschlägen von Astrologen, solche ▶ Kleinplaneten mit Kentaurennamen versehen, die ein Zwischending zwischen ▶ Asteroiden und ▶ Kometen darstellen. Als Kriterien für die Zuordnung von Kleinplaneten zur Gruppe der Kentauren nennt Robert von Heeren: »Neben der … eventuellen Brückenfunktion zwischen Asteroiden und Kometen oder / und Vorläuferfunktion für Kometen ergibt die Betrachtung der Bahneigenschaften von den bis jetzt bekannten Kentauren folgende Gemeinsamkeiten: 1. Ein Bahnverlauf mit einem mittleren Sonnenabstand … irgendwo zwischen Saturn und Neptun. 2. Eine exzentrische Bahn, die eine oder mehrere transjovische Planetenbahn(en) nach außen hin überkreuzt und wegen der großen Annäherung an die massereichen Gasplaneten (vor allem an Saturn) instabil ist …«[30] Wie die Kometen bilden sie bei relativer Sonnennähe durch die intensive Bestrahlung Koma, das heißt leuchtende Gasmassen, die sich wie eine Nebelhülle um den Kern legen. Sie stammen aus dem ▶ Kuiper-Gürtel jenseits der Neptun- und Plutobahn. Von den seit 1977 entdeckten Kentauren wurden zahlreiche mit mythologischen Kentaurennamen bedacht (darunter ▶ Chiron, ▶ Pholus, ▶ Nessus). Die Namengebung geschah zum Teil in Zusammenarbeit mit Astrologen.
Mythologie: In der Mythologie symbolisieren die Kentauren schon durch ihre Gestalt die Auseinandersetzung zwischen Verstand, Vernunft und Weisheit auf der einen Seite sowie Trieb, Wildheit und Kühnheit auf der anderen. Die meisten Kentauren lebten die triebhafte Seite aus. Sie berauschten sich gern am Alkohol, waren hitzköpfig, vergewaltigten oder begannen Raufereien. Durch diesen Lebenswandel machten sie sich zahlreiche Feinde, vor allem Herakles, der viele von ihnen tötete.
Der Gegenpol zu der Masse der Triebhaften war Chiron, ein Heiler, Weiser und Lehrer der Götter. Auch Pholus hatte ein gemäßigteres Naturell. Diese beiden sowie Nessus, ein Gegenspieler des Herakles, gaben den oben erwähnten Kleinplaneten ihre Namen.
Astrologie: Die Kentauren haben eine Schlüsselfunktion zwischen der materiellen, durch Saturn symbolisierten Welt einerseits und der geistigen, durch Uranus, Neptun und Pluto symbolisierten Welt andererseits.
Ob diese neue Planetengruppe wirklich in die Astrologie integriert wird, ist noch offen. Manche Astrologen be-

fürchten, dass immer neue Deutungsfaktoren den Blick für das Wesentliche verstellen könnten.
Während Chiron dennoch eine wachsende Aufmerksamkeit verzeichnet, werden Pholus und Nessus bislang nur wenig beachtet.
Den Bedenken gegen die Integration der neuen Kleinplaneten in das astrologische System hält Robert von Heeren, einer ihrer wichtigsten Verfechter, entgegen: »Zur verständlichen Angst vor Überschwemmung durch neue Deutungsfaktoren und der Gefahr der ›Deutungsbeliebigkeit‹: m. E. leben wir in einer Zeit des immer tieferen Eindringens in die Vielschichtigkeit und komplexen Zusammenhänge des Lebens. Ist es da nicht folgerichtig, dass wir auch in der Astrologie unseren Blick für das spezielle und schwerer Erkennbare schärfen und uns einer gründlicheren Differenzierung stellen müssen? Darin liegt ja auch eine Chance zu mehr Klarheit und Interpretationstiefe.«[31]

Kepler, Johannes

Johannes Kepler (geboren am 27. 12. 1571 nach Julianischem ▶ Kalender um 13:30 Uhr in Weil der Stadt, gestorben am 15. 11. 1630 in Regensburg) war einer der größten und einer der letzten Astronomen, der aus Überzeugung Astrologie praktiziert hat. Kepler studierte zunächst in Tübingen Theologie und kam dabei mit der Astronomie sowie den Theorien von Nikolaus Kopernikus (▶ kopernikanische Wende) in Kontakt. In dem Zusammenhang entdeckte er seine beispiellose mathematische Begabung, die fortan seinen beruflichen Weg prägte. Zunächst wurde er Mathematiklehrer in Graz, doch mit dem Vordringen der Gegenreformation zog er an den Hof von Rudolf II. in Prag. Dort wurde er zunächst Assistent und später Nachfolger von Tycho Brahe als kaiserlicher Hofastronom und Mathematiker. Aufbauend auf Brahes Beobachtungen schuf er die bis heute gültigen Keplerschen Gesetze über die Bahnen der Planeten und ihr Verhältnis zur Sonne. Damit wurde das ▶ heliozentrische Weltbild auf eine sichere Basis gestellt, wenn auch noch nicht endgültig bewiesen. Zudem schufen die Gesetze die Grundlage für Isaac Newtons Lehre von der Schwerkraft.
Keplers mathematische und astronomische Fähigkeiten waren für ihn jedoch immer auch Mittel zum Zweck, um dem tieferen »Weltgeheimnis« (so der Titel seines ersten großen Werks) auf die Spur zu kommen. Kepler fühlte sich der Mystik verbunden und beschäftigte sich intensiv mit der jüdischen Kabbala.
Eine andere Möglichkeit, kosmische Zusammenhänge zu erkennen, war für ihn die Astrologie, die er nicht, wie bisweilen behauptet, nur gezwungenermaßen oder aus finanziellen Gründen betrieb. Beides hätte er in seiner Position nicht nötig gehabt. Er war stattdessen überzeugt von einem Zusammenhang zwischen dem Lauf der Gestirne und den irdischen Ereignissen. Das galt nicht nur für die ▶ Mundanastrologie. Er errechnete und deutete zahlreiche individuelle Horoskope, unter anderem für den Feldherrn Albrecht von Wallenstein, erstellte genaue ▶ Prognosen für die Entwicklung einer Persönlichkeit, wandte sich jedoch gegen die weit verbreitete ▶ Ereignisprognose und leistete

Grundlegendes zur Aspektlehre. Keplers wichtigstes Werk, die »Harmonices mundi« (»Weltharmonik«) aus dem Jahr 1619, enthält auch die philosophische Begründung seiner Astrologie. Bezeichnend ist auch sein Verhalten, als seine Mutter 1615 in einem Hexenprozess angeklagt war. Trotz eines erheblichen persönlichen Risikos reiste er sofort zu ihr und wendete ihre Verurteilung ab.

Kinderastrologie

Astrologie für Kinder erfreut sich wachsender Beachtung. Offenkundig wollen immer mehr Eltern durch ein Horoskop Aufschluss über das Potenzial ihrer Kinder erhalten. Gleichzeitig argwöhnen Kritiker, darunter viele Pädagogen, die Kinder würden dadurch zu stark festgelegt und in ihrer Entwicklung eher gehemmt als gefördert.
Kinderastrologie geht von denselben Voraussetzungen aus wie die sonstige Astrologie, setzt jedoch andere Schwerpunkte. Im Zentrum steht der Mond anstelle der Sonne, wenn auch letztlich für die Deutung das gesamte Horoskop unverzichtbar ist. Die dem Mond zugeschriebenen Eigenschaften kennzeichnen das Verhalten von Kindern: Sie reagieren emotional, spontan und scheinbar unlogisch. Die der Sonne zugeschriebene Wesenskraft, mit deren Hilfe ein Mensch sein Leben schöpferisch gestaltet, entwickelt sich erst allmählich ab dem siebten Lebensjahr oder auch erst mit der Pubertät.
Auch der stete Wandel des Mondes hat viel mit dem natürlichen kindlichen Verhalten zu tun. Es ist offenkundig, dass sich die Menschen mit zunehmendem Alter schwerer tun mit Veränderungen, mit Neuem, mit Flexibilität und Spontanität. Das betrifft die körperliche und die geistige Ebene. Ein Kind ist im beständigen Wandel befindlich, was sich schon auf der körperlichen Ebene zeigt. Natürlich gibt es Unterschiede je nach Zeichenfärbung und Aspektierung des Mondes. Analogien gibt es auch auf der Ebene des Empfangens und Gebens, zwei grundlegenden Mond-Qualitäten. Als junger Erdenbürger mit weniger Erfahrung ist ein Kind mehr als ein Erwachsener darauf angewiesen, Eindrücke und Anregungen zu empfangen, um daran zu wachsen, um eine Orientierung zu erhalten. Voraussetzung für die Fähigkeit, empfangen zu können, ist Offenheit – wie die geöffnete Sichel des Mondsymbols.
Auch der absteigende ▶ Mondknoten ist im Horoskop eines Kindes von großer Aussagekraft, ebenso das Imum coeli und das vierte Haus.
In der Astrologie geht man davon aus, dass schon ein Neugeborenes Anlagen, ja sogar einen Lebensplan mitbringt, den es zu verwirklichen gilt. In der ▶ Beratung muss mit besonderer Sorgfalt vorgegangen werden, da das Kind in der Regel nicht – oder im Falle von Kleinkindern: nicht bewusst – anwesend ist und sich nicht gegen unangemessene Zuordnungen wehren kann. Es erfordert vom Astrologen viel Fingerspitzengefühl, dass er das Kind mit seinen Beschreibungen nicht zu stark festlegt.
Das Potenzial der Astrologie für Kinder liegt in einer konkreten Erziehungshilfe. Wenn ein Kind unverständlich häufig aggressiv oder hyperaktiv ist oder im Gegenteil auf eine befremdliche Art

schweigsam bzw. kontaktscheu, dann hilft das Horoskop, um dem Phänomen auf die Spur zu kommen. Doch dabei darf es nicht bleiben, etwa nach dem Motto: »Aha, Mars im Widder, da kann er ja nicht anders«. Moderne Astrologie legt sich nicht auf ein Verhalten fest, sondern zeigt auch bei Kindern Wege zu einer konstruktiven Nutzung der vorhandenen Kraft auf. Nicht nur für so genannte verhaltensauffällige Kinder offenbaren sich im Horoskop die Chancen, Potenziale und Klippen des Lebensweges. Sie frühzeitig zu entdecken und auf verantwortungsvolle Art in die Erziehung zu integrieren, ist eine große Hilfe für alle, die mit Kindern zu tun haben.

Klassische Astrologie

Die auf die klassische Antike zurückgehende Astrologie. Es handelt sich hierbei um das theoretische Gerüst, das bis weit in die Neuzeit die Grundlage der astrologischen Deutung bildete. Erst im 20. Jahrhundert wurden wesentliche Aussagen der klassischen Astrologie einer Prüfung unterzogen, was unter anderem zur so genannten ▶ Revidierten Astrologie führte.

Die Griechen schufen das System mit dem Tierkreis, den zwölf Häusern, den sieben ▶ klassischen Planeten und den Aspekten (▶ Geschichte der Astrologie). Die Fundamente der griechischen Astrologie hat Ptolemäus in seinem Werk »Tetrabiblos« zusammengefasst, das »durch fast 1.500 Jahre die ›Bibel der Astrologen‹« war.[32]

Die Revidierte Astrologie hat sich vor allem gegen die starken Wertungen, wie sie in der klassischen Astrologie vorgenommen wurden, gewandt. Für eine psychologisch orientierte Astrologie machen diese keinen Sinn mehr bzw. sind in einer Weise diskriminierend, die einer modernen Menschen- und Charakterkunde nicht angemessen ist.

Dabei darf aber nicht übersehen werden, dass die klassische Astrologie über einen reichen Wissensschatz und ausgeklügelte Techniken verfügte, die heute weitgehend in Vergessenheit geraten sind. Es gibt aber Forschungsprojekte wie das Project Hindsight oder das ARHAT-Archiv des amerikanischen Astrologen Robert Hand, die dieses Wissen durch die Übersetzung alter Werke wieder einem breiteren Publikum zugänglich machen. In der ▶ Stundenastrologie und bei Elektionen, die auf sehr konkrete Fragen ebenso konkrete Antworten zu geben versuchen, finden die Regeln der klassischen Astrologie Anwendung.

Diejenigen, die nach den Regeln der klassischen Astrologie Radixhoroskope deuten und Prognosen erstellen, bemängeln an der modernen, schwerpunktmäßig psychologisch orientierten Astrologie, dass sie vielfach zu schwammige, austauschbare Aussagen hervorbringe; auch seien konkrete Prognosen im Gegensatz zur Meinung vieler heutiger Astrologen (▶ Ereignisprognose) möglich und oft auch sinnvoll, sofern sie von einem verantwortungsvollen Astrologen vermittelt würden.

Klassische Planeten

Die seit der Antike – und schon vorher – bekannten Planeten Merkur, Venus, Mars, Jupiter und Saturn. Dazu wurden Sonne und Mond gerechnet, sodass es zu der Zahl Sieben kam, die eine besondere mystische Bedeutung hat (▶ Zahlenmystik). Diese sieben Planeten (was wörtlich Wandelsterne heißt, im Unterschied zu den ▶ Fixsternen) sind diejenigen beweglichen Gestirne, die mit bloßem Auge beobachtet werden können.

Kleinplanet

Ein kleinerer Himmelskörper – bestehend hauptsächlich aus Gesteins- bzw. Eismaterial –, der die Sonne wie die bekannten Planeten umkreist. Die Durchmesser der Kleinplaneten reichen von einigen Metern bis etwa 1.000 Kilometer. Die Bezeichnungen, die man ursprünglich für Kleinplaneten wählte – nämlich ▶ Asteroiden (»Sternähnliche«) bzw. Planetoiden (»Planetenähnliche«) –, zeigen, dass Astronomen sich zunächst scheuten, sie auf eine Ebene mit den Planeten zu stellen. Tatsächlich ist aber die Abgrenzung zu den (Haupt-)Planeten gar nicht eindeutig möglich. So schreibt Dieter Koch, der für den Begriff Kleinplanet plädiert: »Es ist nämlich schwer zu sagen, weshalb diese Himmelskörper nur ›planetenähnlich‹ und nicht tatsächlich Planeten sein sollen. Die Größe ist kein taugliches Argument … Der Ausdruck ›sternähnliche‹ andererseits ruft ohnehin nach der Ergänzung ›Planeten‹.«[33] Was das Argument der Größe betrifft, so weist Koch darauf hin, dass Pluto nur einen Durchmesser von 2.320 Kilometern hat.
Zahlreiche Kleinplaneten befinden sich auf einer Bahn zwischen Mars und Jupiter, im so genannten ▶ *Asteroidengürtel*, auch innerer Kleinplanetenring genannt. Ihre Gesamtzahl liegt vermutlich zwischen 75.000 und 100.000. Einige Tausend sind katalogisiert. Nachdem man lange Zeit der Ansicht war, es handelte sich dabei um die Reste eines zerstörten Planeten, vertritt man heute die Theorie, dass sie das Material eines großen Planeten sind, der niemals einer wurde. Weil die Schwerkraft von Jupiter zu groß und zu störend war, hat er es nicht geschafft, Masse anzuziehen und sich zu verdichten. Einige dieser Kleinplaneten spielen auch in der Astrologie eine Rolle, insbesondere ▶ Ceres, ▶ Pallas, ▶ Juno und Vesta.
Es gibt außerdem noch einen äußeren Kleinplanetenring, den so genannten ▶ *Kuiper-Gürtel*. Er befindet sich jenseits der Neptun- und Plutobahn. Die geschätzte Anzahl geht noch weit über die des inneren Rings hinaus. Man vermutet, dass auch hier ein großer Planet nicht zustande gekommen ist, und zwar vor allem wegen Neptun. Auch Pluto wird inzwischen zum äußeren Kleinplanetenring gerechnet.
Nicht zuletzt gehören die so genannten ▶ *Kentauren* zu den Kleinplaneten. Ihre Bahnen verlaufen im Bereich zwischen Jupiter und Pluto, und sie scheinen eine »Brückenfunktion zwischen Asteroiden und Kometen oder/und Vorläuferfunktion für Kometen«[34] zu haben.
In den letzten Jahren wurden zahlreiche weitere Kleinplaneten im Kuiper-Gürtel entdeckt, darunter Varuna, ▶ Quaoar, Orcus und ▶ Eris. Das Objekt Sedna kreist sogar weit außerhalb dieses Kleinplanetenrings, vermutlich am inneren Rand der so genannten Oortschen Wolke, die sich am äußersten Rand unseres Sonnensystems befindet. Auch in Zukunft ist mit weiteren Entdeckungen zu rechnen.

Der Begriff Kleinplanet dient in der Astrologie oft auch dazu, ▶ neue Planeten im Unterschied zu den zehn üblichen Planeten zu benennen.

Klient/Klientin

Ein Mensch, der sich von einem Astrologen beraten lässt.

Klöckler, Herbert Freiherr von

Der Arzt Dr. med. Herbert Freiherr von Klöckler (geboren am 26.4. 1896 um 9:43 Uhr in Dresden, gestorben 1950) zählt zu den wichtigsten Reformern der Astrologie in der ersten Hälfte des 20. Jahrhunderts. Sein dreibändiger »Kursus der Astrologie« gilt als eines der Grundlagenwerke der ▶ Revidierten Astrologie. Für ihn war die astronomische Begründbarkeit der Astrologie wichtig, weshalb er die Methoden der ▶ Direktion ablehnte. Er stand der Psychologie und überhaupt der Wissenschaft sehr nahe. Dabei bemühte er sich intensiv um empirische Erkenntnisse. Das fand unter anderem Niederschlag in seinem Buch »Astrologie als Erfahrungswissenschaft«, in dem er sich eingehend mit statistischen Untersuchungen befasste. Klöckler wandte sich vor allem gegen jede Form von Determinismus. Für ihn war der Charakter eines Menschen nichts statisch Festgelegtes, sondern einer ständigen Entwicklung unterworfen. Das dem Menschen innewohnende Potenzial betrachtete er als so groß, dass es von den meisten gar nicht ganz ausgeschöpft werden könne. Damit nahm er viele Überzeugungen der modernen Psychologie vorweg.
Als Naturwissenschaftler verstand er die Astrologie wie alle Naturkräfte: Sie zeigt Tendenzen an, die entwickelt werden können, aber keinen zwangsläufigen Charakter haben, so wie etwa ein Krankheitsverlauf nicht unabänderlich vorgegeben ist. Herbert Freiherr von Klöckler verfügte auch über eine große pädagogische und publizistische Begabung. Er verstand es immer wieder, komplizierte Sachverhalte seinem Publikum verständlich zu machen, weshalb seine Bücher eine weite Verbreitung fanden.

Koch-Häusersystem

Das neben dem Placidus-Häusersystem am häufigsten verwendete ▶ Häusersystem. Das Koch-Häusersystem ist auch unter dem Kürzel GOH (= Geburtsorthäuser) bekannt. Es wurde von dem Oberstudienrat Dr. Walter Koch (1895–1970) geschaffen.

Kombinatorik

Die Zusammenschau und das Zueinander-in-Beziehung-Setzen der einzelnen ▶ Horoskopfaktoren – also das, worum es bei der ▶ Deutung geht. Entscheidend ist dabei die Feststellung: Das Ganze ist mehr als die Summe seiner Teile. Folgende Faktoren werden in einem ersten Schritt zueinander in Beziehung gesetzt:

- Planeten und Tierkreiszeichen,
- Planeten und Häuser,
- Planeten, die miteinander oder mit ▶ Achsen durch Aspekte verbunden sind,
- Tierkreiszeichen und Häuser.

Bei den ▶ langsam laufenden Planeten Saturn, Uranus, Neptun und Pluto ist der Stellung der Planeten in den Häusern gegenüber derjenigen in den Tierkreiszeichen in der Bewertung der Vorrang zu geben, da sie das Individuellere von beiden ist. Diese Planeten stehen bei vielen Menschen nicht nur desselben Jahrgangs, sondern teilweise ganzer Generationen im selben Tierkreiszeichen. Die Aspekte, die ein Planet mit anderen bildet, verleihen ihm ebenso wie seine Haus- und Zeichenstellung eine bestimmte Färbung. Ein weiterer Schritt ist dann

- die Zusammenstellung ähnlich gelagerter ▶ Themen.

Man findet sie unter anderem mit Hilfe des ▶ astrologischen Alphabets. Beispielsweise sind Mars im zehnten Haus (= Mars-Saturn) und Saturn im Widder (= Saturn-Mars) einander ähnlich. Solche Themenwiederholungen können sich gegenseitig in ihrer Wirkung verstärken. Andere Themen schwächen sich gegenseitig ab oder modifizieren sich zumindest. Ein tieferes Eindringen in die inneren Zusammenhänge eines Horoskops ermöglicht die Arbeit mit

- ▶ Herrschern.

Dies können ▶ Häuserherrscher oder ▶ Zeichenherrscher sein. Über die Herrscher können Verbindungen hergestellt werden zwischen Häusern, zwischen Planeten und Häusern sowie zwischen Planeten.

Die Kombinatorik beginnt im Kleinen – schon die Feststellung, jemand habe die Sonne in den Zwillingen, ist ein Akt des Kombinierens – und führt ins Große, wenn mehrere wichtige Themen zueinander in Beziehung gesetzt werden und damit die Fülle von Informationen, die jedes Horoskop beinhaltet und die auf den ersten Blick eher verwirrend ist, in eine Ordnung gebracht wird. Vor allem dient die Kombinatorik dazu, die einzelnen Faktoren in das richtige Verhältnis zueinander zu bringen, denn ein für sich betrachteter Faktor kann im Zusammenspiel mit anderen ganz anders zu beurteilen sein als alleine.

Die Kombinatorik erfordert sowohl logisches Vorgehen wie auch Intuition. So wird beispielsweise bei der Deutung des Aspektbildes die Gestalt der Aspektlinien intuitiv wahrgenommen.

Kombustion

Synonym zu ▶ Verbrennung: Ein Planet steht in enger Konjunktion zur Sonne – ein Tatbestand, der in der ▶ klassischen Astrologie negativ gewertet wurde.

Komet

Astronomie: Kometen sind Himmelskörper, deren gefrorener Kern einen Durchmesser von bis zu 100 Kilometern haben kann. Der Begriff Komet kommt aus dem Griechischen und heißt wörtlich Haarstern. Kometen bewegen sich auf so genannten Kegelschnittbahnen um die Sonne. Wenn sie auf ihrer Bahn der Sonne am nächsten sind, kommt es durch die intensive Bestrahlung zum Ausbruch leuchtender Gasmassen, die sich als die so genannte Koma (Nebelhülle) um den Kern legen. Die Kometen, die der Sonne relativ am nächsten kommen, entwickeln einen Schweif, der sie so auffällig macht. Dabei handelt es sich um Gasmoleküle aus der Koma, die vom Sonnenwind fortgetrieben werden. Die Kometen entstanden vermutlich gemeinsam mit den Planeten. Von den unzähligen Kometen, die sich durch das ▶ Sonnensystem bewegen, kann nur ein ganz geringer Teil mit dem bloßen Auge wahrgenommen werden. Durchschnittlich ein- bis zweimal pro Jahrzehnt tauchen solche sichtbaren Kometen auf.

Astrologie: Früher bildeten die Kometen einen wichtigen Bestandteil der astrologischen Deutung, insbesondere in der Mundanastrologie. Dabei wurde die Bahn des Kometen mit einem Horoskop in Verbindung gebracht und nach Aspekten zu den Planeten Ausschau gehalten. Einer der ersten Kometentheoretiker war Aristoteles. Er sah in den Erscheinungen Feuer, die aus der Milchstraße stammten und ihre Dämpfe auf die Erde sinken ließen. Dadurch würde die Atmosphäre verschmutzt und es würden Katastrophen ausgelöst. Tatsächlich galten Kometen zumeist als Anzeichen für Unheil aller Art wie Kriege, Aufruhr, Überschwemmungen, Seuchen, Hungersnöte und Ähnliches. Es gibt auch Beispiele, wonach Kometen als Ankünder der Geburt einer bedeutenden Persönlichkeit oder eines Zeitenwechsels betrachtet wurden (▶ Stern von Bethlehem). Zumeist löste ihr unerwartetes Erscheinen jedoch Furcht aus. Seit der Aufklärung spielen Kometen keine wichtige Rolle mehr bei der Vorhersage von irdischen Ereignissen aufgrund des Stands der Gestirne. Heute benutzen Teile der ▶ Vulgärastrologie in den Medien die archaische Kometenfurcht noch immer, um Sensationen und Aufmerksamkeit zu erzeugen. So wird das vorerst letzte Erscheinen des Halleyschen Kometen, der am 11. April 1986 der Erde am nächsten war, mit der atomaren Katastrophe von Tschernobyl 15 Tage später in Verbindung gebracht.

Zu der Vernachlässigung von Kometen und anderen Himmelskörpern schreibt der Astrologe Christoph Schubert-Weller: »Den Alten wäre die heutige Astrologie, die gerade einmal mit Sonne, Mond, Planeten, Aufgang und Himmelsmitte arbeitet, ausgesprochen merkwürdig vorgekommen. Nicht nur der Volksglaube dachte sich den Himmel bevölkert von Tieren, Geistern, Engeln und allerlei sonstigen Wesen, die sich eben in Meteoren, Kometen und anderen Phänomenen manifestierten. Ein ganzes Himmelsland, eine ›Himmelserde‹ wurde konstruiert – und seine Bedeutung für den Menschen astrologisch-mantisch interpretiert.«[35]

Kompensation

Zusammen mit ▶ Hemmung (Näheres ist dort nachzulesen) ein aus der Psychologie stammendes Begriffspaar, mit dem die beiden gegensätzlichen Arten benannt werden, eine Anlage in einer letztlich unausgereiften Weise zu leben.

Konjunktion

Symbol: ☌

Ein Aspekt, bei dem zwei Planeten beieinander stehen. Je nachdem, welche Planeten beteiligt sind, kann ein ▶ Orbis von bis zu 10 Grad gelten (siehe auch die Übersicht auf Seite 179). Die Konjunktion ist der stärkste Aspekt. Wie sie sich in der Deutung auswirkt, hängt von der Energie der beteiligten Planeten ab. Zunächst bedeutet eine Konjunktion eine Verbindung und gegenseitige Durchdringung der beiden Kräfte. Die betroffenen Planeten beein-

flussen sich ständig wechselseitig. Bei Planeten mit einer ähnlichen Energie – zum Beispiel Mond / Venus oder Sonne / Mars – verstärkt sich dadurch das Potenzial. Sie fühlen sich miteinander aufgehoben und werden sich vereint gegenüber anderen besser durchsetzen können. Stehen sehr unterschiedliche Planeten – zum Beispiel Merkur / Saturn oder Mars / Neptun – eng zusammen, können sie sich in ihrer Wirksamkeit einschränken. Wer dabei der Dominante ist, hängt von dem Umfeld ab, das heißt von dem Zeichen und dem Haus, in dem die Konjunktion angeordnet ist, und von den weiteren Aspekten zu anderen Planeten. Eine Mars-Neptun-Konjunktion in einem Wasserzeichen kann bedeuten, dass der Horoskopeigner Schwierigkeiten hat, entschieden aufzutreten und sich zu behaupten. Dafür kann er seine Ziele auf eine eher subtile Art erreichen, die von der Umwelt möglicherweise unterschätzt wird. Dieselbe Konjunktion in einem Feuerzeichen kann bedeuten, dass der intuitive Teil der Person nicht so leicht zu spüren ist, angesichts der Dynamik, die ein Feuer-Mars entfaltet.
Stehen mehrere Planeten eng zusammen, spricht man von einem ▶ Stellium.

Konstellation

Im eigentlichen Sinn die Stellung zweier oder mehrerer Planeten zueinander. Im weiteren Sinn die Stellung von Planeten innerhalb eines Horoskops in bestimmten Tierkreiszeichen und Häusern.

Konverse Direktion

Die vom Zeitpunkt der Geburt aus rückwärts berechnete ▶ Direktion. Man kann die verschiedenen Direktionsarten anwenden, etwa die ▶ Sonnenbogendirektion. Bei der Deutung konverser Direktionen geht es um vorgeburtliche Konditionierungen. Sie sagen etwas darüber aus, wie die (karmische) Vergangenheit in die Gegenwart wirkt (▶ karmische Astrologie).

Konverse Progression

Die vom Zeitpunkt der Geburt aus rückwärts berechnete ▶ Progression. Dies ist in der Regel die ▶ Sekundärprogression. Es entspricht also jeweils ein Tag vor der Geburt einem Lebensjahr. Natürlich kann die Methode auch auf die ▶ Tertiärprogressionen angewendet werden. Bei der Deutung konverser Progressionen geht es um vorgeburtliche Konditionierungen. Sie sagen etwas darüber aus, wie die (karmische) Vergangenheit in die Gegenwart wirkt (▶ karmische Astrologie).

Konverse Transite

▶ Transite, die statt der Planetenstände zu einem bestimmten Zeitpunkt im Leben eines Menschen diejenigen Planetenstände zu dessen Radixhoroskop in Beziehung setzen, die sich im selben Abstand zum Geburtstag befinden, jedoch von diesem aus rückwärts gezählt werden. Man nennt das auf einen bestimmten vorgeburtlichen Zeitpunkt ausgestellte Horoskop auch Pränatal. Wenn etwa jemand 37 Jahre und 3 Monate alt ist, so wird ein Horoskop auf den Zeitpunkt erstellt, der 37 Jahre und 3 Monate vor seiner Geburt liegt. Bei der Deutung konverser Transite geht es um vorgeburtliche Konditionierungen. Sie sagen etwas darüber aus, wie die (karmische) Vergangenheit in die Gegenwart wirkt (▶ karmische Astrologie).

Konzeptionshoroskop

Synonym zu ▶ Empfängnishoroskop, das auf den Moment der Empfängnis ausgestellte Horoskop.

Koordinatensystem

Um auf der Erdkugel und genauso auf der Himmelskugel Punkte bestimmen zu können, bedarf es eines Koordinatensystems. Man unterscheidet verschiedene Koordinatensysteme. Gemeinsam ist ihnen, dass sie eine Grundebene und eine Polachse haben. Der Schnittpunkt zweier Koordinaten gibt jeweils die genaue Position an.

- *Äquatorsystem.* Auf der Erde stellt der Erdäquator die Grundebene dar. Parallel zu diesem befinden sich in nördlicher und in südlicher Richtung jeweils 90 Breitenkreise (= nördliche und südliche Breitengrade). 360 ▶ Meridiane (= westliche und östliche Längengrade) führen durch Nord- und Südpol. Das Gleiche gilt für die Himmelskugel: Hier ist der Himmelsäquator die Grundebene, die beiden Pole sind der Himmelsnordpol und der Himmelssüdpol. Den Breitengraden auf der Erde entspricht die ▶ Deklination, den Längengraden die ▶ Rektaszension (Abbildung Seite 108).
- *Ekliptiksystem.* Die Grundebene ist die Ebene der ▶ Ekliptik, der scheinbaren Sonnenbahn. Die beiden Koordinaten sind die ekliptikale ▶ Länge – das ist die Gradangabe, die in den ▶ Ephemeriden nachzulesen ist – und die ekliptikale ▶ Breite. Letztere beschreibt den Abstand von der Ekliptik entlang eines Längenkreises, der senkrecht zur Ekliptik steht (Abbildung Seite 108). Das Ekliptiksystem dient der Positionsbestimmung von Körpern unseres ▶ Sonnensystems.
- *Horizontsystem*, auch *Azimutsystem* genannt. Die Grundebene ist die Ebene des wahren Horizonts, die im Gegensatz zur Ebene des scheinbaren Horizonts durch den Erdmittelpunkt führt. Die Pole sind ▶ Zenit und ▶ Nadir, die beiden Punkte auf der Himmelskugel senkrecht oberhalb bzw. unterhalb des Beobachters. Die beiden Koordinaten dieses Systems sind: die Großkreise, die durch Zenit und Nadir führen, sowie, von Norden ausgehend und im Uhrzeigersinn, die Länge auf dem Horizontkreis. Sie wird Azimut genannt und in Graden gemessen. Mit dem Horizontsystem kann die Position eines Himmelskörpers in Bezug auf den Horizont beschrieben werden.

Kopernikanisches Weltbild

Das ▶ heliozentrische Weltbild, im Unterschied zum ▶ geozentrischen bzw. Ptolemäischen Weltbild.

Kopernikanische Wende

Die von dem deutsch-polnischen Astronomen Nikolaus Kopernikus (1473–1543) mit seiner Annahme des ▶ heliozentrischen Weltbildes eingeleitete Wende im menschlichen Bewusstsein. Danach steht nicht die Erde, sondern die Sonne im Mittelpunkt unseres Planetensystems. »Die Erde bewegt sich um ihre Achse und täuscht den Himmelsumschwung somit nur vor. Nicht die Sonne zieht ihre schiefe Jahresbahn um die Erde, sondern die Erde schwingt mit schief gestellter Achse um die Sonne. Die Erde ist nur einer der um die Sonne kreisenden Planeten.« So lautet die Kernaussage in Kopemikus' Werk »Sechs Bücher über die Umläufe der Himmelskörper« (De revolutionibus orbium coelestium libri VI), das in seinem Todesjahr erschien. Damit rückte er nicht nur im physikalischen Sinne die Erde aus dem Zentrum heraus, sondern schuf auch ein neues Bewusstsein, wonach sich der Mensch selbst nicht länger als Zentrum des Kosmos verstehen konnte. Obwohl Kopemikus sein Buch Papst Paul III. gewidmet hatte, der übrigens der Astrologie sehr nahestand, lehnte die Kirche die neue Lehre zunächst ab, gefährdete sie doch die Überzeugung, wonach der Mensch die Krone von Gottes Schöpfung sei. 1616 wurde die Veröffentlichung gemeinsam mit den Werken Galileo Galileis auf den Index der verbotenen Bücher gesetzt. Erst 1757 wurde Kopernikus rehabilitiert. Bis heute gibt es ausgesprochen konservative Kreise in Christentum und Islam, die aufgrund religiöser Vorstellungen das mit der kopernikanischen Wende eingeführte Weltbild ablehnen.

Kosmische Sprache

Das, was dic ▶ Horoskopfaktoren dem Menschen mitzuteilen haben. Dem liegt die Annahme zugrunde, dass sie überhaupt eine Mitteilung beinhalten. Diese zu entschlüsseln und zu übersetzen, ist Aufgabe des Astrologen (▶ Deutung). Jeder Horoskopfaktor ist ein ▶ Symbol, das auf vielfältige Weise gedeutet werden kann (▶ Entwicklungsniveau).

Die Annahme einer kosmischen Sprache ist mit dem Modell des ▶ Mikrokosmos/Makrokosmos verbunden, wonach der Mensch das Abbild des Universums ist und sich das Große im Kleinen findet. Für das Verständnis der kosmischen Sprache, wie sie durch die astrologischen Symbole zum Ausdruck kommt, ist die Erkenntnis wesentlich, dass diese Symbole nicht immer eindeutig in unsere Alltagswelt zu übersetzen sind. Daher kann die Astrologie nicht unbedingt die Fragen beantworten, die Menschen an sie stellen.

Sie kann dafür andere Antworten geben. So schreibt der Astrologe Dennis Elwell über die Zuordnung von Berufen nach astrologischen Kriterien: »... es kann sein, dass der Kosmos – die ›Natur‹, wenn Sie wollen – keine Kategorien wie Soldat, Metzger, Sekretär und Priester kennt; er könnte ganz eigene Kategorien haben wie Innovator, Bewahrer, Organisator, Zerstörer, Versöhner. Er könnte sogar Kategorien haben, für welche wir Menschen noch keine Worte kennen!«[36]

Kosmobiologie

Allgemein die Lehre vom Einfluss kosmischer Energien auf die irdischen biologischen Prozesse. Das bekannteste Beispiel dafür ist die Wirkung des ▶ Mondes (▶ Kausalität). Im engeren Sinne bezeichnet Kosmobiologie eine astrologische Schule, die Erkenntnisse der Psychologie, Medizin, Soziologie und Biologie in die Astrologie integriert. Ihre genaue Bezeichnung ist Kosmobiologische Akademie Aalen oder auch Aalener Schule. Sie war eine der ersten, die bereits in den Dreißigerjahren die Erkenntnisse der modernen Wissenschaft aufgriff. Als Gründer wird der Astrologe ▶ Reinhold Ebertin genannt, doch wurde der Begriff bereits 1914 von Freiherr Feerhow in seinem Buch »Medizinische Astrologie« geprägt. Ebertins Werk »Kombination der Gestirnseinflüsse« gilt als das Standardwerk der Kosmobiologie.

Die Kosmobiologie arbeitet mit einem kosmischen Faktor, der als den Menschen und die Natur wesentlich mit prägend gedacht wird. Als weitere prägende Faktoren sieht sie beispielsweise Elternhaus, Nationalität und Zeitgeist. Bei der praktischen Arbeit benutzt die Kosmobiologie auch Elemente, die von der Mehrheit der Astrologen kaum angewandt werden, zum Beispiel den Neunzig-Grad-Kreis, ▶ Halbsummen, Aspektstrukturen sowie ▶ Nebenaspekte, vor allem ▶ Halb- und ▶ Anderthalbquadrate, außerdem graphische Methoden wie die Graphische 45-Grad-Ephemeride (▶ graphische Ephemeride). Die Kombination von Tierkreis und darum herum gelegtem 90-Grad-Kreis wird als ▶ Kosmogramm bezeichnet.

Seit den Siebzigerjahren wird die mögliche Wirkung von ▶ Transpluto, ▶ Vesta und ▶ Chiron erforscht und in die Beobachtung und Beratung einbezogen. Die moderne Kosmobiologie, die vor allem von Baldur R. Ebertin, dem Sohn von Reinhold Ebertin, weiter entwickelt wurde, spricht von zehn Deutungsdimensionen, die aus einem Kosmogramm im Zusammenspiel mit Lebens- und Krankengeschichte möglich sind: Konstitution, Ausdruck und Verhalten, Psychosomatik, Tiefenpsychologie, Intelligenz, Wille und Leistung, Emotionalität, Kommunikation, Erotik und Sexualität, Interessen und Beruf. Die »Arbeitstagungen für kosmobiologische Forschung« werden heute von Herbert Böss in Zusammenarbeit mit Baldur R. Ebertin weitergeführt.

Kosmobiosophische Gesellschaft

Die Kosmobiosophische Gesellschaft (KBSG) wurde am 19. Juni 1946 um 19:33 Uhr in Hamburg gegründet. Ihre prägenden Pesönlichkeiten waren Helmuth und Edith Wangemann. Der Name setzt sich aus den Begriffen Kosmos (= Weltall), Bios (= Leben) und Sophia (= Weisheit) zusammen. Er soll bekunden, dass der Mensch in seiner Einheit von Geist, Seele und Körper in enger Beziehung zum Kosmos steht (▶ Analogie, ▶ Mikrokosmos/Makrokosmos). In der Astrologie sieht die Gesellschaft »eine Lehre, die uns das göttliche und urewige Gesetz erkennen lässt, dem der Mensch im Rhythmus des ihn umgebenden Kosmos als einem Teil dieses Kosmos unterworfen ist«.

Eine solche Definition deutet auf die Nähe zur ▶ esoterischen Astrologie hin, doch ist es der Kosmobiosophischen Gesellschaft ebenso wichtig, naturwissenschaftliche Forschungen in ihre Arbeiten einzubeziehen. Sie verfolgt die Fortschritte in der Astronomie und in angrenzenden Bereichen sehr genau. Kosmobiosophie ist an einem philosophisch-ganzheitlichen Welt- und Menschenbild orientierte weiterentwickelte klassische Astrologie.

Die Kosmobiosophische Gesellschaft arbeitet überwiegend mit dem Koch-Häusersystem (= GOH, ▶ Häusersystem). Zu ihren Spezialitäten zählt die Er-

forschung der Horoskope von Zwillingen sowie Arbeiten über den Zusammenhang von Geburtshoroskop und Physiognomie. Auch der hypothetische transplutonische Planet ▶ Isis wird von ihr berücksichtigt. Ein weiterer Schwerpunkt liegt auf der medizinischen Astrologie, deren Erforschung und Anwendung unter Einbeziehung der Lebensrhythmen insbesondere von Renata Gerling praktiziert wird.
Mit Schulungen, Seminaren und Vorträgen will die Gesellschaft einen Beitrag dazu leisten, die seriöse Astrologie bekannter zu machen und gegenüber der ▶ Vulgärastrologie abzugrenzen. Sie greift dabei Themen der ▶ Individual- und ▶ Mundanastrologie auf. Heute führen Manfred und Renata Gerling die Tradition der Schule fort.

Kosmogramm

Synonym zu ▶ Horoskop. Der Begriff wurde von ▶ Reinhold Ebertin geprägt. Heute verwenden ihn auch gelegentlich Astrologen, die den bei Nicht-Kennern mit ▶ Zeitungshoroskopen gleichgesetzten Begriff Horoskop umgehen möchten.

Krafft, Karl Ernst

Der Schweizer Astrologe Karl Ernst Krafft (geboren am 10. 5. 1900 um 12:50 Uhr in Basel, gestorben am 8. 1. 1945 auf dem Transport ins Konzentrationslager Buchenwald) war eine schillernde Persönlichkeit. Er verfügte über fundierte Astrologiekenntnisse und war mit den Techniken der Prognose- und Deutungsmethoden bestens vertraut. Darüber hinaus beschäftigte er sich frühzeitig mit der Frage, ob die Astrologie statistisch erfassbar sei. Bekannt ist er jedoch in erster Linie durch sein politisches Engagement. Er war ein glühender Verehrer des Nationalsozialismus. So warnte er vor dem Attentat auf Hitler vom 8. November 1939 durch Georg Eiser. Seine Warnung blieb ungehört. In seiner Bewunderung für Hitler suchte er nach Anerkennung und wies deshalb im Nachhinein noch einmal auf seine richtige Prognose hin. Die Nationalsozialisten reagierten daraufhin mit seiner Verhaftung, weil sie ihn für einen Mitwisser des Attentäters hielten. Krafft hatte jedoch auch einflussreiche Verbündete, vor allem Rudolf Heß und Joseph Goebbels. Während Heß ein gewisses Interesse an Kraffts Arbeiten hatte, benutzte ihn Goebbels vor allem für seine Propaganda. Nach Heß' Internierung in Großbritannien wurde Kraffts Stellung als »Chefastrologe« der Nationalsozialisten immer unhaltbarer. Am 12. 2. 1943 verhaftete ihn die Gestapo erneut. Knapp zwei Jahre später starb er auf dem Transport vom Konzentrationslager Oranienburg nach Buchenwald.

Krebs

Symbol: ♋
Element: Wasser
Qualität: kardinal
Polarität: Yin/weiblich
Herrscherplanet: Mond
Sonne im Krebs: etwa vom 22. Juni bis zum 22. Juli
Jahreszeit: Sommersonnenwende, Fruchtbarkeit, Rückzug unter die schattigen Bäume angesichts der großen Hitze
Kultur: Sonnwendfeier, Johannisnacht, Fruchtbarkeitsrituale
Körperbereich: Busen, Magen und Bauch

Namen gebendes Sternbild: Cancer
Mythologie des Sternbilds: Als Herakles im Zuge seiner zwölf Arbeiten (▶ Heraklesmythos und Tierkreis) die Lernäische Hydra zu erlegen hatte, eine Wasserschlange mit zahllosen Hundeköpfen, schickte Hera dem Ungeheuer einen Riesenkrebs zur Unterstützung. Er biss Herakles in die Ferse, doch der Held zerschmetterte ihn daraufhin mit einem Fußtritt. Die Göttin Hera, die Herakles feindlich gesinnt war, weil er eines der zahllosen unehelichen Kinder ihres Gemahls Zeus (lateinisch Jupiter) war, verewigte den Krebs als Dank für seinen Einsatz als Sternbild am Himmel.
Deutung: Der Krebs ist das vierte Zeichen des Tierkreises. Seelische Empfänglichkeit sowie Mütterlichkeit zeichnen ihn aus. Er ist offen für Eindrücke, die aus den Tiefen der Seele kommen. Es ist eine Welt der Bilder und der Träume. Sie ist nicht leicht in Worte zu fassen, und man kann ihr nicht ohne weiteres Gestalt geben. Sie ist immer da, nur nicht jedem so leicht zugänglich wie dem fantasievollen Krebs. Die Energien sind hier nicht nach außen gerichtet. Vielmehr betreibt der Krebs eine stille Innenschau, die ihn für feine Nuancen des Lebens resonant macht. Er nimmt die Eindrücke des Lebens passiv auf und spiegelt sie durch sein Verhalten wider. Für andere sorgen und versorgt werden sind ebenfalls wichtige Themen im Leben von Menschen, bei denen das Zeichen Krebs stark besetzt ist. Sie wollen ihren Lieben schützende Wärme geben und suchen zugleich selbst Geborgenheit. Der Kontakt mit Kindern fällt ihnen leicht, denn sie haben Zugang zur kindlichen Seele und können das kindliche Sein gut nachempfinden, was auch dazu führen kann, dass sie nicht erwachsen werden wollen.
Sie haben ein feines Gespür und sind überaus empfänglich für Stimmungen, was im schlechten Fall Launenhaftigkeit hervorbringt. Ihre emotionale Bezogenheit auf andere Menschen kann sie dazu veranlassen, dass sie diese unmerklich manipulieren. Und nicht zuletzt beinhaltet ihre ausgeprägte Gefühlhaftigkeit die Gefahr, den Intellekt ganz auszuschließen und alles »aus dem Bauch heraus« zu unternehmen. Um mit ihrer Sensibilität, ihrer Durchlässigkeit und ihrem weichen Kern, aber auch ihrer Ängstlichkeit und Schüchternheit den Einflüssen anderer nicht schutzlos aus-

Krebs, französische Buchmalerei um 1423 (The British Library, London).

geliefert zu sein, legen sie sich oft eine harte Hülle zu, die den Außenstehenden nicht ahnen lässt, wie viel Verletzlichkeit sich dahinter verbirgt. Wenn Krebse ein Ziel erreichen wollen, bewegen sie sich rückwärts in ihrem starren Schalenpanzer. Tatsächlich ist der Krebs stark rückwärts gewandt, das heißt auf die Vergangenheit ausgerichtet und konservativ in seiner Lebensart. Vergangenes ist für ihn gleichsam Gegenwart, das er in das aktuelle Geschehen mit einbezieht – sei es seine familiäre Vergangenheit, insbesondere in Verbindung mit der Mutter, seien es frühere Begebenheiten und Begegnungen.

Das Tierkreiszeichen Krebs verleiht ▶ Achsen und Planeten, die sich in ihm befinden, Empfänglichkeit, Fantasie und Mütterlichkeit ebenso wie Kindlichkeit und Verletzlichkeit.

Mit den anderen beiden Wasserzeichen, Skorpion und Fische, hat der Krebs den unmittelbaren Zugang zur Welt der Gefühle und die Sensibilität gemein. Doch während der Krebs an das Meer erinnert, aus dem alles Leben kommt, gleicht der Skorpion einem Sumpf, aus dessen schlammiger Tiefe die Lotosblume erwächst, und die Fische erinnern an einen ruhig dahingleitenden Strom. Mit seinem Oppositionszeichen Steinbock teilt der Krebs den Bezug zur Gesellschaft: Beim Krebs ist es die kleinste Einheit, nämlich die Familie, beim Steinbock die Gesellschaft als Struktur gebendes Prinzip. Von den beiden Zeichen, die zu ihm im Quadrat stehen, kann der Krebs Direktheit (Widder) und Leichtigkeit im Umgang mit anderen (Waage) lernen. Im Krebs ist Jupiter erhöht, Saturn im Exil und Mars im Fall.

Kreuz

Die Verbindung der vier Zeichen von jeder der drei ▶ Qualitäten kardinal, fix und veränderlich. Die vier Zeichen einer Qualität sind jeweils im 90-Grad-Winkel (Quadrat) miteinander verbunden. Widder, Krebs, Waage und Steinbock bilden das kardinale Kreuz; Stier, Löwe, Skorpion und Wassermann das fixe und Zwillinge, Jungfrau, Schütze und Fische das veränderliche. Grundsätzlich ist das Kreuz des Symbol des Irdischen, entsprechend der Zahl Vier. Das Zentrum, in dem die Achsen sich kreuzen, ist die fünfte Essenz, die Quinta essentia bzw. Quintessenz.

Kuiper-Gürtel

Ein nach dem niederländisch-amerikanischen Astronomen Gerard Kuiper (1905–1973) benannter Ring von vielen Tausend ▶ Kleinplaneten jenseits der Neptun- und Plutobahn, der in den Neunzigerjahren des 20. Jahrhunderts entdeckt wurde und immer neue Aspekte offenbart. Kuiper hatte einen solchen Gürtel bereits in den Vierzigerjahren vermutet. Da die genaue Beobachtung dieser Himmelskörper sehr schwierig ist, bleibt vieles vorerst noch Spekulation. Der Vergleich zum Gürtel der ▶ Asteroiden zwischen Mars und Jupiter drängt sich auf, doch verfügen diese über andere chemisch-physikalische Eigenschaften.

Kulmination

Die Stelle, an der ein Planet oder ein Tierkreisgrad den Himmelsmeridian (▶ Meridian) überquert. Der Begriff kommt vom lateinischen *culminare* (= gipfeln). Er bezeichnet den

Durchgang eines Himmelskörpers oder eines Tierkreisgrades durch den höchsten bzw. tiefsten Punkt seiner Bahn vom Standpunkt des Beobachters aus (▶ Medium coeli, ▶ Imum coeli).

Labil

Ein manchmal statt veränderlich, einer der drei ▶ Qualitäten, verwendeter Begriff. Labil hat aber im allgemeinen Sprachgebrauch einen negativen Beiklang, weshalb er für den Zweck der Beschreibung einer Qualität ungeeignet ist. »Ihre Sonne steht im labilen Zeichen Jungfrau« – dieser Satz würde einen Laien nur unnötig verunsichern.

Länderhoroskop

Ein auf ein Land oder genauer einen Staat erstelltes Horoskop. Es existiert für einen Staat in der Regel mehr als ein Horoskop. Die »Geburtsstunde« ist dann beispielsweise der Zeitpunkt, zu dem ein Staatsvertrag oder die Verfassung gültig wird oder zu dem die Unabhängigkeit ausgerufen wird.

Landscheidt, Theodor

Theodor Landscheidt (geboren am 10. März 1927, 17:16 MEZ in Bremen, gestorben am 19. Mai 2004) hat sich wie nur wenige in seiner Zeit bemüht, die Astrologie wieder an die Wissenschaft heranzuführen. Sein Weg zur Astrologie war ungewöhnlich, und er war mit viel Feindseligkeit konfrontiert. Nach einem Jurastudium mit Promotion arbeitete er als Richter am Oberlandesgericht Bremen. Als solcher genoss er einen sehr guten Ruf. Daneben faszinierten ihn auch die Naturwissenschaften. Er studierte noch Astronomie und bildete sich in Klimatologie und Geophysik weiter. Dabei wurde die Sonnenforschung seine große Leidenschaft. Als Basis dafür gründete er das »Schroeter Institut zur Erforschung von Zyklen der Sonnenaktivität«. Gleichzeitig wurde er in zahlreiche wissenschaftliche Gremien berufen, unter anderem in die »American Geophysical Union«, die »New York Academy of Sciences« sowie das »Space Environment Service Center«.

Im Gegensatz zu anderen Wissenschaftlern lehnte er die Astrologie nicht ab, sondern suchte die Verbindungen zwischen den Fachgebieten. Sein Buch »Astrologie – Hoffnung auf eine Wissenschaft?« wurde zum Standardwerk für diese neue Sicht. Daneben machte er sich vor allem als Zyklenforscher einen Namen.

Die Wissenschaft war weniger angetan von Landscheidts Forschungen und Publikationen – nicht nur wenn es um die Astrologie ging. Landscheidt konnte aufgrund seiner Analysen von Sonneneruptionen mehrmals in Folge El Niño – ein Phänomen im Pazifik mit Auswirkungen auf das Weltklima – in verblüffender Weise treffsicher vorhersagen, und das Jahre vorher. Indirekt stellte er die dominierende Rolle des Kohlendioxids bei der Klimaerwärmung in Frage, wofür er heftig kritisiert wurde.

Länge

1) Die *geographische Länge* beschreibt den Winkelabstand zwischen einer Stelle auf der Erde und dem ▶ Null-Meridian, der durch das englische Greenwich führt. Die Länge wird in Graden gemessen, wobei die 180 Grad

westlich vom Null-Meridian als westliche Länge bezeichnet werden, die 180 Grad östlich des Null-Meridians als östliche Länge (Abbildung Seite 42). Zusammen mit der Angabe der geographischen ▶ Breite dient die geographische Länge der exakten Ortsbestimmung.

2) Die *ekliptikale Länge* dient zusammen mit der ekliptikalen Breite der Positionsbestimmung auf der ▶ Himmelskugel, und zwar in Beziehung zur ▶ Ekliptik. Die ekliptikale Länge wird in Graden gemessen (zum Beispiel 23 Grad Waage ist eine solche Längenangabe) und beschreibt den Abstand entlang der Ekliptik zum Frühlingspunkt, der wiederum der Schnittpunkt zwischen ▶ Himmelsäquator und Ekliptik ist (Abbildung Seite 108).

Langsam laufende Planeten

Die Planeten Uranus, Neptun und Pluto. Sie haben extrem lange Umlaufzeiten: Uranus 84, Neptun fast 164 und Pluto 248 Jahre. Auch Saturn mit 29 1/2 Jahren wird oft zu den Langsamläufern gezählt.

Lebensaufgabe / Lebensziel

Vor allem in der ▶ esoterischen, aber auch in der ▶ psychologischen Astrologie verbreitete Überzeugung, wonach der Mensch durch seinen Eintritt ins irdische Leben bestimmte Aufgaben mitbringt, deren Lösung das Lebensziel darstellt. Das Geburtshoroskop ist der Indikator für die Aufgabe und das Ziel. Im engeren Sinn symbolisiert das Medium coeli das Lebensziel.

Die psychologische Astrologie sieht die Aufgabe darin, erfahrene Defizite, Ängste und Schwierigkeiten ins Bewusstsein zu heben, ihr Potenzial zu entdecken und sie im besten Fall in Stärken umzuwandeln. Ziel ist es, zu einem Gleichklang von Körper, Geist und Seele und damit zu einem erfüllten Leben zu kommen. Die esoterische Astrologie betrachtet die Lebensaufgabe in einem größeren Zusammenhang. Für sie geht es zunächst darum, dass der Mensch seinen Platz im Kosmos erkennt; letztlich besteht das Lebensziel jedoch darin, die eigene göttliche Herkunft zu erkennen und anzunehmen. Auf diesem Weg fungieren die Planeten des »inneren Himmels« (Paracelsus) als Vermittler des Göttlichen. Einen solchen Anspruch formuliert auch das ägyptische Totenbuch, in dem es heißt: »es ist kein Teil in mir, der nicht von den Göttern ist«. Damit ist nicht Anmaßung gemeint, sondern die Rückbesinnung auf den göttlichen Ursprung des Lebens, der sich im Materiellen manifestiert. Wichtige Etappen, die Lebensaufgabe zu erkennen und dem Lebensziel näher zu kommen, sind ▶ Auslösungen, beispielsweise Transite. Auch das jeweilige ▶ Solarhoroskop kann für Abschnitte der Lebensaufgabe wichtige Hinweise geben.

Leonardos Abendmahl

Das Gemälde »Das Abendmahl« von Leonardo da Vinci (1452-1519) zählt zu den bekanntesten Werken der Kunstgeschichte. Weniger bekannt ist, dass Leonardo, der sich intensiv mit mystischen und spirituellen Lehren befasst hat, mit den zwölf Aposteln auch eine symbolische Darstellung des Tierkreises geschaffen hat.

Leonardo da Vinci, Das Abendmahl, 1495-97 (Kloster S. Maria delle Grazie, Mailand)

Er beginnt rechts mit dem Apostel Simon, der für das Tierkreiszeichen Widder steht. Der markante Kopf sowie seine dynamischen Hände, die in die gleiche Richtung zeigen, machen das deutlich.
Auf ihn folgt Thaddäus, Symbol für den Stier. Der kräftige Stiernacken sowie die zu sich hingekehrten Hände betonen die auf das Körperliche gerichteten Energien des Stiers.
Danach kommt Matthäus, Repräsentant der Zwillinge. Die für alles offene und sich nicht festlegende Zwillingeenergie wird durch Kopf und Hände angezeigt, die in verschiedene Richtungen weisen.
Der nächste ist Philippus. Er steht für den Krebs, wie die zarten, weichen und verletzlich wirkenden Züge unschwer deutlich machen. Von allen Aposteln wirkt er am weiblichsten.
Danach folgt Jakobus der Ältere, Vertreter des Löwen. Die selbstsichere Gestik, unter anderem an den ausgebreiteten Armen erkennbar, spricht eine klare Sprache.
Hinter ihm, kaum erkennbar, der ungläubige Thomas, Symbol für die unscheinbare Jungfrau. Wenn sie sich jedoch äußert, dann kritisch und fragend, wie der erhobene Zeigefinger verdeutlicht.
Auf der anderen Seite von Jesus geht es mit Johannes, dem Lieblingsjünger, weiter, unverkennbar Repräsentant der Waage. Die Sehnsucht nach Liebe und Harmonie ruht in all seinen Zügen.
Ganz anders der nächste, Judas, der Verräter. Er steht mit seinem dunklen, grimmigen Ausdruck für die Energie des Skorpions, das Zeichen für Tod und Wandel.
Auf ihn folgt Petrus, der Schütze unter den Aposteln. Er wirkt dynamisch und energisch, aber nicht so zielstrebig wie etwa der Widder; eher etwas chaotisch.
Daneben thront Andreas, Vertreter des Steinbocks. Er wirkt unnahbar, aber auch klar und entschieden. Seine Hände setzen deutliche Grenzen. Durch seine Fähigkeit zur Abgrenzung macht er den unerschütterlichsten Eindruck von allen.

Darauf folgt Jakobus der Jüngere, der Wassermann-Typ. Er hält Körperkontakt mit Andreas und Petrus neben ihm, denn dem Wassermann ist der Kontakt mit Gleichgesinnten ein hohes Ideal. Bartholomäus beschließt die Runde so wie die Fische den Tierkreis. Mit einer gewissen Gelassenheit schaut er dem Ganzen zu, ohne wirklich beteiligt zu sein. Interessanterweise sind allein von ihm die Füße zu sehen. Sie sind dem Tierkreiszeichen Fische zugeordnet. In der Mitte sitzt Jesus, die Sonne, um die sich alles dreht. Das Abendmahl ist nicht das einzige Beispiel für die tiefe esoterische Symbolik in den großen Kunstwerken der Menschheit. Es ist nicht einmal vermessen zu behaupten, dass nur derjenige die Kunstgeschichte wirklich verstehen kann, der sich auch mit der Astrologie und anderen esoterischen Lehren auskennt.

Lichter

Selten gewordene Bezeichnung für Sonne und Mond. Sie werden auch große Lichter genannt.

Liebespunkt

Einer der ▶ sensitiven Punkte im Horoskop. Er errechnet sich bei Taggeburten, indem zu der Gradzahl des ▶ Aszendenten die der Venus hinzugefügt und die der Sonne abgezogen wird. Bei Nachtgeburten wird die Gradzahl der Sonne zu der des Aszendenten hinzugefügt und die der Venus abgezogen. Näheres zur Berechnungsweise ist unter dem Stichwort sensitiver Punkt nachzulesen.

Der Liebespunkt symbolisiert die Übereinstimmung von bewusstem Ziel (Sonne) mit dem Gefühl für den eigenen Selbstwert und der daraus resultierenden Liebesfähigkeit (Venus), die im Augenblick (Aszendent) durchgesetzt wird.

Lilith

Symbol: ☽

Astronomie: Über das, was Lilith astronomisch ist, herrscht in der astrologischen Literatur einige Verwirrung. Die meisten Astrologen sind Anhänger einer der beiden folgenden Auffassungen (siehe Abbildung), denen zufolge Lilith ein ▶ sensitiver Punkt ist:

- Demnach ist Lilith der zweite Brennpunkt der elliptischen Bahn des Mondes, neben der Erde, dem ersten, oder
- der erdfernste Punkt dieser Bahn, das ▶ Apogäum.

In gewisser Weise stimmt beides, obwohl zweiter Brennpunkt und Apogäum nicht identisch sind. Die Mondbahn weist jedoch keine wirkliche Ellipsenform auf. Deshalb ist es schwierig, Brennpunkte zu bestimmen, was für die Definition als Apogäum spricht. Allerdings ist die Frage, welcher Punkt für Lilith angenommen wird, für die Lokalisierung im Horoskop ohnehin irrelevant, denn zweiter Brennpunkt und Apogäum liegen auf einer Linie, und somit ergibt sich bei der Berechnung ein und derselbe Tierkreisgrad. Derjenige Punkt auf dem Tierkreis, der Lilith genau gegenüberliegt, ist ▶ Priapus, womit die beiden eine ▶ Achse bilden. In den Ephemeriden wird häufig eine »wahre« und eine »mittlere« Lilithposition angegeben. Diese können jedoch sehr weit voneinander abweichen. Darüber hinaus entspricht die wahre Li-

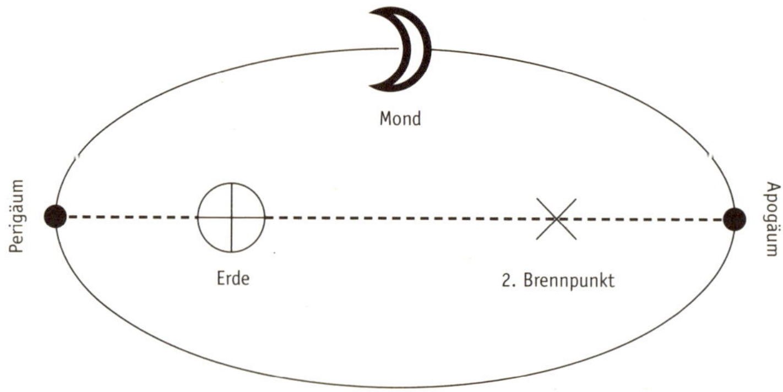

Lilith ist entweder der zweite Brennpunkt der elliptischen Umlaufbahn des Mondes (die Erde ist der erste) oder das Apogäum, der erdfernste Punkt der Mondbahn.

lithposition meist gar nicht den tatsächlichen Gegebenheiten und kann damit das, was ihr Name zu versprechen scheint, nicht halten. Die meisten Astrologen arbeiten daher mit der mittleren Lilith.

Für einen Umlauf durch den Tierkreis benötigt Lilith etwa 8 Jahre und 10 Monate.

Es gibt außerdem noch zwei weitere Phänomene, die als Lilith bezeichnet werden bzw. wurden:

- In der Antike nannte man so einen zweiten Erdtrabanten, der sich angeblich immer vor der Mondscheibe befinde und deshalb von der Erde aus nicht gesehen werden könne. Das ist aber nach den astronomischen Gesetzen nicht möglich.
- Darüber hinaus gibt es auch einen ▶ Asteroiden namens Lilith zwischen Mars und Jupiter.

Mythologie: Mythologisch ist Lilith die erste Frau von Adam, bisweilen gilt sie sogar als seine Mutter. Sie wurde nicht aus seiner Rippe geschaffen, sondern als gleichberechtigte Partnerin aus derselben Erde. Die Konkurrenz zwischen beiden war von Beginn an groß. Sie entzündete sich vor allem an der Frage der Sexualität. Beide bestanden darauf, bei der Vereinigung oben zu liegen, und weil keiner nachgeben wollte, verließ Lilith das Paradies. Dabei beging sie einen weiteren Tabubruch. Sie sprach den Namen des unaussprechlichen Gottes Jahwe aus. Der jedoch schickte Engel aus, die sie zur Umkehr bewegen sollten. Lilith ließ sich nicht umstimmen. Sie wurde schließlich zur Herrscherin über die Nacht.

Die patriarchale Tradition hat Lilith wie kaum eine andere mythologische Gestalt als Dämonin und Vampirin verteufelt. Im Gegensatz dazu wird sie vom spirituell inspirierten Feminismus als Vorkämpferin gegen patriarchale Unterdrückung und für Emanzipation idealisiert.

Die Konzentration auf den jüdischen Lilith-Mythos erweist sich freilich für die Astrologie als sehr einengend. Die Beschäftigung mit dem Thema Große

Göttin erschließt hingegen ganz neue Deutungsräume.

Deutung: Lilith, auch Schwarzer Mond genannt, ist nicht nur in der astronomischen Bestimmung und in der Mythologie, sondern auch in der Deutung eine schwer zu fassende Gestalt. Astrologisch wird Lilith mit den verborgenen, mysteriösen Seiten des Weiblichen in Verbindung gebracht, mit Eigenständigkeit und Aufbegehren, mit Stolz und Stärke. Da das Weibliche in unserer Kultur über Jahrtausende verteufelt und verdrängt wurde, hat Lilith oft etwas Furchterregendes. Sie ist jedoch nur so lange grausam, wie sie aus dem Bewusstsein der Menschen verbannt wird. Letztlich dient die Entfaltung der Lilith-Kraft bei Männern wie bei Frauen dem Leben und der Ganzheit. Der Schmerz und die Unergründlichkeit, die mit Lilith-Themen einhergehen können, werden häufig als Voraussetzung für die Entfaltung von künstlerischem Potenzial gesehen. Hannelore Traugott, eine der bekanntesten Lilith-Expertinnen, schreibt: »Lilith steht für etwas, was aus unserem Bewusstsein gefallen ist und heimdrängt. Nennen wir es archaische Energie, spirituelle Weiblichkeit, das Wissen der Göttin oder wie immer auch, solange wir keinen Zugang zu dieser Kraft haben, erleben wir hier, psychologisch interpretiert, Verlust, Unterdrückung, Einsamkeit, Leere, Sucht und vor allem Machtkämpfe.«[37] Kocku von Stuckrad sagt: »Lilith verkörpert für mich die Präsenz einer archaischen Form weiblicher Stärke, die jeden patriarchalen Diskurs von Macht und Herrschaft ignoriert und sich auf die lebensbejahenden Kräfte des Lebens festlegt.«[38] Manche Astrologen ordnen Lilith dem Tierkreiszeichen Steinbock zu.

Löwe

Symbol: ♌
Element: Feuer
Qualität: fix
Polarität: Yang/männlich
Herrscherplanet: Sonne
Sonne im Löwen: etwa vom 23. Juli bis zum 22. August
Jahreszeit: Die sengende Hitze des Hochsommers, unerschöpfliche Energie
Kultur: Ferien, Entspannung, Hingabe an Spiel und Lust
Körperbereich: Herz, Blutkreislauf
Namen gebendes Sternbild: Leo

Löwe, französische Buchmalerei um 1423 (The British Library, London).

Mythologie des Sternbilds: Die erste der zwölf Aufgaben des Herakles (▶ Heraklesmythos und Tierkreis) bestand darin, den Nemeischen Löwen zu besiegen und zu häuten. Der Löwe war ein ebenso kraftstrotzendes wie Furcht erregendes Raubtier, das die Bewohner der Stadt Nemea terrorisierte, weil er ständig neue Opfer forderte. Mit Waffen war ihm nicht beizukommen, denn er war unverwundbar. Herakles blieb nur seine eigene – subjektive – Körperkraft. Es gelang ihm schließlich, den Löwen mit seinen Armen zu erwürgen. Daraufhin häutete er ihn mit dessen eigenen Krallen. Das Fell nahm er als Mantel und den Schädel als Helm. Somit verleibte er sich die Kräfte des Löwen ein. Zeus jedoch, der die Macht des Löwen schätzte, erhob den Getöteten zu einem Sternbild am Himmel.

Deutung: Der Löwe ist das fünfte Zeichen des Tierkreises. Hier gelangt der Tierkreis zu höchster Prachtentfaltung. Es ist eine nach außen gerichtete Kraft, die Wärme abstrahlt.

Der Löwe möchte etwas gestalten. Er möchte schöpferisch tätig sein und so sich selbst zum Ausdruck bringen, sei es durch einen spielerischen Umgang mit dem Leben, durch kreatives Schaffen oder durch eigene Kinder. Der Löwe will aus dem, was er hat, etwas machen, er will Spuren hinterlassen. Eigentlich, so die Psychoanalytikerin und Astrologin Liz Greene, geht es darum, »dass die große Schöpfung des Löwemenschen er selbst sein soll«.[39]

Menschen, in deren Horoskop das Zeichen Löwe betont ist, lieben es, im Mittelpunkt zu stehen und andere an ihrem Glanz teilhaben zu lassen. Sie sind gerne die Sonne in ihrem eigenen Universum, um die sich alles dreht. Dafür brauchen sie natürlich auch Publikum, das ihnen ihre Großartigkeit zurückspiegelt.

Eine Gefahr ist dann gegeben, wenn sie den Anspruch an sich selbst nicht erfüllen. Sie gleichen dann bisweilen einer aufwendigen Fassade, hinter der sich nicht viel befindet. Ein derartiges Auftreten wirkt selbstherrlich, arrogant und aufgesetzt. Wie die Geschichte aus dem Heraklesmythos zeigt, muss der Mensch mit einer Betonung dieses Zeichens erst das wilde Tier besiegen, ehe er sich mit dessen Attributen schmücken darf. Und erst dann verleihen diese Attribute ihm Würde und Kraft. Löwe-Geborene müssen sich im Lauf des Lebens Autorität erwerben. Das ermöglicht ihnen dann auch, selbst zu gestalten und ihre Unabhängigkeit zu bewahren. Diese Menschen haben ein offenes Ohr für die Belange derer, die weniger gut gestellt sind. Und sie sind, wenn es in ihren Möglichkeiten steht, auch hilfsbereit. Dies rührt von ihrer Warmherzigkeit her, hat aber auch den Effekt, dass es ihnen die eigene Bedeutung reflektiert.

Das Tierkreiszeichen Löwe verleiht ▶ Achsen und Planeten, die sich in ihm befinden, Großartigkeit, Dramatik und Lebendigkeit.

Mit seinem Oppositionszeichen Wassermann teilt der Löwe sein Interesse an der Entfaltung des Menschen. Dem Löwen geht es hierbei um sich selbst, dem Wassermann um die Gemeinschaft. Mit den anderen beiden Feuerzeichen, Widder und Schütze, hat der Löwe die leidenschaftliche Energie gemein. Doch während der Widder diese einsetzt, um

etwas in Bewegung zu bringen, strahlt der Löwe die Energie in alle Richtungen ab und wärmt damit auch seine Umgebung. Der Schütze schließlich nutzt seine Energie dahingehend, dass er sein Feuer weiterträgt. Von den beiden Zeichen, die zu ihm im Quadrat stehen, kann der Löwe den konkreten Umgang mit Dingen (Stier) und die Kraft, etwas umzugestalten (Skorpion), lernen.
Im Löwen ist Pluto erhöht, Saturn und Uranus sind im Exil.

Luftzeichen

Die dem ▶ Element Luft zugeordneten Tierkreiszeichen Zwillinge, Waage und Wassermann.

Lunar(horoskop)

Das auf den exakten Zeitpunkt der Mondwiederkehr ausgestellte Horoskop – also wenn sich der Mond an derselben Stelle befindet wie zur Geburt eines Menschen. Dies findet ungefähr einmal im Monat (alle 27,3 Tage, ▶ siderischer Mondlauf) statt. Im Lunarhoroskop geht es um die Entfaltung des Mondhaften im Menschen (▶ Mond). Es sagt etwas aus über das emotionale Befinden eines Menschen und wie es um ganz alltägliche Dinge bestellt ist. Das Lunar ist eines von verschiedenen ▶ Rückkehrhoroskopen. Für die Berechnung, den zugrunde gelegten Ort und die Deutung gilt im Wesentlichen das, was unter ▶ Solarhoroskop nachzulesen ist – das auf die Sonnenrückkehr ausgestellte, für ein Jahr gültige Horoskop –, natürlich jeweils übertragen auf den Mond:
Berechnung: Man benötigt für die Berechnung den bogen*sekunden*genauen Stand des Mondes.
Ort: Hier kann zwischen dem Geburtsort, dem Wohnort und dem Aufenthaltsort zum Zeitpunkt der Mondwiederkehr gewählt werden (sofern diese unterschiedlich sind).
Deutung: Auch das Lunarhoroskop kann nur vor dem Hintergrund des ▶ Radixhoroskops gedeutet werden. Außerdem ist bei der Bewertung des Lunars der relativ kurze Zeitraum zu bedenken, innerhalb dessen es gültig ist, nämlich ein Monat.
Bei der Deutung ist vor allem Folgendes zu berücksichtigen:

- Lunar-Aszendent und Lunar-Mediumcoeli sowie Planeten in ▶ Achsenbindung, insbesondere in Konjunktion zum Aszendenten oder zum Medium coeli.
- Aspekte zum Mond.
- Häuseraktivierungen: Das Lunarhaus, in dem der Mond steht. Das Radixhaus, in das der Lunaraszendent, und das Radixhaus, in das das Lunar-Mediumcoeli fällt. Radixhaus und Lunarhaus, in das der Herrscher des Lunar-Aszendenten fällt. Das Lunarhaus, in dem sich drei oder mehr Lunarplaneten befinden.
- Aspektwiederholungen gegenüber dem Radix.
- Planeten des Radix, die von vielen Lunarplaneten Aspekte empfangen. Um nicht einer verwirrenden Informationsfülle zu erliegen, beschränkt man sich dabei auf Konjunktionen und Oppositionen.

Das Lunar macht sich ebenso wie das ▶ Venusrückkehr-Horoskop aufgrund des Yin-Charakters (▶ Yin/Yang) von Mond und Venus eher auf subtile Weise bemerkbar – im Unterschied zu den Rückkehrhoroskopen der beiden Yang-Planeten Sonne und Mars (▶ Marsrückkehr-Horoskop).[40]

Lunation

Eine vollständige Abfolge aller Mondphasen. Dies entspricht einem synodischen Mondmonat.

Magnetisch

Zusammen mit ▶ elektrisch eines von mehreren Begriffspaaren, die die grundlegende ▶ Polarität im Tierkreis zum Ausdruck bringen. Magnetisch entspricht der passiven, nach innen gerichteten Energie.

Männlich

Gemeinsam mit ▶ weiblich eines der Begriffspaare, die die grundlegende ▶ Polarität im Tierkreis zum Ausdruck bringen.

Die männliche Energie steht für das dynamische, vorwärtsstrebende Prinzip, das Neues schafft, für Aktivität, das nach außen Gerichtete, die Aktion, in der eine Kraft zum Ausdruck kommt. Wird sie überbetont, sind in letzter Konsequenz Krieg und Zerstörung die Folge. Das Männliche ergänzt und bedingt das Weibliche und umgekehrt – das eine ist ohne das andere nicht denkbar.

Im Tierkreis sind die Feuerzeichen Widder, Löwe und Schütze sowie die Luftzeichen Zwillinge, Waage und Wassermann dem männlichen Prinzip zugeordnet (▶ Element); unter den klassischen Planeten sind es Sonne, Mars und Jupiter.

Das männliche Prinzip wird nicht nur von Männern repräsentiert. Es gehört zu den wichtigsten Herausforderungen einer jeden Persönlichkeit, männliche und weibliche Anteile zu integrieren. Das Horoskop gibt Auskunft darüber, in welchem Bereich männliche und in welchem weibliche Anteile zum Ausdruck kommen.

Mantik

Mantik (oder mantische Systeme), abgeleitet vom griechischen *mantis* (Seher), bezeichnet die verschiedenen Formen der Weissagung. Die Mantik entstand aus dem uralten Bedürfnis der Menschen, einen Blick in die Zukunft zu werfen. Unter den zahlreichen Systemen nimmt die ▶ prognostische Astrologie eine wichtige Rolle ein.

Mars

Symbol: ♂

Astronomie: Mars ist der erste Planet, der die Sonne auf einer Bahn, die sich außerhalb der Erdbahn befindet, umkreist. Damit zählt er zu den äußeren Planeten. Er hat einen Äquatordurchmesser von 6794,4 Kilometern und ist damit nur halb so groß wie die Erde. Seine mittlere Entfernung von der Sonne beträgt 227,9 Millionen Kilometer. Für einen Umlauf um die Sonne benötigt er 687 Tage, knapp 2 Jahre. Die ▶ Tagesbewegung beträgt maximal 40 Bogenminuten, im Durchschnitt sind es 31 Minuten. Wegen seines rötlichen Leuchtens wird er auch der Rote Planet genannt.

Mythologie: Ares (lateinisch Mars) war der Gott des Krieges, der zu den obersten zwölf olympischen Gottheiten zählte. Er war der einzige Sohn, den Zeus (Jupiter) mit seiner Gemahlin Hera zeugte. Ares selbst ging keine feste Verbindung ein, hatte jedoch zahllose Liebesaffären, vor allem mit Aphrodite (Venus), der Göttin der Liebe und Schönheit. Ares erschien zumeist auf einem Streitwagen, der von den zwei Pferden Deimos (Schrecken) und Phobos (Furcht) gezogen wurde. Spätere Überlieferungen betrachten Deimos und Phobos auch als seine Kinder, die der Liebschaft mit Aphrodite entstammten. Ares' Leidenschaft war der wilde, ungezügelte Kampf mit viel Blutvergießen. Er war kein Stratege, der mit einem taktischen Plan in den Kampf zog, sondern der Hitzkopf mit roher, unbändiger Kraft. Auch außerhalb des Schlachtfeldes war er aufbrausend und streitsüchtig und deshalb bei Göttern und Menschen nicht sehr beliebt. Kultische Verehrung wurde ihm kaum zuteil. Doch gibt es auch bei Ares einen versöhnlichen Anteil. Aus der Liebesbeziehung mit Aphrodite entstammten nämlich nicht nur Furcht und Schrecken, sondern auch Harmonia sowie Eros und Anteros, zwei Aspekte des Liebesgottes.

Mars, das römische Gegenstück des Ares, war ursprünglich ein Gott des Akkerbaus, den die Römer im Zuge ihrer zunehmenden militärischen Macht mit Ares gleichsetzten.

Körper: Die männlichen Geschlechtsorgane werden Mars zugeordnet, ebenso die Muskeln, das Blut und die Arterien. Auf dem Wege der Arterien transportiert das Blut den Sauerstoff in die Organe und Muskeln des Körpers.

Deutung: »Mars ist die Kraft, die den Samen zum Keimen drängt«, hat Dane Rudhyar[41] gesagt. So steht dieser Planet zunächst einmal für den Anfangsimpuls, für die treibende Kraft. Er zeigt durch seine Haus- und Zeichenstellung im Horoskop, wie ein Mensch an Dinge herangeht, wie er etwas in die Tat umsetzt und wie er sich durchsetzt, wie er seine Energie entlädt und sich selbst in Bewegung bringt. Triebe aller Art sind seine Domäne. Mars symbolisiert Willenskraft und die Freude an der Eroberung. Er kann aber auch für unbeherrschte Aggression, Wut und Jähzorn stehen. Außerdem beschreibt er die sexuelle Energie.

Mars repräsentiert im Horoskop eines Mannes, im Verein mit der Sonne, seine männliche Identität. Im Unterschied zur Sonne, die für die väterliche Seite steht, ist Mars der Eroberer, der sein Begehren aktiv zum Ausdruck bringt. Entsprechend sagen Mars und Sonne im Horoskop einer Frau etwas über deren Männerbild aus. Im Aspekt mit einem anderen Planeten oder einer ▶ Achse bezieht Mars den betreffenden ▶ Horoskopfaktor in das Handeln mit ein und aktiviert ihn.

Im ▶ Transit verleiht er Energie und stachelt zu Taten an. Mars-Transite sind allerdings nur wenige Tage zu spüren. In Phasen der ▶ Rückläufigkeit, wenn Mars bestimmte Grade dreimal überquert, bekommt ein Mars-Transit jedoch eine gewichtigere Bedeutung.

Mars ist Herrscher des Zeichens Widder und in der Waage im Exil. Im Steinbock ist er erhöht und im Krebs im Fall. Vor der Entdeckung Plutos galt er auch als Herrscher des Skorpions und war entsprechend im Stier im Fall.

Marsrückkehr-Horoskop

Das auf den exakten Zeitpunkt der Marswiederkehr ausgestellte Horoskop

– also wenn sich Mars an derselben Stelle befindet wie zur Geburt eines Menschen. Dies findet fast alle zwei Jahre statt. Im Horoskop der Marsrückkehr geht es darum, wie es im angesprochenen Zeitraum um die Aktivität eines Menschen bestellt ist, wie er an die Dinge herangeht und in welche Richtung er seine Energie lenkt, kurz: um Themen des Planeten Mars. Es ist eines von verschiedenen ▶ Rückkehrhoroskopen.

Manche Tierkreisgrade berührt Mars infolge ▶ Rückläufigkeit dreimal. Geschieht dies nun an der Stelle, wo die Marsrückkehr stattfindet, so müsste man eigentlich drei Rückkehrhoroskope erstellen. Es wird aber empfohlen[42], den dritten Übergang zu nehmen. Marsrückkehr-Horoskope zu erstellen, ist dann nicht möglich, wenn der Zeitpunkt der Marsrückkehr in eine Phase des (Fast-)Stillstands (▶ stationäre Phase) fällt, denn dann bewegt sich Mars so langsam bzw. gar nicht, dass man den Aszendenten und das Medium coeli und damit alle Häuser nicht genau berechnen kann.

Für die Berechnung, den Ort und die Deutung gilt im Wesentlichen das, was unter ▶ Solarhoroskop nachzulesen ist – das auf die Sonnenrückkehr ausgestellte, für ein Jahr gültige Horoskop –, natürlich jeweils übertragen auf Mars. Beim Marsrückkehr-Horoskop wird man sich also in erster Linie auf diesen Planeten konzentrieren. So spielt das Haus eine wichtige Rolle, in dem sich Mars im Rückkehrhoroskop befindet. Das Marsrückkehr-Horoskop kann nur vor dem Hintergrund des ▶ Radixhoroskops gedeutet werden.

Maximal bedeutsamer Planet

Derjenige unter den in ▶ Achsenbindung stehenden Planeten (den so genannten dominanten Planeten, ▶ Dominanz) innerhalb eines Horoskops, der folgende Anordnung anführt: Konjunktion, Opposition, Quadrat, Trigon oder Sextil zu Aszendent oder Medium coeli. Der maximal bedeutsame Planet gilt als prägend für die Persönlichkeit eines Menschen.

Maya-Astrologie

Die Maya-Indianer waren das kulturell am höchsten stehende Volk Mittelamerikas vor der spanischen Kolonisation. Sie verfügten über eine eigene Schrift, ein heiliges Buch (»Popul Vuh«), großartige Bauwerke wie Pyramiden, einen differenzierten ▶ Kalender sowie eine hoch entwickelte Astrologie, Astronomie und Mathematik. Damit beeinflussten sie auch andere, militärisch mächtigere Völker wie die Azteken, deren Astrologie sich eng an die der Maya anlehnte. Ihr Niedergang begann bereits ein halbes Jahrhundert vor der Unterwerfung durch die Spanier, die vor den indigenen Kulturen keinerlei Respekt zeigten und sie schließlich vernichteten.

Die Astrologie der Maya kannte keinen Tierkreis wie die abendländische. Sie basierte auf der Kombination eines Sonnen- und eines Mondkalenders sowie auf der Zahlenmystik. Die Grundzahl der Maya war die Zwanzig, die auch in ihrer Astrologie eine wichtige Rolle spielte. Sie ergibt sich aus der Anzahl der Finger und Zehen. Daneben war die Dreizehn von großer symbolischer Bedeutung. Für die Zählung der Zeit sowie die astrologischen Berechnungen gab es die erwähnten Kalender. Der Mondkalender bestand aus 13 mal 20, also 260 Tagen. Ein Mondjahr umfasste demnach 13 Monate mit 20 Tagen. Über die Basis für diese Berechnung gibt es verschiedene Vermutungen. 260 Tage dauert eine Schwangerschaft, die mit dem Mond in Verbindung gebracht wurde. Das ergibt sich aus der Multiplikation von neun Monden mit 29 Tagen, dem Umlauf des ▶ synodischen Mondes, wobei ein Tag der Einfachheit halber abgezogen wurde. Den Maya war der Unterschied zwischen siderischem und synodischem Mond frühzeitig bekannt.

Das Sonnenjahr bestand aus 360 Tagen, obwohl die Maya-Astronomen wussten, dass der Sonnenumlauf in Wirklichkeit gut fünf Tage länger dauerte. Es wurde unterteilt in 18 Monate zu 20 Tagen. Fünf Schalttage sorgten dafür, dass die Zählung mit den astronomischen Erscheinungen im Einklang blieb. Den 20 Tagen des Sonnen- und Mondkalenders waren 20 so genannte Tageszeichen zugeordnet, die nach Tiersymbolen benannt waren. Sie folgten in einer bestimmten, genau festgelegten Reihenfolge aufeinander. Die Zeichen bildeten die Basis für die konkrete astrologische Deutung, denn sie bestimmten die Qualität der ▶ Zeit. Es gab günstige und ungünstige Zeichen. Zudem beherrschten die 20 Zeichen die Tages- und Nachtstunden. Die Maya zählten 13 Tages- und 9 Nachtstunden. Die Kombination der Zeichen, die die Tage und die Stunden im Sonnen- und Mondkalender einer Person beherrschten, machten die individuelle Prägung aus. Ein Zyklus in der Zeitmessung dauerte 52 (4 mal 13) Jahre. Nach 52 Jahren fielen die Tageszeichen von Sonnen- und Mondkalender wieder zusammen.

Bei den Maya spielte die ▶ Polarität eine wichtige Rolle. Die Sonne war als fruchtbares und zerstörerisches Prinzip bekannt. Der Mond symbolisierte Geburt und Tod gleichermaßen. Auch in der Gestalt des Sonnengottes Itzamnä und seiner Gefährtin, der Mondgöttin Ix Chel, kommt die Polarität von männlich und weiblich zum Ausdruck. Die Planeten Merkur und Venus, die in scheinbar wechselnder Gestalt als Morgen- und als ▶ Abendstern am Himmel stehen, erfreuten sich besonderer Achtung und Verehrung, denn auch sie waren ein sichtbares Zeichen für die Polarität. Zur Polarität zählte auch, dass die Maya neben dem zyklischen Verständnis der Zeit ein hoch entwickeltes Bewusstsein von ihrem linearen Fortschreiten besaßen. Sie glaubten, der Kosmos werde fünf Weltenalter durchlaufen und dann durch Naturkatastrophen zerstört. Die Menschheit befinde sich bereits am Ende des fünften Weltenalters, das bis 2012 (unserer Zeitrechnung) dauere. Obwohl die Maya eine klare Wertung bei den Zeichen kannten, war ihre Astrologie keinesfalls vom ▶ Determinismus geprägt. Sie ließ stattdessen dem ▶ freien Willen viel Raum. Ein unter einem günstigen Zeichen stehender Tag oder eine entsprechende Stunde bedeutete nicht automatisch Glück und Erfolg. Wurde dieses Potenzial von den Menschen zu Anmaßung und Überheblichkeit missbraucht, änderten sich die Voraussetzungen schnell, und ein günstiger Tag

brachte ungünstige Resultate. Gleichzeitig war es möglich, die Götter durch Demut und Opfer an einem ungünstigen Tag versöhnlich zu stimmen, sodass sich ein Vorhaben günstig entwickeln konnte.
Prognosen spielten in der Maya-Astrologie wie bei vielen alten Völkern eine wichtige Rolle. Aufgrund der großen Freiheit, die das Schicksal dem Individuum ließ, war die Voraussage von konkreten Ereignissen jedoch nicht so wichtig wie etwa in Indien oder China. Dennoch vermutet Wilhelm Knappich in seinem grundlegenden Werk »Geschichte der Astrologie«: »Außerdem sind im Astralsystem der Azteken, der Mayas und der Inkastaaten so viel frappante Ähnlichkeiten mit ägyptischen, chinesischen und indischen Lehren enthalten, dass man wohl eine direkte Übertragung annehmen muss. Die kühne Fahrt Thor Heyerdals, der auf einem Floß von Peru aus die Südseeinseln erreichte, lässt es durchaus möglich erscheinen, dass asiatische Kultureinflüsse über Indonesien nach Süd- und Mittelamerika eingedrungen sind.«[43]
Diese These erscheint zweifelhaft, denn die Belege sind rar. Eher dürfte die ▶ Synchronizität als Erklärung für gewisse Parallelen zwischen asiatischen und mittelamerikanischen Praktiken eine Rolle spielen.
Nachkommen der Maya leben heute noch in Mexiko, Guatemala und Belize. Sie sind weitgehend christianisiert, und obwohl einige von ihnen versuchen, wieder an die große, alte Kultur anzuknüpfen, existiert sie nur noch in der Erinnerung. Das gilt auch für die Maya-Astrologie.

MC

Abkürzung für ▶ Medium coeli.

Medien und Astrologie

Die Beziehung zwischen der Astrologie und den Medien ist schwierig. Auf der einen Seite verzichtet kaum eine Zeitung auf die Rubrik »Horoskope«, in denen vulgärastrologische Allgemeinplätze zum Besten gegeben werden (▶ Vulgärastrologie). Sie sind selbst dort zu finden, wo im redaktionellen Teil die Astrologie abgelehnt wird. Auf der anderen Seite gibt es kaum eine fundierte Auseinandersetzung mit der Astrologie. Das Feld zwischen den trivialen Alltagstipps zur Unterhaltung und der grundlegenden – häufig vernichtenden – Kritik ist nahezu unbesetzt. Eine besonders große Zahl von Journalisten fühlt sich in der Tradition der geistigen Aufklärung und lehnt die Astrologie ab, ohne sich wirklich damit auseinandergesetzt zu haben (▶ Astrologiegegner). Typisch ist die Aussage eines stellvertretenden Chefredakteurs einer großen Tageszeitung: »Schon das Attribut ›seriös‹ kann ich im Zusammenhang mit der Astrologie nicht akzeptieren.«
Dennoch hat die Quantität der Berichterstattung in dem Maße zugenommen, wie die Astrologie zu einem gesellschaftlichen Thema geworden ist. Die Qualität blieb dabei weitgehend auf der Strecke. Viele Berichte dokumentieren die fehlende Auseinandersetzung mit dem Thema, wie folgendes Beispiel zeigt: »Das schwerste Geschütz gegen die Schicksalsforscher fährt der Kosmos selber auf: Denn seit Ptolemäus' Berechnungen, auf dessen Basis Astrologie auch heute beruht, hat sich die Erd-

achse zum Himmel verschoben. Der stürmische Widder etwa wäre somit ein sanftmütiger Krebs.«[44] Tatsächlich würde die Verschiebung der Erdachse (▶ Präzession) den Widder allenfalls zum Fisch machen (▶ tropischer Tierkreis). Ein anderer Autor beschreibt seine Hilflosigkeit auf einem Astrologie-Seminar: »Die an den Sternen Interessierten vergewissern sich gegenseitig: Pluto im Widder!? Aha. Die Sonne im Skorpion!? Bedeutungsvolles Lachen, weitere Erklärungen erübrigen sich. ›Ach du meine Güte, wo bin ich hier gelandet‹, denke ich.«[45] Die Frage ist berechtigt, denn es muss ein Seminar mit besonders langlebigen Teilnehmern gewesen sein. Pluto stand zuletzt von 1821 bis 1853 im Widder.
Bemerkenswert ist auch, dass zahlreiche Zeitungen und Magazine im Januar 1995 die falsch zitierte Meldung der Königlichen Astronomischen Gesellschaft Großbritanniens aufgegriffen haben, wonach ein ▶ dreizehntes Sternbild entdeckt worden sei und die Astrologie damit ihre Basis verloren habe.
Es ist nach wie vor eher selten, dass in als seriös geltenden Medien das Thema Astrologie kenntnisreich und ohne Häme und Zynismus aufgegriffen wird.

Medium coeli

Der südliche Kulminationspunkt (▶ Kulmination) eines Tierkreisgrades, zu einem bestimmten Zeitpunkt und von einem bestimmten Standpunkt aus gesehen. Wörtlich übersetzt bedeutet Medium coeli (Abkürzung: MC) Himmelsmitte. Das Medium coeli liegt dem ▶ Imum coeli polar gegenüber.
Astronomie: Das Medium coeli ist der obere Schnittpunkt von ▶ Meridian und ▶ Ekliptik und darf nicht mit dem Zenit verwechselt werden. Wie über die anderen ▶ Achsen wandert der gesamte Tierkreis an einem Tag auch über das Medium coeli.
Deutung: Als höchster Punkt im Horoskop symbolisiert das Medium coeli den Bereich, wo ein Mensch nach außen tritt. Da er die schützende Atmosphäre der Privatheit, die durch das Imum coeli symbolisiert wird, vor allem dann verlässt, wenn er seinem Beruf nachgeht, zeigt das Medium coeli zusammen mit dem zehnten Haus auch den Beruf, genauer: die Berufung eines Menschen an. Es steht für seine Stellung in der Öffentlichkeit bzw. in der Gesellschaft. Im Gegensatz zum Deszendenten geht es nicht um ein konkretes Gegenüber, sondern um das unbestimmtere Kollektiv, zu dem er als Individuum seinen Beitrag beisteuert. Der tschechische Astrologe Milan Špůrek spricht in dem Zusammenhang von der »Autoritätskomponente, die durch Selbstreflexion das Handeln der Persönlichkeit reguliert«.[46]
Im Gegensatz zum Imum coeli, das für die Vergangenheit steht, verweist das Medium coeli auf die Zukunft und auf ein Ziel, das es zu erreichen gilt.
Das Tierkreiszeichen am Medium coeli gibt Auskunft darüber, wie ein Mensch nach außen tritt bzw. welche Eigenschaften er hier im Lauf des Lebens entwickelt. Mit dem Medium coeli beginnt das zehnte Haus, das dem Steinbock zugeordnet ist.

Medizinische Astrologie

Ein Teilbereich der Astrologie, der die Zusammenhänge zwischen Horoskop und Körper, insbesondere Krankheiten und Dispositionen, aber auch Heilungsmöglichkeiten, untersucht. Die medizinische Astrologie basiert auf der Zuordnung der Planeten und der Tierkreiszeichen zu Organen und Körperteilen. Die Arbeit mit medizinischer Astrologie und insbesondere ihre Anwendung erfordern profunde medizinische Kenntnisse.

Planeten und Körperzuordnungen

- Sonne: Herz, Blutkreislauf
- Mond: Magen, Busen, Körperflüssigkeiten, Schleimhäute, vegetatives Nervensystem
- Merkur: Rückenmark, Nervensystem als »Nachrichtensystem« des Körpers, Atmungsorgane
- Venus: Gleichgewichtsorgane, Nieren, Venen, Haut als Sinnesorgan
- Mars: männliche Geschlechtsorgane, Muskeln, Blut, Arterien
- Jupiter: Leber
- Saturn: Knochengerüst, Haut als Körpergrenze
- Uranus: Nerven als Reizleiter
- Neptun: Hypophyse
- Pluto: Sexualorgane, Dickdarm, Mastdarm

Tierkreiszeichen und Körperzuordnungen

- Widder: Kopf
- Stier: Mund, Schlund und Speiseröhre, Hals, Nacken und Schultern
- Zwillinge: Luftröhre und Lunge, Arme und Hände
- Krebs: Busen, Magen und Bauch
- Löwe: Herz, Blutkreislauf
- Jungfrau: Dünndarm
- Waage: Lendenregion, Nieren, Blase, Haut als Kontaktorgan
- Skorpion: Geschlechtsorgane, Dickdarm, Mastdarm
- Schütze: Hüft- und Oberschenkelregion, Leber
- Steinbock: Knochengerüst und Knie
- Wassermann: Unterschenkel
- Fische: Füße

»Eigentlich«, so die Astrologin Ulrike Voltmer, »ist ›Alles in Jedem‹; in jedem Körperteil wirken alle astrologischen Prinzipien. Überall im Körper gibt es das Pulsieren (Sonne-Löwe) des durch das Atmen (Zwillinge-Merkur) mit Sauerstoff angereicherten Blutes (Mars), wird Zucker (Jupiter) verwertet und verbrannt (Widder-Mars), werden dem Blut Baustoffe (Jungfrau-Merkur) zur Nahrung der Zellen (Stier) und zum neuen Zellwachstum (Jupiter) entnommen; es wird entgiftet (Waage-Venus), Schlacken werden abtransportiert (Skorpion), Nervenbahnen (Merkur und Wassermann-Uranus) und Lymphgefäße (Mond) durchziehen das Gewebe … Dass man die einzelnen Organe und Körperteile nur bestimmten astrologischen Prinzipien zuordnet, hat mit deren Spezialisierungen zu tun.«[47]

Menschentyp

Der Versuch, den Menschen aufgrund bestimmter äußerer oder innerer Eigenschaften zu charakterisieren, in Typen einzuteilen und so Verhaltensweisen zu verstehen. Nahezu alle Systeme, die sich mit dem Menschen befassen (Medizin, Psychologie) haben übergeordnete und verallgemeinernde Prinzipien entwickelt, nach denen die Menschen eingeteilt werden können. Dies gilt auch für die Astrologie. Der astrologischen Einteilung dienen die vier ▶ Elemente Feuer, Erde, Luft und Wasser, die mit den vier Temperamenten korrespondieren, sowie die drei ▶ Qualitäten kardinal, fix und veränderlich. Die Einteilung nach Menschentypen berührt grundlegende ethische Fragen des ▶ freien Willens und des ▶ Determinismus. Kritiker sehen darin eine unzulässige Festlegung auf bestimmte Verhaltensweisen, die dem Individuum die Möglichkeit nehmen, sich zu entwickeln.

Meridian

1) Auf der Erde jeder Halbkreis, der den Südpol mit dem Nordpol verbindet. Der so genannte ▶ Nullmeridian führt durch das englische Greenwich. Von ihm aus wird die geographische ▶ Länge gezählt.
2) Auf der ▶ Himmelskugel derjenige größte Kreis, der durch die beiden Himmelspole führt sowie, von einem bestimmten Ort aus gesehen, durch ▶ Zenit und ▶ Nadir. Die Himmelspole sind die Schnittpunkte zwischen der verlängerten Erdachse und der Himmelskugel. Wenn einer der Planeten den Himmelsmeridian überquert, hat er den Höchststand erreicht, wiederum vom Beobachtungsort aus gesehen. Das nennt man die ▶ Kulmination.

Merkur

Symbol: ☿
Astronomie: Merkur ist der sonnennächste Planet. Seine Umlaufbahn befindet sich wie diejenige der Venus innerhalb der Erdumlaufbahn. Daher kann er sich aus der Sicht der Erde nie mehr als 28 Grad von der Sonne weg bewegen (▶ Elongation). Sein Äquatordurchmesser beträgt 4.876 Kilometer – er ist damit nicht einmal halb so groß wie die Erde –, seine mittlere Entfernung von der Sonne 57,91 Millionen Kilometer. Für einen Umlauf um die Sonne benötigt er 88 Tage (siderischer Umlauf), den Tierkreis durchquert er in einem Zeitraum von 12 bis 14 Monaten. Die ▶ Tagesbewegung beträgt maximal 2 Bogengrad und 12 Bogenminuten.
Wie Venus kann Merkur ▶ Abendstern oder Morgenstern sein: Wenn er am westlichen Himmel nach der Sonne untergeht, sich also im Tierkreis vor der Sonne befindet, ist er Abendstern, wenn er am östlichen Himmel vor der Sonne aufgeht, sich also im Tierkreis hinter der Sonne befindet, ist er Morgenstern.

Merkur, römische Bronzestatuette 2./3. Jahrh. n. Chr. (Museum Lauriacum, Enns)

Mythologie: Hermes (lateinisch Merkur), war der Sohn des Zeus (Jupiter) und der Titanin Maia, einer Tochter des Atlas, der das Himmelsgewölbe trug. Sein Vater machte ihn früh zu seinem Boten, denn er war ausgesprochen flink, verschlagen, wortgewandt und diplomatisch. Niemand konnte ihm wirklich böse sein. Geflügelte Sandalen und ein von zwei Schlangen umgebener Heroldstab waren seine wichtigsten Attribute. Reisende, Kaufleute, Handwerker, Spieler und Diebe verehrten ihn besonders.

Schon unmittelbar nach seiner Geburt stellte er seine außergewöhnlichen Fähigkeiten unter Beweis. Aus einem Schildkrötenpanzer baute er die erste Leier. Anschließend raubte er fünfzig Rinder aus Apollons Herde. Er umwickelte die Hufe mit Sträuchern, führte die Herde rückwärts an den Schwänzen weg, und als er alle versteckt hatte, legte er sich wieder in die Wiege. Gegenüber seinem Halbbruder spielte er den Ahnungslosen, doch wurde er verraten und musste deshalb vor Zeus erscheinen. Bei der Gelegenheit stahl er Apollon auch den Bogen. Der Göttervater trug ihm auf, die Tiere zurückzugeben. Um das zu verhindern, spielte Hermes dem Sonnengott auf der Leier vor und bot sie ihm zum Tausch an. Apollon war von dem Instrument so begeistert, dass er sofort zustimmte. Als Hermes schließlich sogar noch den Bogen herausrückte, wurden die beiden unzertrennliche Freunde. Hermes schickte den Menschen die Träume und geleitete die Toten in die Unterwelt. Er war der einzige, der das Reich des Hades betreten und auch wieder verlassen durfte.

Körper: Das Rückenmark wird Merkur zugeordnet, in dem Informationen in zwei Richtungen verlaufen: Bewegungsimpulse werden vom Gehirn zu den Muskeln geleitet, und äußere Sinnesreize gelangen zum Gehirn. Auch das Nervensystem untersteht ihm, das »Nachrichtensystem«[48] des Körpers, und schließlich die Atmungsorgane, ebenfalls ein Transportsystem: Mit dem Einatmen wird Sauerstoff aufgenommen, mit dem Ausatmen wird verbrauchte Luft ausgeschieden.

Deutung: Merkur verkörpert das Prinzip der Wahrnehmung und der Orientierung in der Welt. Wie man Informationen aufnimmt, sie verarbeitet und weiter vermittelt, untersteht seiner Domäne. So ist Merkur das Symbol für die Verstandestätigkeit,das Unterscheidungsvermögen und den Intellekt des Menschen. Er sagt durch seine Haus- und Zeichenstellung im Horoskop etwas darüber aus, wie und was ein Mensch lernt. Denken, sprechen, lesen und schreiben gehören ebenfalls in seinen Bereich. Merkur steht auch für die Art, wie ein Mensch mit anderen in Kontakt tritt und kommuniziert.

Im Aspekt mit einem anderen Planeten oder mit einer ▶ Achse bindet Merkur den betreffenden ▶ Horoskopfaktor in die Verstandestätigkeit und Kommunikation mit ein.

Im ▶ Transit sorgt er für erhöhte Wahrnehmung, jedoch höchstens für den kurzen Zeitraum von wenigen Tagen.

Es besteht eine enge Verbindung zwischen Merkur und Sonne. Er befindet sich immer entweder im selben Zeichen wie die Sonne, im vorangehenden oder im nachfolgenden. Man sprach früher

von einem »verbrannten Merkur« (▶ Verbrennung), wenn er eine Konjunktion mit der Sonne bildete.
Merkur ist Herrscher zweier Zeichen: der Zwillinge und der Jungfrau. Als Abendstern entfaltet er eher die Eigenschaften der Jungfrau, als Morgenstern diejenigen der Zwillinge. So ist er auch in zwei Zeichen im Exil: im Schützen und in den Fischen. Zugleich ist er in der Jungfrau erhöht und in den Fischen im Fall.

Merkurrückkehr-Horoskop

Das auf den exakten Zeitpunkt der Merkurwiederkehr ausgestellte Horoskop – also wenn sich Merkur an derselben Stelle befindet wie zur Geburt eines Menschen. Dies findet etwa einmal jährlich statt. Im Horoskop der Merkurrückkehr geht es darum, wie man in dem angesprochenen Zeitraum lernt und mit dem Verstand wahrnimmt, kurz: um Themen des Planeten Merkur. Es ist eines von verschiedenen ▶ Rückkehrhoroskopen.
Manche Tierkreisgrade berührt Merkur infolge ▶ Rückläufigkeit dreimal. Geschieht dies nun an der Stelle, wo die Merkurrückkehr stattfindet, so müsste man eigentlich drei Rückkehrhoroskope erstellen. Es wird aber empfohlen[49], den dritten Übergang zu nehmen.
Merkurrückkehr-Horoskope zu erstellen, ist dann nicht möglich, wenn der Zeitpunkt der Merkurrückkehr in eine Phase des (Fast-)Stillstands (▶ stationäre Phase) fällt, denn dann bewegt sich Merkur so langsam bzw. gar nicht, dass man den Aszendenten und das Medium coeli und damit alle Häuser nicht genau berechnen kann.
Für die Berechnung, den Ort und die Deutung gilt im Wesentlichen das, was unter ▶ Solarhoroskop nachzulesen ist – das auf die Sonnenrückkehr ausgestellte, für ein Jahr gültige Horoskop –, natürlich jeweils übertragen auf Merkur. Beim Merkurrückkehr-Horoskop wird man sich also in erster Linie auf diesen Planeten konzentrieren. Es spielt beispielsweise das Haus eine wichtige Rolle, in dem sich Merkur im Rückkehrhoroskop befindet. Das Merkurrückkehr-Horoskop kann nur vor dem Hintergrund des ▶ Radixhoroskops gedeutet werden.

Mertz, Bernd A.

Bernd A. Mertz (geboren am 10. 7. 1924 um 7:25 Uhr in Berlin, gestorben am 17. 11. 1996 in Frankfurt) war einer der bekanntesten deutschen Astrologen der Nachkriegszeit. Mertz arbeitete zunächst als Regisseur und Dramaturg, trat gemeinsam mit seiner Frau Christiane Eisler-Mertz als Kabarettist auf und war journalistisch tätig. In den späten Fünfzigerjahren gelangte er zur Astrologie. Seine Überzeugung im Verein mit seiner journalistischen und schriftstellerischen Begabung machten ihn zu einem der wichtigsten Vertreter seines Fachs in der Öffentlichkeit. Mertz verfasste 50 Bücher sowie ungezählte Aufsätze und war als Redner auf Kongressen und als Seminarleiter sehr beliebt. Astrologisch schuf er keine eigene Schulrichtung, doch gab es in seiner Deutungsweise bestimmte Eigenheiten. So arbeitete er mit dem äqualen ▶ Häusersystem und schenkte den Häusern generell sowie der Stellung von Merkur und Venus als ▶ Morgen- und Abendstern eine besondere Beachtung. Der ▶ esoterischen Astrologie fühlte sich Mertz sehr verbunden.

Metagnose

Im Gegensatz zur ▶ Prognose, die künftige Entwicklungen beschreibt, ist die Metagnose eine Rückschau auf das, was in der Vergangenheit geschehen ist. So ist zum Beispiel die ▶ astrologische Geschichtsbetrachtung eine metagnostische Schau, bei der wichtige Planetenzyklen (▶ Zyklus) mit bedeutenden Marksteinen in der Geschichte in Verbindung gebracht werden.

Metalle und Astrologie

Für die Alchemie, die jahrhundertelang eng mit der Astrologie verknüpft war, bildeten sieben Metalle die Basis. Die Veredelung der Metalle war für sie ein symbolischer Vorgang für die Vervollkommnung des Menschen. Es findet sich folgende Zuordnung der sieben ▶ klassischen Planeten zu den Metallen:

- Sonne: Gold
- Mond: Silber
- Merkur: Quecksilber
- Venus: Kupfer
- Mars: Eisen
- Jupiter: Zinn
- Saturn: Blei

In der Antike gab es etwas andere Zuordnungen bei Venus (Zinn), Merkur (Eisen), Jupiter (Bronze) und Mars (Münzlegierung).
In der Alchemie unterliegt der Entwicklungsprozess von den unedlen zu den edlen Metallen einer strengen Ordnung. Die Basis bildet Blei/Saturn, der auch in der Astrologie für das materielle Prinzip steht. Das angestrebte Ziel ist Gold / Sonne, in der Astrologie schon immer Symbol für den Geist und das göttliche Prinzip. Die Planeten zeigten den Alchemisten darüber hinaus den Weg zu ihrem anderen großen Werk, dem Stein der Weisen, der in sieben Stufen aus der jungfräulichen Erde geschaffen werden kann.
In der mittelalterlichen Astrologie waren diese Zusammenhänge nicht nur unter Alchemisten verbreitet. Sie hatten große praktische Bedeutung.
Der Naturwissenschaftler Udo Becker ordnet auch den zwölf Tierkreiszeichen Metalle zu:[50]

- Widder: Eisen, Stahl
- Stier: Kupfer, Bronze, Messing, Platin
- Zwillinge: Quecksilber, Gold
- Krebs: Silber
- Löwe: Gold
- Jungfrau: Quecksilber, Gold
- Waage: Kupfer, Gold
- Skorpion: Eisen, Stahl
- Schütze: Zinn, Schmiedeeisen
- Steinbock: Blei
- Wassermann: Uran und alle radioaktiven Elemente
- Fische: Zinn

Zu den unterschiedlichen astrologischen Zuordnungen siehe das unter ▶ Edelsteine und Astrologie Gesagte.

Mikrokosmos / Makrokosmos

Ein vor allem für die ▶ esoterische Astrologie sowie das Erklärungsmodell der ▶ Analogie wichtiger Begriff. Danach ist der Mikrokosmos, der Mensch in seiner irdischen Umwelt, ein Abbild des Makrokosmos, des Universums. Al-

les, was auf der einen Ebene geschieht, hat seine Entsprechung auf der anderen. Die Astrologie ist dabei eine Möglichkeit, den kosmischen Plan im menschlichen Wirken zu erkennen.
Die Vorstellung von der Mikrokosmos / Makrokosmos-Entsprechung ist ähnlich alt wie die Astrologie selbst, beschränkt sich jedoch nicht nur auf die Sterne, sondern auch auf andere Weisheitslehren. Als Urvater gilt ▶ Hermes Trismegistos.

Mitteleuropäische Zeit

Die in Mitteleuropa gültige Zonenzeit (▶ Zeitzone), die der ▶ Greenwich-Zeit um eine Stunde vorgeht. Die Abkürzung lautet MEZ (auf Englisch MET). Sofern sie in den Sommermonaten um eine weitere Stunde vorgerückt wird (▶ Sommerzeit), nennt man sie Mitteleuropäische Sommerzeit (MESZ).

Modalität

Die zwölf Tierkreiszeichen werden in die drei Modalitäten kardinal, fix und veränderlich eingeteilt. Der kardinalen Modalität gehören Widder, Krebs, Waage und Steinbock an, der fixen Modalität Stier, Löwe, Skorpion und Wassermann, der veränderlichen Modalität Zwillinge, Jungfrau, Schütze und Fische. Der Begriff ist ein Synonym zu ▶ Qualität.

Mond

Symbol: ☽

Astronomie: Der Mond ist der einzige natürliche Trabant der Erde. Sein Äquatordurchmesser beträgt 3.476 Kilometer, die mittlere Entfernung von der Erde 384.400 Kilometer. Er wendet uns stets dieselbe Seite zu. Für eine Erdumrundung braucht er 27 Tage, 7 Stunden und 43 Minuten, gemessen von einem Durchgang des Mondes durch den ▶ Stundenkreis eines Fixsterns bis zum nächsten Durchgang (= siderischer Mondmonat). Misst man hingegen den Zeitraum zwischen zwei gleichen Mondphasen – etwa von einem Neumond zum nächsten –, so kommt man auf 29 Tage, 12 Stunden und 44 Minuten (= synodischer Mondmonat). Die durchschnittliche ▶ Tagesbewegung des Mondes beträgt 13 Grad 10 Minuten. Von der Erde aus gesehen hat der Mond – in Bogengraden und -minuten gemessen – einen mittleren Durchmesser von 31 Minuten. (Je nach Abstand des Mondes von der Erde kann er etwas größer oder auch etwas kleiner wirken; man nennt dies Erdnähe und Erdferne des Mondes.) Die Sonne hat aus Erdsicht einen mittleren Durchmesser von 32 Minuten. Sonne und Mond scheinen also von hier aus gesehen dieselbe Größe zu haben – ein Umstand, der für die Astrologie von erheblicher Bedeutung ist, nimmt sie doch die Himmelserscheinungen, wie sie sich von der Erde aus darstellen, als Grundlage ihrer Deutungen. Merkt man sich einen halben Grad für die Größe von Mond- und Sonnenscheibe, so hat man bei der Betrachtung des Himmels ein hilfreiches Augenmaß. Der Mond kann niemals rückläufig werden.
Die ▶ Mondphasen sind: Neumond (= Sonne-Mond-Konjunktion), zunehmender Mond (= Sonne-Mond-Quadrat), Vollmond (= Sonne-Mond-Opposition) und abnehmender Mond (= Sonne-Mond-Quadrat).

Artemis, römische Marmorstatue, 2. Jahrh. n. Chr. (Archäologisches Museum Ephesos).

Mythologie: In der Mythologie nahezu aller Völker wird der Mond mit Göttinnen in Verbindung gebracht. Ihre Anzahl ist kaum überschaubar, zumal den verschiedenen Mondphasen unterschiedliche Göttinnen zugeordnet werden. Die älteste griechische Mondgöttin ist Selene, deren zwei Töchter Zeus als Vater haben. Selene wurde später von Artemis (lateinisch Diana) verdrängt, der Zwillingsschwester Apollons, um die sich mehr Mythen ranken. Sie war die jungfräuliche Herrin der Jagd und der Tiere. In Begleitung ihrer jungen Gefährtinnen schweifte sie durch die Wälder. Männer, die ihr nicht genügend Respekt zollten, wurden hart bestraft, häufig mit dem Tode. Mit Artemis begann bei den Griechen die Zuordnung der Göttinnen zu den Mondphasen. Als unabhängige, wilde Reiterin symbolisiert sie den zunehmenden Mond. Sie ist aber auch eine alte Muttergottheit und hat als solche Bezug zum Vollmond. Dem trägt auch ihre »Verrücktheit« Rechnung – der der Vollmond bekanntlich Vorschub leistet –, die in ihrer Grausamkeit, ihrer Ekstase und ihren teils phallischen Attributen zum Ausdruck kommt. Die weiblich-nährende Facette des Vollmondes repräsentiert Hera (lateinisch ▶ Juno), Gemahlin des Zeus und Hüterin von Familie und Heim. Hekate schließlich, die Furcht erregende Göttin des Dunkels und des Todes, gehört zum Neumond. Sie ritt nachts auf schwarzen Pferden aus und brachte Alpträume. Unter allen anderen Gottheiten, so heißt es, hat Zeus niemanden mehr geachtet als sie.

Körper: Der Magen als Organ, das die Nahrung aufnimmt, die weibliche Brust als Symbol für Weiblichkeit mit der ihr innewohnenden Fähigkeit zu nähren sowie die Gebärmutter als Fortpflanzungsorgan stehen in direkter Verbindung zum Mondprinzip. Der Zusammenhang zwischen dem Mond und den Körperflüssigkeiten Lymphe, Muttermilch, Samenflüssigkeit sowie den Schleimhäuten ergibt sich aus der direkten Beziehung vom Mond zu Flüssigkeiten, wie er sich beispielsweise in Ebbe und Flut oder im Abnehmen und Steigen der Säfte von Pflanzen und Bäumen zeigt. Auch das vegetative (autonome) Nervensystem wird dem Mond zugeordnet, nämlich in seiner Eigenschaft als »Ausführungsorgan des unbewussten Geschehens«[51]. Interessanterweise galt das vegetative Nervensystem in der westlichen Medizin lange Zeit als nicht willentlich beeinflussbar. Indische Yogis haben allerdings gezeigt, dass das nicht der Fall ist.

Deutung: Der Mond gehört, zusammen mit der Sonne und dem Aszendenten, zu den drei wichtigsten Deutungsfaktoren im Horoskop. Als Gestirn, das ständig seine Gestalt ändert, ist der Mond das Symbol für Werden und Vergehen. In der Astrologie wird er, ebenso wie die Sonne, zu den sieben ▶ klassischen Planeten gerechnet. Er symbolisiert das empfangende Prinzip, dessen schöpferischer Akt darin besteht, etwas aufzunehmen, es umzuwandeln und dadurch etwas Neues hervorzubringen – so wie der Mond das Licht von der Sonne empfängt und einen silbrigen, geheimnisvollen Schein auf die Erde wirft.

Der Mond steht im Horoskop für die Gefühle, das Gemüt, für Stimmungen – dafür, wie man äußere Eindrücke verarbeitet. Er zeigt mit seiner Haus- und Zeichenstellung, wie jemand ganz unverstellt von Bewusstseinsprozessen spontan reagiert. So ist es naheliegend, dass kleine Kinder ihre Mondeigenschaften viel direkter ausleben. Zu Beginn des Lebens ist das Mondprinzip das wichtigste überhaupt. Frühestens ab dem siebten Lebensjahr bekommt das Sonnenprinzip mehr Gewicht. Manche betrachten erst die Pubertät als Übergang zum Sonnenprinzip (▶ Kinderastrologie).

Im späteren Leben weist die Mondstellung im Horoskop dann auf die Erfahrungen hin, die ein Mensch in der Kindheit gemacht hat. Als »inneres Kind« begleiten sie ihn oder sie ein Leben lang. So erklärt sich der Bezug des Mondes zur Vergangenheit, wobei man bei diesem Begriff nicht von einem linearen Zeitbegriff ausgehen kann (▶ Zeit). Vielmehr geht es um die Vergangenheit, die in die Gegenwart hineinwirkt. In der ▶ karmischen Astrologie sieht man den Mond auch als »Gefäß karmischer Erinnerungen der Seele«.[52]

Der Mond symbolisiert das Nachtbewusstsein, wie es sich in Träumen, aber auch kurz vor dem Einschlafen oder in nächtlichen Wachphasen manifestiert. Zugleich steht er für das Instinkthafte, für das, was einem Menschen Wohlbehagen verschafft, und für seine Bedürfnisse.

Der Mond stellt das weibliche Prinzip dar, und zwar die mütterlich-nährende Seite. Im engeren Sinn steht er im Horoskop eines Menschen für dessen Mutter. Der Umlauf des Mondes um die Erde steht in direktem Zusammenhang mit dem Menstruationszyklus der Frau. Im Horoskop einer Frau ist der Mond Teil ihrer weiblichen Identität, zusammen mit Venus. Entsprechend geben diese beiden Planeten im Horoskop eines Mannes Auskunft über dessen Frauenbild. Sofern eine Frau Kinder hat, sagt die Stellung des Mondes etwas über ihre Mutterschaft aus, ebenso über ihr(e) Kind(er). Somit spielt auch das Prinzip Geborgenheit bei der Mondinterpretation eine wichtige Rolle. Auf einer konkreten Ebene versinnbildlicht er die Wohnung bzw. das Zuhause.

Der Mond sagt nicht zuletzt etwas über den Körper eines Menschen aus. Dies erschließt sich, wenn man den Zusammenhang zwischen Körper und Gefühlen bedenkt (Psychosomatik).

Im Aspekt mit einem anderen Planeten oder einer ▶ Achse bezieht der Mond den betreffenden ▶ Horoskopfaktor in die Gefühlswelt mit ein.

Im ▶ Transit, der nur wenige Stunden spürbar ist, ist er Anzeiger von Stimmungen und Launen.

Im Horoskop eines Landes oder eines Politikers steht der Mond für das Volk. Der Mond ist Herrscher des Tierkreiszeichens Krebs und erhöht im Stier; im Steinbock befindet er sich im Exil und im Skorpion im Fall.

Mondfinsternis

Die ganze oder teilweise Verfinsterung des Mondes, zu der es kommt, wenn sich die Erde zwischen Sonne und Mond schiebt (▶ Finsternis). Dies kann nur geschehen, wenn sich Sonne und Mond in Opposition befinden, also Vollmond ist, und diese Opposition auf oder in der Nähe der Mondknotenachse (▶ Mondknoten) stattfindet. Der Fachbegriff lautet Vollmondeklipse.

Eine Mondfinsternis kann ein ▶ Auslöser sein, allerdings nicht so machtvoll wie eine Sonnenfinsternis.

Mondknoten

Symbol: ☊ (aufsteigender Mondknoten), ☋ (absteigender Mondknoten)

Astronomie: Die Mondknoten sind keine Himmelskörper, sondern die Schnittpunkte zwischen der (scheinbaren) Bahn der Sonne, der ▶ Ekliptik, und der Bahn des Mondes um die Erde. Die beiden Schnittpunkte liegen einander genau gegenüber und bilden somit eine ▶ Achse. Diese Schnittpunkte ergeben sich, da der Mond nicht dieselbe Bahn nimmt wie die Sonne, sondern vielmehr die Mondbahnebene gegenüber der Sonnenbahnebene (die real betrachtet die Erdbahnebene ist) um 5 Grad 9 Minuten geneigt ist (siehe Abbildung Seite 165). Der Mond befindet sich teilweise nördlich der Ekliptik, teilweise südlich davon. Wenn er bei seinem Umlauf die Ekliptik von Süden nach Norden überquert, so ist dies der aufsteigende oder nördliche Mondknoten, überquert er sie zwei Wochen später von Norden nach Süden, so ist dies der südliche oder absteigende Mondknoten.

Die Mondknoten bleiben jedoch nicht an einer Stelle, sondern sie bewegen sich rückwärts durch den Tierkreis. Für einen vollständigen Lauf durch den Tierkreis benötigen sie 18 Jahre, 7 Monate und 9 Tage. Da Neumond- und Vollmondstellungen in der Nähe oder auf der Mondknotenachse zu ▶ Finsternissen führen (Neumond zur Sonnenfinsternis, Vollmond zur Mondfinsternis), hatte man früher die bildhafte Vorstellung, dass die Sonne bzw. der Mond von einem Drachen verschlungen würden, was den beiden Mondknoten die bis heute gebräuchlichen Namen Drachenkopf (aufsteigender) und Drachenschwanz (absteigender Mondknoten) eintrug.

In den ▶ Ephemeriden sind Werte für den so genannten mittleren (englisch: mean) und/oder den wahren (englisch: true) Mondknoten angegeben. Ersterer stellt einen Mittelwert dar und ist immer rückläufig (▶ Rückläufigkeit). Der wahre Mondknoten hingegen ändert seine Laufrichtung ständig, bewegt sich aber alles in allem auch gegen den Tierkreissinn. Er entspricht übrigens nicht so exakt den astronomischen Tatsachen, wie das sein Name vermuten lässt – weil auch der Mond keine ganz exakte elliptische Bahn um die Erde beschreibt. Astrologen haben unterschiedliche Vorlieben: Manche arbeiten mit dem wahren Mondknoten, andere begnügen sich mit dem mittleren. Mehr als ungefähr 1,5 Bogengrad weichen beide ohnehin nicht voneinander ab.

In manchen Horoskopzeichnungen wird nur der aufsteigende Mondknoten eingezeichnet. Der absteigende befindet sich immer genau gegenüber von ihm.

Deutung: Die Mondknotenachse vereinigt symbolisch Sonne und Mond miteinander, weil sich hier Sonnen- und Mondbahn treffen. So geht es zunächst um die Begegnung zweier Pole. Der absteigende Mondknoten entspricht der Vergangenheit, sei dies die karmische (▶ karmische Astrologie), also das, was jemand aus vergangenen Leben mitbringt, oder die Vergangenheit dieses Lebens, die Kindheit. Man muss sich also nicht mit dem Gedanken von Karma und Wiedergeburt anfreunden, wenn man mit der Mondknotenachse arbeitet. Der absteigende Mondknoten zeigt auch das, was man ererbt hat. Der aufsteigende Mondknoten steht für die Zukunft, das, wohin sich ein Mensch entwickeln soll. Manchmal wird der aufsteigende Mondknoten Jupiter zugeordnet, der absteigende Saturn. Dies macht keinen Sinn, solange man diese beiden nach alter Manier als ▶ »Wohltäter« und »Übeltäter« bezeichnet. Es stimmt jedoch insofern, als es beim absteigenden Mondknoten um schwierigere Themen (▶ Schatten), auch um Zwänge geht, während der aufsteigende Mondknoten Wachstumsmöglichkeiten beinhaltet, sofern man sich den Problemen des Ersteren stellt. Es geht bei den Mondknoten nicht darum, den einen hinter sich zu lassen und dem anderen entgegenzueilen. Vielmehr soll es zu ei-

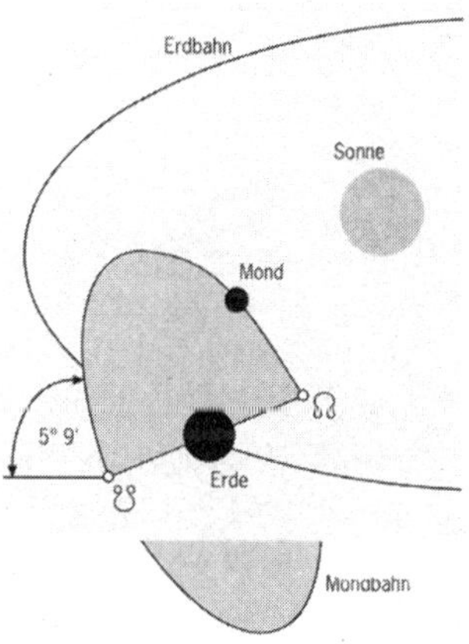

Die Mondknoten sind die Schnittpunkte der Mondbahn mit der Erdbahn.

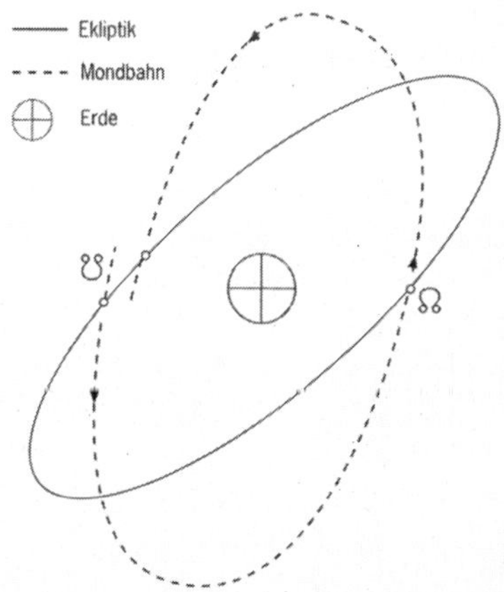

So stellen sich die Mondknoten aus der Sicht der Erde dar. Die Pfeile zeigen die Richtung der Mondbewegung an.

nem Ausgleich der beiden Pole kommen. Auf dieser Grundlage ist auch eine weitere Analogie zu verstehen: dass nämlich der aufsteigende Mondknoten sonnenhaft sei und der absteigende mondhaft. Die Mondknotenachse kann als ein übergeordnetes ▶ Thema im Horoskop angesehen werden. Die Hausstellung ist das Individuellere und Aussagekräftigere, aber auch die Stellung in den Tierkreiszeichen ist von Bedeutung.

Der absteigende Mondknoten spiegelt Kindheitserfahrungen wider, und zwar Themen, die dem Kind von früh auf vertraut sind. Es kann gewissermaßen schlafwandlerisch mit ihnen umgehen, woher auch der Eindruck rührt, es habe etwas aus einem anderen Leben in dieses mit hinübergerettet. Gerade weil das so selbstverständlich ist, besteht später immer wieder die Gefahr, dass man im Zweifelsfalle fast zwanghaft in die bewährte Verhaltensweise verfällt und sich nicht um Weiterentwicklung bemüht. Außerdem eckt das Kind und später der Erwachsene mit den zum absteigenden Mondknoten gehörenden Verhaltensweisen oft an, erlebt sich als unzulänglich und macht Mangelerfahrungen. Das Verhalten hier kann Suchtcharakter annehmen und bietet nur eine vermeintliche Sicherheit, keine wirkliche. Zugleich erscheint die Thematik des aufsteigenden Mondknotens wie ein leuchtendes Ideal, das eine Aufforderung darstellt, sich in diese Richtung hin zu entwickeln. Diese Aufforderung wird im Lauf des Lebens deutlicher vernehmbar, insbesondere im Alter von achtzehneinhalb und siebenunddreißig Jahren, wenn der transitierende Mondknoten wieder an die Geburtsposition zurückkehrt. Während die Thematik des absteigenden Mondknotens unbewusst ist, wird diejenige des aufsteigenden bewusst angegangen oder sollte es zumindest. Dies funktioniert jedoch nur dann in einer befriedigenden Weise, wenn man zu den Themen des absteigenden Mondknotens einen Ausgleich herstellt. Der aufsteigende Mondknoten zeigt ein anzustrebendes Ziel im Leben eines Menschen an.

Planeten am absteigenden Mondknoten oder im Quadrat zur Mondknotenachse sind in der Regel schwierig zu handhaben und werden auch oft als defizitär erlebt. Hier gilt es, neue Ausdrucksformen im Umgang mit ihnen zu finden. Der Schweizer Astrologe Claude Weiss meint dazu: »So wird vor allem derjenige, der fähig ist, seine Vergangenheit zurückzulassen, mit Planeten am absteigenden Mondknoten positiv umgehen können. Damit löst er den ursprünglichen Widerspruch zwischen absteigendem und aufsteigendem Mondknoten auf. Er erlebt dann den Planeten am absteigenden, wie wenn dieser am aufsteigenden Mondknoten wäre, weil er die Verhaftung an den linearen Zeitablauf hinter sich gelassen hat.«[53]

Planeten am aufsteigenden Mondknoten oder im harmonischen Aspekt zur Achse können dazu genutzt werden, das Neuland kennen zu lernen, das zu erkunden der aufsteigende Mondknoten auffordert.

Mondphase

Die verschiedenen Erscheinungsformen des Mondes, wie sie von der Erde aus wahrgenommen werden. Sie ergeben sich aufgrund der Konstellation zwischen Mond und Sonne. Die wichtigsten Mondphasen sind der Neumond, der zunehmende Halbmond, der ▶ Vollmond und der abnehmende Halbmond. Die Mondphasen haben frühzeitig die zyklische Erfahrung der Menschen mit der Zeit geprägt und den Anstoß gegeben, diese Erfahrungen zu systematisieren und zu zählen (▶ Kalender).

Monomörien

Die kleinste Einteilung des Tierkreises in Ein-Grad-Abschnitte, wobei jedem Grad eine bestimmte Bedeutung bzw. ein symbolisches Bild zugeordnet wird. Ein Beispiel dafür sind die ▶ Sabischen Symbole.

Morgenstern

Wenn der Planet Venus morgens am östlichen Himmel vor der Sonne aufgeht und sich im Tierkreis somit *hinter* der Sonne befindet, wird er Morgenstern genannt. Wenn also zum Beispiel die Sonne in der Waage ist und Venus in der Jungfrau, dann ist Venus Morgenstern. Auch der Planet Merkur kann Morgenstern sein, wenn er sich in diesem Verhältnis zur Sonne befindet. Wenn jedoch von *dem* Morgenstern die Rede ist, ist Venus gemeint. Als solcher wurde Venus früher Phosphoros, die Lichtbringerin, genannt.

Venus und Merkur können sich, da sie als einzige Planeten innerhalb der Erdumlaufbahn um die Sonne kreisen, aus der Sicht der Erde nur maximal 47 Grad (Venus) bzw. 28 Grad (Merkur) von der Sonne entfernen, befinden sich also, anders als die anderen Planeten, immer in deren Nähe. Von daher erklärt sich die Aufmerksamkeit, die früher der Frage gewidmet wurde, ob Venus, der als dritthellstem Gestirn nach Sonne und Mond das größte Interesse galt, nun vor der Sonne aufging oder nach der Sonne unterging. Wenn Venus und Merkur am westlichen Himmel nach der Sonne untergehen, werden sie ▶ Abendstern genannt. *Der* Abendstern ist wiederum Venus und wurde früher Hesperos genannt.

Deutung: Heute wird der Tatsache, ob es sich bei Venus und Merkur um Morgen oder Abendstern handelt, kaum Tribut gezollt. Diese Unterscheidung ermöglicht jedoch in der Deutung feinere Nuancen. Venus als Morgenstern verfügt eher über die Eigenschaften des Zeichens Stier – Venus ist ja Herrscherin (▶ Herrscher) zweier Tierkreiszeichen. Das gilt auch für Merkur, der sowohl in den Zwillingen wie in der Jungfrau in seinem ▶ Domizil ist. Ist er Morgenstern, so legt er eher die Eigenschaften des Zwillinge-Zeichens an den Tag.

Der Morgenstern bringt, allgemein gesagt, als Künder des Tages mehr die extrovertierten Seiten des jeweiligen Planeten zum Vorschein.

Münchner Rhythmenlehre

Eine von dem Münchner Astrologen Wolfgang Döbereiner entwickelte Schulrichtung, die sich stark von allen anderen astrologischen Schulen abgrenzt. Ihr zufolge lässt sich aus dem Geburtshoroskop der Lebensplan rhythmisch erschließen.

Die Lehre geht davon aus, dass sich die Entwicklung eines Menschen in Siebenjahresrhythmen vollzieht. Beginnend am Aszendenten geht es dabei im Uhrzeigersinn zunächst (die ersten 7 Lebensjahre) durch das zwölfte, dann das elfte (die zweiten 7 Lebensjahre), das zehnte (die dritten 7 Lebensjahre), das neunte Haus (die vierten 7 Lebensjahre) usw. Grundlage ist das ▶ Häusersystem von Placidus. Für eine detailliertere Betrachtung wird die Gradzahl eines Hauses durch sieben geteilt, sodass einzelne Jahre und kleinere Zeiträume sichtbar gemacht werden können. Der individuelle ▶ Häuserherrscher ist nicht der Herrscher des Tierkreiszeichens, das die ▶ Häuserspitze anschneidet, sondern derjenige, der das nachfolgende Haus anschneidet. Da man gegen den Tierkreissinn vorgeht, ist dies sozusagen die Häuserspitze. Befindet sich in dem Haus ein weiteres Tierkreiszeichen, so ist dessen Herrscher der Mitherrscher des Hauses. Zu ▶ Auslösungen, die den Verlauf der Entwicklung verdeutlichen, kommt es auf unterschiedliche Weise. Für die Horoskopinterpretation gibt es einige Besonderheiten: so die Betonung der vier ▶ Quadranten und die ihnen zugesprochenen Bedeutungen sowie die ▶ Solarhoroskope. Letztere gelten nicht nur wie allgemein üblich für eine Periode von zwölf Monaten zwischen zwei Geburtstagen, sondern sie werden auch als Analogie für den Siebenjahresrhythmus angesehen. So ist zum Beispiel das Solarhoroskop für das dritte Lebensjahr ein Abbild für das dritte Lebensjahrsiebt. Es wird Septar genannt. Döbereiner nennt den Aszendenten »das zur Verfügung stehende Material«, die Sonne »die Verwirklichung« und das Medium coeli »das unbeabsichtigt Erwirkte«. Eine besondere Aussagekraft misst er den Häuserherrschern bei.

Der Astrologe Christoph Schubert-Weller sieht Döbereiners Verdienst vor allem darin, »die Zeithaftigkeit des Horoskops noch verschärft sichtbar gemacht zu haben«.[51]

Mundanastrologie

Derjenige Bereich der Astrologie, der bestimmte Gebiete, Orte und Länder der Erde zum Thema hat (Gegensatz: ▶ Individualastrologie). Der Begriff stammt vom lateinischen *mundus* (Welt). Dabei geht es um die Analyse von Naturkatastrophen, aber ebenso von politischen und wirtschaftlichen Entwicklungen (▶ Wirtschaftsastrologie) und nicht zuletzt um die ▶ astrologische Geschichtsbetrachtung.

Für die Betrachtung weltweiter Prozesse sind zunächst von Bedeutung:

- ▶ Zyklen der Planeten, wozu auch Vollmond und Neumond gehören
- ▶ Finsternisse
- ▶ Ingresse (Eintritte der Planeten in ein neues Zeichen)
- ▶ Astro * Carto * Graphy

Um konkreter werden zu können, werden Horoskope von Kollektiven hinzugezogen. Hierzu benötigt man einen klar definierten Anfang, wie er zum Beispiel durch eine Vertragsunterzeichnung, die Ausstellung einer Gründungsurkunde oder ein Ritual markiert wird. Auf diesen Beginn wird ein Horoskop erstellt. Für Staaten gelten in der Regel mehrere Horoskope (etwa die Ausrufung der Verfassung, der Beginn einer Regierung, ▶ Länderhoroskop), was deren Komplexität eher gerecht wird als ein einzelnes Horoskop. Die Mundanastrologie hat die astrologische

Frühgeschichte geprägt. Bis zur Antike galt das Individuum wenig. Es war eingebunden in die Gemeinschaft, und dieser Gemeinschaft hatte die Astrologie zu dienen. Selbst Horoskope für individuelle Oberhäupter erhielten ihre Legitimität nur aus deren Bedeutung für die Gemeinschaft. Die Astrologen spielten zu der Zeit eine bedeutende gesellschaftliche Rolle. Von ihnen wurde erwartet, dass sie Gefahren vorhersagen und Ratschläge zu ihrer Abwehr erteilen konnten. Auch Kriegszüge waren ohne die Konsultation von Astrologen kaum denkbar.
Im Zuge der extremen Individualisierung der Gesellschaft in der abendländischen Welt hat die Mundanastrologie ihre Bedeutung dort weitgehend verloren; ihr Einfluss auf die gesellschaftliche Entwicklung ist nahezu vollständig verschwunden. Vor allem in astrologischen Fachkreisen wird sie noch praktiziert. Politiker, die bei weltpolitischen Entscheidungen den Rat von Astrologen suchen – wie das zum Beispiel von US-Präsident Ronald Reagan bekannt war –, stoßen auf Unverständnis. In Asien ist die Bedeutung der Mundanastrologie ungebrochen. In Indien oder China würden Staatsmänner eher auf Unverständnis stoßen, wenn sie nicht den Rat von Astrologen in den Staatsgeschäften suchten.

Mutterpunkt

Einer der ▶ sensitiven Punkte im Horoskop. Er errechnet sich bei Taggeburten, indem zu der Gradzahl des ▶ Aszendenten die des Mondes hinzugefügt und die der Venus abgezogen wird. Bei Nachtgeburten wird die Gradzahl der Venus zu der des Aszendenten hinzugefügt und die des Mondes abgezogen. Näheres zur Berechnungsweise ist unter dem Stichwort sensitiver Punkt nachzulesen. Der Mutterpunkt hat nichts mit der konkreten Mutter des Horoskopeigners zu tun. Er zeigt den Ort im Horoskop an, an dem die mit Mutterschaft verbundenen Energien – Nähren, Fürsorge, emotionale Geborgenheit, Loslassen – besonders angesprochen sind. Eventuelle Aspekte zu Planeten geben Hinweise darauf, wie diese Energien zum Ausdruck finden können.

Mystisches Rechteck

Eine ▶ Aspektfigur, bei der zwei Planetenpaare (A und B sowie C und D) jeweils eine Opposition (180 Grad) bilden. A und D sowie C und B befinden sich jeweils im Sextil (60 Grad) zueinander, A und C sowie D und B im Trigon (120 Grad). Die Figur gleicht einem Briefumschlag, weshalb sie gelegentlich auch so genannt wird.
Mit den in den beiden Oppositionen enthaltenen Spannungen kann der Horoskopeigner durch die Trigone und Sextile leichter umgehen: Die Opposition zwischen A und B kann mit den Planeten C und D, die jeweils ein Trigon und ein Sextil zu ihr bilden, »entschärft« werden; C und D bieten die Möglichkeit eines Umwegs, der einen konstruktiven Umgang auf relativ leichte Weise zur Verfügung stellt. Das Gleiche gilt für die Opposition zwischen C und D: Hier helfen A und B. Dane Rudhyar nennt diese Figur ein Symbol für »praktischen Mystizismus«.[55]

Mythologie

Die Gesamtheit der Erzählungen und Geschichten, die eine göttliche Ordnung zum Thema haben: In den Mythen werden die Entstehung der Welt und das Handeln der Menschen auf das Wirken von Göttern zurückgeführt. Mythologie bewegt sich zwischen der Geschichtsschreibung, die über vergangene Ereignisse berichtet, und der Dichtung, die fiktive Themen umfasst. Das erschwert bisweilen ihr Verständnis.

Mythen sind nicht im engeren Sinne wahr, beinhalten aber universelle Wahrheiten und Erfahrungen, die in eine allgemein verständliche Bildersprache gekleidet werden. Der Begriff geht auf das griechische mythos (Wort, Rede, Sage) zurück. Die Tiefenpsychologie betrachtet die Mythologie als Zugang zum so genannten kollektiven Unbewussten. Besonders ▶ C. G. Jung hat sich mit dem Thema intensiv auseinander gesetzt.

Auch für die Astrologie hat die Mythologie viel zu bieten. Die Namen der Planeten entstammen der griechischen Mythologie, auch wenn sie aufgrund der politischen Dominanz der Römer in der lateinischen Variante erscheinen. Der Verbindung der Planeten mit den olympischen Göttern der antiken Mythologie liegt ein tiefer Sinn zugrunde. Die universellen Prinzipien, für die der Göttervater Zeus (Jupiter), dessen Vater Kronos (Saturn), der Kriegsgott Ares (Mars), die Göttin der Ästhetik und Liebe Aphrodite (Venus), der Götterbote Hermes (Merkur) und andere stehen, wurden in den entsprechenden Planeten wieder entdeckt: beispielsweise anhand ihrer Helligkeit, ihrer Färbung oder des Verlaufs ihrer Zyklen.

Nachthälfte

Bei der üblichen Darstellung des Horoskops (▶ Horoskopzeichnung) die unterhalb der Aszendent/Deszendent-Achse befindliche Hälfte (siehe Abbildung). Sie besteht aus dem ersten bis sechsten Haus bzw. dem ersten und zweiten ▶ Quadranten. Ihr zentraler Punkt ist das ▶ Imum coeli.

Die Nachthälfte gilt als die nach innen gerichtete Hälfte des Horoskops. Zeichen und Planeten in dieser Hälfte geben Auskunft über das Innenleben und die unbewusste Seite des Horoskopeigners. Das Gegenstück zur Nachthälfte ist die Taghälfte.

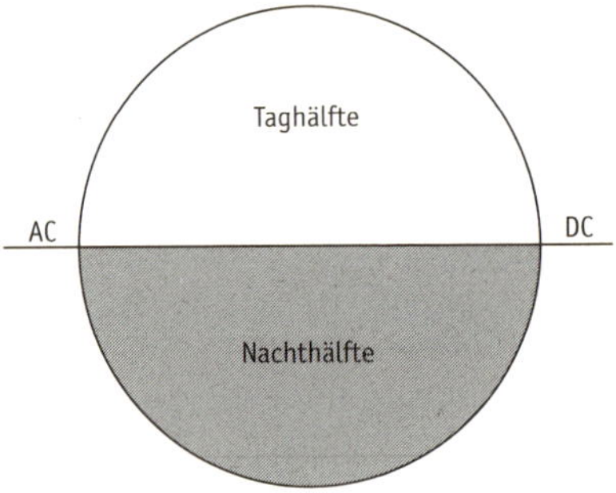

Die Achse Aszendent/Deszendent teilt das Horoskop in eine Tag- und eine Nachthälfte.

Nadir

Fußpunkt. Der Schnittpunkt zwischen der ▶ Himmelskugel und dem von einem bestimmten Ort auf der Erde aus nach unten – also durch die Erde hindurch – gefällten Lot. Der Nadir befindet sich somit senkrecht unter dem Beobachtungsort. Dem Nadir liegt der ▶ Zenit gegenüber. Er wird vielfach fälschlicherweise mit dem ▶ Imum coeli gleichgesetzt.

Naibodschlüssel

Eine Methode, den ▶ Sonnenbogen, also die Strecke, die die Sonne täglich zurücklegt, mit einem Mittelwert zu berechnen. Diesem Schlüssel liegt folgender Wert für die Tagesstrecke der Sonne zugrunde: 59 Bogenminuten und 8,33 Bogensekunden.

Native(r)

Der so genannte Horoskopeigner, also derjenige, von dessen Horoskop die Rede ist. Der Ausdruck geht auf den Begriff Nativität zurück und ist in modernen Texten kaum mehr zu finden.

Nativität

Veralteter Ausdruck für ▶ Geburtshoroskop.

Nebenaspekt

Jeder Aspekt, der kein ▶ Hauptaspekt ist, also alle außer Konjunktion, Opposition, Quadrat, Trigon und Sextil. Bei der Deutung sind die Nebenaspekte den Hauptaspekten untergeordnet (▶ Aspekt). Nebenaspekte sind:

- ▶ Halbsextil (30 Grad)
- ▶ Quinkunx (150 Grad)
- ▶ Quintil (72 Grad)
- ▶ Biquintil (144 Grad)
- ▶ Halbquadrat bzw. Oktil (45 Grad)
- ▶ Anderthalbquadrat (135 Grad)
- ▶ Halbquintil bzw. Dezil (36 Grad)
- ▶ Septil (51 Grad 26 Minuten)
- ▶ Nonagon bzw. Nonil oder Novil (40 Grad)

Seltener findet man noch folgende Aspekte:

- ▶ Semihalbquadrat (22,5 Grad)
- ▶ Bilin (75 Grad)
- ▶ Trilin (105 Grad)
- ▶ Tridezil (108 Grad)
- ▶ Tao (165 Grad)

Neptun

Symbol: Ψ

Astronomie: Neptun ist, wie Uranus und Pluto, ein transsaturnischer Planet, also einer der Planeten, die erst in der Neuzeit dank moderner Teleskope entdeckt wurden. Das geschah am 23. September 1846 durch Johann Gottfried Galle, nachdem Joseph Le Verrier aufgrund von Störungen der Uranusbahn bereits die Position eines weiteren Planeten berechnet hatte. Neptun hat vermutlich – ganz gesichert ist diese Angabe auch heute noch nicht – einen Äquatordurchmesser von 49.530 Kilometern und ist damit fast viermal so groß wie die Erde. Sein mittlerer Abstand von der Sonne beträgt 4.519 Millionen Kilometer. Für einen siderischen Umlauf um die Sonne benötigt er fast 164 Jahre. Die ▶ Tagesbewegung beträgt maximal 2,04 Bogenminuten, im

Triumph des Neptun, römisches Mosaik 3. Jahrh. (Archäologisches Museum Sousse, Tunesien).

Durchschnitt sind es 22 Bogensekunden.

Wie Saturn, so hat auch Neptun ein Ringsystem. Beeindruckend ist seine tief blaue Farbe, die erst durch Bilder von »Voyager 2« im Jahr 1989 erkannt wurde – lange, nachdem man ihm den Namen des römischen Meeresgottes gegeben hatte.

Mythologie: Poseidon (lateinisch Neptun) war der Herrscher über die Meere. Er und seine Brüder Zeus (Jupiter), der Herr des Himmels, sowie Hades (Pluto), der Herr des Totenreiches, hatten nach der Entmachtung ihres Vaters Kronos das Universum unter sich aufgeteilt. Neptun lebte in einem unterirdischen Palast mit seiner Frau Amphitrite. In vielem ähnelte er seinem Bruder Zeus. Er suchte zahlreiche Liebesabenteuer und bediente sich der Gewalt oder der List, wenn die Frauen ihn nicht begehrten. Zudem besaß er einen sehr emotionalen, aufbrausenden Charakter. In seinem Streitwagen raste er mit hoher Geschwindigkeit durch das Meer. Wo er auftauchte, drohten Erd- oder Meeresbeben und schwere Stürme. Wenn er sich von den Menschen nicht genug beachtet fühlte, strafte er sie mit Überschwemmungen.

Aufgrund seiner emotionalen Art konnte er sich nie damit abfinden, dass sein Bruder Zeus den Himmel als Machtbereich bekommen hatte. Immer wieder versuchte er mit Hilfe anderer Götter, bisweilen sogar mit Zeus' Gattin Hera, den Göttervater zu stürzen. Letztlich blieben all diese Versuche aber vergebens.

Poseidon hatte jedoch auch eine andere Seite. Er konnte ausgesprochen mitfühlend und hilfsbereit sein. Um den Menschen neuen Lebensraum zu geben, schuf er die Landschaft Thessalien, die zuvor ein großes Meer gewesen war. Viele Seeleute rettete er vor dem Ertrinken. Zudem machte er Kastor und Polydeukes (▶ Zwillinge) zu Schutzpatronen der Schifffahrt. Durch seine Hilfe waren sie in der Lage, Stürme zu bändigen. Schließlich riefen ihn die Menschen auch um Schutz gegen Erdbeben an.

Körper: Neptun wird die Hypophyse (Hirnanhangdrüse) zugeordnet, dort, wo man das so genannte dritte Auge lokalisiert. Es verschafft tiefere Einsichten, die über das mit den Sinnen Wahrnehmbare hinausgehen. An der selben Stelle befindet sich auch nach alter indischer Auffassung der Sitz des Stirn-Chakras, eines der feinstofflichen Energiewirbel des Körpers. Das Stirn-Chakra symbolisiert unter anderem All-Liebe. Erwähnenswert ist in diesem Zusammenhang auch, dass in der Hypophyse von Fischen und Chamäleons ein Hormon produziert wird, das es diesen ermöglicht, ihre Farbe der Umgebung anzupassen.

Deutung: Zusammen mit Uranus und Pluto ist Neptun einer der drei ▶ geistigen Planeten, die über die Grenzen der Materie, die von Saturn symbolisiert wird, hinausweisen. Dem Charakter dieses Planeten entsprechend, ist das typisch Neptunische nur schwer in Worte zu fassen. Während Uranus die von Saturn gesetzten Grenzen durchbricht und eine neue Dimension erschließt, löst Neptun diese Grenzen unmerklich, aber nachhaltig auf, so wie Wasser Felsen auflösen kann. Er steht für die Sehnsucht des Menschen, in etwas Größerem aufzugehen, für Transzendenz und Spiritualität. Er ist Symbol für die Inspiration.

Durch seine langsame Umlaufzeit bleibt er durchschnittlich fast vierzehn Jahre in jedem Tierkreiszeichen. Im Horoskop von Menschen einer Generation steht er daher im selben Zeichen. Deshalb ist im individuellen Horoskop seine Zeichenstellung weniger charakteristisch als die Hausstellung. Letztere zeigt den Bereich an, wo ein Mensch Zugang zu den höheren, nicht konkret fassbaren Schwingungen des Daseins hat, wo er sich von seiner inneren Stimme leiten lassen und Urvertrauen entwickeln kann. Die Hausstellung sagt aber auch etwas darüber aus, wo der Betreffende sich Täuschungen hingibt und Enttäuschungen erlebt, wo er möglicherweise Suchtverhalten an den Tag legt und die Dinge mit einer rosaroten Brille betrachtet.

Im Aspekt mit einem anderen Planeten oder mit einer ▶Achse sensibilisiert Neptun den betreffenden ▶Horoskopfaktor. Er kann im angesprochenen Bereich Illusionen ebenso wie Desillusionierungen anzeigen.

Im ▶Transit löst er bisherige Strukturen auf, sofern sie überholt sind. Neptun ist Herrscher des Zeichens Fische und in der Jungfrau im Exil. Erhöht ist er im Krebs und im Steinbock im Fall.

Nessus

Symbol: 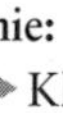

Astronomie: Einer der ▶Kentauren unter den ▶Kleinplaneten. Die Kentauren nehmen wohl eine Zwischenstellung zwischen ▶Kometen und ▶Asteroiden ein. Nessus bewegt sich zwischen der Saturn- und der Plutobahn. Entdeckt wurde er am 26. April 1993 im US-amerikanischen Kitt Peak, Tucson, von David L. Rabinowitz. Sein geschätzter Durchmesser beträgt 58 Kilometer, der mittlere Sonnenabstand 3 663,7 Millionen Kilometer. Für einen siderischen Umlauf auf einer stark elliptischen, exzentrischen Bahn benötigt er 121 Jahre.[56]

Im April 1997 benannte ihn die Internationale Astronomische Union aufgrund eines Vorschlags von Astrologen nach einem der Kentauren aus der griechischen Mythologie – ein bis dahin nicht gekannter Vorgang.[57] Nessus ist noch weniger erforscht als die beiden früher entdeckten Kentauren ▶Chiron und ▶Pholus.

Mythologie: Nessos (griechische Schreibweise) ist einer der Kentauren, halb mensch-, halb pferdegestaltigen Wesens, doch ist er nicht so gemäßigt wie Chiron und Pholos.

Nessos traf Herakles und dessen zweite Frau Deianeira, als sie das Reich von König Oineus, Deianeiras Vater, verlassen mussten. Herakles hatte nämlich versehentlich dessen Mundschenk erschlagen. Der Hochwasser führende Fluss Euenos versperrte den Flüchtenden den Weg. Deshalb bot sich Nessos an, Deianeira heil auf die andere Seite zu bringen. Mitten im Wasser versuchte er jedoch, sie zu vergewaltigen. Herakles nahm daraufhin sofort einen seiner giftigen Pfeile und schoss ihn auf Nessos. Der Sterbende heuchelte Reue für seine Tat und versprach Deianeira, mit dem Blut aus seiner Wunde könne sie sich die Liebe ihres Mannes sichern. So fing sie das Blut auf und bewahrte es bei sich. Viele Jahre später fürchtete Deianeira, Herakles an Iole zu verlieren. Sie tränkte deshalb sein Gewand mit dem Blut und tötete ihn damit, ohne es zu wissen. Das Gewand war von Nessos' Blut vergiftet und zerfraß Herakles unter großen Qualen. Da stürzte er sich in ein Feuer und verbrannte. Als seine Frau sah, was sie angerichtet hatte, tötete sie sich ebenfalls. Nessos' Rache war vollendet, allerdings nur auf der äußeren Ebene. Der Verbrennungstod von Herakles reinigte ihn von allen irdischen Verfehlungen. Die Götter des Olymp nahmen ihn auf und verliehen ihm Unsterblichkeit.

Deutung: Über Nessus gibt es noch kaum astrologische Forschungen. Er repräsentiert in Analogie zu seiner Bahn, die bis zu Pluto reicht, die plutonischen Themen unter den Kentauren. Bei ihm geht es um Gewalt, Schuld, Rache, Sühne und Erlösung. Niemand ist unschuldig in dem Mythos: Herakles nicht, weil er sich nach einem Totschlag auf der Flucht befand; Nessus nicht, weil er Herakles' Frau vergewaltigen wollte, und Deianeira nicht, weil sie ihren Mann mit ihrer Eifersucht, ohne es zu ahnen, in den Tod geschickt hat. Insofern lehrt Nessus, von Schuldzuweisungen Abstand zu nehmen. Unethisches Verhalten kommt nicht nur bei den anderen vor. Keiner kann sich davon freisprechen. Wer für seine eigene Gerechtigkeit sorgen will, schadet sich am Ende selbst. Um von der Schuld befreit zu werden, muss man sie annehmen und Sühne leisten. Dann kommt es zur Erlösung.

Neue Planeten

Durch die erhebliche Verbesserung der Teleskope in der zweiten Hälfte des 20. Jahrhunderts ist es der Astronomie gelungen, ein viel genaueres Bild von unserem Sonnensystem zu erhalten. In dem Zusammenhang wurden in den letzten Jahrzehnten immer wieder ▶ Kleinplaneten entdeckt. Hier seien genannt:

- die ▶ Kentauren. Dies ist eine Gruppe von Kleinplaneten, die vermutlich ein Zwischending zwischen ▶ Asteroiden und ▶ Kometen sind. Der erste der Kentauren war der am 1. November 1977 entdeckte ▶ Chiron. Bis heute wurden viele mehr entdeckt und inzwischen auch zahlreiche davon mit mythologischen Kentaurennamen bedacht (darunter ▶ Pholus und ▶ Nessus). Die exzentrischen Bahnen der Kentauren verlaufen im Bereich zwischen Jupiter und Pluto.
- Der ▶ Kuiper-Gürtel. Dies ist ein Ring von möglicherweise einigen Zigtausend Kleinplaneten jenseits der Neptun- und Plutobahn. Wenige Dutzend von ihnen wurden bislang identifiziert. Der Gürtel wurde in den Neunzigerjahren entdeckt und seine Erforschung ist noch lange nicht abgeschlossen.

In den letzten Jahren haben einige Neuentdeckungen von sich reden gemacht: darunter Varuna (entdeckt 2000, Durchmesser 450 bis 750 Kilometer), ▶ Quaoar (2002, ca. 1.250 Kilometer), Sedna (2003, ca. 1.800 Kilometer), Orcus (2004, 1.600 bis 1.800 Kilometer) und ▶ Eris (2005, ca. 2.400 Kilometer). All diese Himmelskörper gehören dem Kuiper-Gürtel an, mit Ausnahme von

Sedna, die weit außerhalb dieses Kleinplanetenrings kreist, vermutlich am inneren Rand der so genannten Oortschen Wolke, die sich am äußersten Rand unseres Sonnensystems befindet. Auch in Zukunft ist mit weiteren, möglicherweise noch spektakuläreren Entdeckungen zu rechnen.

Die Entdeckung Quaoars sorgte schon deshalb für Aufsehen, weil er der größte Himmelskörper seit der Entdeckung Plutos war (1930 – Plutos Durchmesser beträgt 2.320 Kilometer). Diesen Status behielt er jedoch nicht sehr lange: Mit Eris wurde ein Himmelskörper entdeckt, der Pluto, den kleinsten Planeten unseres Sonnensystems, an Größe übertraf.

Schon früher hatte immer wieder die Frage im Raum gestanden, ob ein gerade entdeckter Himmelskörper jener geheimnisvolle »zehnte (astronomische) Planet« sei, dessen Entdeckung man über kurz oder lang erwartete. Die Internationale Astronomische Union (IAU) entschied sich jedoch dagegen, Eris den Status eines Planeten zu verleihen. Im Zuge der anstehenden Neuordung erkannte sie im August 2006 Pluto den Status als Planet ab und ordnete ihn der neu geschaffenen Kategorie der ▶ Zwergplaneten zu – eine Entscheidung, die auf die astrologische Deutung von Pluto nach bisherigen Erkenntnissen übrigens kaum Auswirkungen hat. Der Begriff ▶ Planet hat in der Astrologie ohnehin eine andere Bedeutung als in der Astronomie. So gilt etwa Chiron in der Astrologie als Planet.

Die Reaktion der Astrologen auf die neuen Entdeckungen ist in aller Regel verhalten. Neben der grundsätzlichen Skepsis, das System beliebig zu erweitern und dann möglicherweise den Blick für das Wesentliche zu verlieren, besteht ein weiteres Hindernis darin, dass relativ wenig über die neu entdeckten Himmelskörper bekannt ist. Anders sieht es mit Chiron aus. Immer mehr Astrologen beziehen ihn in ihre Arbeit mit ein. Auch über Pholus liegt schon ein eigenes Buch vor[58]. Ob es sich im einzelnen Fall um eine Zeiterscheinung handelt oder um eine allgemein akzeptierte Erweiterung der Deutungsbasis, ist von Fall zu Fall zu beobachten. Selbstverständlich verfahren Astrologen hier auch nach individuellen Spezialgebieten und Vorlieben.

Als Anregung, wie wir Astrologen mit den neuen Planeten umgehen sollen, seien hier einige Vorschläge wiedergegeben. Zunächst Ernst Ott: »Wir deuten vorerst weiterhin nur ein einziges Objekt aus diesem ganzen Gürtel (Kuiper-Gürtel), nämlich Pluto. Wir erkennen in ihm aber eine neue Seite: Er ist das Eingangstor zu einem ganzen Kosmos von weiteren Wesen. So wie Pluto in der Mythologie der Herr des Hades ist und über zahlreiche Schatten regiert, so ist das astrologische Symbol Pluto der Schlüssel zu einer für Sterbliche kaum unterscheidbaren Vielzahl von Schatten, die sich hinter ihm bewegen.«

Rolf Baltensperger diskutiert die verschiedenen möglichen Kriterien für die Aufnahme eines neuen Planeten in den astrologischen Deutungskanon. Jedes der von ihm genannten Kriterien ist auf seine Weise überzeugend, kann aber nicht durchgängig angewandt werden, wie Baltensberger ausführt. Immer wieder stoßen wir auf Widersprüchlichkeiten. Die Kriterien können aber immerhin als Anhaltspunkte dienen:

- *Es handelt sich bei einem (Klein-) Planeten um das erste entdeckte Element einer Klasse* (zum Beispiel Chiron als erster Kentaur, Ceres als erster Asteroid usw.). Nachteil: Die Definition einer neuen Klasse von Planeten ist nicht immer eindeutig festgelegt.
- *Größe.* Hier gäbe es verschiedene Möglichkeiten – Durchmesser, Masse oder der Helligkeitseindruck von der Erde aus. Je nachdem, welches Kriterium man davon in den Vordergrund stellt, erntet man auch hier Widersprüchlichkeiten.
- *Von Astronomen definierte Planeten.* Dies ist schon wegen der unterschiedlichen Definition von Planeten seitens Astronomen und Astrologen schwierig. Und die jüngste Neudefinition von Körpern im ▶ Sonnensystem (August 2006) ist ja selbst unter Astronomen umstritten.
- *Die Zeit ist reif für ein Thema.* Ob sich dieses Kriterium auch auf die Vielzahl an Neuentdeckungen anwenden lässt, darüber darf man sich in den nächsten Jahren Gedanken machen. Der amerikanische Astrologe Steven Forrest plädiert dafür, dass dieses Kriterium gelte, denn das Einzige, was heute noch genauso stimme wie vor 2.000 Jahren, sei das hermetische Gesetz, das da besagt: Wie oben, so unten (▶ Hermes Trismegistos); damals wie heute spiegele die Struktur des Sonnensystems diejenige des menschlichen Geistes. Unser Leben heute, so Forrest, sei viel komplexer als früher.

Hier ist für die Zukunft viel Diskussionsstoff gegeben![59]

Neumond

Die Phase des Mondes, in der er von der Erde aus nicht sichtbar ist. Astrologisch handelt es sich um eine Konjunktion zwischen Sonne und Mond. Die Energien beider Zeichen – geistiges Bewusstsein und emotionale Geborgenheit – wirken gebündelt. Welche von beiden dominant ist, hängt von dem Zeichen ab, in dem die Konjunktion stattfindet. In einem ▶ Wasserzeichen oder ▶ Erdzeichen erhält die Mond-Energie Unterstützung; in einem ▶ Feuerzeichen oder ▶ Luftzeichen diejenige der Sonne. Darüber hinaus spielt auch die Aspektierung durch andere Planeten bei der Deutung eine Rolle. Auf einer allgemeineren Ebene ist der Neumond ein Symbol für den Neuanfang.

Vor allem in der ▶ esoterischen und in der ▶ karmischen Astrologie wird diese Symbolik als Allegorie für die Existenz schlechthin betont. Demnach stirbt der Mond, geht in das Paradies der Sonne ein und wird schließlich wiedergeboren. Die Menschen vieler Kulturen betrachteten und betrachten das Wiederauftauchen der Mondsichel als besonderes Ereignis. Zum Neumond kann eine Sonnenfinsternis (▶ Finsternis) immer dann entstehen, wenn die Konstellation auf oder in der Nähe der Mondknotenachse stattfindet (▶ Mondknoten).

Neuntes Haus

Analoges Tierkreiszeichen: Schütze
Herrscherplanet: Jupiter
Element: Feuer
Qualität: veränderlich
Quadrant: dritter Quadrant, Taghälfte
Deutung: Das neunte Haus steht für die Sinnfindung im Leben, sei dies durch

Religion oder durch Philosophie. Beides dient auch der Bewusstseinserweiterung, die ebenso durch die Beschäftigung mit anderen Ländern und Kulturen geschehen kann. Deshalb nennt man das neunte auch das Haus der großen Reisen im Unterschied zum gegenüberliegenden dritten Haus, in dem es um die kleinen Reisen geht. Im neunten Haus will man über den Tellerrand hinausschauen und seinen Horizont erweitern.

Über das Weltbild eines Menschen sagen das Zeichen an der Spitze des neunten Hauses (▶ Häuserspitze) und etwaige in ihm vorhandene Planeten etwas aus. Auch Moral, Ethik und – das übergeordnete – Recht sind Themen dieses Hauses, außerdem höhere Bildung und Universitäten.

Da das Denken, wie es im neunten Haus zum Ausdruck kommt, etwas mit Abstraktionsvermögen, Bild- und Symbolhaftigkeit zu tun hat, werden ihm auch Rituale und Zeremonien zugeordnet, in denen es gerade um die Verdichtung der Realität geht.

Schließlich steht das neunte Haus auch für Visionen, die etwas von der Zukunft erahnen lassen bzw. diese überhaupt erschaffen.

New Age

Der Glaube an ein »neues Zeitalter«, so die wörtliche Übersetzung, das anbricht, wenn der ▶ Frühlingspunkt in seinem rückläufigen Durchgang durch die Ekliptik (▶ platonisches Jahr) das Fischezeichen verlässt und in den Wassermann eintritt. Über den genauen Beginn des ▶ Wassermannzeitalters gehen die Meinungen weit auseinander. New-Age-Vertreter sind der Ansicht, dass wir heute Lebenden die Übergangsphase zum Wassermannzeitalter erleben. Geht man davon aus, dass sich der ▶ Frühlingpunkt derzeit auf etwa 6 Grad Fische im ▶ siderischen Tierkreis befindet (▶ Ayanamsha), so ist es allerdings bis zum Wechsel ins Wassermannzeichen noch sehr lange hin: ungefähr 430 Jahre.

Nonagon

Ein Aspekt, bei dem sich zwei Planeten im Winkelabstand von 40 Grad zueinander befinden. Er wird auch als Nonil oder Novil bezeichnet. Das Nonagon gilt als ▶ Nebenaspekt und findet in der praktischen Deutung wenig Beachtung. Es kann mit einem ▶ Orbis von 1 bis 2 Grad berechnet werden. Das Nonagon ist nach Dane Rudhyar ein Symbol für einen »Prozess der Schwangerschaft, mit dessen Hilfe die Idee oder wunderbare Form in einen Zustand der organischen Lebensfähigkeit gebracht wird«[60]. Eine Verbindung durch ein Nonagon kann anzeigen, dass eine Herausforderung oder ein Zyklus zu einem Ende gekommen ist und etwas Neues ansteht. Es gehört allerdings viel Sensibilität dazu, einen solchen Aspekt zu spüren. Allein die unterschiedlichen Bezeichnungen deuten an, dass dieser Aspekt keine große allgemein verbindliche Rolle in der Deutungskultur spielt.

Nonil

Synonym für ▶ Nonagon.

Nördlicher Mondknoten

Derjenige der beiden Schnittpunkte von Sonnenbahn (▶ Ekliptik) und Mondbahn, den der Mond bei seinem Umlauf von Süden nach Norden überquert. Synonym: aufsteigender Mondknoten. Gegenüber liegt der südliche oder absteigende Mondknoten (▶ Mondknoten).

Novil

Synonym für ▶ Nonagon.

Null-Meridian

Derjenige ▶ Meridian, der durch Greenwich, einen Stadtbezirk von London, führt (Abbildung Seite 42). Die 360 Meridiane, also die geographischen Längengrade, werden vom Null-Meridian aus gezählt, und zwar westlich des Null-Meridians als 0 bis 180 Grad westlicher Länge, östlich davon als 0 bis 180 Grad östlicher Länge.

Obere Konjunktion

Die Konjunktion von Merkur oder Venus mit der Sonne, die von der Erde aus gesehen hinter der Sonne stattfindet. Die Umlaufbahnen dieser beiden Planeten befindet sich innerhalb derjenigen der Erde, weshalb sie auch ▶ innere Planeten genannt werden – alle anderen Planeten umkreisen die Sonne außerhalb der Erdumlaufbahn, weil sie von der Sonne weiter entfernt sind als die Erde (Abbildung Seite 229). Aufgrund dieses Tatbestandes ergibt sich für Merkur und Venus folgendes Phänomen: Wenn sie aus der Sicht der Erde eine Konjunktion mit der Sonne bilden (sich also auf demselben Tierkreisgrad befinden), so können sie sich entweder zwischen Erde und Sonne befinden – das ist dann die untere Konjunktion – oder von der Erde aus gesehen hinter der Sonne – das ist dann die obere Konjunktion.

Der Horoskopzeichnung kann man folgendermaßen entnehmen, ob sich Venus oder Merkur in der oberen oder der unteren Konjunktion befindet: Ist der Planet bei der Konjunktion rückläufig (▶ Rückläufigkeit), so ist dies eine untere Konjunktion, ist er direktläufig, so ist dies eine obere Konjunktion.

Oktil

Synonym für ▶ Halbquadrat.

Opposition

Ein Aspekt, bei dem sich zwei Planeten im Winkelabstand von 180 Grad gegenüberstehen. Eine Opposition gilt als ▶ analytischer Aspekt und ist nach der Konjunktion der stärkste überhaupt. (Zum ▶ Orbis siehe die Übersicht auf Seite 179.)
Die betreffenden Planeten gehören in der Regel derselben ▶ Qualität, jedoch unterschiedlichen, aber verträglichen ▶ Elementen an: Planeten in Erde und Wasser oder aber in Feuer und Luft bilden die Opposition. Bei einer Opposition wird das Prinzip der ▶ Polarität besonders betont. Die beteiligten Planetenenergien sind direkt miteinander konfrontiert. Das birgt die Gefahr, dass der Horoskopeigner den Pol, der aufgrund der sonstigen Konstellationen im Horoskop schwächer betont ist, vernachlässigt und die Aufmerksamkeit dem anderen, vermeintlich stärkeren widmet. Die vernachlässigte Planetenenergie erfährt er möglicherweise über die Außenwelt (▶ Projektion). Eventuell lebt der Horoskopeigner abwechselnd mehr die eine und die andere Seite.

Die polaren Aspekte zu integrieren, ist die große Herausforderung der Opposition. Die Aufgabe besteht darin, vom Gegeneinander zum Miteinander zu gelangen.
Wie weit es gelingt, durch die Opposition angelegte Herausforderung zu bestehen, hängt auch von den Energien der beteiligten Planeten ab. Handelt es sich um ähnliche Energien (Mond / Venus oder Sonne / Mars), wird das leichter der Fall sein. Sind unterschiedliche Energien beteiligt, wie bei Saturn / Merkur oder Mars / Neptun, ist die Aufgabe schwieriger zu bewältigen.

Orbis

Der Spielraum, innerhalb dessen ein Aspekt gültig ist. So spricht man nicht nur von einer Opposition, wenn zwei Planeten sich in einem exakten 180-Grad-Winkel gegenüberstehen, sondern auch wenn der Abstand 175 oder 185 Grad beträgt. Wie groß man den Orbis wählt, ist letztlich eine Frage der ▶ Deutung. In der ▶ psychologischen Astrologie werden größere Orben verwendet, wohingegen beispielsweise in der ▶ Stundenastrologie mit engeren Orben gearbeitet wird. Ein Aspekt, der sich außerhalb eines definierten Orbis befindet, aber trotzdem beachtenswert ist, heißt ▶ plaktischer Aspekt.

Orbis für Hauptaspekte

	☉	☊	☽	☿	♀	♂	♃	♄	♅	♆	♇
☉	**10°**	7	10	9	9	9	8	8	7	7	7
☊	7	**4°**	7	6	6	6	5	5	4	4	4
☽	10	7	**10°**	9	9	9	8	8	7	7	7
☿	9	6	9	**8°**	8	8	7	7	6	6	6
♀	9	6	9	8	**8°**	8	7	7	6	6	6
♂	9	6	9	8	8	**8°**	7	7	6	6	6
♃	8	5	8	7	7	7	**6°**	6	5	5	5
♄	8	5	8	7	7	7	6	**6°**	5	5	5
♅	7	4	7	6	6	6	5	5	**4°**	4	4
♆	7	4	7	6	6	6	5	5	4	**4°**	4
♇	7	4	7	6	6	6	5	5	4	4	**4°**

Aspekte zu Achsen:

☌ AC	10°	☌ DC	6°	□ △ ⚹ 5°
☌ MC	10°	☌ IC	6°	

Die fett gedruckten Zahlen zeigen die Gradzahl an, die für einen Planeten angesetzt wird. Der Orbis für einen Aspekt zwischen zwei Planeten ist dann immer der Mittelwert. (Tabelle nach Astrologieschule Ernst Ott und Eva Stangenberg.)

Je schneller die beteiligten Planeten sind, desto größer kann der Orbis gewählt werden (bis zu 10 Grad in beide Richtungen). Das bedeutet, dass der Orbis bei Aspekten, an denen der Mond beteiligt ist, der ja der schnellste Planet ist, recht großzügig angesetzt werden kann. Auch die Art des Aspektes spielt eine Rolle: Bei ▶ Hauptaspekten kann man größere Orben wählen, wohingegen man bei ▶ Nebenaspekten zurückhaltender damit umgeht (1 bis 3 Grad). Die Tabelle auf Seite 179 kann als Anhaltspunkt für Hauptaspekte gelten.

Ortszeit

Die zu einem bestimmten Zeitpunkt an einem bestimmten Ort gültige Zeit. Die Erde ist in ▶ Zeitzonen unterteilt, die durchschnittlich 15 Längengrade umfassen. Für jede Zeitzone gilt offiziell dieselbe Uhrzeit, die aber nur einen Mittelwert darstellt. Für die Horoskopberechnung benötigt man jedoch die Zeit, die an einem bestimmten Ort tatsächlich galt. Diese lässt sich folgendermaßen errechnen: Die offizielle Geburtszeit wird zunächst in die ▶ Greenwich-Zeit (GZ) umgerechnet, im Falle der Mitteleuropäischen Zeit muss also eine Stunde abgezogen werden, um auf die GZ zu kommen. Als Nächstes muss man die Entfernung des Ortes zu Greenwich, das per definitionem auf dem nullten Längengrad liegt, in Zeit umwandeln. Das heißt, man muss die geographische ▶ Länge des Ortes mit 4 multiplizieren, denn jedem Längengrad entspricht ein Zeitunterschied von 4 Minuten. Als Ergebnis erhält man entsprechend eine Zahl in Minuten. Diese muss bei Orten östlich von Greenwich zur GZ hinzugezählt werden, womit man als Ergebnis die tatsächliche Ortszeit erhält. Befindet sich der Ort westlich von Greenwich, muss sie abgezogen werden.

Österreichische Astrologische Gesellschaft

Die Österreichische Astrologische Gesellschaft (ÖAG) ist die älteste astrologische Vereinigung überhaupt. Sie wurde unter der Bezeichnung »Astrologische Gesellschaft« am 24. September 1908 um 20:10 Uhr Ortszeit (20:04 MEZ) in Wien gegründet, also noch vor der Entdeckung des Pluto. Initiator war der Astrologe und Schauspieler Karl Brandler-Pracht, von dem das erste astrologische Lehrbuch in deutscher Sprache stammt. Wilhelm Knappich, der ein Standardwerk zur Geschichte der Astrologie verfasst hat, war Präsident der Gesellschaft von 1912 bis 1913. Als Österreich unter der Nationalsozialistischen Herrschaft zum »Großdeutschen Reich« gehörte, wurde die Gesellschaft verboten, doch nur wenige Monate nach dem Krieg, am 29. September 1945, wieder belebt. Knappich wurde erneut Präsident. Ein Jahr später fügte die Gesellschaft dem Namen die Bezeichnung »Österreichische« hinzu.
1956 begann die Herausgabe der Zeitschrift »Tradition und Fortschritt der Klassischen Astrologie«, bis heute das Organ und Aushängeschild der ÖAG, inzwischen unter dem Namen »Qualität der Zeit«.
Die ÖAG bietet, ähnlich wie der ▶ Deutsche Astrologen-Verband, eine fundierte dreijährige Ausbildung an, die mit einer Diplomarbeit und einer Prüfung

abgeschlossen wird. 1997 haben zwölf »autorisierte Astrologen ÖAG« den ersten Kurs erfolgreich abgeschlossen.
Die ÖAG bekennt sich in ihren Statuten dazu »das wissenschaftliche Studium der Astrologie in Österreich zu fördern und den Nutzen der astrologischen Wissenschaft der Gesamtheit zu erweisen«.

Osthälfte

Bei der üblichen Darstellung des Horoskops (▶ Horoskopzeichnung) die Seite links neben der Medium-coeli / Imum-coeli-Achse (siehe Abbildung). Sie besteht aus dem ersten, zweiten, dritten sowie dem zehnten, elften und zwölften Haus bzw. dem ersten und vierten ▶ Quadranten. Ihr zentraler Punkt ist der Aszendent. Sie wird auch ▶ Ich-Hälfte genannt. Das Gegenstück zur Osthälfte ist die ▶ Westhälfte.
Die Osthälfte zeigt im Horoskop den Bereich der »aktiven Lebensgestaltung«[61] an.

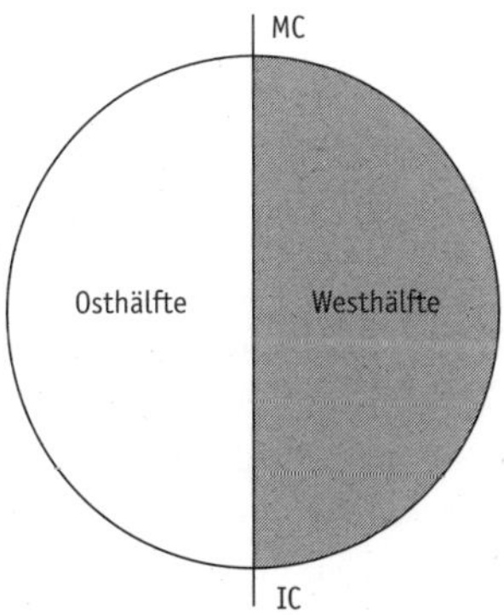

Die Achse Medium coeli/Imum coeli teilt das Horoskop in die Ost- und die Westhälfte.

Pallas

Symbol: ⚴

Astronomie: Pallas ist ein ▶ Kleinplanet, der die Sonne im ▶ Asteroidengürtel zwischen Mars und Jupiter umkreist. Sie ist der zweitgrößte unter den Planeten bzw. ▶ Asteroiden dieses Ringes. Ihr Durchmesser beträgt zwischen 501 und 574 Kilometern, der mittlere Sonnenabstand 414,5 Millionen Kilometer. Für einen siderischen Umlauf benötigt sie 4,61 Jahre. Sie wurde am 28. März 1802 von H. W. Olbers in Bremen entdeckt.

Mythologie: Die griechische Göttin Pallas Athene (lateinisch Minerva) lieh dem Asteroiden ihren Namen. Sie war eine ungewöhnliche Frauengestalt. Das zeigt bereits ihre Geburt: Zeus (Jupiter) hatte ihre Mutter, die weise Titanin Metis, geschwängert. Gleichzeitig war ihm prophezeit worden, Metis werde noch ein weiteres Kind bekommen, das mächtiger werde als er selbst. Um das zu verhindern, verschlang er Metis. Ihr Kind erwies sich jedoch als schwer verdaulich. Es wuchs in seinem Kopf heran. Zeus bekam deshalb unerträgliche Kopfschmerzen. Um ihm Linderung zu verschaffen, spaltete der himmlische Schmied Hephaistos mit der Axt seinen Kopf, und Pallas Athene trat erwachsen und in voller Rüstung heraus. Sie wurde die Göttin des Krieges, der Weisheit sowie der Künste und der ganze Stolz ihres Vaters. Im Gegensatz zum Kriegsgott Ares (Mars) war sie allerdings nicht die ungestüme Kämpferin, sondern die überlegene Strategin. Sie wurde von einer Eule begleitet, dem Symbol der Weisheit.
Pallas Athene wahrte ihre Jungfräulichkeit und lebte asexuell. Dennoch fühlte

sie sich nur zu Männergesellschaften hingezogen. Sie beschützte tapfere Helden und mischte bei jedem Kriegszug mit. Gegenüber Feinden war sie unnachgiebig. Frauen mied sie, auch das Schicksal ihrer eigenen Mutter interessierte sie nicht.

Deutung: Beate Metz beschreibt Pallas unter anderem mit den Stichworten »eigene Ideen auf Kosten der eigenen Weiblichkeit ausdrücken« sowie »Frauenfeindlichkeit unter Frauen«.[62] Die Schwierigkeiten mit der Weiblichkeit, die Pallas verkörpert, betreffen jedoch nicht nur Frauen, sondern auch die weiblichen Anteile beim Mann. Wer sich auf die Pallas-Symbolik einlässt, kann also erkennen, wo die individuellen Blockaden sind, weibliche Eigenschaften zuzulassen. Gleichzeitig ist Pallas eine Herausforderung, Weiblichkeit mit Mut, Erfolg und Klugheit zu verbinden, denn diese Eigenschaften hat das patriarchale Weltbild einseitig dem Männlichen zugeordnet.

Pallas scheint eine Beziehung zu den Tierkreiszeichen Löwe, Waage und Wassermann zu haben und könnte dort ihr ▶ Domizil haben bzw. erhöht sein.

Paracelsus

Theophrastus Bombastus von Hohenheim (geboren vermutlich 10. 11. 1493, um 10:40 Uhr bei Einsiedeln, Kanton Schwyz, gestorben am 24. 9. 1541 in Salzburg), so der eigentliche Name des Paracelsus, war bereits zu Lebzeiten eine Legende voller Widersprüche. Nicht einmal sein Geburtsdatum ist gesichert. Als Arzt, Heiler, Naturforscher, Philosoph, Alchemist und Astrologe war er ebenso bewundert wie gefürchtet oder gar verhasst. Letzteres vor allem bei seinen Kollegen an den Universitäten. Er lehrte eine naturgemäße Lebensweise sowie die Einheit von Körper, Seele und Geist, trank jedoch und vernachlässigte seinen eigenen Körper auf erschreckende Art.

Von seinem Vater, einem Arzt, war er früh mit der ärztlichen Kunst vertraut gemacht worden. Paracelsus misstraute jedoch allem Wissen, das er sich nicht selbst angeeignet hatte. So zog er zehn Jahre in Europa umher – keiner kennt genau die Stationen –, bis ihm der Rat von Basel 1527 eine Stelle als Stadtarzt anbot. Doch auch dort blieb er nur ein Jahr. In Salzburg fand er schließlich so etwas wie eine Heimat. Immer wieder begab er sich zu militärischen Schlachten, weil er bei den Verwundeten die Anatomie des menschlichen Körpers gut studieren konnte.

Neben vielen Verdiensten in den Naturwissenschaften war er als Astrologe vor allem mit zwei Gedanken seiner Zeit weit voraus. Er lehrte die analoge Wechselbeziehung zwischen Kosmos und Mensch, die er als äußeren und inneren Himmel beschrieb. Damit erteilte er der weit verbreiteten Schicksalsgläubigkeit eine klare Absage. Zudem vertrat er die Ansicht, dass Heilung ohne astrologische Kenntnisse nicht möglich sei. Berühmt ist seine These: »Der äußere Himmel dient als Wegweiser des inneren Himmels. Mensch und Himmel gehören zusammen als ein Ding. Wer will denn ein Arzt sein, der den äußeren Himmel nicht kennt? Aus dem äußeren Himmel muss der Arzt den inneren einsehen, um daraus für den Kranken zu bilden das innere Firmament (die Arznei).«

Parallele

Symbol: / /

Die gleiche ▶ Deklination zweier Planeten. Die Deklination bezeichnet den senkrechten Winkelabstand eines Planeten vom ▶ Himmelsäquator, und zwar sowohl in nördlicher wie in südlicher Richtung.

Die Verbindung durch eine Parallele, wobei es keine Rolle spielt, ob sich die beteiligten Planeten in nördlicher oder südlicher Deklination befinden, wird mit einer Konjunktion verglichen. Eine Bedeutung wird der Parallele beispielsweise in der ▶ Kosmobiologie beigemessen.

Pars fortuna

Synonym zu ▶ Glückspunkt.

Partnerbild

▶ Anima / Animus, ▶ Partnerschaftsvergleich.

Partnerschaftsvergleich

Fragen nach dem Wesen einer Partnerschaft zählen zu den wichtigsten Gründen, weshalb Menschen Astrologen konsultieren. Hierzu gibt es zwei grundlegende Deutungsansätze. Zunächst die ▶ vergleichende Astrologie. Sie kennt verschiedene Methoden, zwei Horoskope miteinander in Beziehung zu setzen, nämlich die ▶ Synastrie, das ▶ Combin und das ▶ Composit. Mit letzteren beiden können Themen, die am Beginn einer Beziehung (Composit) und darüber hinaus (Combin) von Bedeutung sind, erfasst werden, während die Synastrie zeigt, wo und wie die Energie zwischen den beiden Menschen fließt.

Neben dem Vergleich gibt es einen weiteren Deutungsansatz, nämlich das im eigenen Horoskop angelegte Partnerbild. Dazu muss kein anderes Horoskop hinzugezogen werden, und es ist für den Horoskopeigner sehr sinnvoll, sich über diese Anlagen im Klaren zu sein. Jedes Horoskop enthält zahlreiche Aussagen über das Partnerbild: Am bekanntesten ist der ▶ Deszendent, auch Du-Punkt genannt. Als Gegenpol zum Aszendenten zeigt er an, welche Vorstellungen, Erwartungen und Hoffnungen ein Mensch in Sachen Partnerschaft hat. Jeder Partner ist auch ein Spiegel des Selbst. Das am Deszendenten beginnende siebte Haus gilt als Partnerschaftshaus. Das Tierkreiszeichen des Deszendenten sowie etwaige Planeten im siebten Haus geben Auskunft darüber, welche Energien ein Horoskopeigner in der Partnerschaft besonders sucht und auslebt.

Wichtig für das Partnerbild ist zudem das Konzept von ▶ Anima / Animus. Es offenbart, welche Vorstellungen vom anderen Geschlecht als ▶ Archetypen in der Seele einer Person schlummern und vielleicht nur unbewusst ausgelebt werden. So verrät die Stellung von Mond und Venus im Horoskop eines Mannes viel über sein Frauenbild und die Stellung von Sonne und Mars im Horoskop einer Frau ebenso viel über deren Männerbild.

Perigäum

Erdnähe. Derjenige Punkt der elliptischen Bahn, welche der Mond um die Erde beschreibt, der der Erde am nächsten ist. Die Erdferne ist das ▶ Apogäum.

Perihel

Sonnennähe. Derjenige Punkt der elliptischen Bahn, die ein Planet um die Sonne beschreibt, welcher der Sonne am nächsten ist. Der sonnenfernste Punkt ist das ▶ Aphel. In der Astrologie hat das Perihel der Erde als so genannter ▶ Diamant eine Bedeutung.

Personar

Das Horoskop eines einzelnen Planeten. Es wird erstellt auf den Zeitpunkt, zu dem die Sonne zum ersten Mal nach der Geburt an die exakte Stelle kommt, wo sich dieser Planet im Geburtshoroskop befindet (▶ Transit). Dieser Zeitpunkt ist gewissermaßen als die Geburt des betreffenden Planeten zu verstehen. Jedes der neun Personare, die für ein Radixhoroskop erstellt werden können (zehn Planeten abzüglich der Sonne), wirft Licht auf eine der Teilpersönlichkeiten, welche die Planeten repräsentieren. Diese Methode wurde von Peter Orban und Ingrid Zinnel entwickelt.

Persönliche Planeten

Sonne, Mond, Merkur, Venus und Mars. Diese Planeten stehen aufgrund ihrer relativ kurzen Umlaufzeiten sogar in den Horoskopen von Menschen, die dem selben Jahrgang angehören oder auch im selben Monat geboren wurden, in unterschiedlichen Tierkreiszeichen. (Der Mond wechselt beispielsweise alle zwei- bis zweieinhalb Tage das Zeichen.) Damit verleiht nicht nur ihre Stellung im Haus, sondern auch im Zeichen eine individuelle Prägung. Entsprechend repräsentieren diese Planeten Themen, die jeden Menschen auf sehr persönliche Weise angehen: das persönliche Bewusstsein (Sonne), die Gefühlswelt (Mond), die Kommunikationsfähigkeit und Auffassungsgabe (Merkur), das Gefühl für Selbstwert und Ästhetik (Venus) sowie die Durchsetzungsfähigkeit (Mars). Die persönlichen Planeten werden unterschieden von den ▶ gesellschaftlichen Planeten (Jupiter und Saturn) sowie den ▶ geistigen Planeten (Uranus, Neptun und Pluto).

Pholus

Symbol: 

Astronomie: Einer der ▶ Kentauren unter den ▶ Kleinplaneten. Die Kentauren nehmen wohl eine Zwischenstellung zwischen ▶ Kometen und ▶ Asteroiden ein. Pholus bewegt sich zwischen der Saturn- und der Neptun-Bahn. Er wurde am 9. Januar 1992 im US-amerikanischen Kitt Peak, Tucson, von David L. Rabinowitz entdeckt.
Sein geschätzter Durchmesser beträgt 192 Kilometer, der mittlere Sonnenabstand 3 023,4 Millionen Kilometer. Für einen siderischen Umlauf auf einer stark elliptischen, exzentrischen Bahn benötigt er 90,9 Jahre.[63]

Mythologie: In der antiken Mythologie ist Pholos (griechische Schreibweise) einer der Kentauren, wie die Wesen mit dem Oberkörper eines Mannes und dem Unterleib eines Pferdes genannt werden. Obwohl auch er Schattenseiten hat, verfügt er ebenso wie ▶ Chiron über ein gemäßigteres Naturell als die anderen Kentauren. Einmal besuchte Herakles bei der Jagd nach dem Erymanthischen Eber den Pholos. Dieser bewirtete den Gast großzügig, gab ihm jedoch nichts zu trinken. Als Herakles ein Fass Wein entdeckte, beschwerte er sich über den vermeintlichen Geiz. Er bestand darauf, davon trinken zu dürfen. Pholos gab nach und öffnete den Wein. Der süße Duft zog viele wilde Kentauren an, die sich zügellos auf den Wein stürzten, den sie Herakles neideten. Der Held versuchte sie abzuwehren. Er tötete viele mit seinen Giftpfeilen und schlug die anderen in die Flucht. Pholos nahm einen der tödlichen Pfeile auf. Er betrachtete ihn voller Verwunderung darüber, wie ein solch kleiner Pfeil so mächtige Wesen wie die Kentauren zur Strecke bringen konnte. Dabei glitt ihm der Pfeil aus der Hand und ritzte seinen Fuß auf. Das Gift tötete Pholos auf der Stelle.

Deutung: Obwohl die Entdeckung des Pholus noch nicht sehr lange her ist, gibt es von Robert von Heeren und Dieter Koch schon eine detaillierte und fundierte Studie über ihn.[64] Eine treffende Charakterisierung von Pholus lautet: »Die Pholuskraft bewegt einen dazu, sich aus einer Laune der Neugier oder Langeweile heraus auf Dinge einzulassen, deren große Konsequenzen oder Gefahren man eigentlich kennt, aber für einen Augenblick verdrängt. Sie ziehen den sofortigen ›Tod‹ nach sich, in dem Sinne, dass das Leben nicht mehr in der gleichen Weise weitergehen kann.«[65] Und: »Pholus intensiviert den von ihm aspektierten Radixfaktor derart, dass wir in diesem Bereich zu ungewöhnlichen und oft unüberlegten Handlungen gedrängt werden. Häufig fühlt man sich dabei irgendwie ›angestachelt‹ und unter einer kaum erträglichen Dauerspannung. Es taucht eine unterentwickelte Facette des angesprochenen Teils unserer Persönlichkeit auf. Dies gibt uns einerseits oft spontane Einsicht in unsere diesbezüglichen Defizite und Mängel. Es treibt uns andererseits aber auch umso mehr zur Veränderung. Pholus scheint uns immer wieder in unerwartete Grenzsituationen zu katapultieren, in denen wir uns überfordert fühlen und letztlich unsere alten Grenzen überschreiten.«[66]

Placidus-Häusersystem

Dasjenige ▶ Häusersystem, das neben dem Koch-Häusersystem (= GOH) am häufigsten verwendet wird. Es wurde von Placidus de Titis (1603–1668), einem italienischen Geistlichen, geschaffen.

Plaktischer Aspekt

Ein Aspekt, der sinnvollerweise in die Deutung mit einbezogen wird, obwohl er außerhalb eines gewählten ▶ Orbis liegt.

Planet

Wandelstern am gestirnten Himmel, im Unterschied zu den ▶ Fixsternen. Der Begriff geht auf das griechische Wort *planes* zurück, das der Umherschweifende bedeutet.

Astronomie: Die Astronomie bezeichnet als Planeten die acht Himmelskörper ▶ Merkur, Venus, Erde, Mars, Jupiter, Saturn, Uranus und Neptun, die sich in unserem ▶ Sonnensystem auf elliptischen Bahnen um die Sonne drehen und selbst nicht leuchten (Pluto gilt seit August 2006 als ▶ Zwergplanet – zuvor zählte er zu den Planeten). Ihre Entfernung von der Sonne bestimmt ihre Umlaufzeit: Je weiter sie von der Sonne entfernt sind, desto länger dauert diese.

Von der Erde aus können nur Merkur, Venus, Mars, Jupiter und Saturn mit bloßem Auge gesehen werden. Daher erregten sie von frühester Zeit an die Aufmerksamkeit der Menschen (▶ Geschichte der Astrologie). Uranus, Neptun und Pluto wurden erst, dank technischer Hilfsmittel (Teleskope), in der Neuzeit entdeckt. Man unterscheidet die inneren Planeten (Merkur und Venus), deren Umlaufbahnen sich innerhalb derjenigen der Erde befinden, von den äußeren (Mars, Jupiter und Saturn), die außerhalb der Erdbahn um die Sonne kreisen (Abbildung Seite 229). Von der Beschaffenheit her gelten Merkur, Venus, Erde und Mars als erdartige Planeten; Jupiter, Saturn, Uranus und Neptun als jupiterartige oder Riesenplaneten. Allein Pluto wird als Eisartiger bezeichnet. Die Masse aller Erdartigen ist geringer als die der Erde, die der Riesenplaneten zum Teil beträchtlich größer. Jupiter enthält 318-mal die Erdmasse und Saturn 95-mal. Bei Pluto ist die Masse am geringsten. Bis auf Merkur und Venus werden alle Planeten von mindestens einem Mond begleitet.

Seit Beginn des 19. Jahrhunderts bis heute wurden zahlreiche ▶ Kleinplaneten entdeckt (▶ Asteroiden, ▶ neue Planeten, ▶ Kentauren, ▶ Kuiper-Gürtel), und es sind auch in der Zukunft weitere Entdeckungen zu erwarten.

Astrologie: Die Astrologie unternimmt eine andere Einteilung als die Astronomie. Sie rechnet Sonne und Mond zu den Planeten und lässt mehrheitlich die ▶ Erde weg, denn sie ist der Standpunkt des Betrachters. Auf diese Weise kam es zu den sieben ▶ klassischen Planeten in der Astrologie: Sonne, Mond, Merkur, Venus, Mars, Jupiter und Saturn (▶ Zahlenmystik). Seit der Entdeckung von Uranus, Neptun und Pluto arbeitet man in der Regel mit zehn Planeten. Auch der Kleinplanet ▶ Chiron erfreut sich bei Astrologen immer größerer Beliebtheit.

Die (Haupt-)Planeten werden in ▶ persönliche, ▶ gesellschaftliche und in ▶ geistige Planeten eingeteilt. Letztere sind die drei neu entdeckten Planeten, die gesellschaftlichen sind Jupiter und Saturn, die persönlichen schließlich die anderen fünf Planeten.

Alle Planeten bis auf Sonne und Mond sind nach antiken Göttergestalten benannt. Die Geschichte der Namensgeber spielt bei der astrologischen Deutung eine wichtige Rolle. Von den sieben klassischen Planeten galten Mond, Venus und Saturn als weiblich, Sonne, Mars und Jupiter als männlich sowie Merkur als zweigeschlechtlich.

Die Planeten sind neben dem Tierkreis und den ▶ Häusern die wichtigste Grundlage der Astrologie, um zu Deutungsaussagen zu gelangen. Sie repräsentieren die Wesenskräfte des Menschen und erhalten durch die Stellung in den Tierkreiszeichen bestimmte Eigenschaften. Die Stellung in den Häusern schließlich sagt etwas darüber aus, in welchen Lebensbereichen sie ihre Kräfte entfalten. Ob die Energien der Planeten unmittelbar auf die Einwirkung der entsprechenden Himmelskörper zurückgehen (▶ Kausalität) oder ob sie von diesen nur angezeigt werden (▶ Analogie), ist eine Frage, über die bei Astrologen keine Einigkeit besteht. Die Bedeutung der Planeten ist kurz gesagt folgende

(Näheres ist unter den einzelnen Planeten nachzulesen):

- Sonne: Lebenskraft, Wille, Geist
- Mond: Gefühle, Empfängnisbereitschaft, Körper
- Merkur: Denken, Kommunikation
- Venus: Ästhetik, Selbstwert
- Mars: Durchsetzungskraft
- Jupiter: Expansion, sinngebendes Prinzip
- Saturn: Konzentration, grenzsetzendes Prinzip
- Uranus: grenzsprengendes Prinzip
- Neptun: grenzauflösendes Prinzip
- Pluto: Transformation

Planetare (kosmische) Töne

Die spirituelle Astrologie ordnet den sieben klassischen Planeten die sieben Töne der Tonleiter zu, und zwar in dieser Reihenfolge:

- c = Venus
- d = Mond
- e = Saturn
- f = Jupiter
- g = Mars
- a = Sonne
- h = Merkur

Sie erzeugen die ▶ Sphärenharmonie, die für die mittelalterliche Musik von großer Bedeutung war. Auf der Erde sind die Töne allerdings nicht zu hören. In der jüngsten Zeit hat sich vor allem Joachim-Ernst Berendt mit den kosmischen Tönen befasst.

Planetoid

Synonym zu ▶ Asteroid und ▶ Kleinplanet.

Platonisches Jahr

Die Bezeichnung für den größten kosmischen Zyklus aus geozentrischer Sicht. Es umfasst den Zeitraum, in welchem der ▶ Frühlingspunkt (▶ Präzession) einmal die gesamte Ekliptik durchwandert. Dies dauert 25.729 Jahre (einer anderen Angabe zufolge 25.771 Jahre). Durchschnittlich verweilt der Frühlingspunkt damit 2.144 Jahre in einem Zeichen. Die Epoche wird als platonischer Monat bezeichnet. Ein platonischer Tag beträgt demnach etwa 72 Jahre, das durchschnittliche Alter eines Menschen.
Der Durchlauf durch ein Sternbild des ▶ siderischen Tierkreises prägt nach Meinung vieler Menschen ein Zeitalter von gut 2.000 Jahren.
Da der siderische Tierkreis nicht eindeutig in Bezug auf seine Stellung an der ▶ Himmelskugel definiert werden kann (▶ Ayanamsha), ist es schwierig, den Beginn eines neuen Zeitalters genau zu datieren. Man muss wohl bei so großen Zeiträumen ohnehin längere Übergangszeiten – von Jahrzehnten bis zu Jahrhunderten – einkalkulieren. Derzeit, so die Ansicht von New-Age-Vertretern (▶ New Age), neigt sich das Fischezeitalter dem Ende entgegen und geht ins Wassermannzeitalter über.

Pluto

Symbole: ⯓ ♇ ⯔ ♇

Astronomie: Pluto ist der am weitesten von der Sonne entfernte Planet. Er wurde am 18. Februar 1930 von Clyde William Tombaugh im Observatorium von Flagstaff, Arizona, entdeckt, nachdem Percival Lowell schon einige Jahre vorher einen weiteren Planeten jenseits von Neptun vermutet und wichtige Forschungen in dieser Richtung unternommen hatte. Erst am 13. März gaben die Astronomen die Entdeckung bekannt. Pluto ist mit einem Äquatordurchmesser von 2.320 Kilometern relativ klein. Die mittlere Entfernung von der Sonne beträgt 5.960 Millionen Kilometer. Für einen Umlauf um die Sonne auf einer relativ exzentrischen Bahn benötigt er 248 Jahre, wobei seine Bahn gegenüber denjenigen der anderen Planeten stark geneigt ist (Abbildung Seite 229). Manchmal befindet sich Pluto innerhalb der Bahn Neptuns. Seine ▶ Tagesbewegung beträgt maximal 2,3 Bogenminuten, im Durchschnitt sind es 14 Bogensekunden.

Zur Aberkennung des Planetenstatus von Pluto: Seit seiner Entdeckung war Plutos Planetenstatus umstritten, unter anderem weil er so klein ist. In den letzten Jahren wurden einige Himmelskörper entdeckt, die über ähnliche physikalische Eigenschaften wie Pluto verfügen bzw. die Sonne auf ähnlich ungewöhnlichen Bahnen umkreisen. Spätestens als im Jahr 2005 mit ▶ Eris erstmals ein Himmelskörper entdeckt wurde, der größer als Pluto war, standen von Seiten der Internationalen Astronomischen Union (IAU) neue Entscheidungen an. Doch anstatt Eris offiziell als den lang erwarteten »zehnten Planeten« des Sonnensystems willkommen zu heißen, was manche erwarteten, verfuhr die IAU anders: Im August 2006 erkannte sie Pluto den Planetenstatus ab und ordnete ihn zusammen mit Eris und ▶ Ceres der neu geschaffenen Kategorie der ▶ Zwergplaneten zu.

Giovanni Lorenzo Bernini, Raub der Persephone, um 1622 (Galleria Borghese, Rom).

Astrologen reagierten gelassen bis belustigt auf diese Entscheidung. Auf ihre Arbeit hat sie keinen Einfluss, zumal die Astrologen ▶ Planeten anders definieren als Astronomen. Seit Plutos Entdeckung konnten Astrologen viele Erkenntnisse sammeln, die zeigen, dass Pluto ein überaus machtvoller Horoskopfaktor ist.

Mythologie: Hades (lateinisch Pluto) war der Herrscher über die Unterwelt, das Totenreich. Er und seine Brüder Zeus (Jupiter), der Herr des Himmels, sowie Poseidon (Neptun), der Herr der Meere, hatten nach der Entmachtung ihres Vaters Kronos das Universum unter sich aufgeteilt. Hades' Reich war besonders gefürchtet. Die Griechen glaubten, die Menschen lebten dort als

Schatten ihrer ehemaligen Existenz und gingen ohne Bewusstsein den Betätigungen nach, die sie auf der Erde ausgeübt hatten. Hermes begleitete die Toten über den Fluss Styx, der die Grenze zur bewussten Welt bildete. Auf der anderen Seite wachte der Höllenhund Kerberos darüber, dass niemand die Unterwelt mehr verließ. Außer Merkur durften nur wenige Helden, darunter Herakles, Odysseus und Psyche, in die Unterwelt hinab- und wieder hinaufsteigen – Hades' Welt war ein Reich ohne Wiederkehr. Da Pluto von den Menschen mehr gefürchtet als verehrt wurde, ranken sich nur wenige Mythen um ihn. Der bekannteste handelt von seiner Frau Persephone, der Tochter der Fruchtbarkeitsgöttin Demeter. Hades hatte hinter beider Rücken mit Zeus ausgehandelt, dass Persephone seine Frau werden sollte. Dazu musste sie Narzissen pflücken, die Hades geweihten Blumen. Obwohl ihre Mutter sie davor eindringlich gewarnt hatte, verführte Zeus sie auf einem besonders schönen Narzissenfeld dazu. Kaum hatte sie eine gepflückt, tat sich die Erde auf, und Hades raubte Persephone. Als ihre Mutter daraufhin alles verdorren ließ und Zeus fürchten musste, dass es bald keine Menschen mehr geben würde, die ihm Opfer bringen konnten, verhandelte er mit seinem Bruder über die Rückkehr von Persephone. Bevor sie sich aufmachte, gab ihr Hades einen Granatapfel, das Symbol für die Ehe. Persephone biss hinein und somit war sie auch an Hades gebunden. Schließlich verbrachte sie zwei Drittel des Jahres über der Erde und ein Drittel bei ihrem Ehemann in der Unterwelt; ein Symbol dafür, dass zur Ganzheit die bewusste und die unbewusste Welt gehören. Das Erschreckende von Hades wurde in späterer Zeit dadurch abgemildert, dass er mit Pluton, dem Gott des Reichtums, gleichgesetzt wurde.

Körper: Pluto unterstehen die Sexualorgane, die dem Menschen beim Geschlechtsverkehr den »kleinen Tod«, wie die Franzosen den Orgasmus nennen, verschaffen, aber auch Dickdarm und Mastdarm, wo unverwertbare Nahrungsreste zersetzt und ausgeschieden werden.

Deutung: Zusammen mit Uranus und Neptun ist Pluto einer der drei ▶ geistigen Planeten, die über die Grenzen der Materie, die von Saturn symbolisiert wird, hinausweisen. Insbesondere Pluto berührt dabei zutiefst beängstigende Ebenen. In die Zeit seiner Entdeckung (1930) fallen das Aufkommen des Nationalsozialismus sowie die Entdeckung der Kernspaltung (1938). Deshalb wird Pluto auch mit Massenbewegungen und kollektiven Phänomenen in Verbindung gebracht sowie mit tief greifenden Wandlungsprozessen. Es ist jedoch zu kurz gegriffen, nur die bedrohliche Seite von Pluto zu sehen, denn er steht nicht nur für die Krise, sondern dadurch, dass er alles Verdrängte und Verbotene ans Licht zerrt, letztlich für Ganzwerdung und Heilung. Pluto ist das Symbol für Transformation im Sinne einer umfassenden Wandlung, die Kräfte von einer Intensität und Urgewalt freisetzen kann, die kaum für möglich gehalten werden. Ob diese Kräfte genutzt werden, um der Gemeinschaft zu dienen oder um egoistische Interessen durchzusetzen, ist eine andere Frage.

Plutothemen sind Macht und Ohnmacht, Abhängigkeit bis hin zu seelischen Verstrickungen, Sexualität, Tabuthemen aller Art. Im besten Sinne steht Pluto für die vollkommene Hingabe an den Augenblick und damit für höchste Intensität, für den wahren Kern einer Sache, für enorme Heilkräfte. Pluto weist auch auf kollektive Notwendigkeiten hin, denen sich der Einzelne beugen muss.

Durch seine langsame Umlaufzeit steht Pluto im Horoskop ganzer Generationen im selben Zeichen (er hält sich unterschiedlich lang in den einzelnen Tierkreiszeichen auf – zwischen 12 und 32 Jahren). Daher ist im individuellen Horoskop in erster Linie die Hausstellung zu deuten, dann die Zeichenstellung. Die Hausstellung sagt etwas darüber aus, in welchem Bereich ein Mensch in seinem Leben tiefsten Wandlungsprozessen unterliegt, aber auch wo er über den größten inneren Reichtum verfügt und wo er mit Macht und Abhängigkeit konfrontiert ist.

Im Aspekt zu anderen Planeten oder zu einer ▶ Achse steht Pluto für eine Intensivierung des betroffenen Faktors, für Stirb-und-werde-Prozesse und für Tiefgang.

Wenn er im ▶ Transit einen anderen Planeten oder eine ▶ Achse berührt, wandelt er den damit verbundenen Bereich vollkommen. Dieser Prozess ist häufig mit Schmerzen verbunden, denn er erfordert immer das Aufgeben von etwas, das überholt ist. Am Ende führt er indes zu Ganzheit und Heilung.

Pluto ist Herrscher des Zeichens Skorpion und im Stier im Exil. Er ist erhöht im Löwen und im Wassermann im Fall.

Polarität

Ein grundlegendes Erklärungsmodell vieler esoterischer Lehren, das auch in der Astrologie eine wichtige Rolle spielt. Die Polarität lehrt, dass sich Gegensätze nicht ausschließen, sondern einander bedingen. Eine Grunderfahrung ist der Atem, der nur dann möglich ist, wenn es Ein- und Ausatmen gibt. Weitere grundlegende Polaritäten sind Tag und Nacht, Sommer und Winter, Licht und Schatten, warm und kalt, männlich und weiblich usw. In der chinesischen Tradition gibt es die Polarität von Yin (weiblich, passiv, Nacht) und Yang (männlich, aktiv, Tag). Das bekannte Symbol (▶ Yin/Yang) zeigt deutlich, dass es sich erstens um ein dynamisches Prinzip handelt, und zweitens, dass das eine im anderen enthalten ist.

Wertungen sind also nicht angebracht. Vielmehr kann das eine nicht ohne das andere bestehen. Es gibt nicht Licht ohne Schatten und nicht Nacht ohne Tag. Es geht immer darum, beide Pole zu integrieren.

Richtet sich die gesamte Aufmerksamkeit auf den vermeintlich guten Pol, wird der andere unbewusst gestärkt. Häufig entfaltet er sich dann unkontrolliert. Thorwald Dethlefsen erklärt so zum Beispiel die praktischen Konsequenzen des Christentums, das wie kaum eine andere Religion die universelle und grenzenlose Liebe propagiert und in dessen Namen gleichzeitig über viele Jahrhunderte hinweg durch Inquisition, Hexenwahn und Kolonisation Millionen Menschen auf grausame Art ermordet wurden – vermutlich mehr als durch jede andere Ideologie der Menschheitsgeschichte. In der Astrologie bilden zunächst die zwölf Tierkreiszeichen sechs polare Paare mit jeweils zwei einander gegenüberliegenden Zeichen:

- Widder / Waage = Ich und Du
- Stier / Skorpion = Festhalten und Loslassen
- Zwillinge / Schütze = Kommunikation und Erkenntnis
- Krebs / Steinbock = Privatheit und äußere Anerkennung
- Löwe / Wassermann = Individualität und Gruppe
- Jungfrau / Fische = Strukturieren und Auflösen

Entsprechendes gilt für jeweils zwei einander gegenüber liegende Häuser. Im engeren Sinn ist mit Polarität in der Astrologie die Einteilung der Tierkreiszeichen in extrovertierte und introvertierte gemeint. Erstere werden auch als männlich, elektrisch, aktiv oder positiv bezeichnet, Letztere als weiblich, magnetisch, passiv oder negativ. Extrovertiert sind die Feuer- und die Luftzeichen (Widder, Zwillinge, Löwe, Waage, Schütze und Wassermann), introvertiert die Erd- und Wasserzeichen (Stier, Krebs, Jungfrau, Skorpion, Steinbock und Fische).

Populäre Astrologie

Ein anderer Ausdruck für die so genannte ▶ Vulgärastrologie.

Pränatal

Ein Horoskop mit ▶ konversen Transiten.

Präzession

Die durch die langsame Kreiselbewegung der Erde verursachte Verschiebung des ▶ Frühlingspunktes (Schnittpunkt zwischen ▶ Himmelsäquator und ▶ Ekliptik). Man spricht auch von der Präzession der ▶ Tagundnachtgleiche bzw. Äquinoktien, weil zu dem Zeitpunkt, zu dem die Sonne den Frühlingspunkt berührt, Tag und Nacht gleich lang sind. Der Frühlingspunkt wandert auf diese Weise rückwärts durch den Tierkreis, und zwar etwa alle 72 Jahre um 1 Grad. Er befindet sich derzeit im ▶ Stern*bild* Pisces (Fische). Bis er einmal durch den ganzen Tierkreis gewandert ist, dauert es knapp 26.000 Jahre (ein Zeitraum, der als ▶ platonisches Jahr bezeichnet wird). Der so genannte ▶ tropische Tierkreis, dessen Beginn durch den Frühlingspunkt markiert ist und mit dem die meisten westlichen Astrologen arbeiten, bewegt sich damit ebenso gegenüber dem Fixsternhimmel. Dies führt von Seiten der ▶ Astrologiegegner immer wieder zu dem Vorwurf, die Sternbilder der Astrologie seien gar nicht die richtigen, denn die Astrologen definierten 0 Grad Widder (den Beginn des tropischen Tierkreises) an einer Stelle, die sich im Sternbild Fische befinde. Tatsächlich arbeiten westliche Astrologen nicht mit den Sternbildern, sondern mit den Tierkreiszeichen. Diese haben zwar ihre Namen von den Sternbildern, befinden sich aber an anderer Stelle: Dazu wird die ▶ Ekliptik in zwölf gleich große Abschnitte von je 30 Grad geteilt. Als die Symbolik des Tierkreises aus den Sternbildern abgeleitet wurde, waren beide identisch.

Die Astrologen sind sich seit der Antike über die Präzession im Klaren. Bei der Deutung spielt sie jedoch keine Rolle.

Priapus

Derjenige Punkt auf dem Tierkreis, der der ▶ Lilith exakt gegenüberliegt.
Astronomie: Definiert man Lilith als denjenigen Punkt auf der Umlaufbahn des Mondes um die Erde, der von dieser am weitesten entfernt ist – also als ▶ Apogäum –, so entspricht Priapus dem erdnächsten Punkt, dem ▶ Perigäum. Priapus ist wie Lilith ein ▶ sensitiver Punkt im Horoskop und bildet mit ihr zusammen eine ▶ Achse.
Mythologie: In der Mythologie ist Priapos (griechische Schreibweise) ein kleinasiatischer Fruchtbarkeitsgott, der mit einem überdimensional großen Phallus dargestellt wird.
Deutung: Bislang wird Priapus von Astrologen nur wenig berücksichtigt, und es gibt kaum Untersuchungen über ihn. Der Astrologin Bibiana Maria Wachter zufolge hat dieser Punkt im Horoskop eine Ventilfunktion für den Druck, den man am Punkt der Lilith angesammelt hat.[67] Versteht man Lilith als eine Aufforderung, mit weiblicher Macht umzugehen, so zeigt Priapus, wo Ausgleich zu überzogenen patriarchalen Machtstrukturen erfolgen kann. Beides gilt für Frauen wie für Männer. Priapus wird dem Zeichen Krebs zugeordnet, sofern man Liliths Domizil im Steinbock sieht.

Primärdirektion

Eine ▶ Prognosemethode, die auf der Eigenumdrehung der Erde beruht. Etwa je 4 Minuten nach der Geburt, die Zeitspanne, die das Medium coeli benötigt, um sich 1 Grad weiter zu bewegen (1 Grad Rektaszension des Medium coeli, ▶ RAMC), entsprechen einem Lebensjahr. Es werden nur die ▶ Achsen nach dieser Methode dirigiert, die Planeten werden nach anderen Methoden vorgeschoben, beispielsweise nach der ▶ Sekundärprogression, bei der ein Tag nach der Geburt einem Lebensjahr entspricht.
Um mit primär dirigierten Achsen zu arbeiten, benötigt man eine minutengenaue Geburtszeit, andernfalls sind die Ungenauigkeiten in der ▶ Prognose einfach zu groß: Bei einer vierminütigen Abweichung von der tatsächlichen Geburtszeit liegt die Prognoseaussage ein ganzes Jahr daneben.
Deutung: Folgendes ist zu berücksichtigen:

- Bildet eine Achse einen Aspekt zu einem Faktor des ▶ Radixhoroskops, so ist dies eine ▶ Auslösung, das heißt, der betreffende Faktor erfährt eine Aktivierung.
- Wechselt eine dirigierte Achse das Tierkreiszeichen oder das Radixhaus, so beginnt ein neuer Themenabchnitt.

Prognose

Die Prognose (wörtlich: das Vorauswissen) gehört zum Faszinierendsten, was die Astrologie zu bieten hat, und zugleich ist sie einer der Gründe, weshalb die Astrologie im Lauf der Geschichte immer wieder in Verruf geraten ist. Für viele Laien ist Astrologie nichts anderes als Prognose, was nicht stimmt. Sie ist in erster Linie Menschenkunde.
Zunächst einmal muss man verstehen, wie astrologische Prognose funktioniert. Das ▶ Radixhoroskop ist eine Abbildung der Planetenstände zum Zeitpunkt der Geburt eines Menschen. Es beschreibt,

was in diesem Menschen im Keim vorhanden ist und im Lauf des Lebens zur Entfaltung gebracht werden soll. Wann ein bestimmter Teil der Persönlichkeit einen »Wachstumsschub« oder unter Umständen auch eine Umwandlung erlebt, darüber geben ▶ Auslösungen eine Auskunft, wie sie beispielsweise mit ▶ Transiten, ▶ Sekundärprogressionen oder ▶ Finsternissen einhergehen. Worum es dabei geht, das sagt der durch die Auslösung betroffene ▶ Horoskopfaktor, welcher Art die Auslösung ist, darüber sagt der auslösende Faktor etwas aus. Grundsätzlich ist jeder Horoskopfaktor ein Symbol (und natürlich auch jeder auslösende Faktor), das sich auf verschiedenen Ebenen manifestieren kann. Das mögliche Spektrum ist unendlich breit, solange der Bezug zur dahinter stehenden Idee besteht (▶ Entwicklungsniveau). Es ist dem Horoskop nicht zu entnehmen, auf welcher Ebene jemand die einzelnen Faktoren seines Horoskops lebt. Je eingeschränkter die Möglichkeiten sind, sein Leben selbst zu gestalten, desto leichter ist das, was er macht, vorhersagbar. So erklären sich manche treffsichere astrologische Prognosen aus früheren Zeiten, als die Lebensläufe in viel stärkerem Maße vorgegeben waren. Heute haben die Menschen viele Wahlmöglichkeiten, welchen Lebensweg sie gehen möchten, und vor allen Dingen: Sie können zu verschiedenen Zeitpunkten ihres Lebens gewichtige Entscheidungen neu treffen. So wird es beispielsweise immer unüblicher, dass ein Mensch im Lauf seines Lebens nur einen Beruf ausübt.

Immer mehr Astrologen sind sich darin einig, dass Sinn und Zweck der Anwendung von ▶ Prognosemethoden darin liegen, den Menschen darauf aufmerksam zu machen, welche Entwicklungen zu einem gegebenen Zeitpunkt anstehen, und ihm Vorschläge zu unterbreiten, wie er diese in einer möglichst konstruktiven Weise nützen kann.

Je deutlicher ein Astrologe einen Klienten auf das aufmerksam macht, was dieser tun *kann*, desto mehr spricht er in ihm die Seite an, die bereit und auch fähig ist, Verantwortung für das eigene Leben zu übernehmen. Je mehr er dagegen den Klienten auf das hinweist, was als scheinbar unabwendbares Schicksal auf ihn zukommt – sei dies nun positiver oder negativer Art –, desto mehr spricht er in ihm den passiven Anteil an.

Tatsächlich sollte man bei einer Prognose das, was stattfindet, zunächst neutral formulieren, um es wirklich verstehen zu können. Nimmt man beispielsweise einen Saturntransit über die Sonne, so könnte das lauten: Das Zentrum der Persönlichkeit (Sonne) erfährt eine Konzentration auf das Wesentliche (Saturn im Transit). Das steht fest. Nicht fest steht, ob sich dies in einem bestimmten Ereignis manifestieren wird. Ebenso wenig kann man sagen, ob der betreffende Mensch darunter eher leidet, weil er sich etwa eingeschränkt fühlt, oder ob er dies als eine Zeit der Ernte empfindet, in der er die Früchte dessen genießen kann, wofür er gearbeitet hat. Nicht nur aus diesem Grund lehnen Astrologen zunehmend ▶ Ereignisprognosen ab. Diese bergen darüber hinaus die Gefahr der sich selbst erfüllenden Prophezeiung.

Auslösungen zeigen innere Entwicklungen an, sie sind jedoch nicht der Grund dafür. In der ▶ psychologischen Astrologie geht man davon aus, dass ein Mensch äußere Ereignisse anzieht, die ihn dazu zwingen, sich auf bestimmte Erfahrungen einzulassen, wenn er die anstehenden inneren Entwicklungen nicht zur Kenntnis nimmt. Man darf dabei aber nicht außer Acht lassen, dass jeder Mensch, egal wie weit er in seiner persönlichen Entwicklung gediehen ist, von Zeit zu Zeit mit etwas konfrontiert ist, das über seine Persönlichkeit hinausgeht. Schließlich ist er Teil einer Gemeinschaft bzw. Gesellschaft. Auslösungen können durchaus auch Anzeiger für das sein, was dem Menschen aufgrund dieser Tatsache widerfährt. Aber auch hier sagen sie nichts über Ereignisse aus, vielmehr darüber, wie ein Mensch solche Kräfte erlebt und welche Bedeutung er ihnen beimisst.

Prognosemethoden

Es gibt eine Vielzahl von Methoden für die astrologische ▶ Prognose. Die wichtigsten sind:

- ▶ Transite
- ▶ Sekundärprogression
- ▶ Tertiärprogression
- ▶ Solarhoroskop
- ▶ Lunarhoroskop
- ▶ Sonnenbogendirektion
- ▶ Primärdirektion

Man kann Prognosemethoden nicht gegeneinander aufwiegen mit dem Ziel festzustellen, welche besser und welche schlechter ist. Jeder Astrologe macht eigene Erfahrungen mit bestimmten Methoden und wird Unterschiedliches herausarbeiten, je nachdem, welchen Zugang er dazu hat.

Mit den einzelnen Methoden werden nicht nur unterschiedliche Ebenen angesprochen, sondern auch verschiedene Zeiträume abgedeckt, sodass sie schon von daher nicht gleichwertig sind. Will man herausfinden, welche Themen (▶ Thema) in einem bestimmten Zeitraum auftauchen, so empfiehlt sich die Kombination von zwei oder drei Methoden, die ähnliche Zeiträume abdecken. Ein Vergleich kann dann zeigen, ob sich Schwerpunkte abzeichnen. Wenn man allein die Transite in Betracht zieht, wird deutlich, wie viele ▶ Auslösungen bei einem Menschen in einem bestimmten Zeitraum wirksam sind. Schon deshalb ist man gezwungen, eine Auswahl zu treffen, um nicht von einer verwirrenden Vielzahl, die alles relativiert, erdrückt zu werden. Die gebräuchlichsten Methoden sind die Transite, die überaus einfach in der Anwendung sind, Sekundärprogressionen sowie das Solarhoroskop.

Für größere Zeiträume wird man auf die Prognosemethoden zurückgreifen, die größere Entwicklungen anzeigen, also bei Transiten auf diejenigen der ▶ langsam laufenden Planeten Saturn, Uranus, Neptun und Pluto, die zwischen einigen Monaten und mehreren Jahren umfassen; bei Sekundärprogressionen auf diejenigen von Sonne, Merkur, Venus und Mars, die ein halbes bis ein ganzes Jahr oder mehr umfassen; auf das Solarhoroskop, das ein Lebensjahr abdeckt. Will man dann ins Detail gehen, so kann man den sekundärprogressiven Mond, Tertiärprogressionen, Lunare und die Transite der schnell laufenden Planeten Sonne, Merkur, Venus und Mars hinzuziehen.

Um ein Gefühl für das zu bekommen, wie sich etwas in der Zukunft entwickeln könnte, empfiehlt es sich, die Prognosemethoden metagnostisch, also rückwirkend anzuwenden und zu schauen, wie der betreffende Mensch in der Vergangenheit mit den fraglichen oder ähnlichen Auslösungen umgegangen ist bzw. welchen Themen er begegnet ist.

Prognostische Astrologie

Die früher am weitesten verbreitete Form der Astrologie. Dabei geht es darum, durch den vorausberechneten Stand der Gestirne Ereignisse und Tendenzen vorherzusagen (▶ Prognose). Die ▶ Ereignisprognose, die in der Vergangenheit für die Astrologie eine viel wesentlichere Bedeutung hatte, wird heute von vielen Astrologen (zumindest in der Theorie) abgelehnt. Stattdessen werden Themen und Trends, die sich ankündigen, vorhergesagt, mit dem Ziel, einen Menschen auf bestimmte Entwicklungen vorzubereiten und ihm zu ermöglichen, das Bestmögliche daraus zu machen und die Zeit konstruktiv und kreativ zu nutzen.

Zu den gebräuchlichsten ▶ Prognosemethoden zählen

- ▶ Solarhoroskop
- ▶ Transite
- ▶ Sekundärprogression
- ▶ Direktion

Progression

Ein Überbegriff für bestimmte astrologische ▶ Prognosemethoden, bei denen ein definierter Zeitraum nach der Geburt als symbolische Entsprechung für einen anderen, wesentlich größeren Zeitraum gesehen wird. Es geht um die realen Planetenbewegungen nach der Geburt, im Unterschied zu denjenigen bei der ▶ Direktion, mit der die Progression nicht verwechselt werden darf.

Methoden: Die verschiedenen Progressionsmethoden unterscheiden sich durch den Zeitraum, der zu dem real gelebten Zeitraum in Entsprechung gesetzt wird. Dies ist der Schlüssel:

- ▶ Sekundärprogression (Schlüssel: ein Tag nach der Geburt entspricht einem Lebensjahr). Die Sekundärprogression ist die am häufigsten verwendete Progressionsmethode und normalerweise gemeint, wenn von Progression die Rede ist.
- ▶ Tertiärprogression I (Schlüssel: ein Tag nach der Geburt entspricht einem Lebensmonat).
- ▶ Tertiärprogression II (Schlüssel: ein Monat nach der Geburt entspricht einem Lebensjahr).
- ▶ Konverse Progression (verschiedene Schlüssel, je nach Methode).

Deutung: Was bei der Deutung zu berücksichtigen ist, unterscheidet sich bei den einzelnen Methoden teilweise voneinander und ist jeweils dort nachzulesen.

Achsen: Bei der Arbeit mit sekundärprogressiven Achsen – die nach verschiedenen Methoden berechnet werden können – ist eine minutengenaue ▶ Geburtszeit erforderlich, weil sich sonst zu große Ungenauigkeiten ergeben, die eine Prognose sinnlos machen.

Projektion

Ein Begriff aus der Psychologie, demzufolge jemand eigene Persönlichkeitsanteile, die er nicht als solche erkennt, in der Außenwelt wiederfindet. Dies ist ein unbewusster Prozess. Es kann sowohl etwas Negatives als auch etwas Positives projiziert werden. Und es muss nicht unbedingt ein anderer Mensch ein Empfänger der Projektion sein. Es kann ebensogut beispielsweise eine Idee sein oder eine andere Kultur.

Eine Projektion geschieht etwa, wenn jemand Schwierigkeiten hat, sich durchzusetzen, und ihm Durchsetzungsschwäche immer wieder bei anderen Menschen auffällt.

Projektion ist nicht unbedingt etwas Negatives: »Ein projiziertes Bild ist ein im eigenen Inneren verborgenes Potenzial. Wenn es notwendig wird, dass das Bild zutage tritt, besteht der erste Schritt oft darin, es in jemand anderem wahrzunehmen. Im positiven Fall erkennen wir dann, dass es etwas mit uns zu tun hat, und nehmen es bewusst in uns auf.«[68] Ziel ist es, Projektionen in die eigene Persönlichkeit zu integrieren, und dabei kann die Astrologie gute Dienste leisten, denn das Horoskop bildet alle Seiten eines Menschen ab, die geliebten und die ungeliebten, die Licht- und die Schattenseiten.

Die Neigung zu projizieren, erkennt man im Horoskop vor allem am ▶ Deszendenten, dem Du-Punkt im Horoskop, und an der Besetzung des ▶ siebten Hauses. Auch ein nicht oder nur schwach besetztes ▶ Element oder ein ▶ eingeschlossenes Zeichen sowie alle schwierigen Themen liefern Hinweise darauf, wo der Horoskopeigner möglicherweise projiziert. Der so genannte ▶ Schatten wird auch projiziert; sein Merkmal ist die besondere Heftigkeit, mit der der Betreffende es ablehnt, bestimmte Persönlichkeitsanteile als zu ihm gehörig wahrzunehmen, und in der Folge die ständige Konfrontation mit diesen Themen.

Psychologische Astrologie

Ein wichtiges Teilgebiet der zeitgenössischen Astrologie. Die psychologische Astrologie gehört ihrerseits zur ▶ Individualastrologie. Sie sieht das Horoskop als Abbild der Seele. Es gilt, dieses zu verstehen und sich auf diese Weise selbst besser kennen zu lernen und im Idealfall mit allen Licht- und Schattenseiten anzunehmen.

Ein beratender Astrologe mit psychologischer Orientierung enthält sich in der Regel jeder Wertung bei der Deutung eines Horoskops. Er betont die Verantwortung und den ▶ freien Willen des Horoskopeigners und bespricht mit diesem Anlagen und Chancen, aber auch Schwächen und gegebenenfalls Verdrängtes und Projiziertes (▶ Projektion, ▶ Schatten).

Prognose wird im Rahmen der psychologischen Astrologie insofern genutzt, als die Frage gestellt wird, wie aufgrund von aktuellen ▶ Auslösungen eine Entwicklung der Persönlichkeit möglich ist. Die aufgrund verschiedener ▶ Prognosemethoden angesprochenen Themen und Trends, die sich in der näheren Zukunft abzeichnen, werden auf Chancen und Gefahren hin besprochen, und man sucht nach konstruktiven Möglichkeiten, damit umzugehen.

Eine ▶ Beratung bei einem psychologisch orientierten Astrologen darf jedoch nicht mit Psychotherapie gleichgesetzt werden.

Von Seiten der Astrologen besteht eine

intensive Auseinandersetzung mit der Psychologie. Viele haben eine psychologische Ausbildung. Umgekehrt gibt es zwar auch viele Psychologen, die mit der Astrologie arbeiten, doch dies scheint mehr auf einer inoffiziellen Ebene zu geschehen, müssen doch Psychologen, die die Astrologie in ihre Behandlungsformen einbeziehen, unter Umständen mit beruflicher Diskriminierung rechnen.[69]

Ptolemäische Aspekte

Die Hauptaspekte: Konjunktion, Opposition, Quadrat, Trigon und Sextil (▶ Aspekt).

Ptolemäisches Weltbild

Das ▶ geozentrische Weltbild, im Unterschied zum ▶ heliozentrischen bzw. Kopernikanischen Weltbild.

Ptolemäus, Claudius

Über das Leben des bekanntesten Astrologen und Astronomen der Antike weiß man relativ wenig. Vermutlich lebte er zwischen 100 und 160 unserer Zeitrechnung; manche Quellen siedeln ihn auch 10 bis 15 Jahre früher an. Er war griechischer Abstammung und wirkte im ägyptischen Alexandria.

Für Ptolemäus waren Naturwissenschaft und Astrologie eins. In seinem Werk »Almagest« (eigentlich: »Megale syntaxis tes astronomias«) fasste er die Arbeiten früherer griechischer Astronomen zusammen. Es behandelt unter anderem die Berechnung von Sonnen- und Mondfinsternissen und enthält Theorien über Sonne, Mond, Planeten und Fixsterne sowie einen Sternenkatalog mit 1.028 Objekten. Derartige Erkenntnisse halfen den Astronomen der Neuzeit, die Eigenbewegung der Fixsterne zu berechnen. Darüber hinaus systematisierte Ptolemäus das ▶ geozentrische Weltbild (was sich auch in der Bezeichnung Ptolemäisches Weltbild spiegelt), das wie die meisten seiner Theorien bis zur ▶ kopernikanischen Wende das Bewusstsein der Menschen prägte. Die auch zu seiner Zeit schon verbreitete Spekulation des griechischen Astronomen Aristarch von Samos über ein heliozentrisches Weltbild geriet nach Veröffentlichung des Almagest für über ein Jahrtausend in Vergessenheit.

Zu einem der wichtigsten Bücher in der Geschichte der Astrologie wurde Ptolemäus' Werk »Tetrabiblos« (Vier Bücher). Darin systematisierte er das astrologische Wissen seiner Zeit und schuf wichtige Grundlagen für die ▶ Individual- und ▶ Mundanastrologie, den Häuser- und Tierkreis, die Elementenlehre, die Deutung der Planeten, die Prognose sowie die Aspekte. Ptolemäus vereinte darin endgültig den Tierkreis mit der auf den Stand der Planeten ausgerichteten Astrologie (▶ Geschichte der Astrologie). Fixsterne außerhalb des Tierkreises verloren ihre astrologische Bedeutung. In der Einleitung schreibt er: »Die Sterndeutung beruht im Wesentlichen auf zwei Gundwissenschaften. Die eine, die Astronomie, lehrt uns die Bewegungen von Sonne, Mond und Sternen, ihre Stellung zu jedem Zeitpunkt, sowohl untereinander als gegenüber der Erde. Die andere, die Astrologie, betrachtet die Veränderungen und Wirkungen, die von den Gestirnen hervorgebracht werden, gemäß den ihnen innewohnenden Kräften und dem Einfluss ihrer jeweiligen Stellung. Die erste verlangt ein unabhängiges geistiges Eindringen und ist dessen wert, auch wenn man sich nicht mit Sterndeutung befasst. Jetzt möchte ich aber von der zweiten Wissenschaft sprechen. Diese ist zwar nicht so wohl begründet und vollkommen, doch denke ich ihr auf philosophischem Weg beizukommen ...«[70]

Quadrant

Jedes Horoskop ist in vier Quadranten unterteilt, die sich aufgrund des durch die Achsen Aszendent / Deszendent sowie Medium coeli/Imum coeli gebildeten ▶ Achsenkreuzes ergeben (Abbildung Seite 100). Jeder Quadrant umfasst drei Häuser, erst ein kardinales, dann ein fixes und zum Abschluss ein veränderliches (▶ Qualität). Die Quadranten sind in der Regel unterschiedlich groß. Ihre genaue Ausdehnung hängt von dem Ort und der Zeit ab, auf die das Horoskop erstellt wurde. In Mitteleuropa (um 50 Grad nördliche Breite) sind die Quadranten dann gleich groß, wenn sich der Aszendent in der zweiten Hälfte Jungfrau oder in der ersten Hälfte Waage sowie gegenüber in der zweiten Hälfte Fische oder in der ersten Hälfte Widder befindet. Die Quadrantenaufteilung ist in einem Horoskop unabhängig vom ▶ Häusersystem, da die vier Achsen feststehen und nicht vom Häusersystem tangiert werden. Die Quadranten werden wie die Häuser gegen den Uhrzeigersinn gezählt: Das erste bis dritte Haus bilden den ersten Quadranten, das vierte bis sechste den zweiten, das siebte bis neunte den dritten und das zehnte bis zwölfte den vierten.

Die unterschiedliche Prägung der Quadranten ergibt sich aus der Achseneinteilung. Die Osthälfte des Horoskops gilt als ▶ Ich-Hälfte, die Westhälfte als ▶ Du-Hälfte. Die obere Hälfte (▶ Taghälfte) repräsentiert das Außen, die untere (▶ Nachthälfte) das Innen. Somit steht der erste Quadrant für das »Innen-Ich«, der zweite für das »Innen-Du«, der dritte für das »Außen-Du« und der vierte für das »Außen-Ich«.

Im ersten Quadranten kommen die Themen zum Ausdruck, die das Selbst unmittelbar umsetzen will. Diese Themen drängen sich im Leben besonders stark auf, sie können nicht oder nur mit Kraftanstrengung verdrängt werden. Der erste Quadrant wird am direktesten von allen erfahren. Die dort angesiedelten Planetenenergien gestalten aktiv die Persönlichkeit.

Im zweiten Quadranten geht es um den Kontakt mit dem anderen auf einer inneren, seelischen Ebene. Dieser Abschnitt wird deshalb auch als »seelischer Quadrant« bezeichnet. In ihm finden sich die Themen, die ein Mensch zusammen mit anderen erleben will, um daraus den inneren Wachstumsprozess voranzubringen.

Im dritten Quadranten geht es um den direkten Kontakt mit der Außenwelt. Er zeigt an, welche Vorstellungen die betreffende Person von einer Partnerschaft hat und wie diese auch in schwierigen Zeiten verwirklicht werden kann. Weiterhin zählen dazu offizielle Kontakte mit der Gesellschaft, etwa in Form von Verträgen. Der dritte Quadrant bringt auch zum Ausdruck, was in den ersten beiden gelernt und integriert werden konnte.

Im vierten Quadranten geht es darum, die eigenen Themen nach außen zu bringen und damit Wirkung in der Öffentlichkeit zu erzielen. Dieser Quadrant geht über die Selbstverwirklichung des ersten hinaus. Das, was als Bestandteil der eigenen Persönlichkeit erkannt und erarbeitet wurde, drängt nun nach außen. Dabei geht es um überpersönliche Themen, denn der vierte Quadrant hat nicht die Subjektivität des ersten. Es ist wichtig, dass die Aufgaben des ersten Quadranten gelöst werden und der Selbstausdruck entwickelt wird, denn sonst bleibt der vierte Quadrant mit seinem Anspruch unklar und verschwommen.

Quadrat

Symbol: □

Ein Aspekt, bei dem sich zwei Planeten im Winkelabstand von 90 Grad (rechter Winkel) zueinander befinden. Ein Quadrat gilt als starker ▶ analytischer Aspekt. (Zum Orbis siehe die Übersicht auf Seite 179.) Die beiden Planeten gehören im Normalfall Zeichen derselben ▶ Qualität, doch unterschiedlicher ▶ Elemente an. Quadrate haben ein hohes Konfliktpotenzial und sind damit eine große Herausforderung. Die Beziehungen der betreffenden Planeten untereinander sind spannungs- und konfliktgeladen, ungeachtet dessen, ob sie ähnliche oder unterschiedliche Energien haben. Sie schränken sich gegenseitig in ihrer Entfaltung ein. In der wertenden Terminologie früherer Zeiten wurde das Quadrat deshalb als hemmender oder harter Aspekt bezeichnet. Die »harte« Qualität von Quadraten ist auch der Hintergrund, warum Anthroposophen rechte Winkel in ihren Gebäuden vermeiden.

Die heutige Astrologie betont die spezielle Aufgabe dieser Konstellation. In den Quadraten, die ein Horoskop aufweist, zeigt sich, woran der Horoskopeigner arbeiten muss und welche Prüfungen er zu bestehen hat, um zu einer reifen Persönlichkeit zu werden. Quadrate sind somit ein ständiger Anstoß, nicht in Lethargie oder Selbstgefälligkeit zu verfallen. Wichtig für den konstruktiven Umgang mit ihnen ist es, sich diese Funktion bewusst zu machen, statt über die Schwierigkeiten zu klagen oder gar andere dafür verantwortlich zu machen.

Quadruplizität

Mit dem Begriff werden jeweils die vier Tierkreiszeichen derselben ▶ Qualität zusammengefasst. So gehören die kardinalen Zeichen Widder, Krebs, Waage und Steinbock zur selben Quadruplizität, ebenso die fixen Zeichen Stier, Löwe, Skorpion und Wassermann sowie die veränderlichen Zeichen Zwillinge, Jungfrau, Schütze und Fische.

Qualität

Neben der Einteilung in die ▶ Elemente ist diejenige in Qualitäten eine weitere wichtige Unterteilung des Tierkreises. Die drei Qualitäten sind: kardinal, fix und veränderlich. Für Letztere gibt es auch die Bezeichnungen beweglich oder auflösend, gelegentlich ist aus sprachlicher Unachtsamkeit von labil die Rede. Je vier Zeichen sind einer der drei Qualitäten zugeordnet. Sie liegen in einem Winkelabstand von 90 Grad zueinander, bilden also zusammen ein ▶ Kreuz. Das *kardinale Kreuz* umfasst Widder,

Krebs, Waage und Steinbock. Kardinal steht für die aufbauende, schöpferische Kraft. Bei einer Betonung kardinaler Zeichen im Horoskop wird man gern neue Impulse aufnehmen, tut sich jedoch schwer, das Erreichte abzusichern. Darauf folgt das *fixe Kreuz* mit den Zeichen Stier, Löwe, Skorpion und Wassermann. Fix, im Sinne von fixieren, steht für die erhaltende, stabilisierende Kraft. Sind die fixen Zeichen betont, ist man stabil und ausdauernd und hält gern fest, läuft aber Gefahr, den richtigen Zeitpunkt zum Loslassen zu verpassen. Schließlich kommt das *veränderliche Kreuz* mit den Zeichen Zwillinge, Jungfrau, Schütze und Fische. Es ist die auflösende, schon auf das Neue verweisende Kraft. Ein Mensch, in dessen Horoskop die veränderlichen Zeichen betont sind, kann Dinge zu Ende bringen und Neues vorbereiten und ist anpassungsfähig, tut sich jedoch schwer, Anregungen konkret aufzugreifen und durchzusetzen.

Alles, was sich in einer materiellen Erscheinungsform manifestiert, muss zunächst aufgebaut, dann stabilisiert und schließlich aufgelöst werden. Es gibt auch eine Zuordnung dreier Planeten zu den Qualitäten: Jupiter steht für die kardinale, Saturn für die fixe und Merkur für die auflösende Kraft. Die Qualitäten geben jedem der vier Elemente unterschiedliche Nuancierungen: Die drei Feuerzeichen kommen in den drei Qualitäten vor und ebenso die drei Erd-, die drei Luft- und die drei Wasserzeichen. In vielen alten Kulturen gilt die Dreiheit aus schöpferischer, fixer und auflösender bzw. zerstörerischer Kraft als das Symbol des Göttlichen schlechthin. Sie steht auch für die Einteilung in Seele (kardinal), Körper (fix) und Geist (veränderlich). Im Hinduismus ist Brahma der Schöpfer, Vishnu der Bewahrer und Shiva der Zerstörer. Dem entspricht die Einteilung in Gottvater, Sohn und Heiliger Geist der christlichen Kirche. Allerdings geht es beim Heiligen Geist im Gegensatz zu Shiva eher um die auflösende als um die zerstörerische Kraft. In der englischen Sprache setzt sich das Wort Gott zusammen aus G wie *genesis* (Entstehung), O wie *obtain* (bewahren) und D wie *destroy* (zerstören).

Quaoar

Astronomie: Am 5. Juni 2002 entdeckten im kalifornischen Pasadena, USA, Chad Trujillo und Mike Brown im ▶ Kuiper-Gürtel das seit der Entdeckung Plutos 1930 größte Himmelsobjekt unseres Sonnensystems. Das erste Bild wurde am Tag zuvor gemacht, weshalb gelegentlich dieses Datum – fälschlich – als Entdeckerdatum genannt wird. Der Durchmesser beläuft sich auf etwa 1.250 Kilometer. Quaoar bewegt sich auf einer nahezu kreisförmigen Bahn um die Sonne, in 6 Milliarden Kilometer Entfernung von dieser. Er benötigt ca. 285 Jahre für einen Umlauf um die Sonne. Das Objekt wurde von seinen Entdeckern als Quaoar bezeichnet und der Name dann auch durch die Internationale Astronomische Union (IAU) bestätigt.

Mythologie: Quaoar ist in der Mythologie der nordamerikanischen Tongva-Indianer aus der Gegend um Los Angeles die Schöpfungskraft, die die Gottheiten in ihre Existenz singt und tanzt.

Deutung: Mit der Entdeckung Quaoars stand zunächst wieder einmal die Frage im Raum, ob Quaoar der »zehnte Planet« des Sonnensystems sein könne. Dies und seine Größe, die freilich schnell von weiteren Entdeckungen übertroffen wurde, weckten das Interesse einiger Astrologen.
Erste interessante Deutungsversuche gibt es. So kommt Christine Keidel-Joura zu dem Schluss, dass Quaoar uns einen Weg zur Erlösung zeige, den Weg Siddhartas im Sinne von Hermann Hesse. Quaoar zeigt Keidel-Joura zufolge »die Überwindung von Illusionen und egoistischen Verhaltensmustern, um unabhängig vom Wünschen in der einfachen Realität zu göttlicher Glückseligkeit, zur Erleuchtung zu gelangen«. Cornelia Salvato-Kober weist darauf hin, dass Quaoar den Bereich verstärke, in dem er steht, und ihn »zum Leuchten« bringe; »dort kommt ein inneres Potenzial zum Vorschein, das stetig, konsequent oder sogar unerbittlich nach seinem besonderen Ausdruck drängt.«[71]
Bei jedem neu entdeckten Himmelskörper, der in die astrologische Deutung mit einbezogen wird, müssen erst Forschungen angestellt werden. Darüber hinaus wird die Zeit zeigen, ob die Astrologen mehrheitlich langfristig Quaoar für wichtig genug erachten, um ihn in den Kreis der zu deutenden Faktoren eines Horoskops mit aufzunehmen.

Quinkunx

Symbol: ⊼
Ein Aspekt, bei dem sich zwei Planeten im Winkelabstand von 150 Grad zueinander befinden. Der Quinkunx gilt als einer der wichtigsten ▶ Nebenaspekte. Er kann mit einem ▶ Orbis von bis zu 3 Grad berechnet werden. Selbst Astrologen, die gewöhnlich nicht mit Nebenaspekten arbeiten, beziehen den Quinkunx häufig mit ein.
Der Quinkunx ist weder eindeutig den ▶ analytischen oder herausfordernden noch den ▶ synthetischen oder harmonischen Aspekten zuzuordnen. Er deutet ein Potenzial an, das aber nicht immer verwirklicht werden kann. Er verlangt einen großen Einsatz, ohne Erfolg zu garantieren. Dabei mag die Aussicht zunächst günstig erscheinen. Am Ende gelingt es jedoch häufig nicht, die beteiligten Energien wirklich zu integrieren. Wenn zum Beispiel Venus und Mars im Quinkunx zueinander stehen, versucht der Horoskopeigner vielleicht, Tatkraft und Energie darauf zu verwenden, dass sich Ästhetik entfalten kann und daraus ein stabiles Selbstwertgefühl entsteht. Allerdings wird zumeist ein Gefühl bleiben, dass alle Anstrengungen nie ganz genügen und die letzte Befriedigung versagt bleibt. Daher gilt der Quinkunx eher als schwieriger oder auch als Sehnsuchtsaspekt. Auf der anderen Seite zeigt er aber wichtige Themen an, denen sich ein Horoskopeigner stellen muss. Der ausbleibende Erfolg kann dazu führen, das eigene Verhalten und die Muster zu überdenken und gegebenenfalls zu revidieren. In dem Sinne zeigt der Quinkunx neue Wege auf. Im Gegensatz zum Quadrat oder zur Opposition wirkt er dabei nicht als ständiger Stachel im Fleisch.

Quintil

Symbol: Q oder ⬠
Ein Aspekt, bei dem sich zwei Planeten

im Winkelabstand von 72 Grad zueinander befinden. Das Quintil gilt als ▶ Nebenaspekt und findet in der praktischen Deutung zumeist wenig Beachtung, auch wenn es als günstiger Aspekt gilt. Es kann mit einem Orbis von 2 bis 3 Grad berechnet werden.
Das Quintil zeigt Begabungen und Potenziale über die ▶ Hauptaspekte hinaus an. Das betrifft vor allem den künstlerischen Bereich. Der Astrologe Michael Roscher schreibt: »Quintile sind in ihrer Bedeutung ähnlich den Trigonen, mit dem Unterschied, dass sie zum Schöpferischen herausfordern. Planeten, die zueinander im Quintil stehen, zeigen Lebensbereiche an, in denen man die Wirklichkeit durch kreatives, künstlerisches Handeln und Schaffen überhöhen möchte.«[72]
Fünf Quintile, die den Kreis schließen, ergeben als ▶ Aspektfigur ein Pentagramm, eines der ältesten magischen Symbole. Mit dem Kopf nach oben steht es für den Menschen, mit dem Kopf nach unten für schwarze Magie oder den Teufel. Das aufrechte Pentagramm diente in vielen spirituellen und magischen Zusammenschlüssen dazu, Dämonen abzuwehren. Darüber hinaus ist das Pentagramm ein Symbol für Gesundheit.

Radix(horoskop)

Bezeichnung für jegliches Horoskop, von dem andere Horoskope abgeleitet werden können – beispielsweise sämtliche Prognosemethoden, die ▶ Astro * Carto * Graphy, ▶ Combin und ▶ Composit oder auch ▶ Personare. Der Begriff stammt vom lateinischen *radix* (Wurzel). Das Radixhoroskop ist sozusagen das Grundlagenhoroskop oder der Ausgangspunkt für die anderen Horoskope. Oft lassen sich abgeleitete Horoskope nicht deuten, ohne dass das Radixhoroskop hinzugezogen wird.

RAMC

Abkürzung für ▶ Rektaszension (gerade Aufsteigung) des Medium coeli. Dieser Wert ist in den ▶ Häusertabellen angegeben. Es handelt sich bei ihm um den auf dem ▶ Himmelsäquator gemessenen Bogen zwischen dem Frühlingspunkt und dem ▶ Meridian.

Raum

Neben der ▶ Zeit die zweite wichtige Bezugsgröße in der Astrologie. Denn um ein Horoskop zu erstellen, benötigt man neben der genauen Zeit auch den Ort des Geschehens.
Ähnlich wie das Erleben der Zeit ist das Erleben des Raumes eine Grunderfahrung des Menschen. Es ist die Welt der drei Dimensionen Länge, Breite und Höhe. Seit Jahrtausenden beschäftigen sich Philosophen und Naturwissenschaftler mit der Frage, ob Raum endlich oder unendlich ist. Durch die Arbeiten von Nikolaus Kopernikus (1473–1543, ▶ kopernikanische Wende) und Giordano Bruno (1548–1600) kam erstmals die Vorstellung von einem unendlichen astronomischen Raum auf, die allerdings von der modernen Physik wieder in Frage gestellt wird. Seit Einsteins Relativitätstheorie wird Raum als von Gravitationsfeldern gekrümmt gedacht – eine Vorstellung, die in der Astrologie bereits Jahrhunderte vorher Anwendung fand: Es war für die Astrologie eine ihrer schwierigsten Herausforderungen, die scheinbare Unendlichkeit des Raumes so

kreiszeichen, in dem der jeweils andere ▶ Herrscher ist. Dies ist beispielsweise der Fall, wenn Merkur, der Herrscher der Zwillinge, im Widder steht und gleichzeitig Mars, der Herrscher des Widder, in den Zwillingen. (Eine Übersicht, wer in welchem Tierkreiszeichen Herrscher ist, findet sich unter dem Stichwort Domizil.)
Eine Rezeption stellt eine Beziehung zwischen zwei Planeten her, die einem Aspekt ähnlich ist, auch ohne dass die beiden beteiligten Planeten durch einen Aspekt miteinander verbunden wären.

Ring, Thomas

Thomas Ring (geboren am 28. 11. 1892 um 18:02 Uhr in Nürnberg, gestorben am 24. 8. 1983 in Schärding/Inn) hat die Öffnung der Astrologie für moderne psychologische Einflüsse entscheidend geprägt. Zunächst machte er sich jedoch als Maler einen Namen. Er verbrachte seine Jugend in Berlin, wo er 1911 ein Kunststudium aufnahm. Bis an sein Lebensende blieb er der Malerei ebenso verbunden wie der Astrologie, der er sich seit den Zwanzigerjahren verstärkt zuwandte. Zuvor hatte er sie eher abgelehnt und sich an der Kunst, der Philosophie und der Psychologie orientiert. In englischer Kriegsgefangenschaft während des Ersten Weltkriegs kam er der Astrologie näher, die er auf ausgesprochen produktive Weise mit der Psychologie in Verbindung brachte.
Als entschiedener Gegner des Nationalsozialismus verließ Ring mit seiner Familie Berlin kurz vor der Machtergreifung Richtung Österreich. Dort holte ihn das Schicksal jedoch 1938 ein. Er erhielt Mal- und Publikationsverbot. Nach dem Zweiten Weltkrieg, in dem er seine Frau verlor, knüpfte er an die Themen der Dreißigerjahre an. Bis ins hohe Alter blieb er als Astrologe und Maler ausgesprochen kreativ.
Ring wurde zum Begründer der ▶ Revidierten Astrologie. In seinem vierbändigen Hauptwerk »Astrologische Menschenkunde« schuf er die Basis für eine grundlegende Neuorientierung der astrologischen Deutung. Er wandte sich gegen jedweden ▶ Determinismus sowie gegen die Vorstellung, die Gestirne hätten eine Wirkung im mechanischen Sinn. Er wies vor allem auch auf die Aussagegrenze des Horoskops hin, wonach bestimmte Faktoren wie Geschlecht, Entwicklungs- und Intelligenzhöhe und der Tod dem Horoskop grundsätzlich nicht zu entnehmen sind.
Ring prägte sehr prägnante Begriffe für die Planeten, Zeichen und Häuser (▶ Revidierte Astrologie).

Rodden, Lois

Geboren am 22. Mai 1928 um 0:22 Uhr MST in Lang, Saskatchewan (Kanada), gestorben am 5. Juni 2003.
Lois Rodden wurde für ihre umfangreiche astrologische Datensammlung berühmt. Über 40 Jahre lang widmete sie sich dem Sammeln und Klassifizieren von Geburtsdaten, darunter zahlreiche bekannte Persönlichkeiten. Die von ihr gesammelten 26.000 Daten wurden einem breiteren Interessentenkreis zugänglich, nachdem sie 1996 Mark McDonough kennen gelernt hatte, der die entsprechende Software entwickelte, um die »AstroDatabank« als Software zur Verfügung zu stellen. Die Sammlung[73] ist die wohl berühmteste ihrer

Art und vor allem maßgebend und vorbildlich, was die Zuverlässigkeit betrifft. Dazu ordnete Rodden jedes Geburtsdatum einer der folgenden Kategorien zu (das so genannte »Rodden Rating«), wobei allein die A- und B-Daten als verlässlich gelten:

- AA: Angaben aufgrund der Geburtsurkunde oder des standesamtlichen Eintrags.
- A: Der Betreffende selbst oder jemand aus dem direkten Umfeld machte die Angabe.
- B: Biografie oder Autobiografie.
- C: Vorsicht: Keine Quelle.
- D: Es gibt zwei oder mehr widersprüchliche Aussagen.
- X: Datum ohne Geburtszeit.
- XX: Kein sicheres Geburtsdatum.

Die »AstroDatabank« stellt nicht nur zahlreiche Geburtsdaten zur Verfügung, sie ermöglicht auch das Suchen nach den verschiedensten Kriterien, zum Beispiel Lebensereignissen und Charakterzügen. Lois Rodden hatte 1962 begonnen, sich der Astrologie zu widmen. Sie zog fünf Kinder allein auf, arbeitete als beratende Astrologin und veröffentlichte fünf Bücher, darunter »Geld und Erfolg durch Astrologie«. Ihre eigene Geburtszeit fiel in die C-Kategorie, hatte sie doch nur die Mitteilung ihrer Mutter, sie sei »nach Mitternacht« geboren. Die Angabe 0:22 Uhr verdankt sich Roddens eigener ▶ Geburtszeitkorrektur. Im Verlauf von 20 Jahren konnte sie mehrere Male ihre Krebserkrankung besiegen, am Ende erlag sie ihr schließlich.

Neben ihrer einzigartigen Datensammlung, die heute ein solides Arbeitswerkzeug für viele Astrologen ist, hat Lois Rodden auch das Bewusstsein für die Verlässlichkeit von Geburtsdaten – und damit von Horoskopen – geschärft.

Roscher, Michael

Michael Roscher wurde am 7. Juli 1960 geboren und starb am 6. August 2005. Sein Horoskop wollte er nicht veröffentlichen. Roscher kann als einer der einflussreichsten und innovativsten deutschen Astrologen am Ausgang des 20. Jahrhunderts angesehen werden. Er ging mit wissenschaftlicher Akribie an das Thema heran und entwickelte, basierend auf fundierten astronomischen Kenntnissen, eine eigene Methode, die Transpersonale Astrologie (TPA). Damit wollte er, in eigenen Worten, »deutlich machen, dass es hier um eine Entwicklung des Menschen gehen soll, welche die Grenzen unserer gewohnten Persönlichkeitsmuster überwindet. In meiner gesamten Arbeit interessiert mich weniger, wer wir sind, als wer wir werden könnten. So wichtig das Verständnis von Problemen ist, so ist das Aufzeigen von Lösungswegen doch weitaus interessanter und Sinn stiftender«.

Schon im Alter von 12 Jahren las Roscher sein erstes Astrologiebuch. Das erste eigene Buch, »Der Mond«, dem viele weitere folgen sollten, veröffentlichte er 1986; im selben Jahr gründete er die »Schule für Transpersonale Astrologie«. Roscher entwickelte das »Kybernetische Modell«, das alle Planeten, vom Mond bis Pluto, in energetischen Regelkreisen verbindet. Damit wurde das lunare, weibliche Prinzip in besonderer Weise hervorgehoben. Als seine spektakulärste Entdeckung bezeichnete

Roscher selbst die »Kritischen Grade«, wie er die Benennung eines jeden der 360 Tierkreisgrade in knappen Worten nach einem eigenen System bezeichnete. Zu seinen Veröffentlichungen zählen: »Das Astrologiebuch. Berechnung, Deutung, Prognose«, »Praxis der Horoskopinterpretation« und »Das Buch der Häuserherrscher« (Letzteres zusammen mit Werner Völkel).

Rückkehrhoroskop

Ein Horoskop, das auf die Rückkehr eines Planeten zu seiner Geburtsposition ausgestellt ist. Das bekannteste ist das ▶ Solar, das alljährlich zum Geburtstag oder am Tag davor oder danach auf den genauen Zeitpunkt der Wiederkehr der Sonne zur Position im Geburtshoroskop erstellt wird und die Themen der Selbstentfaltung – eine Sonne-Entsprechung – des kommenden Jahres beschreibt. Ebenso können monatliche ▶ Lunare – sie werden auf den Zeitpunkt der Mondwiederkehr ausgestellt – etwas über das Gefühlsleben (Mond-Entsprechung) aussagen. Außerdem sind auch ▶ Merkurrückkehr-, ▶ Venusrückkehr- und ▶ Marsrückkehr-Horoskope üblich. Die ersten beiden gelten jeweils für ein Jahr, Letzteres entsprechend der Marsumlaufzeit für knapp zwei Jahre. Inhaltlich geht es immer um die Themen des jeweiligen Planeten, und dieser steht mit seiner Hausstellung und seinen Aspekten (das Tierkreiszeichen ist ja mit demjenigen des Geburtshoroskops identisch) bei der Deutung im Mittelpunkt. Alle Rückkehrhoroskope dürfen nur vor dem Hintergrund des zugehörigen Geburtshoroskops gedeutet werden. Weiteres zur Deutung sowie zur Berechnung ist unter dem Stichwort Solarhoroskop nachzulesen.

Da Merkur, Venus und Mars im Gegensatz zu Sonne und Mond rückläufig werden können (▶ Rückläufigkeit), passieren sie manche Tierkreisgrade dreimal. Wenn das an der Rückkehrposition stattfindet, müsste man drei Rückkehrhoroskope erstellen. Die größte Aussagekraft hat aber das auf den dritten (und letzten) Übergang ausgestellte Horoskop.[74] Wenn jedoch die Rückkehr eines dieser drei Planeten in eine Phase des (Fast-)Stillstands (▶ stationäre Phase) fällt, ist es unmöglich, ein Rückkehrhoroskop zu erstellen, weil dann die ▶ Häuserspitzen und damit Aszendent und Medium coeli nicht genau bestimmt werden können.

Frank Felber zufolge, der eine detaillierte Studie zu Rückkehrhoroskopen vorgelegt hat und dabei auch die Rückkehrhoroskope von Jupiter und Saturn berücksichtigt, schlägt für den Fall der Rückläufigkeit eines Planeten für jeden Übergang ein Horoskop vor, wobei die ersten beiden Horoskope nur bis jeweils zum nächsten Übergang gültig seien und dann das für den letzten Übergang das Maßgebliche sei.

Rückläufigkeit

Die Laufrichtung der Planeten entgegen der normalen Bewegung. Diese ist die ▶ Direktläufigkeit. Dabei wandern die Planeten aus der Sicht der Erde von Osten nach Westen bzw. auf der ▶ Horoskopzeichnung im Tierkreissinn, also entgegen dem Uhrzeigersinn. Außer Sonne und Mond wechseln alle Planeten aus geozentrischer Perspektive (▶ geozentrisches Weltbild) von Zeit zu Zeit die Laufrichtung: von der Direktläufigkeit zur Rückläufigkeit und wieder zur Direktläufigkeit. Dies ist natürlich nicht tatsächlich der Fall: Die Planeten ziehen stets ihre Bahnen in einer Richtung um die Sonne. Der optische Effekt der Rückläufigkeit ergibt sich bei Merkur und Venus – den beiden Planeten, die sich innerhalb der Erdumlaufbahn um die Sonne bewegen und die daher auch innere Planeten genannt werden –, wenn diese sich aus der Sicht der Erde *vor* der Sonne befinden. (Direktläufig sind sie, wenn sie sich aus der Sicht der Erde *hinter* der Sonne befinden.) Bei den äußeren Planeten – also Mars, Jupiter, Saturn, Uranus, Neptun und Pluto, die ihre Bahn um die Sonne außerhalb der Erdbahn ziehen – kommt es

Die Abbildung zeigt anhand des Planeten Mars, wie es aus der Sicht der Erde zum Phänomen der Rückläufigkeit kommt.

zum Phänomen der Rückläufigkeit, wenn die Erde schneller ist als sie, was immer dann der Fall ist, wenn sie sich gegenüber der Sonne befinden, also eine ungefähre Opposition zu dieser bilden (siehe Abbildung).

In den ▶ Ephemeriden und in Horoskopzeichnungen sind rückläufige Planeten mit einem »R« versehen (auch im Englischen heißt es: retrograde).

Ehe die Planeten ihre Laufrichtung ändern, also von der Direktläufigkeit zur Rückläufigkeit wechseln bzw. umgekehrt, werden sie immer langsamer, bis sie für eine Weile scheinbar völlig zum Stillstand kommen. Dies nennt man die ▶ stationäre Phase.

Die Planeten werden für folgende Zeiträume rückläufig:

- Merkur dreimal im Jahr für 3 Wochen,
- Venus etwa alle anderthalb Jahre für ungefähr 40 bis 44 Tage,
- Mars etwa alle zwei Jahre und zwei Monate für ungefähr 60 bis 80 Tage,
- Jupiter etwa alle 13 Monate für ungefähr 4 Monate,
- Saturn etwa alle 12 ½ Monate für etwa 4 ½ Monate,
- Uranus etwa alle 12 Monate für 5 Monate,
- Neptun etwa alle 12 Monate für 5 Monate und 7 Tage,
- Pluto etwa alle 12 Monate für 5 bis 6 Monate.

Uranus, Neptun und Pluto sind also fast die Hälfte der Zeit rückläufig.

Deutung: Rückläufige Planeten sind Anzeiger einer nach innen gerichteten Kraft. Es besteht zunächst nicht so leicht die Möglichkeit, diese Wesenskräfte unvermittelt zum Ausdruck zu bringen. Um sie

zu entwickeln, bedarf es einer inneren Verarbeitung und einer längeren Auseinandersetzung. Wie bei allen schwierigen Themen im Horoskop ist auch die Bandbreite der darin enthaltenen Möglichkeiten groß, die man im Lauf des Lebens immer mehr ausschöpfen kann. In diesem Zusammenhang sind ▶ Sekundärprogressionen von besonderem Interesse, eine ▶ Prognosemethode, bei der jeweils ein Tag nach der Geburt einem Lebensjahr gleichgesetzt wird und die wichtige innere Entwicklungen verdeutlicht. Zumindest ein bei der Geburt rückläufiger Merkur und eine rückläufige Venus werden im Lauf des Lebens in der Sekundärprogression direktläufig und können dann leichter gehandhabt werden. Ein rückläufiger Planet hat die Stelle, an der er steht, bereits vor der Geburt einmal passiert. Daher deuten rückläufige Planeten auch auf etwas Vertrautes hin, etwas, das von Anfang an wie selbstverständlich gegeben ist, ohne dass es dafür eine rationale Erklärung gäbe.
Wenn Planeten im ▶ Transit rückläufig werden, berühren sie bestimmte Tierkreisgrade ein zweites Mal oder sogar – im Falle von Fünffachtransiten – ein viertes Mal. Es geht hierbei wiederum um eine besondere Vertiefung der beim ersten Durchlauf angesprochenen Themen.

Rudhyar, Dane

Geboren als Daniel Chenneviere (am 23. 3. 1895 um 0:40 Uhr in Paris, gestorben am 13. 9. 1985 in Kalifornien), wurde er unter seinem Pseudonym Dane Rudhyar (= Sämann) zu einem der bedeutendsten Astrologen des 20. Jahrhunderts. Zu Beginn des Ersten Weltkriegs zog es ihn aus seiner Heimatstadt Paris nach New York, wo er sich dem Buddhismus sowie anderen östlichen Religionen und Weisheitslehren widmete. Dabei wurde er auch von der Theosophie beeinflusst.
Dane Rudhyar brachte mit seinem Lebenswerk die Astrologie, die Philosophie, die Psychologie sowie die Kunst zu einer eindrucksvollen Synthese. Er betätigte sich als Maler, Komponist, Lyriker und, in Zeiten finanzieller Not, als Autor von Science-fiction-Romanen. Um seine Anerkennung als Astrologe musste er lange ringen. Erst seit den Sechzigerjahren wird ihm die gebührende Anerkennung zuteil. Die ▶ psychologische Astrologie hat er maßgeblich geprägt und dabei den Menschen radikal in den Mittelpunkt gestellt. Gleichzeitig ist der Einfluss der östlichen Philosophien spürbar, die den Menschen in einem größeren Zusammenhang sehen und die Individualität stets vor dem Hintergrund transpersonaler Kräfte betrachten. Keiner verstand es so überzeugend, diese beiden scheinbar gegensätzlichen Ansätze zu verbinden. Er selbst bezeichnete seine Arbeit als humanistische Astrologie. Als sein wichtigstes Werk gilt die »Astrologie der Persönlichkeit«.

Sabische Symbole

360 kurze und prägnante, bildhafte Sätze, die jeweils einem der Tierkreisgrade zugeordnet sind. Damit erhält jeder Grad eine symbolische Bedeutung. Entwickelt hat die Sabischen Symbole der Astrologe Marc Edmund Jones (1888–1980). Sie wurden, wie er selbst schreibt, im Jahr 1925 »mit hellseherischen Mitteln gefunden«.[75] Bekannt

wurden die Symbole vor allem durch ▶ Dane Rudhyar.

Im Folgenden werden einige Sabische Symbole wiedergegeben, um einen Eindruck von ihnen zu vermitteln:

- 1 Grad Stier: Ein klarer Gebirgsbach.
- 13 Grad Jungfrau: Ein mächtiger Staatsmann überwindet politische Hysterie.
- 20 Grad Waage: Ein jüdischer Rabbi.
- 8 Grad Skorpion: Der Mond scheint über einem See.
- 2 Grad Wassermann: Ein plötzliches Gewitter.
- 18 Grad Fische: Ein riesiges Zirkuszelt.

Zu beachten ist: Es gilt für alle nicht vollen Grade die jeweils nächst höhere Gradzahl: So sucht man beispielsweise für die Position 16 Grad 1 Minute Widder das unter 17 Grad Widder aufgeführte Symbol. Die Sabischen Symbole eignen sich sehr gut für eine intuitive Herangehensweise an ein Horoskop.

Sanduhrfigur

Eine Konstellation, bei der sich die Planeten jeweils in einem Viertel des Horoskops gegenüberstehen. Es ist eines der Aspektmuster von Marc Edmund Jones (▶ Aspektbild). Die Sanduhrfigur signalisiert Ausgewogenheit, Stabilität und Verlässlichkeit, doch kann es an Flexibilität und Offenheit fehlen.

Sarosperiode

Der Zeitraum von 18 Jahren und 10 bis 11 Tagen, innerhalb dessen eine ▶ Finsternis an ungefähr derselben Stelle im Tierkreis wieder auftritt (▶ Saroszyklus).

Saroszyklus

Alle 18 Jahre und 10 bis 11 Tage findet eine ▶ Finsternis an ungefähr derselben Stelle im Tierkreis statt, genauer gesagt: um 10 ½ Grad im Tierkreis nach vorne verschoben (zu einer Finsternis kommt es immer dann, wenn Neumond bzw. Vollmond im Bereich der ▶ Mondknoten stattfinden). Dies ist eine Saros*periode*. Die erste Finsternis eines Saros*zyklus* ist eine partielle Finsternis, die in weitest möglichem Abstand zur Mondknotenachse stattfindet. Bei einer partiellen Finsternis ist die Sonne (im Fall einer Sonnenfinsternis) bzw. der Mond (im Fall einer Mondfinsternis) nur teilweise bedeckt. Diese Bedeckung nimmt bei jeder weiteren, in 18-jährigem Abstand stattfindenden Finsternis zu, was bedeutet, dass sich der Neumond (im Fall einer Sonnenfinsternis) bzw. der Vollmond (im Fall einer Mondfinsternis) immer mehr der Mondknotenachse annähert, bis sie schließlich den Orbisbereich (▶ Orbis) der Mondknotenachse betreten, innerhalb dessen es zu einer totalen Verfinsterung kommt. Im weiteren Verlauf des Zyklus kommen Neumond bzw. Vollmond auf der Mondknotenachse zu liegen, treten dann langsam aus dem Orbisbereich der totalen Verfinsterung heraus und in denjenigen der partiellen Verfinsterung hinein, bis es zur letzten (partiellen) Finsternis des gesamten Saroszyklus kommt.

Ein Saroszyklus von Sonnenfinsternissen umfasst etwa 70 Sonnenfinsternisse in einem Zeitraum von 1.200 bis 1.400 Jahren; ein Saroszyklus von Mondfinsternissen umfasst etwa 45 Mondfinsternisse in einem Zeitraum von ungefähr 800 Jahren.[76] Zwischen den Finsternissen eines Saroszyklus bestehen inhaltliche Übereinstimmungen. Die Kenntnis der Saroszyklen ist wegen ihrer großen zeitlichen Dimensionen für die ▶ astrologische Geschichtsbetrachtung von Interesse. Sie kann ebenso dazu dienen, eine bestimmte Finsternis besser zu verstehen, indem man sich mit anderen Finsternissen desselben Zyklus auseinandersetzt, insbesondere mit derjenigen, die den Zyklus eröffnete.[77]

Sasportas, Howard

Howard Sasportas (geboren am 12. April 1948 um 1:46 Uhr in Hartford, Connecticut, USA, gestorben am 12. Mai 1992 in London) gehört zu den prägenden Gestalten der Astrologie des ausgehenden 20. Jahrhunderts. Er studierte zunächst Psychologie und siedelte nach seinem Examen 1973 nach London über, wo er die »Faculty of Astrological Studies« besuchte. Gemeinsam mit Liz Greene gründete er dort zehn Jahre später das »Centre for Psychological Astrology«. Es wurde zu einer der weltweit einflussreichsten Institutionen seiner Art. Als Lehrer an seinem Institut erfreute sich Sasportas großer Wertschätzung. Darüber hinaus war er ein produktiver Autor, dessen Schriften (darunter vor allem »Astrologische Häuser und Aszendenten« und »Götter des Wandels«) sich durch eine ebenso klare wie einfühlsame Sprache auszeichnen. Er bezog sich in ihnen wie seine Kollegin Liz Greene ausführlich auf die antike Mythenwelt. Wenn es in den Achtziger- und Neunzigerjahren vor allem im angelsächsischen Raum gelungen ist, manche Vorbehalte der Psychologie gegen die Astrologie aufzubrechen und die Astrologie in die Beratung einzubeziehen, dann war das maßgeblich Sasportas' Verdienst.

In seinen letzten Lebensjahren war er von einer angeborenen Wirbelsäulenverformung sowie einer HIV-Infektion gezeichnet. Die schweren Krankheiten taten seiner Produktivität keinen Abbruch. Gefesselt an den Rollstuhl nahm er bis kurz vor seinem Tod an Kongressen und Seminaren teil. In Anwesenheit seiner engsten Freunde starb er, wie seine Kollegin Erin Sullivan schrieb, »in Frieden, voller Mut und bewusst«.

Saturn

Symbol: ♄

Astronomie: Saturn ist der am weitesten von der Sonne entfernte Planet, der noch mit bloßem Auge gesehen werden kann. Sein Äquatordurchmesser beträgt 120.536 Kilometer. Er ist damit etwa neunmal so groß wie die Erde, kann es aber an Umfang nicht ganz mit dem an-

Der Geburtsmythos von Zeus: Kronos empfängt von Rhea den in Windeln gewickelten Stein, um ihn zu verschlingen, römisches Marmorrelief (Kapitolinische Museen, Rom).

deren Riesenplaneten, Jupiter, aufnehmen. Auch sein Licht leuchtet wesentlich matter als das des Jupiter. Der mittlere Abstand des Saturn von der Sonne beträgt 1.427 Millionen Kilometer. Für einen Umlauf um die Sonne benötigt er fast 29½ Jahre. Die ▶ Tagesbewegung beträgt maximal 7,1 Bogenminuten, im Durchschnitt sind es 2 Bogenminuten. Auffallend am Saturn sind seine Ringe, bestehend aus Gesteins- und Eisbrocken verschiedenster Größe. Sie machen die Betrachtung Saturns durch ein Teleskop zu einem beeindruckenden Erlebnis.

Mythologie: Kronos (lateinisch Saturn) war vor Zeus der oberste Gott. Er entstammte dem Geschlecht der Titanen. Auf Initiative seiner Mutter Gaia entmannte und kastrierte er seinen Vater Uranos, denn der hatte all seine Kinder, die ihm nicht gefielen, wieder in den Bauch der Mutter gestopft. Damit ihn seine Kinder nicht dereinst auch stürzen könnten, verschlang Kronos sie unmittelbar nach der Geburt. Allein Zeus, sein Jüngster, entkam dem Schicksal durch eine List von Kronos' Frau Rhea. Tatsächlich schwang sich Zeus später zum Rächer seiner Geschwister auf. Er entmachtete und entmannte seinen Vater Kronos. Der Gestürzte wurde in die Unterwelt verbannt, doch bald hatte Zeus ein Einsehen mit ihm. Er begnadigte Kronos und schickte ihn auf die Insel der Seligen im westlichen Ozean. Dort prägte Kronos als weiser alter Herrscher das Goldene Zeitalter. Von den Kämpfen der Olympischen Götter hielt er sich fern; in seiner Welt ging es friedlich und gemächlich zu, wie der Zyklus des Saturn am Himmel. Den beschaulichen, friedlichen Eigenschaften des Kronos entspricht Saturnus, ursprünglich der Gott des Ackerbaus im alten Italien. Er war zudem ein weiser Lehrer, denn er brachte den Menschen die Landwirtschaft und die Errungenschaften der Zivilisation nahe. In Erinnerung an ihn feierten die Römer alljährlich Mitte Dezember die Saturnalien, Feste, bei denen alle Konventionen auf den Kopf gestellt wurden und unter anderem die Herren ihre Sklaven im eigenen Haus bedienen mussten.

Körper: Saturn wird das Knochengerüst zugeordnet, das dem Körper Halt und Stütze gibt, aber auch die Haut als Grenze des Körpers. Als Sinnesorgan untersteht sie hingegen der Venus.

Deutung: Saturn als letzter sichtbarer Planet unseres Sonnensystems gilt seit alter Zeit als »Hüter der Schwelle«. Er ist Symbol für Begrenzungen und steht als »Herr der Zeit« für das Ende ebenso wie für das Unendliche, denn er unterliegt der Zeit nicht mehr. Wie Jupiter gilt Saturn als einer der ▶ gesellschaftlichen Planeten. Er weist den Einzelnen auf die Begrenzungen hin, die ihm dadurch gesetzt sind, dass er ein soziales Wesen und nicht allein auf der Welt ist. Daher ist Saturn Symbol für gesellschaftliche Regeln, für Recht und Ordnung, im Unterschied zum Recht im Sinne von Gerechtigkeit, das von Jupiter symbolisiert wird.

Das von Saturn verkörperte Prinzip lautet Konzentration, wobei es ihm um das Wesentliche, die Essenz der Dinge geht. Hierin stellt er einen Gegensatz zu dem von Jupiter verkörperten Prinzip der Expansion dar. Als Struktur gebendes Prinzip verleiht Saturn Halt und Festigkeit. Er verkörpert das Materielle, im

Unterschied zu den drei transsaturnischen Planeten Uranus, Neptun und Pluto, die das Geistige darstellen.
Für einen Durchlauf durch ein Tierkreiszeichen benötigt er durchschnittlich zweieinhalb Jahre, sodass er bei allen Menschen, die in diesem Zeitraum geboren wurden, im selben Zeichen steht. Mit seiner Haus- und Zeichenstellung, aber auch über die Aspekte symbolisiert Saturn einen Bereich, der dem betreffenden Menschen in der Regel schwer fällt, in dem er gehemmt ist oder sich beschränkt fühlt oder vor dem er Angst hat. Er ist angehalten, sich hier durch stete Arbeit weiterzuentwickeln. Gerade weil er hier immer wieder auf Schwierigkeiten stößt, kann er es in dem angesprochenen Bereich zur Meisterschaft und zu höchster Reife bringen. Dies wird ihm in der Regel nach der ersten Saturn-Wiederkehr leichter fallen, also etwa um das 30. Lebensjahr, wenn der transitierende Saturn zum ersten Mal an die Geburtsstelle zurückgekehrt ist, ein ▶ Transit, der als entscheidender Reifungsschritt im Leben eines Menschen angesehen wird.
Saturn-Transite zeigen eine Verlangsamung an, eine Konzentration auf das Wesentliche. Sie zwingen zu Verantwortung und Reife. Meist stehen sie für Zeiten harter Arbeit, aber auch für die Früchte, die diese hervorbringt.
In der traditionellen Astrologie war Saturn als Symbol für Unglück, Tod und Teufel gefürchtet. Die psychologische Astrologie ist heute allerdings zu einer ganz anderen Sichtweise gelangt: Wenngleich es Saturn den Menschen nicht leicht macht, so verleiht er doch denen, die sich seinem Gesetz unterwerfen, ein großes Potenzial. Sein Gesetz ist Geduld und die Bereitschaft, hart an sich zu arbeiten. Dadurch können wirkliche Selbsterkenntnis und innere Freiheit erreicht werden[78] (▶ freier Wille). Die Schmerzen, die solche Prozesse mit sich bringen können, sind der Motor, der einen Menschen auf seinem Entwicklungsweg beständig vorantreibt.
Saturn ist Herrscher des Zeichens Steinbock und im Krebs im Exil. Er ist erhöht in der Waage und im Widder im Fall. Vor der Entdeckung des Uranus war er auch Herrscher des Wassermanns und entsprechend im Zeichen Löwe im Exil.

Schatten

Mit dem Begriff Schatten, der aus der Jungschen Psychologie stammt (▶ C. G. Jung), sind diejenigen Anteile der Persönlichkeit gemeint, die ein Mensch als nicht zu ihm gehörig empfindet, weil sie nicht seinem Bild von sich selbst entsprechen, denen er aber in der Außenwelt immer wieder begegnet. Gleichwohl sind sie mit seinem bewussten Ich aufs Engste verbunden. Es kann sich dabei sowohl um etwas handeln, was von der Gesellschaft abgelehnt wird, als auch um etwas, was dem persönlichen Wertesystem nicht entspricht. Schattenanteile können durchaus auch positiver Natur sein. Weil der Schatten als nicht zur eigenen Person gehörig empfunden wird, wird er auf andere projiziert (▶ Projektion), das heißt, man nimmt die abgelehnten Eigenschaften bei anderen verstärkt wahr. Dass es sich um Schattenanteile handelt, erkennt man an der Heftigkeit der Reaktion: So kann die glühende Verehrung für einen anderen Menschen dar-

auf hinweisen, dass die eigene Großartigkeit nicht gesehen wird. Das Gleiche gilt für das andere Extrem, beispiel den ständigen Ärger mit dem Nachbarn: Der Betreffende will dann einfach nicht wahrhaben, dass er selbst die Eigenschaften aufweist, die er jenem vorwirft. Schattenanteile sind verkümmerte Persönlichkeitsanteile. Sie hatten nie die Möglichkeit, sich zu entwickeln.
Das Geburtshoroskop ist ein hervorragendes Instrument, um die möglichen Schattenanteile eines Menschen zu benennen und ihm Wege aufzuzeigen, diese anzunehmen, zu integrieren, zu entwickeln und damit zu einer ganzen Persönlichkeit zu werden. Ziel ist nicht etwa, diese Seiten »abzuschaffen«, sondern vielmehr ihr positives Potenzial zu erkennen und zu nutzen.
Die Faktoren, die in einem Horoskop auf Schattenanteile hinweisen können, werden im Folgenden genannt. Man kann daraus jedoch nicht zwangsläufig schließen, dass es sich um Schattenanteile handelt. Jeder Horoskopfaktor beinhaltet ein breites Spektrum an Möglichkeiten, die vom negativen bis zum positiven Extrem reichen. Der Mensch ist frei in der Wahl des ▶ Entwicklungsniveaus. Bei den im Folgenden genannten Faktoren ist jedoch die Wahrscheinlichkeit, dass er sie zumindest für bestimmte Zeiträume auch als schattenhaft erlebt, groß.

- Rückläufige ▶ persönliche Planeten, also Merkur, Venus und Mars (▶ Rückläufigkeit),
- Planeten am absteigenden ▶ Mondknoten sowie Haus und Zeichen des absteigenden Mondknotens,
- Aspekte zu ▶ persönlichen Planeten und ▶ Achsen sowie Häuser- und Zeichenstellung von Saturn und Pluto,
- ▶ unaspektierte Planeten.

Im weiteren Sinn können auch folgende Faktoren zu den Schattenthemen gezählt werden:

- Planeten im vierten, achten und zwölften Haus, den drei Wasserhäusern,
- Deszendent und Planeten im siebten Haus, dem Partnerschaftshaus,
- ein nicht oder kaum besetztes Element,
- Aspekte zu persönlichen Planeten und Achsen sowie Häuser und Zeichenstellung von Uranus und Neptun.

Schattenthemen sind schwer zu handhaben und können einem Menschen große Probleme verursachen, solange sie ihm nicht bewusst sind. Zugleich bergen sie aber auch ein ungeheures Potenzial in sich, wenn man die damit verbundenen Probleme als Aufgaben versteht, die zu bewältigen eine enorme Energie freisetzen kann. Jede Konstellation, und sei sie noch so schwierig, birgt auch eine Chance in sich. Je größer die Herausforderung, desto größer sind auch die darin enthaltenen Möglichkeiten.

Schnell laufende Planeten

Die ▶ persönlichen Planeten Sonne, Mond, Merkur, Venus und Mars. Ihre Umlaufzeiten sind relativ kurz, verglichen mit denjenigen Jupiters und der ▶ langsam laufenden Planeten Saturn, Uranus, Neptun und Pluto.

Schüsselfigur

Eine Konstellation, bei der alle Planeten in einer Hälfte des Horoskops konzentriert sind. Es ist eines der Aspektmuster von Marc Edmund Jones (▶ Aspektbild). Die Herausforderung bei der Schüsselfigur ist es, sich über die fehlende Hälfte bewusst zu werden und sie zu integrieren.

Schütze

Symbol: ♐
Element: Feuer
Qualität: veränderlich
Polarität: Yang/männlich
Herrscherplanet: Jupiter
Sonne im Schützen: etwa vom 22. November bis zum 21. Dezember
Jahreszeit: Dunkelheit, nackte Äste, Ende des Lebenszyklus
Kultur: Vorboten des neuen Lebens, Lichter des Advent, Luzia, die Lichtbringerin, Barbarazweige, die Knospen im Winter, Nikolaus
Körperbereich: Hüft- und Oberschenkelregion, Leber
Namen gebendes Sternbild: Sagittarius
Mythologie des Sternbilds: Der Schütze wird zumeist mit einem ▶ Kentauren in Verbindung gebracht, einem Wesen mit dem Oberkörper eines Mannes und dem Unterkörper eines Pferdes. In der Mythologie stehen die Kentauren für die Ambivalenz zwischen der triebhaften, unbewussten Welt der Tiere sowie der durch Geist und Bildung erhöhten, bewussten Welt der Menschen. Dadurch waren sie unberechenbar. Einige von ihnen, allen voran ▶ Chiron, zeichneten sich durch hohe Bildung und die Sehnsucht nach spiritueller Erkenntnis aus. Chiron war ein Lehrender und Lernender, der beständig sein Wissen erweiterte. Andere waren triebhaft, streitsüchtig, tranken und vergewaltigten gerne. In ihrer blinden Kampfeswut zogen sie gegen Helden wie Herakles jedoch zumeist den Kürzeren. Einer anderen Version zufolge handelt es sich bei dem Sternbild um den Satyrn Krotos, ein menschengestaltiges Wesen mit einem Pferdeschweif, Bockshörnern und Bocksbeinen, der die Kunst des Bogenschießens erfand. Er war unter den neun Musen aufgewachsen, denn er war der Sohn ihrer Amme. Den Satyrn werden ähnlich ambivalente Eigenschaften zugeschrieben wie den Kentauren. Sie konnten zivilisiert und verantwortungsvoll, aber auch triebhaft und hemmungslos sein.

Schütze, französische Buchmalerei um 1423 (The British Library, London).

Deutung: Der Schütze ist das neunte Zeichen des Tierkreises. Hier geht es darum, das erworbene Wissen in einen größeren Zusammenhang zu stellen. Der Blick des Schützen schweift in die Ferne – er orientiert sich am Zukünftigen und sucht den allem innewohnenden Sinn. Er erfasst die Welt ganzheitlich.

Menschen, die von diesem Zeichen geprägt sind, sind beständig dabei, ihren Horizont zu erweitern, sei es, indem sie weite Reisen unternehmen und fremde Kulturen kennen lernen oder indem sie sich mit philosophischen Themen beschäftigen. Sie wollen sich ein Bild von der Welt machen und eignen sich zu diesem Zweck ein breites Wissen an. Ihnen geht es dabei jedoch nicht darum, möglichst viele Fakten anzusammeln, vielmehr wollen sie diese Fakten in ein umfassendes Weltbild stellen und den dahinter liegenden Sinn verstehen. Daher interessieren sie sich häufig für Religion oder Spiritualität. Glauben und erfahren ist für sie wichtiger als Wissen. In ihrem Optimismus vergessen sie bisweilen, dass das Leben auch düstere Seiten hat und auf Höhen wieder Tiefen folgen. Eine solche Sicht kann überwältigend und ansteckend sein. Andererseits folgt bei Schütze-Geborenen oft auf das Himmelhoch-Jauzend ein Zu-Tode-Betrübt, ohne dass sie es erklären könnten.

Schütze-Persönlichkeiten brauchen Überzeugungen. Und sie verstehen es bestens, andere dabei mitzureißen. Das kann jedoch auch ins Negative umschlagen: wenn nämlich der Glaube zum Fanatismus wird und andere missioniert werden sollen oder wenn die Selbstgerechtigkeit Überhand nimmt. Das Tierkreiszeichen Schütze verleiht ▶ Achsen und Planeten, die sich in ihm befinden, Optimismus, Größe und Weite.

Mit seinem Oppositionszeichen Zwillinge hat der Schütze die Vielseitigkeit gemein. Doch während diese für den Zwilling ein Selbstzweck ist, stellt sie für den Schützen ein Mittel zum Zweck dar: nämlich zu einem umfassenden Verständnis zu gelangen. Mit den anderen beiden Feuerzeichen, Widder und Löwe, teilt der Schütze die Fähigkeit, aktiv das Leben zu gestalten. Dabei startet der Widder immer wieder durch, der Löwe stellt sich in den Mittelpunkt, und der Schütze trägt seine Ideen weiter. Von den beiden Zeichen, die zu ihm im Quadrat stehen, kann der Schütze Hingabe ans Detail (Jungfrau) und Vertrauen in den Fluss der Dinge (Fische) lernen.

Im Schützen ist Merkur im Exil.

Schwarzer Mond

Synonym zu ▶ Lilith. Astronomisch ist der Schwarze Mond das ▶ Apogäum, der erdfernste Punkt auf der Umlaufbahn des Mondes um die Erde, oder aber der zweite Brennpunkt der Ellipse der Mondbahn (der erste Brennpunkt ist die Erde). Vom Tierkreisgrad her macht dies keinen Unterschied aus. Astrologisch ist der schwarze Mond ein ▶ sensitiver Punkt.

Schwarze Sonne

Astrologische Bezeichnung für das ▶ Aphel, denjenigen Punkt auf der Umlaufbahn der Erde, der am weitesten von der Sonne entfernt ist. Aus geozentrischer Perspektive ist es derjenige Punkt, wo die Sonne am weitesten von

der Erde entfernt ist. Das Gegenstück ist der ▶ Diamant, der dem ▶ Perihel, dem sonnennächsten Punkt, entspricht.
Nur die wenigsten Astrologen beziehen die Schwarze Sonne in die Deutung ein.

Schweizer Astrologenbund

Der am 18. Januar 1983 um 21.09 Uhr :in Zürich gegründete Schweizer Astrologenbund (SAB) ist eine schulenübergreifende Vereinigung von Astrologen und Astrologinnen. Er steht der psychologischen Astrologie nahe und wendet sich gegen Determinismus und wahrsagerische Praktiken. Als sein wichtigstes Ziel sieht der SAB, »Astrologie als Lebenshilfe und als Berufsstand vor allem durch seriöse Information und Aufklärung der Öffentlichkeit zu fördern«. Dazu dienen Seminare, Kurse und Informationsveranstaltungen. Der Präsident des SAB, Claude Weiss, ist zudem Herausgeber der Zeischrift »Astrologie heute«.
Der SAB unterscheidet zwischen ordentlichen und Fachmitgliedern. Als ordentliches Mitglied ist jeder zugelassen. Nach mindestens einem Jahr und der Absolvierung einer Prüfung kann die Fachmitgliedschaft erworben werden.

Sechstes Haus

Analoges Tierkreiszeichen: Jungfrau
Herrscherplanet: Merkur
Element: Erde
Qualität: veränderlich
Quadrant: zweiter Quadrant, Nachthälfte
Deutung: Das sechste Haus ist das Haus der Gesundheit und der Arbeit. Wie diese beiden Bereiche zusammenhängen, erklärt ▶ Howard Sasportas: »Das sechste Haus untersucht die Beziehung zwischen unserem Inneren und dem, was uns umgibt – das Verhältnis zwischen der inneren Welt des Denkens und Fühlens und der äußeren Welt der Form und der Körperlichkeit.«[79] Wenn Innen und Außen nicht miteinander übereinstimmen, kann sich dies in Krankheiten äußern. Jede Krankheit kann auch als ein Symbol verstanden werden, das einen Hinweis darauf gibt, wo Innen und Außen nicht mehr übereinstimmen[80] (▶ medizinische Astrologie). Auch der Arbeitsalltag (nicht die Berufung, die zum zehnten Haus gehört) ist ein Anzeiger, inwieweit die Ansprüche mit der äußeren Wirklichkeit in Einklang gebracht werden. Da man in aller Regel hierbei gewisse Abstriche vornehmen muss, sagen das Zeichen an der Spitze des sechsten Hauses (▶ Häuserspitze) und etwaige in ihm stehende Planeten auch etwas darüber aus, wie man sich in gegebene Bedingungen einfügt. Im Unterschied zum gegenüberliegenden zwölften Haus, in dem sich der Mensch als Teil des Universums fühlen kann, geht es im sechsten Haus um die Fähigkeit, sich an die konkreten Gegebenheiten anzupassen.
Nicht zuletzt werden dem sechsten Haus Mitarbeiter und Angestellte zugeordnet, ebenso Haustiere.

Sekundärdirektion

Häufig für ▶ Sekundärprogression verwendeter Begriff.

Sekundärprogression

Eine ▶ Prognosemethode, bei der jeweils ein Tag nach der Geburt einem Lebensjahr gleichgesetzt wird. Die Planetenstellungen 24 Stunden nach der

Geburt spiegeln das Leben zum Zeitpunkt des ersten Geburtstags wider, 48 Stunden später den Zeitpunkt des zweiten Geburtstags usw. Das um einen, zwei Tage usw. vorgerückte Horoskop ist das (sekundär) progressive Horoskop. Die Sekundärprogression ist eine sehr gebräuchliche Prognosemethode. In der Regel ist sie gemeint, wenn von Progression die Rede ist.
Im Unterschied zu den beiden Arten der ▶ Tertiärprogression, bei denen die Bewegung des Mondes von Bedeutung ist, geht es bei der Sekundärprogression um die Bewegung der Sonne: Ein Tag (= eine Drehung der Erde um sich selbst) entspricht einem Jahr (= ein scheinbarer Lauf der Sonne durch den Tierkreis). Die Sekundärprogression deckt wesentlich größere Zeiträume ab als die Tertiärprogressionen und ist somit oft Anzeiger größerer innerer Entwicklungen.
Deutung: Bei der Sekundärprogression arbeitet man im Wesentlichen nur mit den ▶ persönlichen Planeten, Sonne, Mond, Merkur, Venus und Mars, weil sich die anderen Planeten (Jupiter, Saturn, Uranus, Neptun und Pluto) in den fraglichen Zeiträumen – es handelt sich ja um einzelne Tage – so langsam bewegen, dass es in der Regel zu keinen nennenswerten ▶ Auslösungen kommt. Bei der Deutung schenkt man vor allem folgenden Faktoren Aufmerksamkeit:

- Wenn ein progressiver Planet einen Aspekt zu einem Planeten oder zu einer ▶ Achse des ▶ Radixhoroskops bildet, so bedeutet dies eine Aktivierung und einen Austausch der damit verbundenen Kräfte. In erster Linie geht es aber um den Radixplaneten bzw. die Radixachse, der bzw. die durch diesen Aspekt angesprochen wird.
- Zu einem gegenseitigen Austausch zweier Kräfte kommt es, wenn zwei progressive Planeten zueinander einen Aspekt bilden.
- Die progressiven Stellungen von Jupiter, Saturn, Uranus, Neptun und Pluto werden nur dann ausnahmsweise in die Deutung einbezogen, wenn ein Aspekt, den sie zu einem anderen Planeten im Radixhoroskop bilden, in der Sekundärprogression exakt, also minutengenau wird (▶ Bogenminute).
- Wenn ein progressiver Planet das (Radix-)Haus oder das Tierkreiszeichen wechselt, beginnt ein neuer Abschnitt.
- Das Radixhaus, in dem sich der progressive Mond befindet, wird aktiviert.
- Wenn ein progressiver Planet die Laufrichtung wechselt, also rückläufig oder direktläufig wird (▶ Rückläufigkeit), zeigt dies eine Wende hinsichtlich der damit verbundenen Kraft an.

Zeiträume: Die progressive Sonne bewegt sich pro Lebensjahr 1 Bogengrad nach vorne, denn sie legt pro Tag etwa 1 Bogengrad zurück. Bei Venus sind es durchschnittlich 1,5 Grad und bei Mars 0,5 Grad pro Tag und damit pro Lebensjahr. Nur Merkur bewegt sich mit durchschnittlich 2 Grad etwas schneller. Den ▶ Orbis, also den Spielraum, innerhalb dessen man bei der Sekundärprogression von einem Aspekt und damit von einer Auslösung spricht, muss man angesichts der langsamen Bewegungen bei dieser Methode relativ gering ansetzen: etwa ein halbes Grad.

Damit umfasst man ohnehin Zeiträume von ungefähr einem halben bis einem Jahr oder mehr. Natürlich fokussiert sich die angesprochene Thematik, wenn der Aspekt exakt wird.
Eine Ausnahme stellt der schnellste der Planeten dar, der progressive Mond: Er legt etwa ein Bogengrad pro Lebensmonat zurück. Daher bildet er relativ häufig Aspekte zu Radixplaneten. Durchschnittlich bleibt er zweieinhalb Jahre in einem Radixhaus und in einem Tierkreiszeichen, und er aktiviert diese in dem Zeitraum. Man kann beim progressiven Mond einen Orbis von einem Grad ansetzen, womit aktuelle Zeiträume von zwei Monaten angesprochen sind.
Aspekte: Die Art des Aspektes, den Sonne, Merkur, Venus oder Mars in der Sekundärprogression zu einem Radixplaneten bildet, sollte nicht überbewertet werden (▶ synthetische, ▶ analytische Aspekte). Im Vordergrund stehen die beiden beteiligten Planeten bzw. die Thematik, um die es dabei geht. Es kommt selten zu ▶ Hauptaspekten zwischen zwei beteiligten Faktoren: Wenn die progressive Sonne ein Quadrat (= 90-Grad-Winkel) zu einem Radixplaneten bildet, kommt es erst 30 Jahre später (!) zum nächsten Hauptaspekt, einem Trigon (= 120-Grad-Winkel).
Achsen: Einen Sonderfall stellen die progressiven Achsen dar. Will man mit Auslösungen durch die progressiven Achsen arbeiten, so benötigt man eine minutengenaue ▶ Geburtszeit, andernfalls kann man sich um ein Jahr bei der ▶ Prognose vertun. Ist die exakte Geburtszeit bekannt, so gibt es verschiedene Methoden der Berechnung. Relativ gebräuchlich ist diejenige Methode, wonach das Medium coeli (MC) um die gleiche Strecke verschoben wird wie die sekundärprogressive Sonne, also um den so genannten Sonnenbogen. Dadurch bleibt der Abstand zwischen Sonne und MC im progressiven Horoskop gegenüber dem Radixhoroskop immer gleich.[81] Der Aszendent und die anderen Häuserspitzen werden vom MC abgeleitet.

Selbst

Ein aus der Psychologie stammender Ausdruck, der das Bewusstsein von der eigenen Identität bezeichnet. Häufig wird das Selbst mit Persönlichkeit gleichgesetzt. Bei einer differenzierteren Betrachtung wird zwischen dem materiellen Selbst, dem seelischen Selbst, dem geistigen Selbst sowie dem sozialen Selbst unterschieden. Das Selbst umfasst also den physischen Körper mit Merkmalen und Verhaltensmustern, das psychische Empfinden mit Ängsten, Blockaden und Freuden, das geistige Potenzial mit Weltanschauungen und Glaubenssätzen sowie das soziale Verhalten mit der Fähigkeit zu Kontaktaufnahme und Abgrenzung.
Die Astrologie ordnet diese Einteilung bestimmten Planeten zu wie Saturn (Materielles), Mond (Psychisches), Jupiter (Geistiges) und Merkur (Soziales). Vor allem die ▶ psychologische Astrologie sieht ihre Aufgabe darin, durch die Deutung des Horoskops Auskunft über die Anlagen zum Selbst zu geben und damit die Entwicklung hin zu einer integrierten Persönlichkeit im tiefenpsychologischen Sinn unterstützen zu können.

Die ▶ esoterische Astrologie arbeitet außerdem mit dem Begriff ▶ Höheres Selbst, um die Entwicklung des Selbst über die irdische Existenz hinaus zu beschreiben.

Selbstbild

In der Psychologie der Begriff für die Wahrnehmung der eigenen Persönlichkeit. Die ▶ psychologische Astrologie hat diese Vorstellung übernommen. Über das Selbstbild des Mannes geben danach vor allem der Aszendent und die Stellungen der männlichen Planeten Sonne und Mars Auskunft, über das Selbstbild der Frau der Aszendent und die Stellungen der weiblichen Planeten Mond und Venus, außerdem bei beiden weitere, stark betonte Faktoren im Horoskop.

Sensitiver Punkt

Ein Punkt im Horoskop, der aus der Position zweier Planeten sowie des Aszendenten oder des Medium coeli errechnet wird. Die Auffassungen darüber, ob bei der Berechnung ein Unterschied zwischen Tag- und Nachtgeburten gemacht wird, gehen auseinander. Diese sensitiven Punkte werden auch als arabische Punkte bezeichnet.

Im weiteren Sinn werden auch andere Punkte im Horoskop als sensitiv bezeichnet, beispielsweise ▶ Lilith, die ▶ Mondknoten oder der ▶ vorgeburtliche Neumond. Auch Aszendent und Medium coeli sind sensitive Punkte.

Die sensitiven (arabischen) Punkte geben Auskunft über bestimmte allgemein gültige Themen im individuellen Horoskop. Die bekanntesten sind:

- ▶ Glückspunkt
- ▶ Berufspunkt
- ▶ Liebespunkt
- ▶ Vaterpunkt
- ▶ Mutterpunkt
- ▶ Todespunkt

Berechnung: Für die Berechnung (Näheres dazu unter den einzelnen Stichworten) muss man die Gradzahl eines Zeichens in die absolute Gradzahl umrechnen, ausgehend von 0 Grad Widder. So entspricht ein Aszendent auf 9 Grad Löwe 129 Grad, eine Sonne auf 4 Grad Stier entspricht 34 Grad und ein Mond auf 6 Grad Wassermann entspricht 306 Grad. Beim Glückspunkt beispielsweise muss (im Falle einer Taggeburt) die Mondposition zu derjenigen des Aszendenten gezählt und die Sonnenposition wiederum davon abgezogen werden. Das ergibt in diesem Beispiel 401 Grad. Da der Tierkreis nur 360 Grad umfasst, muss diese Größe wieder von dem Ergebnis abgezogen werden. So lautet das Endergebnis 41 Grad. Dies wiederum entspricht 11 Grad Stier.

Separativer Aspekt

Ein Aspekt, der bereits stattgefunden hat. Man spricht auch von Separation (wörtlich: Trennung). Der schnellere der beiden beteiligten Planeten hat die Stelle überschritten, wo der Aspekt exakt war, und entfernt sich von diesem. Jetzt nimmt die Wirkung, die sich mit dem Exakt-Werden des Aspektes aufgebaut hat, rasch ab. Daher gilt ein separativer Aspekt auch als weniger stark als ein ▶ applikativer Aspekt, bei dem sich der Aspekt erst bildet.

Septil

Ein Aspekt, bei dem sich zwei Planeten im Winkelabstand von 51 Grad 26 Minuten zueinander befinden. Das Septil gilt als ▶ Nebenaspekt und findet in der praktischen Deutung nur wenig Beachtung. Es kann mit einem ▶ Orbis von 1 bis 2 Grad berechnet werden.

Das Septil zeigt eine Chance an, die Energien der beteiligten Planeten auf einer tieferen, spirituellen Ebene zu erfahren. So geht es bei einem Venus/Jupiter-Septil zum Beispiel nicht nur darum, seine Ästhetik und Schönheit in der Fülle zum Ausdruck zu bringen, sondern auch der Frage nachzugehen, wo der Selbstwert genährt wird und Wachstumsimpulse erhält. Um die subtilen Energien eines Septils zu spüren, ist eine besondere Sensibilität erforderlich.

Sextil

Symbol: ⚹

Ein Aspekt, bei dem sich zwei Planeten im Winkelabstand von 60 Grad zueinander befinden. Das Sextil ist ein halbiertes Trigon und gilt als ▶ synthetischer Aspekt. (Zum ▶ Orbis siehe die Übersicht auf Seite 179.) Die Planeten stehen dabei normalerweise in Zeichen, die sich ergänzenden Elementen angehören (Feuer und Luft oder Wasser und Erde).

Die den synthetischen Aspekten eigene gegenseitige Unterstützung wirkt beim Sextil auf andere Art als beim Trigon, wo sie leicht und gleichsam selbstverständlich vorhanden ist. Das Sextil ist dagegen ein Potenzial, das sich nicht automatisch entfaltet. Die Chance muss ergriffen werden, kann aber auch vorübergehen, wenn man zaudert. Dann bleibt die Konstellation recht unverbindlich.

Wird das Sextil von Planeten gebildet, die eine ähnliche Energie symbolisieren (Mond/Venus oder Mars/Sonne), fällt es leichter, sein Potenzial zu nutzen, als bei Planeten mit sehr unterschiedlicher Färbung (Mond/Saturn oder Mars/Neptun).

Das Sextil ist also eine Aufforderung zur Tat, allerdings nicht wie bei den ▶ analytischen Aspekten aufgrund des Drucks, eine Herausforderung zu bestehen. Hier gibt es die Möglichkeit, auf angenehme Art zu lernen und den Horizont zu erweitern.

Siderisch

Auf die ▶ Fixsterne bezogen.

Siderischer Mondlauf / Mondmonat

Der Zeitraum, den der Mond für eine Erdumrundung benötigt, gemessen von einem Durchgang des Mondes durch den ▶ Stundenkreis eines Fixsterns bis zum nächsten Durchgang. Er beträgt 27 Tage, 7 Stunden und 43 Minuten und ist damit etwas kürzer als der ▶ synodische Mondlauf. Der Stundenkreis ist der gedachte Kreis senkrecht zum ▶ Himmelsäquator, der wiederum der in den Weltraum hinaus projizierte Erdäquator ist.

Siderischer Tierkreis

Derjenige Tierkreis, bei dem Tierkreiszeichen und ▶ Sternbilder miteinander identisch sind. In der westlichen Astrologie arbeitet man jedoch in der Regel mit dem ▶ tropischen Tierkreis, bei dem das nicht der Fall ist. Der Beginn des tropischen Tierkreises ist eindeutig definiert: Er fängt nämlich dort an, wo die Sonne bei ihrem scheinbaren Lauf den ▶ Himmelsäquator von Süden nach Norden überquert. Diese Eindeutigkeit ist beim siderischen Tierkreis – mit dem in der indischen Astrologie gearbeitet wird – nicht ohne weiteres gegeben. Sicher ist nur, dass sich der tropische Tierkreis vom siderischen aufgrund der ▶ Präzession etwa alle 72 Jahre um einen weiteren Grad entfernt. Ein relativ gebräuchlicher ▶ Ayanamsha-Wert – dieser gibt die Abweichung der beiden Tierkreise voneinander an – beträgt 23 Grad 51 Minuten 11 Sekunden für den 1. Januar 2000 (nach N. C. Lahiri). Demnach entsprechen 0 Grad Widder im tropischen Tierkreis 6 Grad 8 Minuten 49 Sekunden Fische im siderischen Tierkreis. Es existieren aber auch Ayanamshas, die einige Grade von diesem Wert abweichen.

Wie der tropische wird auch der siderische Tierkreis in zwölf gleich große Abschnitte zu 30 Grad unterteilt. Natürlich ist auch die Reihenfolge der Tierkreiszeichen identisch.

Siebtes Haus

Analoges Tierkreiszeichen: Waage
Herrscherplanet: Venus
Element: Luft
Qualität: kardinal
Quadrant: dritter Quadrant, Taghälfte
Deutung: Im siebten Haus geht es um die Begegnung mit anderen Menschen. Das Zeichen an der Spitze dieses Hauses (▶ Häuserspitze), das zugleich der Deszendent ist, sowie etwaige in ihm stehende Planeten sagen etwas darüber aus, was ein Mensch bei anderen sucht und zugleich was ihm von anderen entgegengebracht wird.

Das siebte Haus symbolisiert den Liebespartner bzw. die Liebespartnerin, sofern sie etwas repräsentieren, was der Horoskopeigner als nicht zu ihm gehörig empfindet und was er deshalb bei anderen sucht. Das siebte gilt auch als das Haus der offenen Feinde (die heimlichen Feinde gehören zum zwölften Haus), denn diese sind die Empfänger negativer ▶ Projektionen.

Auch Geschäftspartner gehören zur Domäne dieses Hauses, ebenso Rechtsstreitigkeiten und Prozesse. Im Unterschied zum gegenüberliegenden ersten Haus, das den Einzelnen in seiner Unreflektiertheit beschreibt, ist das siebte Haus dasjenige, welches ihn als Wesen erfasst, das sich in einem Gegenüber spiegelt.

Signifikator

Das zu einem bestimmten Thema, Faktum oder einer bestimmten Person gehörige astrologische ▶ Symbol bzw. der zugehörige ▶ Horoskopfaktor. Um in einem Horoskop Signifikatoren zu finden, geht man umgekehrt wie bei der üblichen ▶ Deutung vor: Während man bei dieser die Horoskopfaktoren interpretiert und sozusagen mit Leben füllt, liegen im anderen Fall konkrete Fakten vor, die nun in die astrologische Symbolik zurückübersetzt werden. Geht es beispielsweise um das Thema Religion, wird man sein Augenmerk auf das neunte Haus und auf den Planeten Jupiter lenken, aber auch auf andere Planeten im Tierkreiszeichen Schütze sowie auf die ▶ Häuserspitze(n), die dieses Zeichen anschneiden.

Diese Herangehensweise ist nicht nur für den Lernprozess im Umgang mit Horoskopen wichtig, sondern überhaupt für das Verständnis von Horoskopen.
Es ist dabei zu beachten, dass die Begriffe, mit denen wir die Welt erfassen, nicht immer eindeutige Parallelen in der astrologischen Symbolik haben. Man denke beispielsweise an die Haut: Als Organ, über das der Mensch Zärtlichkeiten mit einem anderen austauscht, ist Venus ihr Signifikator, als äußerste materielle Hülle des Körpers hingegen Saturn. ▶ Kosmische Sprache und irdische Gegebenheiten sind also nicht unbedingt identisch.

Skorpion

Symbol: ♏
Element: Wasser
Qualität: fix
Polarität: Yin/weiblich
Herrscherplanet: Pluto, früher Mars
Sonne im Skorpion: etwa vom 23. Oktober bis zum 21. November
Jahreszeit: Absterben der Natur, Nebel, Vergänglichkeit
Kultur: Totenkulte, Allerheiligen, Allerseelen, Halloween, Faschingsbeginn
Körperbereich: Geschlechtsorgane, Dickdarm und Mastdarm
Namen gebendes Sternbild: Scorpius
Mythologie des Sternbilds: Die Mythen um den Skorpion stehen in enger Verbindung mit dem triebhaften Jäger Orion, der ebenso lüstern wie jagdgierig war. Nachdem er seine Schwiegermutter vergewaltigt hatte, wurde er von ihrem Mann, König Oinopion, geblendet. Mit Hilfe des göttlichen Schmiedes Hephaistos erlangte er sein Augenlicht jedoch wieder. Sofort sann er auf Rache, die sich gegen die gesamte Natur richtete. Aus Sorge, er könne in seiner triebhaften Blindheit alle Tiere vernichten, schuf Artemis, die Göttin und Hüterin der Jagd (▶ Mond), einen riesigen Skorpion, der Orion mit einem Biss tötete. Eine andere Version besagt, dass Orion sogar Artemis vergewaltigen wollte und die Göttin deshalb den Skorpion entstehen ließ. Auf jeden Fall wurde der triebhafte Jäger von dem Tier zur Strecke gebracht, das selbst als eines der ältesten und triebhaftesten gilt. Aufgrund der Feindschaft von beiden sind Skorpion und Orion nie gleichzeitig am Himmel zu sehen.

Skorpion, französische Buchmalerei um 1423 (The British Library, London).

Deutung: Der Skorpion ist das achte

Zeichen des Tierkreises. Wegen der großen Bandbreite seiner Entfaltungsmöglichkeiten sowie seiner unergründlichen Art gilt er als das schillerndste Tierkreiszeichen. Ob eine Skorpionpersönlichkeit ihr Leben getrieben von ihren Instinkten lebt oder ob sie sich in Gestalt des Adlers zu höchsten Höhen emporschwingt – immer ist sie fähig, sich von Grund auf zu regenerieren und etwas ganz Neues anzufangen. Sie lebt mit Intensität und Leidenschaft, aber es setzt einen hohen Reifegrad voraus, dass sie das, was sie am meisten liebt und was ihr am wichtigsten ist, nicht mit ihrem Giftstachel zerstört.

Menschen mit einer Betonung des Zeichens Skorpion neigen bisweilen zu extremen Handlungsweisen. Alles oder nichts!, lautet ihre Devise. Dabei lassen sie sich nur ungern in die Karten schauen. Sie lassen sich kaum anmerken, was in ihrem Inneren vor sich geht, auch wenn es dort noch so sehr brodelt. Die Intensität ihrer Existenz erfordert es, dass sie sich einer Sache mit Haut und Haaren verschreiben, die über ihre persönlichen Belange hinausreicht. Dabei ist ihnen ein Hang zur Dramatik nicht abzusprechen. Sie interessieren sich für alles Hintergründige und Geheimnisvolle, für Tabuthemen und die Abgründe des Lebens. Dort, wo andere sich mit Schrecken abwenden, erwacht bei ihnen gerade der Forschergeist. Das Thema Macht in seiner subtilen, heimlichen Form ist für sie von großer Bedeutung. Indem sie andere kontrollieren, meinen sie, die Macht in Händen zu halten, doch geraten sie dadurch ihrerseits in Abhängigkeiten, die sie eigentlich so sehr fürchten.

Nicht zuletzt verfügen Skorpion-Geborene über ein großes heilerisches Potenzial, mit dem sie nicht nur sich selbst, sondern auch anderen zu helfen vermögen.

Das Tierkreiszeichen Skorpion verleiht ▶ Achsen und Planeten, die sich in ihm befinden, etwas Tiefgründiges, Absolutes und Eindringliches.

Mit seinem Oppositionszeichen Stier hat der Skorpion die Leidenschaftlichkeit gemein. Doch während der Stier damit das Leben auskostet, dient sie dem Skorpion dazu, dem Dasein auf den Grund zu gehen. Mit den anderen beiden Wasserzeichen, Krebs und Fische, teilt der Skorpion das Einfühlungsvermögen. Der Krebs lässt es seinen Lieben zugute kommen, der Skorpion kann damit den wunden Punkt eines anderen ausmachen und ihn verletzen oder aber diese Fähigkeit zu dessen Heilung einsetzen. Die Fische schließlich können sich dadurch eins mit allen Menschen fühlen. Von den beiden Zeichen, die zu ihm im Quadrat stehen, kann der Skorpion lernen, wie man seine Kräfte nach außen kehrt (Löwe) und wie man sie zum Wohl der Gesellschaft einsetzt (Wassermann).

Im Skorpion ist Uranus erhöht, Venus im Exil und der Mond im Fall.

Solar(horoskop)

Ein ▶ Rückkehrhoroskop, genauer: das auf den exakten Zeitpunkt der Sonnenwiederkehr ausgestellte Horoskop – also wenn sich die Sonne an derselben Stelle befindet wie zur Geburt eines Menschen. Dies findet einmal jährlich, entweder am Geburtstag, am Tag davor oder danach statt. Es sagt etwas über die im kommenden Lebensjahr anstehenden Themen und ist eine wichtige, auf eine sehr lange Tradition zurückblickende astrologische Prognosemethode. Meist machen sich die Themen bereits ein bis zwei Monate vor dem Geburtstag bemerkbar.

Berechnung: Das Solarhoroskop wird auf der Grundlage des bogen*sekunden*genauen Standes der Sonne im ▶Radixhoroskop errechnet, und zwar ungeachtet der Tatsache, ob die ▶Geburtszeit, die nicht selten auf fünf Minuten gerundet ist, diese Genauigkeit rechtfertigt. Auf dieser Basis ermittelt man die Uhrzeit, zu der dieser Sonnenstand in dem betreffenden Jahr erreicht wird, und stellt das Horoskop auf den zu definierenden Solarort:

Ort: Es gibt drei Möglichkeiten, nämlich entweder den aktuellen Wohnort, den Geburtsort oder den Aufenthaltsort zu dem Zeitpunkt, an dem die Sonne zur Geburtsposition zurückkehrt. Vieles spricht für den Wohnort – also den Ort, wo der Horoskopeigner den größten Teil des kommenden Jahres verbringt –, aber auch der Geburtsort hat seine Berechtigung. Viele Astrologen nehmen auch den Ort des vorübergehenden Aufenthalts zum Zeitpunkt der Sonnenwiederkehr. Wenn dieser Ort sehr weit entfernt ist, dann stehen gegenüber dem auf den Wohn- oder Geburtsort ausgestellten Solarhoroskop die ▶Achsen und Häuserspitzen an ganz anderer Stelle.

Deutung: Das Solarhoroskop kann immer nur vor dem Hintergrund des Radixhoroskops gedeutet werden. Im Folgenden werden einige wichtige Anhaltspunkte für die Deutung gegeben:

- Der *Solar-Aszendent:* Er zeigt die Art, wie man im aktuellen Jahr an die Dinge herangeht.
- Das *Solar-Medium-coeli:* Es zeigt das Ziel des aktuellen Jahres.
- Aktiviert werden folgende *Häuser*: Das Radixhaus, in das der Solaraszendent, und das Radixhaus, in das das Solar-Medium-coeli fällt. Das Radixhaus und das Solarhaus, in das der Herrscher des Solar-Aszendenten fällt. Das Solarhaus, in dem die Sonne steht. Das Solarhaus, in dem sich drei oder mehr Solarplaneten befinden.
- *Planeten in ▶Achsenbindung im Solar:* Insbesondere wenn sie sich in Konjunktion zum Aszendenten befinden, spielen sie eine bedeutsame Rolle.
- *Aspektwiederholungen*: Wenn sich im Solarhoroskop Aspekte befinden, die bereits im Radix vorhanden sind, so muss man auch auf sie sein Augenmerk richten. Die Thematik aus dem Radix wird aufgegriffen und erhält neue Ausdrucksformen. Findet sich beispielsweise im Radix ein Sonne-Saturn-Quadrat und im Solar ein Sonne-Saturn-Trigon, so kann man mit der Konstellation im aktuellen Jahr vermutlich leichter umgehen.
- *Planeten des Radix-Horoskops*, die von vielen Solarplaneten Aspekte empfangen, werden in dem Jahr aktiviert.

Eine detaillierte psychologische Deutung, wie sie beim Radixhoroskop vorgenommen wird, ist beim Solarhoroskop nicht angebracht.[82] Hier kann man wesentlich konkreter werden – damit sind keine ▶Ereignisprognosen ge-

meint. Das Radix enthüllt die tieferen Beweggründe – das Solar kommentiert das aktuelle Geschehen.
Man kann nicht nur für die Sonne Rückkehrhoroskope erstellen, sondern auch für den Mond (▶ Lunar), für Merkur (▶ Merkurrückkehr-), Venus (▶ Venusrückkehr-) und Mars (▶ Marsrückkehr-Horoskop).

Solstitialpunkt

Zusammenfassende Bezeichnung für die beiden Punkte auf der ▶ Ekliptik, an denen sich die Sonne bei ihrem scheinbaren Lauf um die Erde an den Wendepunkten befindet (▶ Solstitium).

Solstitium

Sonnenwende. Es gibt das Sommer-Solstitium, das um den 22. Juni, und das Winter-Solstitium, das um den 22. Dezember stattfindet. Ersteres leitet den Sommer, Letzteres den Winter ein. Sie ereignen sich, wenn die Sonne auf ihrem scheinbaren Weg um die Erde ihre größte (Sommer-Solstitium) bzw. ihre kleinste ▶ Deklination (Winter-Solstitium) erreicht (Abbildung Seite 108) – die Deklination ist der Winkelabstand vom ▶ Himmelsäquator. Zum Sommer-Solstitium findet auf der Nordhalbkugel der Erde der längste Tag statt, zur Zeit des Winter-Solstitiums der kürzeste Tag. Auf der Südhalbkugel ist es umgekehrt. Den Zeitpunkt, zu dem die Sonne den Schnittpunkt zwischen ▶ Ekliptik und Himmelsäquator überquert, nennt man ▶ Äquinoktium.

Sommerzeit

Gegenüber der Zonenzeit (▶ Zeitzone) oder der Landeszeit meist um eine Stunde vorverlegte Uhrzeit in den Sommermonaten. Der Vorzug liegt darin, dass damit das Tageslicht länger ausgenutzt werden kann und so Stromkosten gespart werden. Während des Zweiten Weltkriegs und in den Jahren danach galt in zahlreichen Monaten in Deutschland, Österreich und der Schweiz die Sommerzeit, einmal in Deutschland sogar die doppelte Sommerzeit, die um zwei Stunden von der normalen Zeit abweicht. Die Sommerzeit wurde 1980 in Deutschland und Österreich wieder eingeführt, 1981 auch in der Schweiz. Sie geht der ▶ Greenwich-Zeit zwei Stunden vor. Das Kürzel für die mitteleuropäische Sommerzeit lautet: MESZ. Bei der Berechnung eines Geburtshoroskops muss berücksichtigt werden, ob die Geburt zu einem Zeitpunkt stattfand, als Sommerzeit herrschte.

Sonne

Symbol: ☉
Astronomie: Die Sonne ist das Zentralgestirn unseres Sonnensystems. Ihr Durchmesser beträgt 1,392 Millionen Kilometer, die mittlere Entfernung von der Erde 149.597.870 Kilometer. Auf dem 360-Grad-Kreis, den sie bei ihrem scheinbaren Lauf um die Erde beschreibt, hat sie von dieser aus gesehen einen Durchmesser von etwa 32 Bogenminuten, also ½ Grad (▶ Mond). Täglich legt sie im Durchschnitt 59,1 Bogenminuten zurück. Die Sonne ist eine Kugel, bestehend aus glühenden Gasen. Sie spendet der Erde Licht und Wärme. Durch ihre Anziehungskraft hält sie die Erde und die anderen Planeten des Sonnensystems in ihren Bahnen.

Die Sonne kann ebenso wie der Mond niemals rückläufig werden.

Mythologie: Viele alte patriarchale Hochkulturen (Ägypter, Babylonier, Perser, Maya) haben die Sonne zur ihrer wichtigsten Gottheit am Himmel erhoben. In der griechischen Mythologie verkörperten zwei Götter das Sonnenprinzip: Helios und Apollon, der Zwillingsbruder der Mondgöttin Artemis (▶ Mond). Helios lenkt jeden Tag einen Wagen mit vier feurigen Rossen von seinem Palast im Osten über den Himmel zu seinem Palast im Westen, angekündigt von Eos, der Morgenröte. Er zeichnet sich dadurch aus, dass er alles sieht und alles hört. Deshalb wurde er bei Eiden als Zeuge angerufen. Phaeton, einer seiner zahlreichen Söhne, stieg eines Morgens in den Wagen und wollte es seinem Vater gleichtun. Doch er lenkte den Wagen zu hoch und stürzte ab. Weit mehr als Helios genoss Apollon, der auch Phoibos (der Strahlende) hieß, die Verehrung der Menschen. Seine Domäne war die Kunst, vor allem die Musik, das Heilwissen, die Weissagung und das Bogenschießen. Apollon war ein Sohn des Göttervaters Zeus mit der Titanin Leto. Als Kind wurde er mit Nektar und Ambrosia genährt, eine Götternahrung, die ewige Jugend und Schönheit verleiht. Seine wichtigsten Errungenschaften waren das Orakel von Delphi, der Ort, wo er die hellseherische Schlange Python getötet hatte, sowie das Spiel der Laute und der Leier. Letztere hatte er von seinem Halbbruder Hermes erhalten (▶ Merkur). Ungeachtet seiner Schönheit und seiner künstlerischen Begabung gingen ihm Frauen und junge Männer, die er auch begehrte, lieber aus dem Weg – ein Symbol dafür, dass die Sonne, wenn sie ungehindert strahlt, für Sterbliche kaum zu ertragen ist. Man muss sich vor ihr schützen. Zudem war Appollon ein Verfechter patriarchaler Strukturen. Wenn es darum ging, die Vorherrschaft des ▶ männlichen Prinzips zu festigen, war er besonders aktiv.

Sein Orakel in Delphi hatte den Leitspruch: »Erkenne dich selbst – damit du Gott erkennst!«. Das charakterisiert treffend die von der Sonne im Horoskop gestellte Aufgabe.

Körper: Als zentrales Organ des Körpers entspricht das Herz dem Sonnenprinzip. Auch der Blutkreislauf, der sämtliche Organe mit Blut versorgt, wird ihr zugeordnet.

Deutung: Die Sonne ist das Symbol für die Lebenskraft schlechthin. Im Horoskop ist sie das Kernstück der Persönlichkeit. Es ist eine Lebens- und Entwicklungsaufgabe, das zur Entfaltung zu bringen, was sie durch ihre Hausstellung und das Tierkreiszeichen, in dem sie steht, an Potenzial enthält. Sie ist grundlegend für die Identität eines Menschen. Von daher erklärt sich, warum die ▶ Vulgärastrologie allein das Tierkreiszeichen berücksichtigt, in dem sich die Sonne befindet, das so genannte ▶ Sternzeichen. Es hat im Horoskop eine herausragende Bedeutung, wenngleich es viel zu kurz greift, es zur ausschließlichen Deutungsgrundlage zu machen.

Der Mond ist der Sonne gegenüber nicht minder wichtig. Der Unterschied besteht darin, dass er etwas aufnimmt und es verarbeitet, wohingegen die Sonne etwas in die Welt hinein erschafft.

Wie der Mond so wird auch die Sonne in der Astrologie als Planet bezeichnet. Die Sonne steht für den Willen und für den Geist, das Prinzip, das aktiv etwas erschaffen möchte. Sie ist die Dirigentin im Orchester der Planeten und hat als solche eine integrierende Kraft. Dem kleinen Kind steht die volle Sonnenkraft noch nicht zur Verfügung, erst etwa ab dem siebten Lebensjahr oder später beginnt sie sich zu entwickeln.

Mit ihrer Haus- und Zeichenstellung im Horoskop beschreibt sie den zentralen Bereich und die Art der Selbstentfaltung. Planeten und ▶ Achsen, zu denen sie einen Aspekt bildet, sind darin mit eingebunden.

Im ▶ Transit, der nur einen oder zwei Tage spürbar ist, sorgt sie für Bewusstwerdung.

Die Sonne stellt das männliche Prinzip dar, und zwar dessen väterliche Seite. Im engeren Sinn steht sie im Horoskop eines Menschen für dessen Vater oder eine andere Autoritätsperson. Im Horoskop eines Mannes ist die Sonne Teil seiner männlichen Identität, zusammen mit Mars. Entsprechend geben Sonne und Mars im Horoskop einer Frau Auskunft über deren Männerbild.

Im Horoskop eines Landes steht die Sonne für den Herrscher oder die Herrscherin.

Die Sonne ist Herrscherin des Tierkreiszeichens Löwe und erhöht im Widder; im Wassermann befindet sie sich im Exil und in der Waage im Fall.

Sonnenbogen

Die Strecke, gemessen in Bogengraden entlang der ▶ Ekliptik, die die Sonne innerhalb eines bestimmten Zeitraums zurücklegt. Bei vielen Direktions- und Progressionsmethoden (▶ Direktion, ▶ Progression) wird das Medium coeli nach dem Sonnenbogen weiterbewegt, das heißt: der Abstand zwischen Sonne und Medium coeli bleibt immer gleich. Alle anderen ▶ Häuserspitzen werden dann nach dem Medium coeli berechnet. Es gibt den mittleren und den wahren Sonnenbogen. Ersterer stellt, wie der Name sagt, einen Mittelwert dar und wird nach dem so genannten ▶ Naibodschlüssel berechnet, der eine Tagesstrecke der Sonne von 59 Bogenminuten und 8,33 Bogensekunden zugrunde legt. Der wahre Sonnenbogen eines bestimmten Tages wird durch ▶ Interpolation herausgefunden. Er entspricht der von der Sonne tatsächlich zurückgelegten Strecke, weicht aber vom mittleren Sonnenbogen letztlich nur geringfügig ab.

Sonnenbogendirektion

Eine ▶ Prognosemethode, bei der alle Planeten und ▶ Achsen pro Lebensjahr um die Strecke verschoben werden, die die Sonne pro Tag nach der Geburt zurückgelegt hat. Um diese zu ermitteln, berechnet man entweder die Strecke, die die Sonne in dem fraglichen Zeitraum tatsächlich zurückgelegt hat – das ist der wahre Sonnenbogen –, oder man nimmt einen Durchschnittswert – den mittleren Sonnenbogen –, der mit dem ▶ Naibodschlüssel gefunden wird.

Deutung: Vor allem folgende Punkte werden bei der Deutung berücksichtigt:

- Wenn ein dirigierter Planet oder eine dirigierte Achse einen Aspekt zu einem Faktor des ▶ Radixhoroskops bildet, so

- ist dies eine ▶ Auslösung, das heißt der betreffende Faktor erfährt eine Aktivierung. Der ▶ Orbis ist relativ gering anzusetzen, um einiges geringer als ein Grad, sodass Zeiträume von einigen Monaten erfasst sind.
- Wenn ein dirigierter Planet oder eine dirigierte Achse das Tierkreiszeichen oder das Radixhaus wechselt, beginnt ein neuer Abschnitt.

Achsen: Bei der Arbeit mit dirigierten Achsen ist eine minutengenaue ▶ Geburtszeit erforderlich, weil sich sonst zu große Ungenauigkeiten in der ▶ Prognose ergeben.

Sonnenfinsternis

Die ganze oder teilweise Verdunkelung der Sonne durch den Mond (▶ Finsternis). Dazu kommt es, wenn eine Sonne-Mond-Konjunktion, also Neumond, auf oder in der Nähe der Mondknotenachse (▶ Mondknoten) stattfindet. Der Fachbegriff lautet: Neumondeklipse. Eine Sonnenfinsternis kann ein machtvoller ▶ Auslöser sein.

Sonnensystem

Die Sonne mit sämtlichen Himmelskörpern, die sie umkreisen: die Planeten mit ihren Monden; zahlreiche ▶ Kleinplaneten; ▶ Kometen; Meteoroiden, Trümmern bis hin zu Gas- und Staubpartikeln. Hierzu gehören der ▶ Asteroidengürtel zwischen den Planeten Mars und Jupiter ebenso wie der ▶ Kuiper-Gürtel jenseits der Neptun- und Plutobahn mit ihren zahlreichen Kleinplaneten. Am äußersten Rand unseres Sonnensystems befindet sich die Oortsche Wolke.

Durch die zahlreichen Neuentdeckungen von Himmelskörpern (▶ neue Planeten) im und jenseits des Kuiper-Gürtels seit Beginn der Neunzigerjahre stand eine Neudefinition der Körper in unserem Sonnensystem an. Diese wurde schließlich im August 2006 von der Internationalen Astronomischen Union vorgenommen. Demnach gibt es

Planeten: Um als Planet benannt zu werden, muss ein Himmelskörper folgende Kriterien erfüllen: Er muss

1) die Sonne auf einer eigenen Umlaufbahn umkreisen;

2) über ausreichend Masse verfügen, sodass er durch seine Eigengravitation eine annähernde Kugelform bildet;

3) die Umgebung seiner Bahn von anderen Objekten gereinigt haben. In diese Kategorie kommen: Merkur, Venus,

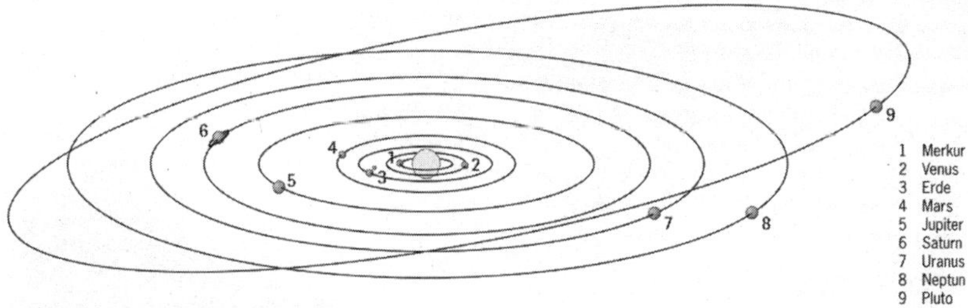

Die Umlaufbahnen der Planeten um die Sonne.

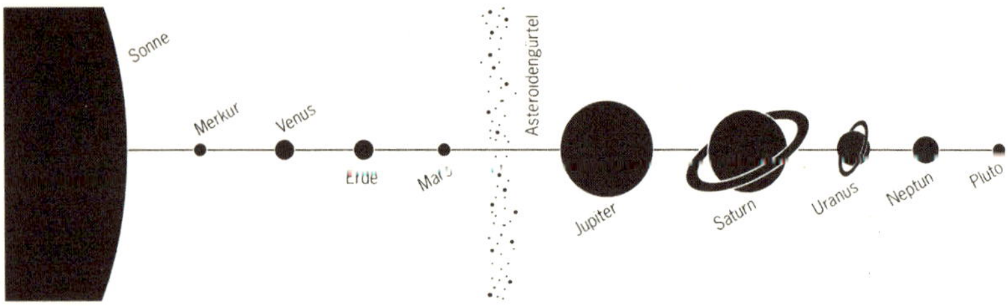

Die Größenverhältnisse von Planeten und Sonne.

Erde, Mars, Jupiter, Saturn, Uranus und Neptun – womit nur noch acht Planeten zum Sonnensystem gehören. Pluto wurde mit dieser Entscheidung zum Zwergplaneten.

Zwergplaneten: 1. und 2. Kriterium entsprechen denjenigen von Planeten. Das 3. Kriterium muss ein Zwergplanet nicht erfüllen. Nach derzeitigem Stand (Mitte 2008) gehören hierzu ▶ Eris, Pluto und ▶ Ceres.

Kleinkörper: Sämtliche anderen Körper kommen in diese Kategorie.

Diese Definition ist auch unter Astronomen höchst umstritten, denn die Anwendbarkeit der Kriterien ist überaus fragwürdig. So hat, um nur ein Beispiel zu nennen, die Erde keineswegs ihre Umlaufbahn von anderen Objekten freigeräumt, wenn wir an die zahlreichen Asteroiden denken, die sich hier befinden. Demzufolge müsste also auch die Erde ihren Planetenstatus verlieren. Es ist also gut möglich, dass in absehbarer Zeit wieder eine Neudefinition vorgenommen wird.

Bezeichnungen wie ▶ Asteroiden oder Kleinplaneten sind auch im astronomischen Sprachgebrauch weiterhin üblich.

Sonnenwende

Synonym zu ▶ Solstitium.

Soziale Planeten

Synonym für ▶ gesellschaftliche Planeten.

Sphärenharmonie

In der mittelalterlichen Musik eine weit verbreitete Vorstellung, wonach die Planeten ▶ Tönen zugeordnet werden können. Sie gründet sich auf die analoge Deutung der Astrologie (▶ Analogie) und geht davon aus, dass die Abstände der Planeten den Intervallen der Tonleiter entsprechen. Zu den prominentesten Anhängern der Idee von der Sphärenharmonie zählen ▶ Johannes Kepler und William Shakespeare. Letzterer beschreibt in seiner Komödie »Der Kaufmann von Venedig«:

»Sieh das Firmament, wie der Himmelsplan dicht ausgelegt ist mit Scheiben dichten Goldes.
Jede, auch die kleinste Kugel, die du wahrnimmst
Singt in ihrer Bewegung wie ein Engel
Und gesellt sich zu den Cherubim mit dem ewig jungen Auge.
Solche Harmonie erfüllt die Seelen der Unsterblichen.
Aber solange uns dieser vergängliche Leib aus Staub,
die grobe Umhüllung umkleidet,
können wir es nicht hören.«

Sphärische Observation
Die Wahrnehmung des die Erde umgebenden Himmelsgewölbes als scheinbare Kugel. Diese Wahrnehmung war ein wichtiger Schritt von der bloßen Sternenbeobachtung zur Astrologie (▶ Geschichte der Astrologie). Im Horoskop wird sie durch die Häuser dargestellt.

Spiegelpunkt
Synonym für ▶ Antiszie.

Spirituelle Astrologie
Eine Astrologie, die das Horoskop als Wegweiser für eine der spirituellen Entwicklung dienende Lebensweise sieht. Synonym für ▶ esoterische Astrologie.

Stationäre Phase
Die Übergangsphase von der ▶ Direktläufigkeit zur ▶ Rückläufigkeit und umgekehrt im Lauf eines Planeten. Bei manchen Computerprogrammen taucht als Kürzel ein »S« während dieser Phase auf. Wenn der Planet die Richtung wechselt (er tut dies nicht tatsächlich, sondern es stellt sich von der Erde aus so dar), wird er immer langsamer, bis er stehenbleibt, um schließlich in der anderen Richtung weiter zu laufen. Die Dauer der Phase richtet sich nach der Umlaufzeit des Planeten. Bei den Langsamläufern Saturn, Uranus, Neptun und Pluto kann sie bis zu vier Wochen dauern, wenn man einen ▶ Orbis von einigen Bogenminuten zulässt.
Deutung: Während ein direktläufiger Planet seine Kraft nach außen richtet und ein rückläufiger nach innen, symbolisiert ein Planet während der stationären Phase eine stark konzentrierte Kraft, die kurz davor ist, sich in die eine oder andere Richtung zu entladen. Wenn ein Planet im ▶ Transit während der stationären Phase einen Aspekt zu einem Planeten im ▶ Radixhoroskop bildet, ist die Wirkung besonders nachhaltig.

Statistik und Astrologie
Astrologen, die die Anerkennung durch die Wissenschaft suchen, bemühen häufig die Statistik, um signifikante Übereinstimmungen zwischen dem Stand der Gestirne und den Verhaltensweisen von Menschen bzw. dem Geschehen auf Erden deutlich zu machen (▶ Wissenschaft und Astrologie). Dadurch soll die Astrologie eine objektive Beweiskraft erhalten.
Der Franzose Paul Choisnard (Paul Flambard) und der Schweizer ▶ Karl-Ernst Krafft waren zu Beginn des 20. Jahrhunderts die Ersten, die sich um eine statistische Bestandsaufnahme astrologischer Zusammenhänge bemühten. Auf ihren Forschungen baute der Franzose ▶ Michel Gauquelin auf, der bis heute als der bedeutendste Statistiker unter den Astrologen gilt. Gauquelin benutzte nur ▶ Radixhoroskope, also die Geburtshoroskope von Menschen, als Basis für seine Arbeit. Da Charaktereigenschaften kaum statistisch erfasst werden können, legte er den Schwerpunkt darauf, bei berühmten Persönlichkeiten nach einem Zusammenhang von Beruf und Planetenstellungen zu suchen. Er zog die Horoskope von Ärzten, Wissenschaftlern, Sportlern, Schriftstellern, Schauspielern und Militärs heran. Bei Sportlern fand er den

Mars hochsignifikant betont, bei Schauspielern den Jupiter, bei Ärzten und Wissenschaftlern den Saturn. Dieses Phänomen ist unter dem Namen »Mars-Effekt« bekannt geworden. Unter hochsignifikanter Betonung ist zu verstehen, dass sich die genannten Planeten in der Nähe von Aszendent oder Medium coeli – in zweiter Linie auch von Deszendent oder Imum coeli – befinden, und zwar, im Tierkreissinn gedacht, kurz davor, das heißt im Falle des Aszendenten im zwölften Haus, im Falle des Medium coeli im neunten Haus.

Als Korrektiv für seine Erkenntnisse untersuchte Gauquelin die Horoskope zahlreicher Personen ohne klares Berufsprofil. Bei ihnen fand er keine dieser signifikanten Planetenstellungen.

Inzwischen bauen zahlreiche weitere Arbeiten auf Gauquelin auf. Im deutschsprachigen Raum sind vor allem die Psychologen Professor Suitbert Ertel, Professor Hans Eysenck und Dr. Peter Niehenke bekannt. Professor Ertel hat die Untersuchungen nach Geschlechtern differenziert, was bei Gauquelin kaum eine Rolle gespielt hat, da er fast nur Horoskope von Männern untersucht hat. Dabei kam Ertel unter anderem zu dem Ergebnis, dass der Mars-Effekt bei Sportlerinnen noch ausgeprägter ist als bei Sportlern. Offenkundig benötigen Frauen in Männerdomänen noch mehr männliche Energien, um sich durchzusetzen. Niehenke kommt allerdings zu dem Schluss, dass Astrologie statistisch kaum nachgewiesen werden kann. Ende der Neunzigerjahre sorgte Gunter Sachs mit einer statistischen Studie für Aufsehen, die er zusammen mit der Universität München erstellt hat. Er versuchte herauszufinden, ob es statistisch nachweisbare Korrelationen zwischen bestimmten typischen Verhaltensweisen und den einzelnen ▶ »Sternzeichen« gibt. Sachs als Astro-Skeptiker kam zu dem Schluss, dass es zum Beispiel bei der Partnerwahl eine signifikante Häufung in der Kombination bestimmter Zeichen gibt. »Wir wollten … mit einer breit angelegten wissenschaftlichen Studie einen möglichen Einfluss der Sternzeichen auf das menschliche Verhalten überprüfen … Am Ende unserer Arbeit, nach der Computer-Auswertung von Millionen Daten, steht so der statistische Nachweis, dass Sternzeichen in allen von uns untersuchten Bereichen einen gewissen Einfluss auf das Verhalten von Menschen ausüben.«[83] Astrologen kritisierten an dieser Untersuchung vor allem, dass sie lediglich das Sonnenzeichen, das so genannte Sternzeichen, berücksichtigt.

Alle statistischen Ergebnisse bestätigten letztlich jedoch nur diejenigen, die sich bestätigen lassen wollen. Die naturwissenschaftlichen Vorbehalte gegen die Astrologie (▶ Astrologiegegner) wurden dadurch nicht aufgebrochen.

Steinbock

Symbol: ♑
Element: Erde
Qualität: kardinal
Polarität: Yin/weiblich
Herrscherplanet: Saturn
Sonne im Steinbock: etwa vom 22. Dezember bis zum 19. Januar
Jahreszeit: Wintersonnenwende, Rückzug der Natur auf den tiefsten Punkt, Härte und Kälte
Kultur: Weihnachten, Mithras-Kult der

Steinbock, französische Buchmalerei um 1423 (The British Library, London).

unbesiegbaren Sonne, Wiedergeburt des Lichts, Raunächte
Körperbereich: Knochengerüst und Knie
Namen gebendes Sternbild: Capricornus
Mythologie des Sternbilds: Das Sternbild stellt ein Wesen mit dem Kopf und den Vorderbeinen einer Ziege sowie einem Fischschwanz dar. Diese Symbolik, die Erde und Wasser, Materie und Gefühl vereint, war bereits den Babyloniern vertraut. ▶ C. G. Jung schreibt dazu: »Die Sonne steigt wie eine Ziege auf den höchsten Berg und ist in der Tiefe des Meeres wie ein Fisch.«[84] Bisweilen wird die Ziege auch mit dem Einhorn in Verbindung gebracht, einem alten Symbol für die höheren Welten, nach denen sich der Steinbock so sehr sehnt.

Die antike Mythologie bringt den Steinbock in erster Linie mit dem Gott Pan in Verbindung. Er ist ein Sohn des Hermes und zählt zu den Satyrn, menschengestaltigen Wesen mit Bockshörnern und Bocksbeinen und einem Rossschweif. Da seine Mutter entsetzt über seinen Anblick davonlief, zogen ihn Nymphen auf. Pan hütete Schafe und Ziegen und war ein begnadeter Musiker. Gleichzeitig trieb ihn seine Lüsternheit zu den Nymphen, die wegen seines Aussehens zumeist in panischer (!) Furcht die Flucht ergriffen. Als die Nymphe Syrinx ihm nicht mehr entkommen konnte, bat sie darum, in Schilf verwandelt zu werden. Daraus schuf Pan die bekannte Pan-Flöte. Einmal war Pan selbst vor dem Ungeheuer Typhon auf der Flucht. Dabei wollte er sich in einen Fisch verwandeln, doch die Verwandlung gelang ihm nicht ganz. Er unterstützte jedoch Zeus im Kampf gegen Typhon, und zum Dank setzte ihn der Göttervater als Sternbild an den Himmel.
Deutung: Der Steinbock ist das zehnte Zeichen des Tierkreises. Hier geht es um die gesellschaftliche Perspektive. Der Einzelne ist eingebunden in eine Gemeinschaft und muss sich bestimmten Regeln unterwerfen. Gleichzeitig handelt er jedoch ausgesprochen eigenverantwortlich. So verstehen es Menschen, die mit einer Betonung dieses Zeichens geboren wurden, hervorragend, die Pflichten, die dieser Umstand mit sich bringt, zu erfüllen: Sie halten sich an die vorgegebenen Regeln und Gesetze. Es ist für sie von großer Bedeutung, von der Gesellschaft, für die sie sich einsetzen, Anerkennung zu bekommen. Sie können Verantwortung

übernehmen, sich auf das Notwendige und Wesentliche beschränken und nicht zuletzt hart arbeiten. Sie haben einen langen Atem und viel Geduld, denn sie orientieren sich an längerfristigen Zielen und an der übergeordneten Aufgabe. Mit Fleiß und Beharrlichkeit nehmen sie lange Durststrecken in Kauf, um schließlich die Früchte ihres Bemühens zu ernten. Sie sind diszipliniert und wollen zum Kern der Dinge vorstoßen. Und sie sorgen für Struktur und Ordnung. Die Gefahr liegt darin, dass der Steinbock über seinem Ziel jeglichen ethischen Anspruch vergisst und als Motto wählt: »Der Zweck heiligt die Mittel«. Zudem kann das Pflichtbewusstsein alles andere übertönen, sodass man freudlos und hart an das Leben herangeht.
Zu den Schattenseiten der Steinbock-Energie gehört die Tendenz, die Regeln und Gesetze der Gemeinschaft über alles andere zu stellen und die individuellen Möglichkeiten dabei zu übersehen. Nicht zuletzt orientieren sich Steinbock-Geborene stark am Althergebrachten und versuchen das, was sich bewährt hat, zu konservieren.
Das Tierkreiszeichen Steinbock verleiht ▶ Achsen und Planeten, die sich in ihm befinden, Ernsthaftigkeit, Ausdauer und Beharrungsvermögen.
Mit seinem Oppositionszeichen Krebs hat der Steinbock den Bezug zur Vergangenheit gemein: Beim Krebs ist es die Familiengeschichte, beim Steinbock sind es die althergebrachten Ordnungen. Mit den anderen beiden Erdzeichen, Stier und Jungfrau, teilt der Steinbock den Pragmatismus: Der Stier nutzt ihn zu mehr Bequemlichkeit, die Jungfrau orientiert sich damit in der Welt, und der Steinbock setzt ihn ein, um weiterzukommen. Von den beiden Zeichen, die zu ihm im Quadrat stehen, kann der Steinbock Spontanität (Widder) und Freude am Schönen (Waage) lernen.
Im Steinbock ist Mars erhöht, der Mond im Exil und Jupiter im Fall.

Stellatium

▶ Stellium.

Stellium

Mehr als zwei Planeten, die eng beieinander stehen – in einem Haus oder über die Häusergrenze hinweg bzw. in einem Zeichen oder über die Zeichengrenze hinweg. Es gibt auch die Bezeichnung Stellatium.
Mehr noch als die Konjunktion bedeutet eine solche Konstellation die Betonung eines bestimmten Themas, das durch das Zeichen bzw. das Haus, in dem sie vorkommt, angegeben ist. Die Planeten beeinflussen sich ständig wechselseitig. Ob sie sich dabei in ihrer Wirkung unterstützen oder blockieren, hängt davon ab, welche Energien sie symbolisieren. Die Konstellation des Stelliums bringt es allerdings mit sich, dass in der Regel nicht alle Planeten miteinander in Harmonie stehen. Ähnlich wie bei der Konjunktion bestimmt dann häufig das Umfeld – das Zeichen, das Haus oder weitere Aspekte –, welche Energie dominant ist.
Oft ist durch eine so starke Betonung, wie sie ein Stellium darstellt, auch das gegenüber liegende Haus oder Zeichen auf den Plan gerufen und spielt ebenfalls eine wichtige Rolle im Leben des Betreffenden.

Sternbild

Gruppierung von Fixsternen. Die Sternformationen wurden von alters her als Bilder gedeutet. Man hat sich heute international auf 88 Sternbilder geeinigt. Die Sternbilder entlang der ▶ Ekliptik haben den Tierkreiszeichen die Namen gegeben, sind aber nicht mit diesen identisch. Als der heutige Tierkreis als Basis für die Astrologie entstand, waren sie es noch. Durch die ▶ Präzession hat sich aber eine Verschiebung um fast ein Tierkreiszeichen ergeben. Daraus wird immer wieder fälschlich der Schluss gezogen, die Astrologen arbeiteten mit den falschen Sternbildern: Ein Löwe sei also zum Beispiel eigentlich ein Krebs, denn zum Zeitpunkt seiner Geburt sei die Sonne vor dem Sternbild Krebs gestanden. Dieses Argument ist nicht richtig. Die (westlichen) Astrologen arbeiten mit den Tierkreiszeichen, nicht mit den Sternbildern. Der Tierkreis, der ihrer Arbeit zugrunde liegt, ist der so genannte ▶ tropische Tierkreis. Seine Unterteilung in zwölf gleich große Abschnitte ergibt die zwölf Tierkreiszeichen. Er beginnt per definitionem am ▶ Frühlingspunkt – eben dem Punkt, der sich verschiebt. Anders als die zwölf Tierkreiszeichen sind die Sternbilder nicht gleich groß, sondern von unterschiedlicher Länge.

Stern von Bethlehem

Der Evangelist Matthäus hat durch die Beschreibung eines Sternes, der zur Geburt Jesu erschien und drei so genannte Magier (Traum- und Sterndeuter) aus dem Osten dorthin geleitete, die Fantasie der Menschen bis heute angeregt. In seinem Evangelium heißt es: »Und siehe, der Stern, den sie im Morgenland gesehen hatten, zog vor ihnen her, bis er schließlich über dem Ort stehen blieb, wo das Kind war.« Die Spekulationen darüber, um was für eine Art von Himmelserscheinung es sich handeln könnte, wuchern noch immer. Zu den astrologisch relevanten und populärsten zählt eine Dreifach-Konjunktion von Jupiter und Saturn, die im Mai, Oktober und Dezember des Jahres 7 vor Christus im Sternbild Fische stattfand (die alle 20 Jahre stattfindende Konjunktion von Jupiter und Saturn wird als ▶ große Konjunktion bezeichnet). Die Symbolik passt, denn Jupiter steht für einen König, während Saturn Israel darstellt. Darüber hinaus offenbart der Mythos von Kronos (lateinisch Saturn) eine interessante Parallele zu den biblischen Texten: Kronos verschlang alle seine Kinder, aus Angst, einer seiner Söhne könne ihn später entmachten. Aus demselben Grund ließ König Herodes alle Knaben unter zwei Jahren töten. Nicht zuletzt wird das Christentum dem Fischezeitalter zugeordnet (▶ astrologische Zeitalter). Eine andere in Frage kommende Konjunktion ist die von Jupiter und Venus. Auch hier ist die Symbolik stimmig: Der Planet des Königs trifft den Planeten der Liebe, denn das war die Essenz von Jesu Botschaft.

Eine dritte mögliche Konjunktion ist die von Jupiter mit Regulus, dem hellsten Stern des Löwe-Sternbilds, im selben Zeitraum.

Einer Hypothese von Dieter Koch zufolge war der Stern von Bethlehem die Venus, die nach einer Phase der Unsichtbarkeit wieder als ▶ Morgenstern sichtbar war[85].

Es gibt noch weitere Deutungen: Eine sieht in dem Stern von Bethlehem den Halleyschen Kometen. Der war von August bis Oktober des Jahres 12 vor Christus zu sehen und damit zu früh für Jesu Geburt. Eine andere vermutet eine Nova oder Supernova, ein Phänomen, bei dem ein Stern sich zu einem so genannten Roten Riesen aufbläht und für einige Wochen millionenfach heller leuchtet als normal. Chinesische und koreanische Quellen berichten von einer Supernova im März / April des Jahres 5 vor Christus, die zehn Wochen lang zu sehen gewesen sein soll. Von ihr fehlt jedoch jede Erwähnung in antiken Quellen, die zu der Zeit in der Himmelsbeobachtung ausgesprochen versiert waren. Ein solches Ereignis wäre sicher auch von Astrologen im Mittelmeerraum wahrgenommen und aufgezeichnet worden.

Vielleicht gehört es zur Faszination des Sterns von Bethlehem, dass sein Rätsel niemals gelöst werden kann, weil es Matthäus gar nicht darum ging, ein konkretes Himmelsereignis zu beschreiben, sondern ein Bild zu schaffen, das der Geburt des Erlösers angemessen ist.

Sternzeichen

1) Umgangssprachlich das Tierkreiszeichen, in dem die Sonne bei der Geburt eines Menschen stand. Die ▶ Vulgärastrologie stützt sich bei ihren Deutungen nahezu ausschließlich auf das »Sternzeichen« eines Menschen.

2) Synonym für Tierkreiszeichen. Letzteres ist jedoch die korrekte Bezeichnung, wohingegen der Begriff Sternzeichen den Unterschied zwischen Tierkreiszeichen und ▶ Sternbild verwässert. Ursprünglich waren die Sternbilder tatsächlich Stern*zeichen*.

Sternzeit

Die Differenz zwischen Sonnentag (= 24 Stunden) und Sterntag. Letzterer beschreibt die Zeit, die der Fixsternhimmel aus geozentrischer Sicht für eine Umrundung benötigt, nämlich 23 Stunden 56 Minuten und 4,1 Sekunden. Zu der Abweichung um knapp 4 Minuten vom Sonnentag bzw. bürgerlichen Tag kommt es deshalb, weil dieser nicht nur die Umdrehung der Erde um sich selbst umfasst, sondern auch noch die Strecke mit einbezieht, um die sich die Sonne in diesem Zeitraum auf ihrem scheinbaren Weg weiter bewegt hat. Mit anderen Worten: Ein Sonnentag, den wir in 24 Stunden einteilen, ist der Zeitraum, den die Sonne von einer bis zur nächsten ▶ Kulmination braucht.

Die Sternzeit muss bei der Horoskopberechnung berücksichtigt werden. Darüber hinaus muss noch eine ▶ Sternzeitkorrektur vorgenommen werden. In den Ephemeriden findet sich dieser Wert für jeden Tag unter S. T. (sidereal time).

Sternzeitkorrektur

Da in den ▶ Ephemeriden nur die ▶ Sternzeit für 0 Uhr (bzw. 12 Uhr, wenn es sich um Mittagsephemeriden handelt) angegeben ist, muss für die Horoskopberechnung noch die Abweichung berücksichtigt werden, die sich zur in die ▶ Greenwich-Zeit (GZ) umgerechneten Geburtszeit ergibt. Dies ist die Sternzeitkorrektur. Die Sternzeit läuft täglich um fast 4 Minuten weiter, also 10 Sekunden pro Stunde. Bei einer

Geburtszeit von 10:30 Uhr (GZ) ergibt sich eine Sternzeitkorrektur von 105 Sekunden= 1 Minute 45 Sekunden.

Stier

Symbol: ♉
Element: Erde
Qualität: fix
Polarität: Yin/weiblich
Herrscherplanet: Venus
Sonne im Stier: etwa vom 21. April bis zum 20. Mai
Jahreszeit: Der Frühling in seiner Pracht, Schönheit, Düfte, Töne
Kultur: Walpurgisnacht, Maifeiern, Maibaum, Christi Himmelfahrt
Körperbereich: Mund, Schlund und Speiseröhre, Hals, Nacken und Schultern
Namen gebendes Sternbild: Taurus
Mythologie des Sternbilds: Der Stier ist eines der beliebtesten mythischen Symbole der Antike. Entsprechend zahlreich sind die Geschichten, die mit dem Sternbild in Verbindung gebracht werden. Zeus selbst verwandelte sich in einen wunderschönen weißen Stier, als er die phönizische Prinzessin Europa begehrte. Kaum hatte sich die Ahnungslose auf seinem Rücken niedergelassen, erhob er sich und floh mit ihr nach Kreta. Dort offenbarte Zeus ihr seine wahre Gestalt und machte sie zu seiner Geliebten. Einer der Söhne dieser Verbindung war Minos, der König über Kreta wurde. Im Streit mit seinen Brüdern bat er einmal den Meeresgott Poseidon um Unterstützung. Dafür wollte er ihm ein würdiges Opfer bringen. Poseidon ließ daraufhin einen makellosen Stier aus dem Meer entsteigen, von dem Minos so angetan war, dass er ihn nicht opfern wollte. Aus Rache über den Wortbruch veranlasste Poseidon, dass sich Minos' Frau Pasiphae, eine Tochter des Sonnengottes Helios, in den Stier verliebte. Der Handwerker Daidalos musste ihr eine hohle Kuh bauen, in der sie sich verbarg, damit der Stier sie besteigen konnte. So gebar sie den Minotauros, ein Ungeheuer mit dem Oberkörper eines Stiers und dem Unterleib eines Menschen, das Menschenopfer verlangte. Um die Kreter vor ihm zu schützen, baute Daidalos ein Labyrinth, in dem Minotauros untergebracht wurde. Theseus gelang es schließlich mit Hilfe von Minos' Tochter Ariadne, den Minotauros zu besiegen.
Ein weiterer Mythos, der mit dem Sternbild Taurus in Verbindung gebracht

Stier, französische Buchmalerei um 1423 (The British Library, London).

wird, handelt von der Königstochter Io. Zeus machte auch sie zu seiner Geliebten und verwandelte sie in eine Kuh, um sie vor der Rache seiner Gemahlin Hera zu schützen.

Deutung: Der Stier ist das zweite Zeichen des Tierkreises. Hier geht es um das Innehalten und das Wahrnehmen der Welt mit den Sinnen: schmecken, berühren, sehen, hören und riechen. So ist den Menschen, die eine Betonung dieses Zeichens aufweisen, eine starke Sinnlichkeit und Genussfreude eigen. Mit Leidenschaft widmen sie sich dem, was die Sinne zu bieten haben. Sie sind von einer ausgeprägten Körperlichkeit. Das Grundprinzip ist ein »Sich-einverleiben-Wollen«[86], und so spielen neben den leiblichen Genüssen auch materielle Werte bei diesem Zeichen eine wichtige Rolle: Dinge besitzen, etwas sein Eigen nennen können, lautet hier die Devise. Beim Stier geht alles langsam vonstatten, dafür aber umso nachhaltiger. Er ist verlässlich und beständig und kann tatkräftig zupacken. Er fühlt sich im Kreise Vertrauter gut aufgehoben. Sein Sicherheitsbedürfnis kann ihn im schlechten Fall dazu verleiten, sich an seinen Besitz zu klammern und/oder den Partner eifersüchtig festzuhalten. Der Stier hat sehr viel Geduld und Ausdauer. Die Palette der Eigenschaften, die sich daraus ergibt, reicht von Bedächtigkeit, Beschaulichkeit und Gelassenheit auf der einen Seite bis hin zu Sturheit und einer Schwerfälligkeit, die eine Vorwärtsbewegung behindert, auf der anderen. Der Stier ist konservativ-bewahrend. Seine Aufmerksamkeit gilt dem, was er kennt, nicht dem Neuen und Unbekannten, auf das kein Verlass ist. Wichtig sind für ihn Grenzen, und er beharrt mit Entschiedenheit darauf.

Der Stier strahlt Ruhe aus und kann schwierigen Situationen wie ein Bollwerk widerstehen. Wenn er Ärger zu lange in sich hineinfrisst, staut sich dieser auf und entlädt sich unter Umständen mit einer für Außenstehende erschreckenden Heftigkeit. So kommt seine dunkle Seite zum Vorschein, im Mythos von Minotauros symbolisiert. Das Tierkreiszeichen Stier verleiht ▸ Achsen und Planeten, die sich in ihm befinden, Langmut, Beständigkeit und Sinnlichkeit.

Mit den beiden anderen Erdzeichen, Jungfrau und Steinbock, hat der Stier die Bodenständigkeit und den Sinn fürs Machbare gemein. Sein Tummelplatz sind die saftig-grünen Wiesen, wo er sich genießerisch niederlässt, während die Jungfrau nach der Ernte die Spreu vom Weizen trennt und der Steinbock sich in die kargen Höhen der Berge vorkämpft. Mit seinem Oppositionszeichen Skorpion teilt der Stier die Körperfreuden, wobei für den Stier das lustvolle Genießen im Vordergrund steht, wohingegen es beim Skorpion die tief greifende innere Wandlung der Sexualität ist. Von seinen Quadratzeichen kann der Stier die Kunst der Selbstdarstellung (Löwe) und die Fähigkeit, anders als die anderen zu sein und trotzdem dazuzugehören (Wassermann), lernen.

Im Stier ist der Mond erhöht, Mars und Pluto sind im Exil und Uranus ist im Fall.

Stundenastrologie

Ein Teilgebiet der Astrologie, bei dem es darum geht, eine konkrete Frage aus einem Horoskop zu beantworten. Dieses wird auf den Moment, in dem die Frage formuliert wird, und auf den Ort, an dem sich der Astrologe befindet[87], erstellt; viele stundenastrologische Beratungen finden telefonisch statt, weshalb sich der Klient nicht unbedingt am selben Ort wie der Astrologe befindet. Für gewöhnlich beziehen sich die Fragen auf eine Entscheidung oder auf ein Ereignis, über das Unsicherheit herrscht, zum Beispiel im Bereich Gesundheit, Beruf, Partnerschaft oder Reise. Bei der Deutung berücksichtigt der Astrologe weniger das Horoskop in seiner Gesamtheit, sondern in erster Linie spezielle ▶ Signifikatoren, die mit der Frage zusammenhängen. Das können nur wenige Planeten, Zeichen oder Häuser sein. Um überhaupt das Fragehoroskop deuten zu können, muss dieses die Frage widerspiegeln. Außerdem gibt es folgende Einschränkungen: Liegt der Aszendent zwischen 0 Grad und 3 Grad bzw. zwischen 27 und 30 Grad eines Tierkreiszeichens, ist es für die Beantwortung der Frage zu früh bzw. zu spät.

Wie bei ▶ Elektionen, bei denen es um die Wahl des richtigen Zeitpunkts nach astrologischen Gesichtspunkten geht, geschieht die Deutung nach den Regeln der klassischen Astrologie. So wird beispielsweise mit den alten ▶ Herrschern gearbeitet – wenngleich die modernen Planeten Uranus, Neptun und Pluto in der Deutung durchaus eine Rolle spielen können –, und die Aspekte werden in »gute« und »schlechte« eingeteilt. Wie bei den Elektionen sollen möglichst konkrete Aussagen gemacht werden, und entsprechend streng sind die Deutungsregeln. Eine psychologische Deutung eines Fragehoroskops ist jedenfalls fehl am Platz.

Stundenkreis

Ein Kreis entlang der ▶ Himmelskugel (der in den Weltraum hinausprojizierten Erdkugel), der senkrecht zum ▶ Himmelsäquator (dem auf die Himmelskugel projizierten Erdäquator) verläuft. Jeder Stundenkreis führt durch den Himmelsnordpol und den Himmelssüdpol, die Entsprechungen der beiden Erdpole an der Himmelskugel (siehe Abbildung Seite 108).

Es ist öfters vom Stundenkreis eines Planeten oder eines ▶ Fixsterns die Rede. Das ist die gedachte Linie bzw. der gedachte Kreis senkrecht zum Himmelsäquator, der durch den Planeten bzw. den Fixstern führt.

Südlicher Mondknoten

Derjenige der beiden Schnittpunkte zwischen Sonnenbahn (▶ Ekliptik) und Mondbahn, den der Mond bei seinem Umlauf von Norden nach Süden überquert. Synonym: absteigender Mondknoten. Gegenüber liegt der nördliche oder aufsteigende Mondknoten (▶ Mondknoten).

Symbolik

Der Begriff stammt vom griechischen *symballein* (zusammenfügen). Ursprünglich ist damit gemeint, aus Einzelstücken ein Ganzes zusammenzufügen. Im übertragenen Sinn bezeichnet Symbol ein Sinnbild oder Zeichen, das ein komplexes Ganzes repräsentiert.

Die Astrologie ist eine Sprache der Symbole. Dadurch können ihre Aussagen gleichermaßen einfach wie komplex und vielschichtig sein. Die Symbole zu entschlüsseln und zu übersetzen, ist Aufgabe der Astrologen (▶ Deutung).

Der zwölfteilige Tierkreis bezieht seine Symbolik überwiegend aus der Natur und der Lehre von den vier ▶ Elementen. Die Zeichen stehen für bestimmte Erfahrungen, die zum kollektiven Wissensschatz der Menschheit zählen. Anhand der beiden ersten soll diese Symbolik deutlich gemacht werden: Der Widder steht für die Dynamik des Anfangs, den Ansporn, den Aufbruch zu neuen Welten, er bahnt sich seinen Weg und setzt sich über Hindernisse hinweg. Die Widder-Energie ist kühn, optimistisch, mutig, direkt, und sie entwickelt ein ausgeprägtes Konkurrenzverhalten. Es kann schließlich nicht jeder der erste sein. Widder fällt zusammen mit dem Frühlingsbeginn, wenn sich die Natur nach langer Ruhepause wieder entfalten kann und die ersten Triebe sich ihren Weg nach außen bahnen. Mit seiner negativen Seite ist der Widder ein Symbol dafür, rücksichtslos mit dem Kopf durch die Wand zu rennen, egoistisch nur seine Interessen zu verfolgen und schnell die Ausdauer zu verlieren.

Der Stier, der auf den Widder folgt, steht als Symbol für den Boden unter den Füßen und den Genuss am Leben. Er trachtet danach, sich die Umgebung zu schaffen, in der er sich wohl fühlt. In der Natur erreicht der Frühling seinen Höhepunkt, die Wiesen blühen in voller Pracht. In dieser Umgebung von Lebensfreude und Üppigkeit versteht es der Stier zu genießen und seine Sinnlichkeit zu entfalten. Dabei ist er ausdauernd, treu und geduldig. Die negative Seite liegt in Bequemlichkeit und Lethargie, in Sturheit und einer Angst vor Veränderungen.

Bei den Planeten treffen wir auf die Symbolik der griechischen und römischen Mythenwelt. Die antiken Götter standen Pate bei der Benennung der Planeten, und die Zuordnung ist keineswegs willkürlich oder zufällig. Dazu ein Beispiel: Venus symbolisiert die Energien, die mit der antiken Göttin Aphrodite (lateinisch Venus) in Verbindung gebracht wurden. Der Planet leuchtet nach dem Mond als hellstes Gestirn am nächtlichen Himmel. Ihr Licht hat etwas Freundliches und verheißt Schönes. Darüber hinaus zieht Venus von allen Planeten die gleichmäßigsten Bahnbewegungen. Tatsächlich war die mythologische Aphrodite die Göttin der Liebe und der Schönheit, und in der Astrologie steht Venus für all das, was das Leben schön und angenehm macht.

Allein Sonne und Mond entziehen sich der Namensgebung. Sie repräsentieren die männliche und die weibliche Urenergie. Die Planeten werden durch Symbole dargestellt, die ebenfalls einen tiefen Sinngehalt vermitteln. Bei den Symbolen gibt es drei Formen oder Grundsymbole, die immer wiederkehren, bisweilen leicht abgewandelt, doch mit klar erkennbarem Urmuster. Die drei Symbole sind der Kreis, der Halbmond und das Kreuz. Der Kreis steht für den Geist, der Halbmond bzw. der geöffnete, empfangende Kreis für die Seele und das Kreuz für den Körper. So ergibt sich folgende Deutung:

- Die Sonne ☉ symbolisiert den reinen Geist,
- der Mond ☽ die reine Seele.

Ein Planet, der nur mit einem Kreuz dargestellt wäre, kommt nicht vor. Die Energie des reinen Körpers ist in der Astrologie nicht vorstellbar.

- Merkur ☿ besteht aus Geist, Seele und Körper. Dabei verbindet der Geist die Seele mit dem Körper. Das entspricht ganz seiner Aufgabe als Götterbote, dem es obliegt, die Verbindung zwischen den verschiedenen Ebenen herzustellen.
- Bei Venus ♀ herrscht der Geist über den Körper, eine bemerkenswerte Symbolik, die zeigt, wie hoch die Liebesgöttin in der Astrologie geschätzt wird.
- Bei Mars ♂ herrscht der Körper über den Geist. Die Verwandlung des Kreuzes in einen Pfeil ändert nichts an dem ursprünglichen Gehalt, sondern unterstreicht nur den dynamischen Aspekt des Kriegsgottes.
- Im Jupiter-Symbol ♃ regiert die Seele über den Körper, denn die Seele ist der Ort, in dem die hohen Ideale ihren Platz haben.
- Bei Saturn ♄ ist es umgekehrt, dort regiert der Körper, der konkrete, stabile Teil des Menschen, über die Seele.

Bei den drei transsaturnischen, erst in den vergangenen Jahrhunderten entdeckten Planeten ist die Zeichensymbolik folgendermaßen zu interpretieren:

- Beim Uranus-Symbol ⛢ deutet der nach oben weisende Pfeil den Aufbruch in eine neue Dimension an.
- Bei Neptun ♆ herrscht die Seele mit ihrer intuitiven Energie über den Körper.
- Pluto ♇ enthält wie Merkur alle drei Bereiche, doch ist diesmal die Seele der verbindende Teil. Bei dem anderen häufig verwendeten Pluto-Symbol ♇ gehen Geist und Seele ineinander über.

Die astrologischen Aspekte werden durch geometrische Symbole dargestellt, die allgemein verständlich sind und eher praktische Bedeutung haben. Ein Dreieck steht zum Beispiel für das Trigon. Zur Symbolik gehört schließlich noch die ▶ Zahlenmystik.

Symbolische Astrologie

Diejenige Richtung der Astrologie, die auf dem Erklärungsmuster der ▶ Analogie basiert und die Planeten als Symbole für irdische Gegebenheiten ansieht, nicht als Verursacher.

Symbolische Direktion

Eine Methode der ▶ Direktion, die nicht auf tatsächlichen Bewegungen der Planeten beruht und auch keine astronomische Begründung hat. Dazu gehört beispielsweise der Hubersche ▶ Alterspunkt, der sich, beginnend am Aszendenten, durch die Häuser eines individuellen Horoskops bewegt, wobei er, unabhängig von der Größe eines Hauses, für jedes Haus sechs Jahre benötigt.

Synastrie

Man spricht von einer Synastrie, wenn zwei Horoskope zueinander in Beziehung gesetzt werden, indem die Planeten des einen in das Horoskop des anderen eingezeichnet werden. Sodann werden so genannte ▶ Interaspekte ausgemacht, also Aspekte von den Planeten

und ▶ Achsen des einen zu denjenigen des anderen Horoskops. Außerdem wird festgestellt, in welche Häuser des zweiten Horoskops Planeten und Achsen des ersten Horoskops fallen und umgekehrt. Man kann eine Synastrie für alles, was zueinander in Beziehung steht, erstellen, etwa Politiker und Staat, Aktie und Spekulant, für Geschäftspartner, Arbeitskollegen, Mutter bzw. Vater und Kind und natürlich Liebespartner. Die Synastrie ist eine ebenso einfache wie aussagekräftige Methode, vergleichbar den ▶ Transiten bei den ▶ Prognosemethoden. Sie wird auch angewandt, wenn ein ▶ Radixhoroskop mit einem ▶ Solarhoroskop in Beziehung gesetzt wird.
Hier einige grundlegende Regeln für die Deutung, wenn es um die Horoskope zweier Menschen geht:

- Je mehr Interaspekte vorhanden sind, umso mehr fließt die Energie. Wenn wenig Interaspekte vorhanden sind, findet auch wenig Austausch statt. ▶ Analytische Aspekte können den Austausch erschweren, bergen aber auch ein großes Entwicklungspotenzial beider Partner in sich. Es sind Reibeflächen, die beide Beteiligten zwingen, daran zu arbeiten. Durch ▶ synthetische Aspekte können sie sich gegenseitig beflügeln. Unter Umständen haben diese Aspekte aber auch etwas Lähmendes, eben weil sie so selbstverständlich sind.
- Mehrere Planeten oder eine Achse von Partner A in einem bestimmten Haus von Partner B rücken den Themenbereich dieses Hauses bei Partner B in den Vordergrund.
- Aspekte zwischen den ▶ persönlichen (Sonne, Mond, Merkur, Venus und Mars) oder den ▶ gesellschaftlichen Planeten (Jupiter und Saturn) des einen Partners zu den ▶ geistigen Planeten (Uranus, Neptun oder Pluto) des anderen Partners haben oft etwas Zwingendes, das sich die beiden nicht erklären können. Sie weisen auf die tiefere Dimension der Beziehung hin, die letztlich zur Entwicklung der beiden Beteiligten beiträgt.[88] Weil das, worum es geht, häufig schwer greifbar ist, können damit Schwierigkeiten einhergehen. Diese kann man besser einordnen, wenn man Beziehungen nicht als Renommierprojekte sieht, sondern die ihnen zugrunde liegende Entwicklungsaufgabe wahrnimmt. Die drei geistigen Planeten – und zwar die im eigenen Horoskop und diejenigen im Horoskop eines wichtigen Menschen, die Planeten im eigenen Horoskop aspektieren – führen zum eigenen Selbst, also zu der zu erfüllenden Entwicklungsaufgabe.
- Aspekte zwischen dem Saturn des einen Partners zu einem der persönlichen Planeten des anderen Partners können ebenfalls Schwierigkeiten mit sich bringen, sorgen aber auch für Stabilität und Sicherheit. Sie sind daher für eine dauerhafte Beziehung oder Partnerschaft von großem Wert.

Bei der Interpretation der Synastrie muss zunächst jedes einzelne Horoskop gedeutet und verstanden werden. Das ▶ Entwicklungsniveau eines jeden Partners ist natürlich ebenfalls von wesentlicher Bedeutung – und es ist nicht dem Horoskop zu entnehmen.

Andere Möglichkeiten, etwas über eine Beziehung zwischen zwei Menschen auszusagen, bieten ▶ Composit und ▶ Combin.

Synchronizität

Ein Begriff aus der Jungschen Psychologie (▶ C. G. Jung), der die Gleichzeitigkeit von Ereignissen beschreibt, zwischen denen kein kausaler, aber ein sinnhafter Zusammenhang besteht. Die Bezeichnung stammt vom griechischen *syn* (zusammen) und *chronos* (Zeit). Auch das gleichzeitige Auftauchen einer Idee an unterschiedlichen Orten der Welt kann mit diesem Konzept erfasst werden. Das Konzept der Synchronizität lässt sich hervorragend mit dem analogen Erklärungsmodell der Astrologie (▶ Analogie) vereinbaren, wonach die Planeten nicht die Ursache für Ereignisse auf der Erde sind, sondern deren Indikatoren: Wir beobachten beispielsweise am Sternenhimmel, wie Merkur rückläufig wird, und stellen fest, dass es jetzt um das Aufarbeiten von Gedanken geht, die in den vorangehenden Wochen eine Rolle spielten. Etwas geschieht im Kosmos und gleichzeitig findet etwas Gleichartiges im innerseelischen Erleben statt.

Synodisch

Bezogen auf die Stellung von Sonne und Erde zueinander.

Synodischer Mondlauf/Mondmonat

Der Zeitraum, den der Mond für eine Erdumrundung benötigt, gemessen von einem Neumond zum nächsten oder aber von einer anderen Mondphase zur selben nächsten. Er beträgt 29 Tage, 12 Stunden und 44 Minuten und ist damit etwas länger als der ▶ siderische Mondlauf.

Synthetischer Aspekt

Von ▶ Thomas Ring geprägter Begriff für einen harmonischen, früher oft als »gut« bewerteten Aspekt. Ring bezeichnete damit folgende ▶ Haupt- und ▶ Nebenaspekte: das Trigon, das Sextil, das ▶ Quintil und das ▶ Biquintil sowie das ▶ Halbsextil. Das Gegenteil ist ein ▶ analytischer Aspekt. Bei dieser Einteilung nehmen die Konjunktion und der Quinkunx eine Zwischenstellung ein.

Tagesbewegung

Diejenige Strecke, die ein Planet innerhalb von 24 Stunden zurücklegt. Bei den Planeten, die rückläufig werden können, schwanken die Strecken stark (▶ Rückläufigkeit, ▶ stationäre Phase), insbesondere bei den ▶ inneren Planeten Merkur und Venus, weshalb bei diesen im Folgenden kein Durchschnittswert angegeben wird.

	Durchschnitt	*Maximum*
Sonne:	59′ 8″	
Mond:	13° 10′	
Merkur:		2°12′
Venus:		1°15′
Mars:	31′	40′
Jupiter:	5′	12,76′
Saturn:	2′	7,1′
Uranus:	42″	3,39′
Neptun:	22″	2,04′
Pluto:	14″	2,3′

(° = Bogengrad, ′ = Bogenminute, ″ = Bogensekunde)

Tageshoroskop

Eine ▶ Prognosemethode, bei der ein bestimmter Tag folgendermaßen untersucht wird: Es wird ein Horoskop erstellt auf die Uhrzeit und den Ort der Geburt, nur das Datum ist anders: Es ist das des gewünschten Tages.

Taghälfte

Bei der üblichen Darstellung des Horoskops (▶ Horoskopzeichnung) die oberhalb der Aszendent / Deszendent-Achse befindliche Hälfte (Abbildung Seite 170). Das Gegenstück ist die ▶ Nachthälfte.

Die Taghälfte besteht aus dem siebten bis zwölften Haus bzw. dem dritten und vierten ▶ Quadranten. Ihr zentraler Punkt ist das ▶ Medium coeli. Die Taghälfte – sie wird auch öffentliche Hälfte genannt – ist der nach außen gerichtete, bewusste Bereich des Horoskops. Zeichen und Planeten in dieser Hälfte geben Auskunft über die gesellschaftlichen Aktivitäten des Horoskopeigners.

Tagundnachtgleiche

Synonym zu ▶ Äquinoktium.

Tertiärprogression

Eine ▶ Prognosemethode. Es gibt die Tertiärprogression I (T I) und die Tertiärprogression II (TII). Bei der ersten Methode, TI, entspricht ein Tag nach der Geburt symbolisch einem Mondumlauf im Leben des Betroffenen, bei der zweiten, TII, entspricht ein Mondumlauf nach der Geburt symbolisch einem Lebensjahr. Diese beiden Methoden werden wenig angewendet, sind aber deshalb nicht minder aussagekräftig.

Anders als bei der sehr gebräuchlichen ▶ Sekundärprogression, bei der jeweils ein Tag nach der Geburt einem Lebensjahr entspricht, können bei beiden Tertiärprogressionen die ▶ langsam laufenden Planeten Saturn, Uranus, Neptun und Pluto mit einbezogen werden, darüber hinaus auch Jupiter, der ebenfalls relativ langsam ist. In der Sekundärprogression hingegen bewegen sich diese Planeten nur minimal, sodass sie in der Regel für die ▶ Deutung keine Rolle spielen.

Während die Sekundärprogression einen Bezug zur Sonne aufweist, haben die beiden Tertiärprogressionen einen Bezug zum Mond.

Deutung: Man schenkt bei der Deutung von TI vor allem folgenden Faktoren Aufmerksamkeit:

- Ein neuer Abschnitt beginnt, wenn ein progressiver Planet das Tierkreiszeichen wechselt.
- Wichtige ▶ Auslöser sind ▶ stationäre Phasen und ▶ Finsternisse im Aspekt zu Planeten und ▶ Achsen des Radixhoroskops, ebenso Aspekte (Konjunktion, Opposition oder Quadrat) von (tertiärprogressiven) Achsen und Planeten zu Achsen und Planeten des Radixhoroskops.

Bei TII sind es ebenfalls die genannten Faktoren, jedoch wird man hier – dies gilt natürlich nicht für die Finsternisse – sinnvollerweise insbesondere auf die Planeten Jupiter, Saturn, Uranus, Neptun und Pluto achten, sofern man nicht an Tagesauslösungen interessiert ist (▶ Auslösung).

Zeiträume: Die beiden Methoden der Tertiärprogression umfassen wesentlich kleinere Zeiträume als die Sekundärprogression und eignen sich daher für eine detailliertere ▶ Prognose. Bei TI bewegt sich die Sonne monatlich ungefähr 1 Grad weiter und entspricht darin dem sekundärprogressiven Mond. An ihr lässt sich auch die Geschwindigkeit der anderen Planeten messen (▶ Tagesbewegung für Durchschnittswerte der einzelnen Planeten). Bei TII bewegen sich die Planeten zwölfmal so langsam wie tatsächlich: Der Mond beispielsweise legt jeden (realen) Tag ein Grad zurück, die Sonne etwa 2 1/2 Grad im Monat.

Achsen: Die Achsen können ebenso wie bei der Sekundärprogression nach verschiedenen Methoden vorgerückt werden. Am einfachsten wählt man den ▶ Sonnenbogen, bei dem das Medium coeli (MC) um die gleiche Strecke verschoben wird wie die (tertiär)progressive Sonne, womit der Abstand zwischen Sonne und MC im tertiärprogressiven Horoskop gegenüber dem Radixhoroskop immer gleich bleibt. Die anderen Häuserspitzen werden dann vom MC abgeleitet.

Thema

Im Grunde genommen jede ▶ Konstellation im Horoskop. Im engeren Sinn ein Schwerpunkt innerhalb eines Horoskops. Ein Horoskop kann durchaus mehrere Schwerpunkte aufweisen. Ein Schwerpunkt ergibt sich, wenn eine Konstellation mindestens zweimal auf verschiedene Weise zum Ausdruck kommt – etwa gleichzeitig Venus im Steinbock (= Venus-Saturn) und Saturn im zweiten Haus (= Saturn-Venus) – oder wenn eine starke Betonung eines Tierkreiszeichens, eines Hauses oder eines Elements gegeben ist: wenn sich also mindestens drei Planeten oder zwei Planeten und Aszendent oder Medium coeli darin befinden.

Nicht gemeint sind hier Themen, die man in einem Horoskop zur Beantwortung bestimmter Fragen sucht und zu denen es in jedem Horoskop eine Aussage gibt, beispielsweise das Thema Liebe (über das insbesondere der Planet Venus und die Häuser fünf, sieben und acht Auskunft geben) oder das Thema Beruf (vor allem Medium coeli sowie die Häuser zwei, sechs und zehn).

Jedes Horoskop weist eine Fülle von Informationen zu den individuellen Themen auf. Sie sind so vielschichtig wie der Mensch selbst. Um zu relevanten Aussagen zu gelangen, ist es von großer Bedeutung, die Hauptthemen eines Horoskops zu verstehen, die eine Art Leitmotivcharakter haben. Da das Horoskop ein Ganzes ist, in dem alle Teile miteinander in Verbindung stehen, kann man auf diese Weise bis in die Details vordringen, deren Sinn einem verschlossen bliebe, würde man die Einzelfakten einfach aneinander reihen. Der amerikanische Astrologe Stephen Arroyo drückt es so aus: »Wenn Sie einen Faktor im Horoskop gründlich verstehen, wird er Sie zum Zentrum führen, welches alles ausstrahlt. Mit anderen Worten, fangen Sie einfach an, über etwas zu sprechen, was Sie verstehen, beziehen Sie das auf die persönliche Erfahrung und das persönliche Verstehen der Person und lassen Sie es dann von selbst weiterströmen. Wie Albert Einstein einst bemerkte, wenn Sie zum Kern irgendeiner Sache vordrin-

gen, werden Sie schließlich auf die tiefste Realität und Wahrheit stoßen.«[89]
Insbesondere in einer astrologischen ▶ Beratung erweist es sich als sinnvoll, Schwerpunktthemen zum Gegenstand des Gesprächs zu machen. Während der üblichen Dauer von ein bis zwei Stunden erfährt der Klient mehr, wenn zwei oder drei Themen oder auch nur eines ausführlich besprochen werden – sei es aus dem Geburtshoroskop oder aus den aktuellen Trends (▶ Prognose) –, als wenn er mit vielen scheinbar unzusammenhängenden Fakten konfrontiert wird.

Tibetische Astrologie

Die tibetische Astrologie ist eine Synthese aus den unterschiedlichen Systemen der ▶ indischen und der ▶ chinesischen Astrologie. Dazu kommen spezifisch tibetische Elemente, die das Verständnis der Zeit und die Anwendung der Astrologie betreffen.
Wie die indische, so arbeitet auch die tibetische Astrologie mit dem ▶ siderischen Tierkreis. Die Vorlage für die Zeichnung ist rechteckig, die Häuser sind äqual (▶ Häusersystem) und werden im Uhrzeigersinn eingezeichnet. Für die Deutung werden die sieben ▶ klassischen Planeten sowie die ▶ Mondknoten hinzugezogen; die neu entdeckten ▶ geistigen Planeten Uranus, Neptun und Pluto spielen auch heute noch nur eine untergeordnete Rolle. In vielen Horoskopen erscheinen sie gar nicht.
Der Mond ist wie in der indischen Tradition von großer Bedeutung. Die Legende vom Mond mit seinen 27 Häusern oder Frauen, die er bei seinem Lauf durch den Tierkreis besucht, hat in Tibet eine leichte Abwandlung erfahren. Dort begegnet der Mond auf seiner Reise 28 Göttinnen in ihren Palästen, doch um mit dem astronomischen Ereignis am Himmel im Einklang zu bleiben, wurden zwei Paläste zusammengelegt, sodass es 27 Mondhäuser gibt. 28 ist jedoch eine wichtige Zahl für die Tibeter. Sie steht für die vier Könige der vier Himmelsrichtungen und die sieben Tage oder Planeten. Jeder der vier Könige hat sieben Töchter, deren Paläste um den Weltenberg Meru herum liegen. Meru, der mythische Berg im Zentrum des Universums, wird häufig mit dem Tierkreis gleichgesetzt. Jeder der 27 Paläste hat eine andere Prägung und wird zur Deutung von Charakter und Zukunftsaussichten eines Individuums herangezogen.
Aus der chinesischen Tradition stammt die Grundlage für die Zeitrechnung. Die Vorstellung, dass zehn Himmelsstämme – die Energien der Elemente oder Planeten – und zwölf Erdäste – der Zyklus der Zeit – unser Dasein prägen, hat die Tibeter dazu veranlasst, neben dem individuellen Tierkreis die Zuordnung von Jahren, Monaten, Tagen und Doppelstunden zu einem bestimmten Zeichen und Element zu übernehmen. Im Alltag hat sich die Vorstellung durchgesetzt, dass jedes Jahr von einem bestimmten Tierkreiszeichen regiert wird, das günstige oder ungünstige Eigenschaften aufweisen kann. Dabei haben die Tibeter die chinesische Einteilung übernommen.
Für die Berechnung der ▶ Zeit haben die Tibeter ihr eigenes, von den Chinesen unabhängiges System entwickelt

(▶ Kalender). Das Zeitverständnis ist zyklisch ausgerichtet. Die lineare Zählung von Jahren hat sich erst unter dem Einfluss ausländischer Mächte durchgesetzt. Ursprünglich bestand ein Jahr aus 12 Monaten zu 30 Tagen. Um die fehlenden 5 1/4 Tage aufzuholen, wurde jedes dritte Jahr ein Schaltmonat von 16 Tagen eingefügt. Da das Jahr nach den zwölf chinesischen Tierkreiszeichen und den fünf Elementen in männlicher und weiblicher Form benannt ist, dauert ein Zyklus zweimal 60 Jahre. Als Beginn des Zyklus gilt das Jahr 1027 unserer Zeitrechnung, als das Kalachakra-Tantra, das so genannte Rad der Zeit, aus dem Sanskrit ins Tibetische übertragen wurde.

In der konkreten astrologischen Praxis wird die Lebensspanne nach indischem Vorbild in neun ungleich große Epochen eingeteilt, die von den sieben klassischen Planeten sowie dem aufsteigenden und dem absteigenden Mondknoten beherrscht werden und individuell unterschiedlich sind. Diese Zuordnung führt zu sehr konkreten Prognosen in Bezug auf beruflichen und finanziellen Erfolg, die Gesundheit und die persönliche Lebensgestaltung.

Eine wichtige Rolle spielt die Astrologie in der tibetischen Medizin. Darauf weist bereits der Name Men-Tsee-Khang (Tibetisches Medizinisches und Astrologisches Institut) hin, das in der nordindischen Exilhauptstadt Dharamsala das traditionelle Heilwissen der Tibeter pflegt. Die tibetische Medizin sieht im menschlichen Körper das Abbild des Makrokosmos. Der Mensch besteht danach aus den drei Grundelementen Wind, Galle und Schleim. Wind symbolisiert Luft und Sauerstoff; Galle Feuer und Körperwärme; Schleim Wasser und Lymphe. Wenn sie im Einklang miteinander stehen, ist der Mensch gesund. Krankheit signalisiert ein zerstörtes Gleichgewicht, das es wiederherzustellen gilt. Ursache dafür sind die drei Grundübel Gier, Hass und Unwissenheit. Zu viel Gier sorgt für ein Übermaß an Wind, Hass für ein Übermaß an Galle; Unwissenheit für ein Übermaß an Schleim.

Die Astrologie gibt wertvolle Auskünfte, wo die Schwächen eines Menschen liegen und wo er Unterstützung benötigt. In dem Sinne geht die tibetische Astrologie über eine reine Prognose hinaus und dient mehr als die anderen asiatischen Schulen auch dazu, psychische Muster und Prozesse des Individuums zu erkennen und zu dessen Heilung beizutragen.

Tierkreis

Das Band der zwölf Tierkreiszeichen entlang der ▶ Ekliptik, auf der sich die Sonne, der Mond und die Planeten um die Erde bewegen. Der Tierkreis wird auch Zodiak genannt. Die Sternbilder, die sich auf der Ekliptik befinden, haben den Tierkreiszeichen ihre Namen gegeben, sind aber nicht mit diesen identisch (▶ tropischer Tierkreis). Die Sternbilder haben ohnehin eine unterschiedliche Längenausdehnung, während jedes Tierkreiszeichen auf dem 360-Grad-Kreis einen Abschnitt von 30 Grad umfasst (siehe Abbildung). Man unterscheidet den tropischen vom siderischen Tierkreis. Mit Ersterem wird in der Regel in der westlichen Astrologie gearbeitet.

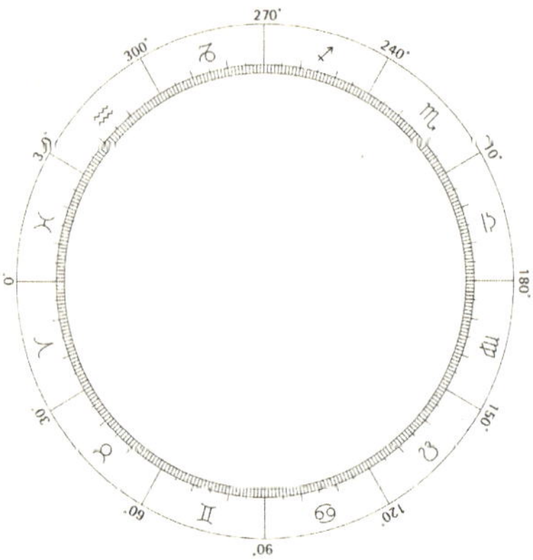

Der Tierkreis: Jedes Tierkreiszeichen umfasst 30 Grad. Außen sind die absoluten Gradzahlen des 360-Grad-Kreises eingetragen.

Tierkreiszeichen

Die zwölf Zeichen des ▶ Tierkreises:

Widder ♈	Waage ♎
Stier ♉	Skorpion ♏
Zwillinge ♊	Schütze ♐
Krebs ♋	Steinbock ♑
Löwe ♌	Wassermann ♒
Jungfrau ♍	Fische ♓

Die zwölf Zeichen folgen mit einer inneren Logik aufeinander. Am Beginn steht der Widder, der die Dynamik des Anfangs und den Ansporn verkörpert, zu neuen Welten aufbricht, sich seinen Weg bahnt und dabei Hindernisse gar nicht wahrnimmt. Vom nachfolgenden Stier erhält er den nötigen Boden unter den Füßen. Der Stier trachtet danach, sich eine Umgebung zu schaffen, in der er sich wohl fühlt. Hat der Stier sein Haus bestellt, können die Zwillinge mit der Umgebung Kontakt aufnehmen. Das kommunikativste Zeichen im Tierkreis ist immer offen für Neues und nicht gern allein. Es begegnet der Welt mit einer ausgeprägten Neugierde. Nach dem ersten Kontakt mit der Außenwelt folgt mit dem Krebs die Hinwendung zum familiären Bereich. Der Krebs konzentriert sich am liebsten auf die unmittelbare Umgebung von Partner und Kindern, um ihnen das Gefühl von Geborgenheit und Aufgehobensein zu schenken und eben das im Gegenzug von ihnen zu erhalten. Dem Krebs folgt der spielerische Löwe. Er repräsentiert die Zeit der Jugend, wenn die Welt noch offensteht und es keine Vorschriften und Aufgaben gibt. Das ist der Rahmen für Originalität, Großzügigkeit und schöpferische Impulse. Die nachfolgende Jungfrau hingegen weiß, dass man auch Vorsorge treffen muss. Dabei geht sie systematisch und analytisch vor, ohne sich selbst in den Vordergrund zu drängen, dient sie doch einer größeren Sache.

Wenn die Jungfrau vorausschauend geplant hat, entsteht Raum für Ästhetik, für die Waage. Sie steht am Herbstanfang. Die Natur zeigt sich zum letzten Mal in ihrer farbenfrohen Pracht. Die Waage sorgt für ein harmonisches Miteinander. Nach der Schönheit des frühen Herbstes kommt der Abstieg in die Unterwelt, in das Reich des Skorpions. »Stirb und werde« lautet sein Motto. Im Skorpion geht es darum, von den äußeren Schönheiten des Lebens loszulassen und sich auf intensive innere Erfahrungen einzulassen. Leidenschaftlichkeit und tiefe Empfindsamkeit prägen sein Wesen. So tief wie der Skorpion hinabsteigt, so hoch will der nachfolgende Schütze hinaus. Es ist das Zeichen des großen Idealismus, das nach den Erfahrungen in der Unterwelt nun die himm-

lischen Gefilde erkunden will. Begeisterungsfähigkeit und Optimismus treiben den Schützen immer wieder an. Er ist ein Suchender, dem die Erfahrungen des Alltags niemals genügen.
Wie man in luftigen Höhen Struktur schafft, demonstriert der Steinbock, der dem Schützen folgt. Mit Disziplin, Ausdauer und Beharrlichkeit erreicht er hohe Ziele. Keinem Zeichen wird mehr Leistungsorientierung nachgesagt, denn er versteht es, sich auf das Wesentliche zu konzentrieren, wie die Natur zur Zeit der Wintersonnenwende. Der luftige Wassermann bricht die Disziplin des Steinbocks durch Originalität und Unkonventionalität auf. Er ist schwer zu fassen und entzieht sich jedweden Normen. Als Freigeist voll schöpferischer, innovativer Energie legt er aber großen Wert auf den Austausch in einer Gruppe Gleichgesinnter. In den Fischen werden alle Pläne und Gedankenkonzepte aufgelöst. Sie streben danach, sich wieder mit dem göttlichen Ursprung zu verbinden. Somit sind sie das spirituellste Zeichen mit einem hohen Maß an Intuition, Sensibilität und Tiefsinn.
Die Tierkreiszeichen sind den vier ▶ Elementen Feuer, Erde, Luft und Wasser sowie den drei ▶ Qualitäten kardinal, fix und veränderlich zugeordnet. Darüber hinaus bilden je zwei einander gegenüberliegende Zeichen eine ▶ Polarität (Widder / Waage, Stier / Skorpion, Zwillinge / Schütze, Krebs / Steinbock, Löwe / Wassermann, Jungfrau / Fische).

Tod

Im Umgang mit dem Tod hat sich die Astrologie weitgehend der abendländischen Geisteshaltung angepasst und ihn gleichfalls tabuisiert. Prognosen über den Todeszeitpunkt gelten als unethisch und werden von vielen astrologischen Schulen und Vereinen ausdrücklich untersagt bzw. fallen unter die Aussagegrenze. Die meisten asiatischen Traditionen (▶ indische, ▶ chinesische Astrologie) integrieren den Tod viel selbstverständlicher in ihre Arbeit. Hintergrund ist eine vollkommen andere Einstellung dieser Kulturen zum Leben und zum Tod. Dazu gehört auch die Vorhersage des Todeszeitpunkts. Die ▶ Stundenastrologie kennt aus ihrer Tradition ebenfalls die Prognose des Todeszeitpunkts, doch hat sie davon heute Abstand genommen.
Während in der Vergangenheit Saturn, der Herr der Zeit, das astrologische Symbol für den Tod war, ist es seit der Entdeckung von Pluto in erster Linie dieser Planet. Außerdem besteht eine Verbindung zwischen diesem Thema sowie dem Zeichen ▶ Skorpion und dem ▶ achten Haus. Tod wird im Zusammenhang mit Betonungen dieser Faktoren zumeist als Allegorie für tiefgreifende Wandlungsprozesse, Loslassen, Abschied oder Trennung interpretiert. In jedem Horoskop sind plutonische und skorpionische Themen angelegt und werden durch ▶ Auslösungen mehr als einmal im Leben aktiviert. Schon deshalb kann nicht jedes dieser Themen mit dem physischen Tod zu tun haben. Für den Pluto-Zyklus zeigt das ▶ Quadrat des laufenden Pluto (▶ Transit) zum ▶ Radix-Pluto einen grundlegenden und schmerzhaften Prozess der Veränderung an (▶ Entwicklungszyklen). Da Pluto seit Mitte des Jahrhunderts relativ schnell läuft, erleben die um das

Jahr 1960 herum Geborenen diesen Transit mit etwa 40 Jahren. Mit 42 Jahren wandert der Hubersche ▶ Alterspunkt ins achte Haus und aktiviert dabei die skorpionischen Themen. Neben der symbolischen Deutung von skorpionischen und plutonischen Themen für tiefgreifende Wandlungsprozesse kann die Astrologie auch dazu beitragen, das Tabu des Todes aufzubrechen. Psychologen erklären die Tabuisierung mit der Angst vor Veränderung, die im Geburtstrauma ihren Ursprung hat. Dort erlebt das neu inkarnierte Wesen die grundlegende Veränderung seiner Lebensumstände als dramatisch und schmerzhaft, auch wenn weiteres Wachstum nicht möglich gewesen wäre. Entsprechend zeigt die ▶ Achse zweites/achtes Haus, dass die ausschließliche Konzentration auf die stabilisierende und fixierende Energie, wie sie vom zweiten Haus vertreten wird, zwar Sicherheit verschafft, aber irgendwann ebenfalls jedes Wachstum verhindert.

Auf eine völlig neue Weise ist der amerikanische Astrologe Richard Houck an das Thema herangegangen.[90] Er versucht, auf humorvolle Art den Tod zu enttabuisieren. Besonderheiten an seiner Vorgehensweise sind, dass er mit dem ▶ siderischen Tierkreis arbeitet und die indische Astrologie in sein System mit einbezieht.

Unter den ▶ Prognosemethoden der westlichen Astrologie arbeitet er vor allem mit der ▶ Tertiärprogression I. Anhand zahlreicher Beispiele von bereits verstorbenen Personen demonstriert er mit komplizierten Berechnungen, wie sich der Zeitpunkt von deren Toden aus den Geburtshoroskopen ableiten lässt.

Todespunkt

Einer der ▶ sensitiven Punkte im Horoskop. Er errechnet sich bei Taggeburten, indem zu der Gradzahl des ▶ Aszendenten die des Mars hinzugefügt und die des Saturn abgezogen wird. Bei Nachtgeburten wird die Gradzahl des Saturn zu der des Aszendenten hinzugefügt und die des Mars abgezogen. Näheres zur Berechnungsweise ist unter dem Stichwort sensitiver Punkt nachzulesen. Der Todespunkt zeigt den Ort im Horoskop für tiefe Wandlungsprozesse an, die häufig mit einer erheblichen Verunsicherung einhergehen. Aufgrund der Tabuisierung des ▶ Todes durch die abendländische Kultur spielt der Todespunkt in der praktischen Astrologie kaum mehr eine Rolle.

T-Quadrat

Eine ▶ Aspektfigur, bei der sich zwei Planeten in Opposition (180 Grad) befinden und zu einem dritten je ein ▶ Quadrat (90 Grad) bilden. Die Qualität dieser beiden Aspekte, die als ▶ analytische Aspekte gelten und Herausforderungen darstellen, sind im T-Quadrat noch verstärkt. Der dritte Planet stellt den Brennpunkt dar und trägt gewissermaßen die Spannung zwischen den beiden Planeten in Opposition aus. Er befindet sich in der ▶ Halbsumme der beiden. Umgekehrt verstärkt sich die Spannung zwischen den beiden Oppositionsplaneten durch den dritten.

Das Thema des T-Quadrats drängt sich im Leben des Betreffenden so vehement auf, dass es nicht ignoriert werden kann und ihn zwingt, etwas zu unternehmen. Von daher birgt es auch ein großes Potenzial in sich. Wenn ein weiterer Planet mit den beiden Oppositionsplaneten durch Trigon und Sextil verbunden ist, weist er einen Weg, wie die Spannung gelöst werden kann.

Transit

Ein Transit (wörtlich: Durchgang) findet dann statt, wenn einer der aktuell laufenden Planeten einen Aspekt bildet zu einem bestimmten ▶ Horoskopfaktor eines Radixhoroskops, also zu einem Planeten oder einer ▶ Achse (bei detaillierterer Deutung auch zu einer ▶ Halbsumme). Wenn der Aspekt exakt wird, bedeutet dies eine ▶ Auslösung, das heißt Aktivierung des betreffenden Horoskopfaktors. Transite gehören zu den wichtigsten Prognosemethoden der Astrologie. Sie sind ein ebenso einfaches wie aussagekräftiges Instrument, um Themen und Bereiche zu benennen, die zu einem bestimmten Zeitpunkt aktiviert werden und in den Vordergrund rücken. In welcher Weise sie hervortreten, darüber sagt der beteiligte Transitplanet etwas aus.

Man spricht auch von einem Transit, wenn sich ein laufender Planet durch ein Haus des Radixhoroskops bewegt. Die Transite der ▶ langsam laufenden Planeten Saturn, Uranus, Neptun und Pluto sind gewichtiger als diejenigen Jupiters und der ▶ schnell laufenden Planeten (Sonne, Mond, Merkur, Venus und Mars). Im Prinzip kann die Regel gelten, dass ein Transit umso nachhaltiger ist, je langsamer sich der Transitplanet bewegt (▶ Tagesbewegung). Es ist allerdings nicht sinnvoll, die Transite von Saturn, Uranus, Neptun und Pluto, die jeweils sehr unterschiedliche Umlaufzeiten haben, untereinander zu gewichten, denn sie sind alle bedeutungsvoll.

Gültigkeitszeitraum: Aufgrund der ▶ Rückläufigkeit überqueren Merkur, Venus, Mars und Jupiter manche Grade des Tierkreises dreimal, bei Saturn sind es die meisten Grade, Uranus und Neptun berühren die meisten, Pluto alle Stellen dreimal, Neptun und Pluto manche sogar fünfmal. Man spricht dann von einem Dreifach- bzw. Fünffachtransit. Damit kann sich der Zeitraum, innerhalb dessen der Transit gültig ist, über eine beträchtliche Länge erstrekken. Bei Jupiter sind es Wochen bis Monate, bei Saturn bis zu einem Jahr und bei Uranus, Neptun und Pluto bis zu zwei oder drei Jahren. Merkur-, Venus- und Marstransite gewinnen ebenfalls an Bedeutung, wenn sie Rückläufigkeitsphasen durchmachen und damit bestimmte Stellen im Horoskop dreimal überqueren. Mond- und Sonnentransite sind, wenn sie überhaupt wahrgenommen werden, nur Stunden bzw. ein bis zwei Tage zu spüren.

Transite von Saturn, Uranus, Neptun und Pluto sind oft Anzeiger wichtiger Lebensveränderungen.

Beim Transit eines Planeten durch ein Haus ist die Zeit am wichtigsten, in der der Transitplanet in das Haus eintritt, sich also über die ▶ Häuserspitze bewegt, sowie die Zeit kurz bevor er ins nächste Haus geht[91], wenn sich noch einmal die Essenz dieses Transits zeigt.

Orbis: Die Frage, innerhalb welchen Bereichs ein Transit gültig ist, also welchen ▶ Orbis man gelten lassen kann, ist nicht eindeutig zu beantworten. Wer mehr Gefühl für feinere Schwingungen hat und wer über ein höheres Maß an Selbsterkenntnis verfügt, wird Transite der Langsamläufer schon lange, bevor der Planet die exakte Gradzahl erreicht hat, spüren, und er wird auch für die Transite der Schnellläufer eine Antenne haben, sofern er den täglich wechselnden Nuancen des Lebens eine Bedeutung beimisst. Die Transite der Schnellläufer spielen im Leben von Kindern eine größere Rolle als in dem von Erwachsenen, weil für Kinder kleinere Zyklen und Zeitabstände viel wichtiger sind als mit zunehmendem Alter (▶ Kinderastrologie).

Zunächst sollte ein relativ kleiner Orbis veranschlagt werden, nämlich 1 Grad. Das heißt, von einem Transit wird gesprochen, solange sich der Transitplanet 1 Grad vor und 1 Grad hinter der exakten Transitposition befindet. Man kann dann den Orbis vor der exakten Transitbildung bis auf 3 bis 5 Grad ausdehnen und selbst Beobachtungen anstellen. Jedenfalls ist die Wirkung stärker, bevor sich ein Aspekt bildet, und sie nimmt relativ schnell ab, sobald der Transitplanet die Stelle hinter sich gelassen hat.

Von großer Bedeutung sind die ▶ stationären Phasen. Ein Planet ist stationär, das heißt, er steht auf der Stelle, wenn er die Laufrichtung ändert, also entweder rückläufig oder wieder direktläufig wird. Bildet er auf der Gradzahl seiner stationären Phase einen Aspekt zu einem Radixplaneten, so ist die Wirkung sehr stark.

Aspekte: In der Regel arbeitet man mit den Hauptaspekten – also Konjunktion, Sextil, Quadrat, Trigon und Opposition –, aber es spricht nichts dagegen, auch Nebenaspekte mit einzubeziehen, jedenfalls bei den Langsamläufern. Die Konjunktion ist generell am wichtigsten, also wenn sich der Transitplanet genau an der Stelle des Radixhoroskopfaktors befindet. An zweiter Stelle folgen die ▶ analytischen Aspekte Quadrat und Opposition und schließlich die ▶ synthetischen Aspekte Sextil und Trigon. Bei Saturn, Uranus, Neptun und Pluto ist diese Unterscheidung nicht unbedingt sinnvoll. Allenfalls können die mit solchen Transiten einhergehenden Veränderungen bei den synthetischen Aspekten leichter fallen.

Auslöser: Da sich die Transite der Langsamläufer über einen so langen Zeitraum hinziehen können, spielen ▶ Auslöser eine wichtige Rolle: Das kann eine Neu- oder Vollmondstellung auf der angesprochenen Gradzahl sein, die um so stärker wirkt, wenn es sich dabei um eine ▶ Finsternis handelt. Es kann ein schnell laufender Planet sein, der die Stelle passiert (insbesondere Mars, der etwas in Gang bringt), und es kann ein Transit über die Radixstellung des Transitplaneten sein.

Deutung: Zunächst gilt es herauszufinden, welche Rolle der Transitplanet im Radixhoroskop spielt, also in welchem Haus und Zeichen er steht und welche Aspekte er dort bildet. Unter dieser Grundfärbung erlebt der Betreffende den Transit. Darüber hinaus bedeuten die zehn Planeten im Transit:

- Sonne-Transite rufen etwas ins Bewusstsein.
- Mond-Transite beschreiben Stimmungen.

- Bei Merkur-Transiten geht es darum, etwas mit dem Verstand wahrzunehmen.
- Bei Venus-Transiten geht es darum, etwas mit den Sinnen wahrzunehmen.
- Mars-Transite bringen Energie und aktivieren den angesprochenen Bereich.
- Jupiter-Transite stehen für Wachstumsphasen und veranlassen dazu, sich die Frage nach dem Sinn zu stellen.
- Saturn-Transite stehen für Reifungsphasen und die Konzentration auf Wesentliches.
- Uranus-Transite revolutionieren, befreien und stehen für unvorhergesehene Wendungen, können aber auch Erschütterungen mit sich bringen, wenn man Angst vor Neuem hat.
- Neptun-Transite sensibilisieren, sorgen aber auch für (Ent-)Täuschungen sowie für unmerkliche Auflösung.
- Pluto-Transite zerstören das Alte, sofern es überholt ist, transformieren und führen von der Krise zur Heilung und Ganzwerdung.

Transneptuner
▶ Hypothetische Planeten der ▶ Hamburger Schule jenseits der Neptunbahn sowie tatsächlich entdeckte ▶ neue Planeten in diesem Bereich des ▶ Sonnensystems (▶ Kuiper-Gürtel). Beide sind nicht miteinander identisch.

Transpluto-Planeten
Planeten jenseits der Plutobahn. Man hat erst in jüngster Zeit entdeckt, dass es am Rand unseres ▶ Sonnensystems tatsächlich weitere Planeten gibt (▶ Kuiper-Gürtel, ▶ neue Planeten). Diese haben jedoch nichts mit dem seit langem vermuteten ▶ hypothetischen Planeten namens ▶ Isis bzw. Transpluto zu tun.

Transsaturnische Planeten
Die Planeten Uranus, Neptun und Pluto. Ihre Umlaufbahnen befinden sich jenseits der von Saturn, der bis weit in die Neuzeit hinein als der am weitesten entfernte Planet unseres ▶ Sonnensystems galt – bis zur Entdeckung dieser drei Planeten, die nicht mit bloßem Auge von der Erde aus gesehen werden können.

Trichterfigur
Eine Konstellation, bei der die meisten Planeten relativ nahe beieinander stehen und ein weiterer ihnen gegenübersteht. Es ist eines der Aspektmuster von Marc Edmund Jones (▶ Aspektbild). Dabei hat der einzeln stehende Planet häufig die Tendenz, sich im Rahmen seiner Färbung besonders herauszustellen und die anderen zu dominieren.

Trigon
Symbol: △
Ein Aspekt, bei dem sich zwei Planeten im Winkelabstand von 120 Grad zueinander befinden. Es gilt als ▶ synthetischer Aspekt. (Zum Orbis siehe die Übersicht auf Seite 179.) Die Planeten stehen dabei für gewöhnlich in Zeichen, die demselben ▶ Element angehören, jedoch unterschiedlichen ▶ Qualitäten. Das Trigon umfasst ein Drittel des Kreises. Es wird dadurch auch mit der göttlichen Zahl Drei in Verbindung gebracht (▶ Zahlenmystik) und erscheint wie ein kosmisches Geschenk im Horoskop.

Das Trigon wird als große Unterstützung und Hilfe erfahren. Die Energien zwischen den beteiligten Planeten fließen ungehindert. Um diese Unterstützung muss nicht gerungen werden. Sie ergibt sich mit einer Selbstverständlichkeit. Das Trigon ist damit so etwas wie ein »Ruheplatz« im Horoskop, an dem keine Auseinandersetzungen geführt werden müssen. Das ist nicht nur für das Wohlbefinden wichtig, sondern auch, um an anderer Stelle erfolgreich kämpfen zu können. Dominieren die Trigone jedoch ein Horoskop, besteht die Gefahr, dass der Antrieb fehlt, um wirklich an sich zu arbeiten. Alles erscheint so gut, dass es keinen Grund gibt, etwas zu verändern.

Triplizität

Mit dem Begriff werden jeweils die drei Tierkreiszeichen eines ▶ Elementes zusammengefasst. So gehören die drei Feuerzeichen Widder, Löwe und Schütze zur selben Triplizität, ebenso die drei Erdzeichen Stier, Jungfrau und Steinbock, die drei Luftzeichen Zwillinge, Waage und Wassermann sowie die drei Wasserzeichen Krebs, Skorpion und Fische.

Tropisch

Auf den Frühlingspunkt bezogen, wie beispielsweise der ▶ tropische Tierkreis.

Tropischer Tierkreis

Derjenige Tierkreis, der am ▶ Frühlingspunkt beginnt. Das ist die Stelle, wo die Sonne bei ihrem scheinbaren Lauf um die Erde den ▶ Himmelsäquator von Süden nach Norden überquert. Der Frühlingspunkt entspricht also 0 Grad Widder, der gegenüberliegende Herbstpunkt 0 Grad Waage. Wenn die Sonne 0 Grad Widder passiert, ist Frühlings-Tagundnachtgleiche, wenn sie 0 Grad Waage passiert, ist Herbst-Tagundnachtgleiche (▶ Äquinoktium). Neben diesen beiden gibt es zwei weitere wichtige Wendepunkte im Sonnenlauf (▶ Solstitium): die Sommersonnenwende bei 0 Grad Krebs und die Wintersonnenwende bei 0 Grad Steinbock). Daher hat der tropische Tierkreis seinen Namen: Durch diese vier Wendepunkte (griechisch *tropoi*) ist der tropische Tierkreis charakterisiert. Der Frühlingspunkt bewegt sich nämlich aufgrund der ▶ Präzession rückwärts durch den Tierkreis. Dadurch unterscheidet sich der tropische auch vom ▶ siderischen Tierkreis, denn dieser verschiebt sich gegenüber dem tropischen nicht im Lauf der Jahrhunderte. Allerdings ist er nicht so eindeutig zu definieren. Ein derzeitiger Abweichungswert (genannt ▶ Ayanamsha) von knapp 24 Bogengrad ist weitgehend anerkannt.
In der westlichen Astrologie wird in der Regel mit dem tropischen Tierkreis gearbeitet, in der ▶ indischen Astrologie hingegen mit dem siderischen.

Übeltäter

In der ▶ klassischen Astrologie der Ausdruck für die Planeten Saturn und Mars, denen man ungünstige Einflüsse zuschrieb. Außerdem wurde noch unterschieden zwischen dem großen Übeltäter Saturn und dem kleinen Übeltäter Mars. Die ▶ Revidierte Astrologie lehnt das Konzept von ▶ Wohltätern und Übeltätern ab, da es wertet und festlegt.

Unaspektierter Planet

Ein Planet, der mit keinem anderen Planeten durch einen ▶ Aspekt verbunden ist. Es gibt auch die Bezeichnung abgehängter oder isolierter Planet. Von einem unaspektierten Planeten ist normalerweise die Rede, wenn er keinen ▶ Hauptaspekt bildet. Bezieht man aber ▶ Nebenaspekte in die Deutung mit ein, von denen es sehr viele gibt (eine Übersicht findet sich unter dem Stichwort ▶ Aspekt), dann sind wirklich unaspektierte Planeten höchst selten.

Ein unaspektierter Planet ist zumeist nicht leicht zu integrieren. Er führt ein Eigenleben, das häufig zwischen zwei Extremen schwankt. Entweder wird seine Energie kaum bemerkt oder sie drängt sich in so heftiger Weise auf, dass sie in bestimmten Situationen alle anderen Energien überdeckt. Ein solcher Planet gleicht damit einem Schauspieler in einem improvisierten Stück, der zu seinen Mitspielern keinen Kontakt findet. Er bleibt entweder im Hintergrund, und das Spiel läuft an ihm vorbei, oder er spielt sich so auffällig in den Vordergrund, dass niemand an ihm vorbei kann.

Ein unaspektierter Saturn kann etwa bedeuten, dass der Horoskopeigner im Alltag Schwierigkeiten hat, Struktur und Ordnung in seine Aktivitäten zu bekommen. Er mag sogar darunter leiden, seine Pläne nicht wie vorgesehen durchsetzen zu können, weil ihm darüber hinaus auch noch die Disziplin fehlt. Wird ein solcher Saturn aber besonders angesprochen – etwa durch einen ▶ Transit –, dann kann er eine ausgesprochen rigide Ordnung und Disziplin fordern, die nicht nur die Umwelt überrascht, sondern auch den Horoskopeigner selbst unter großen Druck setzt. Ob er den Druck dann ausnutzt, um anstehende Aufgaben zu lösen, oder ob er davor kapituliert und wartet, bis die Herausforderung in Form des Transits vorübergegangen ist, das unterliegt seinem ▶ freien Willen.

Sind mehrere Planeten in einem Horoskop unaspektiert, wirken sich die Ausdrucksformen nicht so extrem aus. Die Eigenschaft der Planetenenergie, ein Eigenleben zu führen, erscheint dann normaler. Die Planeten sind dann wie mehrere Solisten, die auf eine Art auch ein Orchester bilden können.

Die Chance eines unaspektierten Planeten besteht darin, dass er sich, gerade weil er nicht ins Gesamtgefüge eingebunden ist, davon sozusagen unabhängig ist, auf eine ganz eigene Weise entfalten kann.

Unerlöst

Das negative Pendent zu dem Begriff ▶ »erlöst«. Mit diesem Begriffspaar sollen die konstruktiven, positiven, ausgereiften (erlöst) von den destruktiven, negativen, unausgereiften Seiten (unerlöst) eines bestimmten ▶ Horoskopfaktors unterschieden werden. Zur Problematik, die in dieser Art von Benennung enthalten ist, siehe das Stichwort »erlöst«.

Ungern-Sternberg, Olga von

Die Ärztin und Psychotherapeutin Dr. Olga von Ungern-Sternberg (geboren am 24. 11. 1895 um 13:56 Uhr in Berlin, gestorben am 22. 11. 1997 in Bochum) war eine der ungewöhnlichsten

Frauen ihrer Zeit. Bereits während des Ersten Weltkriegs begann sie mit dem Medizinstudium, was für Frauen damals revolutionär war. Nicht weniger ungewöhnlich war es, dass sie sich nach ihrem Examen auch noch der Psychotherapie zuwandte. 1923 entdeckte sie die Astrologie, die ihr half, die Schrekken des Krieges zu verarbeiten. Sie wurde eine Anhängerin der psychologischen Astrologie. In Leipzig eröffnete sie eine ärztliche Praxis, in der sie mit homöopathischen, anthroposophischen und astrologischen Erkenntnissen große Heilerfolge erzielte. Nebenher studierte sie die griechische Mythologie als wichtige Basis für das tiefere Verständnis der Astrologie.
Die Nationalsozialisten zwangen sie in die Illegalität, und auch das anschließende DDR-Regime ermöglichte ihr nicht den Freiraum, den sie für ihre heilerische Tätigkeit benötigte. Deshalb siedelte sie 1955 nach Bochum über.
Neben ihrer eigentlichen beruflichen Tätigkeit, die sie bis zu ihrem 94. Lebensjahr ausübte, wurde die Verbindung von Astrologie und Mythologie (nicht nur der griechischen) ein wichtiges Thema ihres Lebens. Sie verfasste darüber zahlreiche Bücher, unter anderem »Die Sternenschrift im Heraklesmythos« (▶ Heraklesmythos und Tierkreis) und »Die Sternenschrift im Gralsmythos«. Ein halbes Jahr vor ihrem Tod wurde sie zum Ehrenmitglied des ▶ Deutschen Astrologen-Verbandes ernannt.

Untere Konjunktion

Die Planeten Merkur und Venus können, da sie sich als einzige innerhalb der Erdumlaufbahn um die Sonne bewegen, aus der Sicht der Erde entweder eine ▶ obere Konjunktion oder eine untere mit der Sonne bilden. Im Falle der unteren Konjunktion befinden sie sich zwischen der Erde und der Sonne, im Falle der oberen Konjunktion sind sie hinter der Sonne. Ob es sich um eine untere oder um eine obere Konjunktion handelt, kann man der Horoskopzeichnung folgendermaßen entnehmen: Wenn Merkur oder Venus während der Konjunktion mit der Sonne rückläufig ist (▶ Rückläufigkeit), ist es eine untere Konjunktion, ist der betreffende Planet hingegen direktläufig (▶ Direktläufigkeit), ist es eine obere Konjunktion.

Uranus

Symbole: ⛢ ♅

Astronomie: Uranus ist der erste Planet jenseits von Saturn, der in der Neuzeit entdeckt wurde: Am 13. März 1781 machte ihn der Astronom Wilhelm Herschel mit Hilfe eines Teleskops erstmals am Himmel aus. Uranus ist viermal so groß wie die Erde. Sein Äquatordurchmesser beträgt 51.118 Kilometer, die mittlere Entfernung von der Sonne 2.883 Millionen Kilometer. Für einen Umlauf um die Sonne benötigt er knapp 84 Jahre. Die ▶ Tagesbewegung beträgt maximal 3,39 Bogenminuten, im Durchschnitt sind es 42 Bogensekunden.
Auffallend ist, dass die Rotationsachse des Uranus gekippt ist und damit fast auf seiner Bahnebene liegt.
Mythologie: Uranos (lateinisch Uranus) war der älteste der antiken Himmelsgötter. Gaia, die Erde, brachte ihn ohne Beteiligung eines Mannes hervor und wurde dann seine Frau. Uranos zeugte

mit Gaia zahlreiche Kinder, darunter das Geschlecht der Titanen und Kyklopen. Von manchen seiner Nachkommen war Uranos jedoch so entsetzt, dass er sie gleich wieder in den Schoß von Gaia stopfte. Daran drohte Gaia zu ersticken. Deshalb animierte sie ihren Sohn Kronos (Saturn), den bedeutendsten unter den Titanen, seinen Vater zu stürzen und mit der Sichel zu entmannen.

Zwar konnte Kronos die Macht an sich reißen, doch die Tat zeitigte ungeahnte Folgen. An der Stelle, wo Uranos' Glied ins Meer geworfen wurde, entstieg Aphrodite, die Göttin der Liebe und der Schönheit, dem Schaum. Dort, wo Uranos' Blut die Erde berührte, entstanden die Erinyen, Furcht erregende weibliche Rachegöttinnen, die überall erschienen, wo Menschen gegen die naturgegebenen Gesetze verstießen. Sie wurden für die Menschen zu einer großen Herausforderung, denn sie wachten unnachgiebig über die Einhaltung der göttlichen Ordnung. Insofern sorgte Uranos ohne gezielte Handlungsabsicht für einschneidende Veränderungen in der Existenz der Menschen. Scheinbar entmachtet, nahm er dennoch großen Einfluss auf den Lauf der Dinge. Manche Astrologen sind der Ansicht, dass der mythologische Uranos nicht die zum astrologischen Uranus passende Gestalt ist[92]. Viel besser eigne sich Prometheus (der Vorausschauende), der sich gegen den Göttervater Zeus auflehnte und den Menschen das Feuer brachte.

Körper: Uranus werden die Nerven zugeordnet, und zwar in ihrer Eigenschaft als Reizleiter. Nerven übermitteln Erregungen der Sinnesorgane zum Gehirn, und dieses wiederum gibt Nervenimpulse an die Muskeln ab.

Deutung: Durch die Entdeckung des Uranus änderten sich die bis dahin gültigen Dimensionen des Sonnensystems schlagartig, denn er ist doppelt so weit von der Erde entfernt wie Saturn. Damit sprengte Uranus das alte Weltbild. So symbolisiert er den plötzlichen Umschwung und den Vorstoß in eine andere Dimension. Betrachtet man für die Interpretation dieses Planeten auch die Zeit seiner Entdeckung, was in der Astrologie bei neu entdeckten Planeten üblich ist, so repräsentiert er die Ideale der Französischen Revolution (1789): Freiheit, Gleichheit, Brüderlichkeit und überhaupt die Ideale der Aufklärung. Als einer der ▶ geistigen Planeten versinnbildlicht Uranus Prinzipien jenseits der Materie und individueller persönlicher Grenzen. Uranus steht für die Intuition, die blitzhafte Eingebung. Er ist somit das Symbol für die Astrologie, die die Zusammenhänge zwischen oben (den Himmelserscheinungen) und unten (dem irdischen Geschehen) nach dem Prinzip der ▶ Analogie zu erfassen sucht. Auch technische Geräte und Errungenschaften werden Uranus zugeordnet.

Im Horoskop drückt Uranus das revolutionäre Potenzial eines Menschen aus. Durch seine etwa siebenjährige Aufenthaltsdauer in einem Tierkreiszeichen steht er im Horoskop von Menschen mehrerer Jahrgänge im selben Zeichen. Deshalb ist seine Zeichenstellung weniger individuell als seine Hausstellung. Sein Haus zeigt den Bereich an, in dem ein Mensch unkonventionell ist, zu

spontanen Verhaltensweisen neigt, Grenzen sprengt und gerne ungebunden sowie originell ist. Ist Uranus schwierig gestellt, neigt die betreffende Persönlichkeit unter Umständen dazu, alles zwanghaft anders machen zu wollen. Auch elitärer Dünkel kann zu den uranischen Schattenseiten gehören. Im Aspekt mit einem anderen Planeten oder einer ▶ Achse ist Uranus der Beschleuniger, er verleiht dem aspektierten Planeten Originalität und Andersartigkeit, sorgt für Überraschungen ebenso wie für blitzartige Erleuchtung.
Ähnliches geschieht, wenn er einen Planeten oder eine Achse im ▶ Transit berührt. Ein Uranus-Transit wälzt das Bisherige um, steht für plötzliche Änderungen, aber auch für ein blitzhaftes Erfassen von Zusammenhängen.
Uranus ist Herrscher des Zeichens Wassermann und im Löwen im Exil. Im Skorpion ist er erhöht und im Stier im Fall.

Ursache – Wirkung
Der Grundgedanke der Karma-Lehre (▶ Karma), wonach alles, was geschieht oder wirkt, auf Ursachen zurückgeht, die von der betreffenden Person selbst geschaffen wurden.

Vaterpunkt
Einer der ▶ sensitiven Punkte im Horoskop. Er errechnet sich bei Taggeburten, indem zu der Gradzahl des ▶ Aszendenten die des Saturn hinzugefügt und die der Sonne abgezogen wird. Bei Nachtgeburten wird die Gradzahl der Sonne zu der des Aszendenten hinzugefügt und die des Saturn abgezogen. Näheres zur Berechnungsweise ist unter dem Stichwort sensitiver Punkt nachzulesen.
Der Vaterpunkt hat nichts mit dem konkreten Vater des Horoskopeigners zu tun. Er zeigt den Ort im Horoskop an, an dem die mit der Vaterschaft verbundenen Energien – Verantwortung übernehmen, Struktur geben, Selbstbewusstsein entwickeln – besonders angesprochen sind. Eventuelle Aspekte zu Planeten geben Hinweise darauf, wie diese Energien Ausdruck finden können.

Venus
Symbol: ♀
Astronomie: Venus ist nach Merkur der zweite Planet, dessen Umlaufbahn um die Sonne sich innerhalb derjenigen der Erde befindet. Daher kann sie sich aus Erdsicht niemals mehr als 47 Grad von der Sonne entfernen (▶ Elongation). Ihr Durchmesser beträgt 12.104 Kilometer, womit sie fast so groß wie die Erde ist. Die mittlere Entfernung von der Sonne ist 108,21 Millionen Kilometer. Für einen Umlauf um die Sonne (siderischer Umlauf) benötigt sie etwas mehr als 224 Tage, für einen Durchlauf durch den Tierkreis 10 bis 14 Monate. Die ▶ Tagesbewegung beträgt maximal 1 Bogengrad und 15 Bogenminuten. Von uns aus gesehen ist Venus nach Sonne und Mond der am hellsten leuchtende Himmelskörper.
Wie Merkur kann auch Venus ▶ Abendstern oder Morgenstern sein. Wenn aber von dem Morgenstern oder dem Abendstern die Rede ist, ist sie gemeint. Im ersten Fall geht sie am östlichen Himmel vor der Sonne auf, befindet sich also im Tierkreis hinter ihr; im zweiten Fall

geht sie am westlichen Himmel nach der Sonne unter, befindet sich also im Tierkreis vor ihr. Wenn sie näher als ungefähr 10 Grad bei der Sonne steht, ist sie für das menschliche Auge nicht mehr zu erkennen.

Mythologie: Aphrodite (lateinisch Venus) gehörte zu den zwölf obersten Gottheiten des Olymp. Sie war die Göttin der Liebe, der Fruchtbarkeit und der Schönheit. Ihr Beiname »die Schaumgeborene« weist auf ihre Geburt hin. Der Titan Kronos (Saturn) hatte auf Geheiß seiner Mutter Gaia seinen Vater Uranos entmannt und die Geschlechtsteile ins Meer geworfen. An der Stelle bildete sich Schaum, und daraus entstand Aphrodite in voller Schönheit. Ihre Anmut übertrug sie gleich auf ihre Umgebung. Als sie aus dem Wasser ans Land trat, erblühten Blumen unter ihren Füßen.

Aphrodite war mit Hephaistos verheiratet, dem Gott des Feuers und der Schmiedekunst. Es war eine unglückliche Ehe. Hephaistos war einerseits hässlich und hinkend, andererseits aber der geschickteste Kunstschmied. Eine solche Verbindung befriedigte Aphrodite nicht. Sie verkörperte das sinnlich-leidenschaftliche Ideal. Deshalb suchte sie sich Liebhaber wie beispielsweise den Kriegsgott Ares. Ihre Leidenschaft ließ sie auch an allen Kämpfen und Intrigen der Götterwelt teilhaben. Sie war keinesfalls die naive, unbedarfte Schönheit, die das heutige Venus-Bild vermittelt. Wer sie verehrte, konnte sich auf ihre Unterstützung verlassen, wer sich ihr jedoch widersetzte oder ihre Liebe verschmähte, wurde unerbittlich bestraft. Sie war eine Göttin, die wertete und bewertete.

Venus von Capua, griechische Plastik 4. Jahrh. v. Chr. (Museo Nazionale Archeologico, Neapel).

Körper: Venus unterstehen die Gleichgewichtsorgane, außerdem die Nieren, die einen wichtigen Einfluss auf die Regulation von Kreislauf und Blutbildung ausüben und zum Ausgleich des Säure-Basen-Haushalts im Körper beitragen. Die ausgleichende Kraft der Venus kommt auch in ihrer Zuordnung zu den Venen zum Ausdruck: Diese bringen das Blut, das über die Arterien Sauerstoff in sämtliche Körperzellen gebracht hat, zurück zum Herzen. Auch die Haut als Sinnesorgan wird Venus zugeordnet, als materielle Grenze des Körpers hingegen untersteht sie Saturn.

Deutung: Venus ist im Horoskop das Symbol für jene Kraft in einem Menschen, die Harmonie sucht – sei es durch die Beziehung oder die Liebe zu einem anderen Menschen, sei es durch die Beschäftigung mit dem Schönen, wie sie in der Kunst zum Ausdruck kommt.

Venus steht aber auch für den Selbstwert. Sie konfrontiert jeden mit der Frage: Wie gehe ich mit mir um, was mute ich mir zu?

Ihre Haus- und Zeichenstellung beschreibt die Art, wie eine Person mit anderen in Beziehung tritt, was ihr gefällt, oder wie sie den Wunsch nach Harmonie befriedigt. Sie zeigt, wie man liebt und geliebt werden möchte, wie man Zuneigung zum Ausdruck bringt und Zuneigung erfahren möchte. Sie gibt Auskunft über das, was einem Menschen Sinnesfreuden verschafft und was die persönliche Ästhetik anspricht.

Im Horoskop einer Frau ist Venus zusammen mit dem Mond Teil der weiblichen Identität. Als Planet der Erotik und Sexualität gibt sie zusammen mit Mars auch Hinweise über diesen Lebensbereich.

Im Horoskop eines Mannes sagt sie zudem, ebenfalls gemeinsam mit dem Mond, etwas über dessen Frauenbild aus; hier ist Venus die erotische Verführerin, sie repräsentiert das, was ein Mann anziehend findet.

Im Aspekt mit einem anderen Planeten oder einer ▶ Achse verleiht Venus dem betreffenden ▶ Horoskopfaktor etwas Liebevolles und bindet ihn in die Ästhetik mit ein.

Im ▶ Transit sorgt sie für den kurzen Zeitraum von wenigen Tagen für vermehrte Sinneswahrnehmung.

Venus galt in der ▶ klassischen Astrologie als das »kleine Glück«, im Gegensatz zu Jupiter, der das »große Glück« symbolisierte.

Venus ist Herrscherin zweier Zeichen: Stier und Waage. Als Abendstern entfaltet sie eher die Eigenschaften der Waage, als Morgenstern diejenigen des Stiers. Im Exil ist sie demzufolge sowohl im Skorpion wie im Widder. In den Fischen ist sie erhöht und in der Jungfrau im Fall.

Venusrückkehr-Horoskop

Das auf den exakten Zeitpunkt der Venuswiederkehr ausgestellte Horoskop – also wenn sich Venus an derselben Stelle befindet wie zur Geburt eines Menschen. Dies findet etwa einmal jährlich statt. Im Horoskop der Venusrückkehr geht es darum, wie man in dem angesprochenen Zeitraum an Beziehungen herangeht und was einem Freude verschafft, kurz: um Themen des Planeten Venus. Es ist eines von verschiedenen ▶ Rückkehrhoroskopen. Manche Tierkreisgrade berührt Venus infolge ▶ Rückläufigkeit dreimal. Geschieht dies nun an der Stelle, wo die Venusrückkehr stattfindet, so müsste man eigentlich drei Rückkehrhoroskope erstellen. Es wird aber empfohlen[93], den dritten Übergang zu nehmen.

Venusrückkehr-Horoskope zu erstellen, ist dann nicht möglich, wenn der Zeitpunkt der Venusrückkehr in eine Phase des (Fast-)Stillstands (▶ stationäre Phase) fällt, denn dann bewegt sich Venus so langsam bzw. gar nicht, dass man den Aszendenten und das Medium coeli und damit alle Häuser nicht genau berechnen kann.

Für die Berechnung, den Ort und die Deutung gilt im Wesentlichen das, was unter ▶ Solarhoroskop nachzulesen ist – das auf die Sonnenrückkehr ausgestellte, für ein Jahr gültige Horoskop –, natürlich jeweils übertragen auf Venus. Beim Venusrückkehr-Horoskop wird man sich also in erster Linie auf diesen Planeten konzentrieren. Es spielt beispielsweise das Haus eine wichtige Rolle, in dem sich Venus im Rückkehrhoroskop befindet. Das Venusrückkehr-Horoskop kann nur vor dem Hintergrund des ▶ Radixhoroskops gedeutet werden.

Aufgrund des Yin-Charakters(▶ Yin/Yang) der Venus macht sich das Horoskop der Venusrückkehr ebenso wie dasjenige der Mondrückkehr (▶ Lunarhoroskop) eher auf subtile Weise bemerkbar – im Unterschied zu den Rückkehrhoroskopen der beiden Yang-Planeten Sonne und Mars (▶ Marsrückkehr-Horoskop).[94]

Veränderlich

Mit veränderlich wird eine von drei ▶ Qualitäten im Tierkreis beschrieben. Es ist die veränderliche oder auflösende Kraft im Tierkreis, bestehend aus den Zeichen Zwillinge, Jungfrau, Schütze und Fische. Die anderen beiden Qualitäten sind: kardinal und fix. Gelegentlich liest man statt veränderlich auch beweglich, auflösend oder labil. Letzteres ist aber wegen des negativen Beiklangs dieses Wortes irreführend und sollte daher nach Möglichkeit vermieden werden.

Verbrennung

In der ▶ klassischen Astrologie eine enge Konjunktion (das heißt mit einem Abstand von weniger als 4 Grad) eines Planeten mit der Sonne. Der Fachbegriff lautet Kombustion. Insbesondere auf Merkur, der sich ohnehin nie mehr als 28 Grad von der Sonne weg bewegen kann (▶ Elongation) und sich damit immer in deren Nähe befindet, wurde diese Bezeichnung angewandt (»verbrannter Merkur«). Das Bild geht darauf zurück, dass Planeten, die sich in weniger als 10 Grad Abstand von der Sonne befinden, für das menschliche Auge nicht mehr sichtbar sind und von den Strahlen der Sonne erfasst zu sein scheinen.

Dies wurde so gedeutet, dass der »verbrannte« Planet seine eigene Kraft nicht oder nur begrenzt zum Ausdruck bringen kann. In bestimmten Fällen wurde die Verbrennung auch positiv gewertet. Für die moderne Astrologie spielt sie jedoch keine Rolle mehr.

Vergleichende Astrologie

Die vergleichende Astrologie setzt zwei Horoskope (unter Umständen sind es auch mehr als zwei) miteinander in Beziehung. Dabei handelt es sich in der Regel um Horoskope von zwei Menschen, aber im Grunde genommen kann man alles, worauf man ein Horoskop erstellen kann, was also einen eindeutigen Anfang hat, mit etwas anderem, das diese Voraussetzungen ebenfalls erfüllt, in Verbindung bringen.

Beim Vergleich zweier ▶ Radixhoroskope von Menschen muss es sich nicht unbedingt um Liebespartner handeln. Auch beispielsweise über das Verhältnis zwischen Eltern und Kindern, zwischen Arbeitskollegen, zwischen Vorgesetzten und Untergebenen kann dieses Anwendungsgebiet der Astrologie wichtige Auskünfte geben.

Aus dem Vergleich der Horoskope ergeben sich Antworten auf den Charakter der Beziehung: ihre Anlagen, Chancen und Gefahren.

Die vergleichende Astrologie bedient sich im Wesentlichen dreier Methoden, sofern sie nicht einfach die zwei betreffenden Horoskope jeweils für sich deutet und dann die Deutungen aufeinander bezieht:

- ▶ Synastrie; dabei werden die Horoskope aufeinander gelegt,
- ▶ Composit; dabei werden die ▶ Halbsummen der Planeten der beteiligten Personen gebildet,
- ▶ Combin; dabei wird ein Horoskop auf den Mittelwert zwischen den beiden Ortskoordinaten und auf den Mittelwert zwischen Geburtsdaten und -zeiten erstellt.

Vernichtung

Synonym zu ▶ Fall. Eine Kategorisierungsmöglichkeit der Planeten (▶ Domizil).

Vertikalachse

Die Verbindung von Medium coeli und Imum coeli. Die Vertikalachse teilt das Horoskop in zwei Hälften: nämlich in die ▶ Osthälfte und die ▶ Westhälfte. Sie stellt den Menschen in eine zeitliche Perspektive: Das Imum coeli entspricht seiner Vergangenheit, das Medium coeli hingegen seiner Zukunft und seinem Ziel. Die zweite Hauptachse im Horoskop ist die ▶ Horizontachse, die Aszendent und Deszendent verbindet und den Menschen in eine räumliche Perspektive stellt.

Vesta

Symbol: ⚶

Astronomie: Vesta ist ein ▶ Kleinplanet bzw. ▶ Asteroid, der die Sonne im ▶ Asteroidengürtel zwischen Mars und Jupiter umkreist. Sie ist der drittgrößte unter den Asteroiden dieses Rings. Ihr Durchmesser beträgt 503 Kilometer, der mittlere Sonnenabstand 353,4 Millionen Kilometer. Für einen siderischen Umlauf benötigt sie 3,63 Jahre. Vesta wurde am 29. März 1807 von H. W. Olbers in Bremen entdeckt.

Mythologie: Die römische Göttin Vesta (griechisch: Hestia) lieh dem Asteroiden ihren Namen. Hestia war das älteste der sechs Kinder von Rhea mit Kronos (Saturn). Ihre Brüder waren Zeus (lateinisch Jupiter), Poseidon (Neptun) und Hades (Pluto), ihre Schwestern Demeter (▶ Ceres) und Hera (▶ Juno).

Hestia war unter den Göttern des Olymp sehr beliebt. Apollon, Poseidon und andere warben um ihre Gunst, doch sie entschied sich für ein jungfräuliches Leben. Als unauffälligstes der Kinder von Rhea und Kronos wurde sie zur Göttin des Herdes und der Häuslichkeit. Besondere Geschichten ranken sich nicht um sie.

Die Römer machten Vesta zur Schutzgöttin ihres Staates. Es entstand ein ausgeprägter Kult mit den Vestalinnen, den jungfräulichen Priesterinnen der Vesta. Ihre Aufgabe war es, ein ewig brennendes Feuer zu hüten. Vestalin zu sein, bedeutete ein großes Privileg, jedoch auch eine ebenso große Herausforderung. Zugelassen wurden nur Mädchen zwischen sechs und zehn Jahren ohne körperliche Gebrechen. Ihre Eltern mussten von freier Herkunft sein und noch leben. Der Dienst dauerte 30 Jahre. Das schlimmste Vergehen war es, das Keuschheitsgebot zu verletzen. Dafür

drohten Geißelung und Begraben bei lebendigem Leib.
Dass es sich bei der Jungfräulichkeit Vestas ursprünglich nicht um eine sexuelle Enthaltsamkeit handelte, darauf weist die Asteroiden-Spezialistin Demetra George hin: »Der Kern der ursprünglichen Vesta-Tradition lag in den sexuellen Riten, mit denen die fruchtbaren Zeugungskräfte der Mondgöttin in Ehren gehalten wurden, da diese für eine Herrschaft unter göttlichem Segen sorgte. Und aus eben diesem Grunde wurde mit Vesta die idealisierte Mutterschaft verehrt. Mit der Errichtung des Patriarchats wurden die Funktionen von Vesta jedoch in ein obskures Halbdunkel gestellt, und sie wurde zur Göttin der Reinheit und sexuellen Enthaltsamkeit umgestaltet.«[95]
Deutung: Vesta steht für den Dienst an einer höheren Sache, die große Unabhängigkeit verheißt, wenn man sich wirklich darauf einlässt. Vesta ist zwar Gesetzen zum Wohle der Allgemeinheit unterworfen und trägt eine große Verantwortung, doch kann sie die Freiheit innerhalb dieses Rahmens erkennen. Damit entsteht ein enger Bezug zur Natur und deren Gesetzen. Vesta wird von manchen deshalb mit dem modernen ökologischen Bewusstsein in Verbindung gebracht, das den Gesetzen der Natur zur Geltung verhelfen will und genau weiß, dass deren Beachtung wirkliche Freiheit bedeutet.
Vesta zeigt im Horoskop an, wo es sinnvoll ist, seine Freiheit nicht im Ausleben der Individualität zu spüren, sondern sie für ein größeres Ziel scheinbar loszulassen und sie damit auf einer tieferen Ebene zu erleben. Hier geht es um die innere Mitte, das innere Feuer.
Darüber hinaus beleuchtet Vesta »die Notwendigkeit zu einer Reintegration von spirituellen und sexuellen Energien«.[96] Vesta scheint eine Beziehung zu den Zeichen Jungfrau und Skorpion zu haben und könnte hier ihr ▶ Domizil haben bzw. erhöht sein.

Via combusta

Die Strecke im Tierkreis zwischen 15 Grad Waage und 15 Grad Skorpion. Diesen Bereich sah die ▶ klassische Astrologie als ungünstig an, weil sich dort viele als ▶ Übeltäter betrachtete ▶ Fixsterne befanden. Das ist inzwischen aufgrund der ▶ Präzession gar nicht mehr der Fall. Für die moderne Astrologie ist diese Zuordnung ohnehin bedeutungslos.

Viertes Haus

Analoges Tierkreiszeichen: Krebs
Herrscherplanet: Mond
Element: Wasser
Qualität: kardinal
Quadrant: zweiter Quadrant, Nachthälfte
Deutung: Das vierte Haus steht für die Wurzeln eines Menschen: seinen Ursprung, seine Erfahrungen in der Kindheit, seine familiäre Herkunft und seine Heimat. Wie das Imum coeli, die Spitze des vierten Hauses (▶ Häuserspitze), symbolisiert es sein tiefstes Inneres und seine seelischen Prägungen. Es beschreibt die Privatsphäre eines Menschen, im Gegensatz zum gegenüberliegenden zehnten Haus, das dem Bereich entspricht, wo ein Mensch an die Öffentlichkeit geht.

Das Tierkreiszeichen des Imum coeli sowie etwaige Planeten im vierten Haus sagen etwas darüber aus, wie und wo sich ein Mensch zu Hause fühlt, im konkreten Sinn auch etwas über sein Heim. Früher wurde das vierte Haus der Mutter zugeordnet und entsprechend das zehnte dem Vater. Die Astrologin Liz Greene vertritt die Meinung, die Zuordnung müsse genau umgekehrt sein.[97] ▶ Howard Sasportas schlägt ergänzend vor, »dass der ›formende Elternteil‹ – derjenige, der die meiste Zeit mit dem Kind verbringt und der den größten Einfluss auf seine Anpassung an die Gesellschaft hat – mit dem zehnten Haus assoziiert werden sollte, während der eher verborgene Elternteil, der eher eine unbekannte Größe ist, mit dem vierten Haus zusammen gesehen werden sollte.«[98]

Void of course

Man spricht von einem Void-of-course-Mond, wenn der Mond bei seinem Lauf durch ein Tierkreiszeichen – was zwei bis zweieinhalb Tage dauert – keinen Hauptaspekt mehr bildet, bis er dieses Zeichen verlässt, also keine Konjunktion oder Opposition, kein Quadrat, Trigon oder Sextil. Er befindet sich sozusagen im »Leerlauf«. Diesem Umstand misst die ▶ Stundenastrologie Bedeutung bei. Geht es beispielsweise um ein Fragehoroskop, das zum Zeitpunkt eines Void-of-course-Mondes gestellt wird, so scheint sich in der fraglichen Angelegenheit nichts mehr zu ereignen oder aber die Dinge verzögern sich.[99] Zum Zeitpunkt einer solchen Mondstellung unternommene Projekte sollen nicht wie geplant verlaufen – ein Umstand, dem vor allem in den USA Beachtung geschenkt wird[100], und zwar in der ▶ Ereignisastrologie wie in der ▶ Mundanastrologie. Auch für die ▶ Elektionsastrologie, die nach möglichst günstigen Zeitpunkten für Unternehmungen sucht, kann die Frage, ob der Mond zu dem gewünschten Zeitpunkt »ins Leere läuft«, eine Rolle spielen. Für die ▶ Individualastrologie, egal welcher Methoden sie sich bedient, hat dieser Tatbestand jedoch keine Bedeutung.

Vollmond

Die Phase des Mondes, in der er von der Erde aus vollständig sichtbar ist. Astrologisch handelt es sich um eine Opposition von Sonne und Mond. Die Energien beider Zeichen – geistiges Bewusstsein und emotionale Geborgenheit – stehen sich direkt gegenüber und fordern einander heraus. Findet die Konstellation auf einer Achse der ▶ Wasser- und ▶ Erdzeichen statt, erhält die Mond-Energie Unterstützung, auf einer Achse der ▶ Feuer- und ▶ Luftzeichen die der Sonne. Darüber hinaus spielt die Aspektierung durch andere Planeten bei der Deutung eine Rolle.

Neben der astrologischen Deutung ist der Vollmond ein Symbol für den Höhepunkt eines Unternehmens oder eines Zyklus, der nun in die Öffentlichkeit drängt. Danach setzt ein Prozess des Rückgangs und Absterbens ein. Obwohl der Vollmond im Alltagsbewusstsein eine größere Rolle spielt als der Neumond und zu seinen Ehren manche Feste gefeiert werden, hat er in vielen spirituellen Lehren eine geringere Gewichtung.

Bei Vollmond kann eine Mondfinsternis entstehen (▶ Finsternis), wenn die Sonne/Mond-Opposition auf oder in der Nähe der Mondknotenachse stattfindet (▶ Mondknoten).

Vorgeburtlicher Neumond

Eine vor allem in der ▶ esoterischen bzw. ▶ karmischen Astrologie verbreitete Überzeugung, dass der letzte Neumond vor der Geburt Aufschluss über die karmische Prägung und daraus resultierend über den Lebensplan eines Menschen gibt. Er wird auch als karmischer Neumond bezeichnet.

Die esoterische Astrologie sieht den Neumond als Symbol für Tod, Eingang ins Paradies der Sonne und Wiedergeburt. Der Astrologe ▶ Dane Rudhyar sieht in der Mondphase zum Zeitpunkt der Geburt eine jeweils besondere Weise, das Leben anzugehen. Der Anfangspunkt dieser ▶ Mondphase ist der letzte Neumond vor der Geburt.

Wichtig ist in erster Linie die Gradzahl des Neumonds und ihre Stellung in Haus und Zeichen des ▶ Radixhoroskops. Diese Gradzahl ist fortan im Horoskop ein ▶ sensitiver Punkt. Es können nach Belieben auch die anderen Planetenstellungen zum Zeitpunkt des Neumonds in das Radixhoroskop eingetragen werden (▶ Synastrie).

Verena Bachmann und Claude Weiss haben zusammen diese Methode weiterentwickelt: Sie erstellen ein eigenes Horoskop für den Neumond, und zwar auf den Geburtsort des oder der Betreffenden. Dieser Neumond ist dann für alle Menschen gleich, die zwischen diesem Neumond und dem darauffolgenden (etwa vier Wochen später) geboren wurden. Setzt man nun das individuelle Geburtshoroskop in Beziehung dazu, so bringt dieses zum Ausdruck, »welche Themen und Stellungen des Neumondhoroskops wir individuell ausgesucht haben, um sie mit Energie zu besetzen«.[101]

Vorherbestimmung

▶ Determinismus.

Vulgärastrologie

Eine Form der Astrologie, die kein konkretes Horoskop als Basis ihrer Arbeit benutzt, sondern pauschal Aussagen für einzelne Tierkreiszeichen macht.

Manchmal wird sie auch populäre Astrologie genannt. Die Vulgärastrologie beschränkt sich in der Regel auf den Sonnenstand bei der Geburt und nennt das entsprechende Tierkreiszeichen ▶ Sternzeichen. Gelegentlich werden die zwölf »Sternzeichen« auch in drei Dekaden unterteilt. Weitere Differenzierungen unterlässt die Vulgärastrologie. Die Menschen werden damit in der Regel einem von zwölf Typen zugeordnet. In letzter Zeit wird manchmal auch das Mondzeichen berücksichtigt. Die Charakterisierungen und Prognosen sind entsprechend unkonkret und letztlich nichtssagend. Die populärsten Verbreiter der Vulgärastrologie sind ▶ Zeitungshoroskope.

Immer noch können sich viele Menschen unter Astrologie nichts anderes vorstellen als Vulgärastrologie, was mit zu deren Ablehnung beiträgt. Immerhin wächst die Zahl derer, die wissen, dass ein Horoskop eine höchst komplexe Angelegenheit ist.

Waage

Symbol: ♎
Element: Luft
Qualität: kardinal
Polarität: Yang/männlich
Herrscherplanet: Venus
Sonne in der Waage: etwa vom 23. September bis zum 22. Oktober
Jahreszeit: Herbst-Tagundnachtgleiche, die volle, bunte Schönheit der Bäume, Herbstblumen, Vogelzug
Kultur: Erntedank, Weinfeste, Weinkönigin, Kirmes
Körperbereich: Lendenregion, Nieren, Blase, Haut als Kontaktorgan
Namen gebendes Sternbild: Libra
Mythologie des Sternbilds: Als einziges Sternbild ist Libra ein Gegenstand, kein Mensch oder Tier. Für die Griechen war Libra kein eigenes Sternbild, sondern symbolisierte die Scheren des Scorpius (Skorpion). In römischer Zeit stellte man sich das Sternbild als Waage vor – zum Zeitpunkt der Herbst-Tagundnachtgleiche stand die Sonne dort, wenn ein Ausgleich zwischen der Länge der Tage und der Nächte stattfand. Dies entspricht auch der sumerischen Tradition. Die antike Mythologie bringt die Geschichte von Eros und Psyche mit der Waage in Verbindung. Dabei geht es um die vollkommene Beziehung, die nach langen Entbehrungen und Irrwegen gefunden wird. Die Königstochter Psyche ist so schön, dass selbst Aphrodite eifersüchtig auf sie ist. Deshalb beauftragt sie ihren Sohn Eros, Psyche zu töten. Der jedoch ist überwältigt von ihrem Anblick und berührt sich selbst mit dem Pfeil, der alle Menschen die Liebe spüren lässt. Er nimmt Psyche mit in seinen Palast, und sie lieben sich jede Nacht im Dunkel,

Waage, französische Buchmalerei um 1423 (The British Library, London).

ohne dass sie ihn jemals erblicken darf. Irgendwann möchte sie jedoch wissen, wer ihr Liebhaber ist. Sie zündet eine Ölkerze an und schaut in das Gesicht des Gottes der Liebe. Dabei tropft etwas Öl auf dessen Schulter, sodass er aufwacht und bemerkt, dass Psyche ihn erkannt hat. Darauf verschwindet Eros und mit ihm der Palast. Psyche findet sich auf einem einsamen Felsen wieder. Nach vielen entbehrungsvollen Aufgaben, die sie übernehmen muss, darunter der Abstieg in die Unterwelt, hat Aphrodite schließlich ein Einsehen. Sie lässt die Liebe zwischen beiden zu, die sich nun bewusst begegnen dürfen.
Deutung: Die Waage ist das siebte Zeichen des Tierkreises. Hier geht es um

das bewusst vorgenommene Abwägen und Bewerten. Für die Waage als Luftzeichen hat der Intellekt eine große Bedeutung. So verschafft man sich Informationen, um zu einem ausgewogenen Urteil gelangen zu können. Freilich kann diese Fähigkeit auch zur Last werden, wenn man sich vor lauter Abwägen gar nicht mehr entscheiden kann. Hinzu kommt auch noch die Vorliebe von Waage-Persönlichkeiten für Harmonie. Sich für eine Sache oder einen Menschen zu entscheiden, kann gleichzeitig bedeuten, sich gegen eine andere Sache oder einen anderen Menschen zu entscheiden. Das widerstrebt der Diplomatie, der Kompromissbereitschaft und dem Taktgefühl der Waage zutiefst. Hieraus kann im Extremfall eine Gefallsucht werden, und der Betreffende erachtet es als das Wichtigste, nach Möglichkeit nur niemanden zu verletzen.

Das Harmoniebedürfnis schließt bei Menschen mit Waage-Betonung auch das Äußere ein. Sie haben viel Sinn für Ästhetik in jeder Hinsicht. Die Schönheit der Form soll dem Inhalt Ausdruck verleihen, kann aber auch Selbstzweck werden. So spielt für Waage-Geborene auch die Kunst eine große Rolle.

Ein herausragendes Thema im Leben von Waage-Menschen sind Beziehungen zu anderen. Sie brauchen ein Gegenüber, um sich selbst zu definieren. Geselligkeit ist für ihr Wohlbefinden unerlässlich. Alleine fühlen sie sich unvollständig. Bei ihnen trifft der Begriff der »besseren Hälfte« in besonderer Weise zu.

Das Tierkreiszeichen Waage verleiht ▶ Achsen und Planeten, die sich in ihm befinden, Harmonie, Diplomatie und Charme.

Mit ihrem Oppositionszeichen Widder hat die Waage den Bezug auf das Gegenüber gemein. Während sich der Widder vor dem Du beweisen möchte, sucht die Waage den Ausgleich. Mit den anderen beiden Luftzeichen, Zwillinge und Wassermann, teilt sie die geistigen Interessen. Doch während der Zwilling diese einsetzt, um sich umfassend zu informieren, geht es der Waage darum, sich durch den Erwerb von Wissen ein möglichst objektives Urteil zu bilden. Der Wassermann wiederum setzt das Wissen ein, um der Menschheit oder der Gemeinschaft, der er sich zugehörig fühlt, einen Dienst zu erweisen. Von den beiden Zeichen, die zu ihr im Quadrat stehen, kann die Waage Einfühlungsvermögen (Krebs) und Eigenständigkeit (Steinbock) lernen.

In der Waage ist Saturn erhöht, Mars im Exil und die Sonne im Fall.

Waagepunkt

Synonym für den ▶ Herbstpunkt. Er liegt dem ▶ Frühlingspunkt (= Widderpunkt) genau gegenüber und ist der Punkt, an dem die Sonne bei ihrem scheinbaren Lauf den ▶ Himmelsäquator von Norden nach Süden überquert (siehe Abbildung Seite 99). Der Waagepunkt entspricht 0 Grad Waage im ▶ tropischen Tierkreis.

Wangemann, Edith

Edith Wangemann (geboren am 29. August 1917 um 21:54 Uhr MESZ in Magdeburg, gestorben am 19. September 2000) kommt das Verdienst zu, gemeinsam mit ihrem Mann Helmuth die ▶ Kosmobiosophische Gesellschaft (KBSG) und ihre Lehren im deutschsprachigen Raum und darüber hinaus bekannt gemacht zu haben. 1972 wurde sie als Nachfolgerin ihres Mannes zur Präsidentin der KBSG gewählt, eine Position, die sie 23 Jahre lang ausübte. Unter ihre Präsidentschaft fällt auch der Umzug der Gesellschaft von Hamburg nach Wuppertal.

Neben ihrer organisatorischen und der Lehrtätigkeit im Rahmen der KBSG galt ihr besonderes Interesse dem Zusammenhang von Astrologie und Physiognomie. Auf diesem Gebiet hat sie sich einen Namen gemacht. Weitere Forschungsgebiete waren Zwillingspaare sowie die Teilhabe an der wissenschaftlichen Entwicklung, die sie sehr interessiert hat. Zudem bezog sie als eine der ersten Astrologinnen schon bald nach dessen Entdeckung im Jahr 1977 ▶ Chiron in ihre Deutungen mit ein und untersuchte intensiv seine Bedeutung. Auch für ▶ Isis (Transpluto) war sie offen.

Frau Wangemann hielt, solange es ihr gesundheitlich möglich war, zahlreiche Vorträge und Seminare im In- und Ausland. Sie wurde international für ihr Schaffen geschätzt, was nicht zuletzt seinen Ausdruck in der Verleihung des Marc-Edmund-Jones-Preises für ihre Verdienste um die Astrologie 1986 in den USA fand. Sie war Ehrenmitglied des ▶ Deutschen Astrologen-Verbandes und der ▶ Österreichischen Astrologischen Gesellschaft.

Wassermann

Symbol: ♒
Element: Luft
Qualität: fix
Polarität: Yang / männlich
Herrscherplanet: Uranus, früher Saturn
Sonne im Wassermann: etwa vom 20. Januar bis zum 19. Februar
Jahreszeit: Klirrende Kälte, Schnee und Eis, der Saft der Bäume kehrt zurück
Kultur: Lichtmess, Fasching, Karneval, Umkehr der Rollen
Körperbereich: Unterschenkel
Namen gebendes Sternbild: Aquarius
Mythologie des Sternbilds: Das Sternbild zeigt einen Mann, der Wasser aus einem Krug gießt. Nach einer Tradition handelt es sich dabei um den Trojaner Ganymed, den schönsten Jüngling der Welt. Selbst Zeus war von ihm angetan. Er holte ihn auf den Olymp und machte ihn zum Mundschenk der Götter. Ganymeds Aufgabe war es, die Göttlichen mit Nektar aus seinem Krug zu verwöhnen. Als Entschädigung für den Raub des Knaben schenkte Zeus seinem Vater zwei unsterbliche Rosse und eine goldene Weinrebe. Eine andere Tradition sieht im Sternbild Wassermann den göttlichen Schmied Hephaistos. Hephaistos war ein schrulliger Mann mit allerlei Eigenarten. Seine körperliche Unvollkommenheit – er hinkte und galt als sehr hässlich – glich er durch sein hohes handwerkliches Können aus. Wenn ihm jemand den Respekt versagte, reagierte er unversöhnlich, so auch gegenüber seiner Gattin Aphrodite, der Göttin der Liebe und Schönheit. Sie betrog ihn regelmäßig mit dem Kriegsgott Ares. Um sie vorzuführen, konstruierte er ein goldenes Netz, das beim Liebesakt über die beiden fiel und sie gefangen hielt. Daraufhin ließ er alle anderen Götter kommen, die sich über den Anblick köstlich amüsierten. Erst durch die Vermittlung von Poseidon war er

Wassermann, französische Buchmalerei um 1423 (The British Library, London).

bereit, die auf frischer Tat Ertappten wieder freizulassen.

Deutung: Der Wassermann ist das elfte Zeichen des Tierkreises. Hier geht es um eine übergeordnete Perspektive gegenüber dem Leben. Der Mensch ist Teil einer Gemeinschaft, in der er sich aufgehoben fühlt und mit deren Hilfe er wesentlich mehr erreichen kann als allein.

Menschen mit einer starken Betonung dieses Zeichens sind am Wohl der Gemeinschaft interessiert. Ihnen schwebt eine gerechte Gesellschaft vor, in der Hierarchien keinen Platz haben und jeder sich auf die ihm gemäße Art entfalten kann. Freiheit ist für Wassermann-Geborene nicht nur ein gesellschaftliches Anliegen – sie legen auch höchsten Wert auf ihre persönliche Freiheit und Unabhängigkeit. Sie haben ein ausgeprägtes Gefühl für die eigene Individualität und Besonderheit. Gleichzeitig benötigen sie Gleichgesinnte, um ihre Interessen und Ideen zu verwirklichen. Wassermann-Geborene interessieren sich für die größeren Zusammenhänge, für die sie einen klaren Blick haben, weil sie gerne eine distanzierte Haltung einnehmen. Sie haben Zukunftsvisionen, verfügen über eine ausgeprägte Intuition und über Erfindungsreichtum. Die Gefahr besteht darin, sich nicht wirklich einlassen zu können und alles, was tiefer geht, abzulehnen. Darüber hinaus kann angesichts der Betonung der eigenen Individualität der Zwang spürbar sein, alles grundsätzlich anders zu machen als die anderen.

Das Tierkreiszeichen Wassermann verleiht ▶ Achsen und Planeten, die sich in ihm befinden, Originalität, Freiheitsliebe und Experimentierfreude.

Mit seinem Oppositionszeichen Löwe teilt der Wassermann den Wunsch, etwas Besonderes zu sein: Während der Löwe dadurch auffallen möchte, dass er mehr glänzt als andere, will der Wassermann möglichst ausgefallen sein. Mit den anderen beiden Luftzeichen, Zwillinge und Waage, hat der Wassermann die geistige Beweglichkeit gemein: Die Zwillinge können mit vielen unterschiedlichen Informationen umgehen und sich in eine andere Position hineinversetzen, die Waage versucht den Ausgleich zwischen unterschiedlichen Positionen herzustellen, und der Wassermann kann die Dinge aus einer ganz neuen und unkonventionellen Warte be-

trachten. Von den beiden Zeichen, die zu ihm im Quadrat stehen, kann der Wassermann Verbindlichkeit (Stier) und Tiefgang (Skorpion) lernen.
Im Wassermann ist die Sonne im Exil.

Wassermannzeitalter

Eines der etwa 2.000 Jahre dauernden Zeitalter, die sich aufgrund der langsamen Verschiebung des Frühlingspunktes durch den Tierkreis ergeben (▶ platonisches Jahr, ▶ Präzession) und an dessen Schwelle wir uns nach Meinung vieler heute befinden. Der genaue Zeitpunkt des Übergangs ist allerdings umstritten (▶ New Age).
Die Erwartungen an das Wassermannzeitalter gehen in Richtung dessen, was auch das Tierkreiszeichen Wassermann ausmacht: Aufbruch erstarrter Strukturen, geistige Freiheit, Originalität und Unkonventionalität, die sich jedweden Normen entziehen. Der Wassermann gilt als Freigeist, voll schöpferischer und innovativer Energie. Die Hippie-Bewegung in den späten Sechzigerjahren sah sich als Vorbotin des Wassermannzeitalters. In dem Musical Hair kommt das zum Ausdruck. Die Astrologin Liz Greene macht darauf aufmerksam, dass auch das gegenüberliegende Zeichen, Löwe, einbezogen werden muss, sollen nicht die Gefahrenseiten des Wassermann überwiegen: »Der Wert des einzelnen Menschen und sein Recht, er selbst zu sein, bilden einen guten Kontrapunkt zu dem Kollektivismus, den wir bereits in so frühen und ungefügen Wassermann-Experimenten wie Kommunismus, Expansion großer Industriebetriebe und anderen Manifestationen untadeliger Organisationen erfahren haben und noch erfahren, die zu Lasten der Freiheit des Einzelnen gehen.«[102]

Wasserzeichen

Die dem ▶ Element Wasser zugeordneten Tierkreiszeichen Krebs, Skorpion und Fische.

Weiblich

Gemeinsam mit ▶ männlich eines der Begriffspaare, die die grundlegende ▶ Polarität im Tierkreis zum Ausdruck bringen. Die weibliche Energie steht für das Empfangende und Passive, das nach innen Gerichtete, die Kraft, aus der heraus eine Aktion geschieht. Sie ist das ordnende Prinzip, das an Bewährtem festhält. Wird sie überbetont, sind Stagnation und Lethargie die Folge. Das Weibliche ergänzt und bedingt das Männliche und umgekehrt – das eine ist ohne das andere nicht denkbar. Im Tierkreis sind die Erdzeichen Stier, Jungfrau und Steinbock sowie die Wasserzeichen Krebs, Skorpion und Fische dem weiblichen Prinzip zugeordnet (▶ Element); unter den klassischen Planeten sind es Mond, Venus und Saturn. Das weibliche Prinzip wird nicht nur von Frauen repräsentiert. Es gehört zu den wichtigsten Herausforderungen einer jeden Persönlichkeit, weibliche und männliche Anteile zu integrieren. Das Horoskop gibt Auskunft darüber, in welchem Bereich männliche und in welchem weibliche Anteile zum Ausdruck kommen.

Weltzeit

Die zum ▶ Null-Meridian gehörende so genannte mittlere Sonnenzeit (Kürzel: WZ, auf Englisch UT für Universal

Time). Sie ist eine internationale zeitliche Bezugsgröße und entspricht der ▶ Greenwich-Zeit, auf die alle Geburts- und sonstigen Zeiten, auf die ein Horoskop erstellt wird, zurückgerechnet werden müssen.

Wendekreis

1) Ein Kreis auf der ▶ Himmelskugel, parallel zum ▶ Himmelsäquator und mit einem Abstand von 23 Grad 26 Minuten zu diesem. Es gibt zwei Wendekreise: einen nördlichen und einen südlichen. Auf dem nördlichen, dem *Wendekreis des Krebses* befindet sich die Sonne zur Zeit der Sommer-Sonnenwende (▶ Solstitium), also um den 22. Juni. Die Sonne stand hier früher im Sternbild Krebs, inzwischen aufgrund der ▶ Präzession im Sternbild Zwillinge. Danach bewegt sie sich (scheinbar) wieder auf den Himmelsäquator zu, bis sie den südlichen, den *Wendekreis des Steinbocks* erreicht, zur Zeit der Winter-Sonnenwende um den 22. Dezember. Die Sonne stand hier früher im Sternbild Steinbock, inzwischen aufgrund der Präzession im Sternbild Schütze.

2) Die entsprechenden Kreise auf der Erdkugel, die sich mit einem Abstand von 23 Grad 26 Minuten parallel zum Erdäquator befinden. Am Wendekreis des Krebses, dem nördlichen, steht die Sonne zur Sommer-Sonnenwende im ▶ Zenit, am Wendekreis des Steinbocks zur Winter-Sonnenwende.

Westhälfte

Bei der üblichen Darstellung des Horoskops (▶ Horoskopzeichnung) die Seite rechts neben der Medium-coeli / Imum-coeli-Achse (Abbildung Seite 181). Sie besteht aus dem vierten bis neunten Haus bzw. dem zweiten und dritten ▶ Quadranten. Ihr zentraler Punkt ist der Deszendent. Sie wird auch ▶ Du-Hälfte genannt. Das Gegenstück zur Westhälfte ist die ▶ Osthälfte.

Die Westhälfte zeigt im Horoskop den Bereich der »passiven Lebensgestaltung« an.[103]

Widder

Symbol: ♈
Element: Feuer
Qualität: kardinal
Polarität: Yang/männlich
Herrscherplanet: Mars
Sonne im Widder: etwa vom 21. März bis zum 20. April
Jahreszeit: Frühlings-Tagundnachtgleiche, Frühlingsbeginn, Hervorbrechen der ersten Triebe
Kultur: Ostern, Eier, Hase, Fruchtbarkeitsrituale
Körperbereich: Kopf
Namen gebendes Sternbild: Aries
Mythologie des Sternbilds: Der Widder taucht in zahlreichen antiken Mythen auf, zunächst in der Geschichte von Helle und Phrixos, zweier Königskinder, die auf Geheiß ihrer Stiefmutter dem Zeus geopfert werden sollten. Im letzten Moment schickte jedoch ihre wirkliche Mutter, die Wolkennymphe Nephele, einen Widder mit einem goldenen Fell (Vlies), der sie durch die Lüfte davontrug. Als sie über die Meerenge flogen, die Europa von Asien trennt, stürzte Helle ab. Der Ort wurde nach ihr Hellespont genannt. Phrixos landete sicher in Kolchis am Schwarzen Meer. Als Dank für seine Rettung opferte er den Widder.

Widder, französische Buchmalerei um 1423 (The British Library, London).

Das goldene Vlies wurde in einem Hain des Kriegsgottes Ares aufgehängt, wo es ein feuerspeiender Drache bewachte.
Das Widderfell war bald darauf Anlass für ein weiteres Abenteuer. Der Held Jason, der rechtmäßige Thronerbe von Iolkos, forderte die Herrschaft von seinem Onkel, der einst seinen Vater gestürzt hatte. Der Onkel versprach Jason, den Thron für ihn zu räumen, wenn er das goldene Vlies herbeibringen würde. Mit einer Gruppe Helden, den Argonauten, machte Jason sich auf. Nach vielen Abenteuern erreichten sie schließlich Kolchis und den Areshain. Dort eroberten sie mit Hilfe von Medeia, der zauberkundigen Tochter des Königs Aietes, schließlich das begehrte Fell. Die Rückfahrt, an der auch Medeia teilnahm, die Jason geheiratet hatte, war nicht weniger abenteuerlich, doch schafften sie es nach vielen Rückschlägen und mit immer neuer Energie letztlich bis Iolkos. Das eigentliche Ziel, den Thron seines Vaters, erreichte Jason allerdings nicht. Zunächst verstieß er Medeia, ohne deren Hilfe er das Unternehmen zu keinem guten Ende gebracht hätte, und wollte Glauke, die Tochter des Königs Kreon, heiraten. Dafür rächte sich Medeia auf grausame Weise: Sie tötete die Kinder, die sie mit Jason hatte, und Glauke. Jason wurde viele Jahre später von einem Brett seines Schiffes erschlagen.

Deutung: Der Widder ist das erste Zeichen des Tierkreises. Ein neuer Zyklus beginnt. Widder symbolisiert somit generell den Neuanfang, den Aufbruch der Kräfte. Der Blick ist nach vorne gerichtet, das Vergangene spielt nicht in die Gegenwart hinein.
Menschen mit einer Betonung dieses Zeichens sind Menschen der Tat: Handeln lautet die Devise. Sie sind unabhängig und verfügen über ausgeprägte Führungsqualitäten. Sie können Dinge in Bewegung bringen, ergreifen gern die Initiative und erproben ihr Können bevorzugt im Wettstreit mit anderen. In Konkurrenzsituationen finden sie zu ihren Fähigkeiten. So können sie ihre Willensstärke erproben und ihrer Kämpfernatur ein Betätigungsfeld verschaffen.
Widder nehmen beim Erreichen ihres Ziels keine Umwege in Kauf, sondern steuern direkt darauf zu. Dabei sind ihnen ihre Abenteuerlust, ihre Risikobereitschaft und ihr Mut behilflich. Wenn sie sich damit in Schwierigkeiten bringen,

hilft ihnen ihr Naturell, schon bald wieder optimistisch und zuversichtlich nach vorne zu schauen. Die Unbekümmertheit, die sie in problematische Situationen führt, hilft ihnen auch wieder aus diesen heraus. Und nicht zuletzt ist ihre Spontanität dazu angetan, den Anforderungen, die sich im Moment ergeben, gerecht zu werden. Direktheit und Geradlinigkeit zeichnen Widder-Geborene aus, was auch in Ungeduld umschlagen kann, wenn kein Ventil dafür gegeben ist und die Umstände eine andere Herangehensweise erfordern. Die Eroberung von Neuland ist ein wichtiger Motor ihres Daseins: Pionierleistungen vollbringen, etwas in Gang setzen – und sich dann neuen Taten zuwenden. Das Interesse kann schlagartig nachlassen, wenn dieser erste, entscheidende Schritt einmal vollzogen ist.
Widder brauchen ein Ziel für den Einsatz ihrer feurigen Energie. Fehlt ihnen das, laufen sie Gefahr, dass ihre machtvollen Impulse schnell verpuffen. Über Ausdauer und langen Atem verfügen sie nicht. Ihre Aggressivität ist als antreibende Kraft lebenswichtig, doch kann sie auch in blinde Wut umschlagen.
Das Tierkreiszeichen Widder verleiht ▶ Achsen und Planeten, die sich in ihm befinden, Tatkraft, Spontanität und Direktheit.
Mit den beiden anderen Feuerzeichen, Löwe und Schütze, hat der Widder Optimismus und Begeisterungsfähigkeit gemein. Doch während er den Funken symbolisiert, entspricht die Kraft des Löwen der wärmenden, dauerhaften Glut des Feuers, diejenige des Schützen der züngelnden Flamme. Mit seinem Oppositionszeichen Waage teilt der Widder die Ich / Du-Thematik: Während es beim Widder um Ich-Durchsetzung geht, steht bei der Waage die Beziehung zu einem Gegenüber im Vordergrund. Von den beiden Zeichen, die ein Quadrat zu ihm bilden, kann der Widder seelischen Tiefgang (Krebs) sowie Geduld und Ausdauer (Steinbock) lernen. Im Widder ist die Sonne erhöht, Venus im Exil und Saturn im Fall.

Widderpunkt

Synonym für den ▶ Frühlingspunkt. Es ist der Punkt, an dem die Sonne bei ihrem scheinbaren Lauf den ▶ Himmelsäquator von Süden nach Norden überquert. Er entspricht 0 Grad Widder im ▶ tropischen Tierkreis.
Er wurde Widderpunkt genannt, weil er zum Zeitpunkt seiner Bestimmung im Sternbild Widder stand. Aufgrund der Präzession befindet sich der Widderpunkt inzwischen im Sternbild Fische (▶ Ayanamsha). Dies ist jedoch für die Astrologie nicht von Bedeutung, sofern sie mit dem tropischen Tierkreis arbeitet, und das ist in der westlichen im Unterschied zur ▶ indischen Astrologie der Fall.

Wiederkehrhoroskop

▶ Rückkehrhoroskop.

Wirtschaftsastrologie

Derjenige Bereich der ▶ Mundanastrologie, der sich mit wirtschaftlichen Entwicklungen befasst. Hierzu werden beispielsweise Horoskope von Währungen oder ▶ Länderhoroskope in Beziehung zu ▶ Zyklen, die zwei Planeten miteinander bilden, gesetzt.

Wissenschaft und Astrologie

Meyers Taschenlexikon definiert Wissenschaft als den »Inbegriff des durch Forschung, Lehre und überlieferte Literatur gebildeten, geordneten und begründeten, für gesichert erachteten Wissens einer Zeit«. Wissenschaftlern zufolge ist die Astrologie wissenschaftlich nicht beweisbar und deshalb substanzlos, ja schädlich. Insbesondere Astronomen setzen sich vehement gegen sie zur Wehr. Früher waren Astronomie und Astrologie auch für viele Wissenschaftler zwei Seiten einer Medaille oder, wie es der tschechische Astrologe Milan Špůrek formuliert, »Grundlagen- und angewandte Forschung«[104].

Die Astrologie war ein selbstverständlicher Bestandteil der universitären Lehre. Bahnbrechende Wissenschaftler wie Tycho Brahe oder Johannes Kepler praktizierten sie nicht nur, sondern verteidigten sie auch gegen Kritiker. Heute gibt es kaum einen Naturwissenschaftler und nur wenig Geisteswissenschaftler, die sich ernsthaft mit der Astrologie auseinandersetzen.

Die Astrologen reagieren unterschiedlich auf die wissenschaftliche Kritik. Ein Teil versucht, die Vorbehalte aufzubrechen und mit wissenschaftlichen Methoden nachzuweisen, dass die Astrologie eine Basis hat. Manche hoffen sogar auf einen neuen Lehrstuhl an einer Universität. Ihre Methoden basieren vor allem auf der Statistik (▶ Statistik und Astrologie). Mit ihrer Hilfe wollen sie die Richtigkeit der Astrologie nachweisen. Daneben gibt es im Bereich der Psychologie wissenschaftliche Arbeiten zur Astrologie. Die wichtigsten Vertreter, die sich um die Rehabilitation der Astrologie in der Wissenschaft bemühen, sind Professor Suitbert Ertel, Dr. Theodor Landscheidt und Dr. Peter Niehenke.

Der Astrologe Dennis Elwell weist darauf hin, dass die Astrologie »absolut vereinbar mit den Erkenntnissen der modernen theoretischen Physik« sei. Weiter schreibt er: »Die moderne Physik, die sich in praktischen Begriffen als ungeheuer fruchtbar erwiesen hat, steht in deutlichem Widerspruch zum alten Newtonschen Modell, das vereinfachend auf Ursache und Wirkung gründete. Die neue Lehrmeinung besagt, dass die Newtonsche Physik nicht mehr adäquat erklären kann, was geschieht. Doch wenn es darum geht, die Astrologie zu diskreditieren, dann sinken die Wissenschaftler glückselig in Sir Isaacs Arme und wollen erklärt bekommen, wie denn die Planeten über große Entfernungen signifikante Veränderungen der Schwerkraft oder elektromagnetischer Felder bewirken können. Und dann haben sie die Stirn, der Astrologie vorzuwerfen, sie klammere sich an ein überholtes Modell der Realität! Mit starrem Blick auf Newton sagt die Wissenschaft, Astrologie könne es nicht geben, und deshalb gebe es sie auch nicht. Die ›Gibt's-doch-nicht‹-Falle hat über die Jahre so viele Gelehrte gefangen, dass man meinen sollte, sie wüssten es inzwischen besser. Steine können nicht aus dem Himmel fallen, deshalb sind Meteoriten unmöglich! Das Flugzeug wird nicht fliegen, weil es das nicht kann! Die Raumfahrt ist ein schöner Traum! Übertriebenes Vertrauen in ihr Urteil darüber, was möglich oder unmöglich sei, hat den Wissenschaftlern in

der Kunst der Prophezeiung beinahe ebenso schreckliche Fehlschläge eingebrockt wie den Astrologen.«[105]
Hinzu kommt, dass sich ▶ Astrologiegegner in aller Regel nicht näher mit dem Gegenstand ihrer Kritik beschäftigen. Es gibt aber auch Astrologen, die eine ganz andere Richtung vertreten: Sie legen gar keinen Wert auf die Anerkennung durch die Wissenschaft. So beispielsweise der Astrologe Ernst Ott: »Horoskopdeutung ist keine exakte Wissenschaft. Sie ist Kunst, Symbolsprache, kreative Methode. Astrologie beschreibt niemals, was ist und was sich ereignet, sondern vielmehr die innere Bedeutung der Ereignisse.«

Witte, Alfred

Alfred Witte (geboren am 2. 3. 1878 um 21:12 Uhr in Hamburg, gestorben am 4. 8. 1941 in Hamburg) wird häufig als der Gründer der ▶ Hamburger Schule bezeichnet. Tatsächlich muss er eher ihr geistiger Pate genannt werden, denn diese Schule wurde erst sieben Jahre nach seinem Tod offiziell ins Leben gerufen. Ohne Witte wäre sie jedoch kaum denkbar.
Witte war Vermessungstechniker der Stadt Hamburg. Seine Tätigkeit verlangte eine hohe mathematische Begabung, und die stellte er auch der Astrologie zur Verfügung. Auf der Basis der ▶ klassischen Astrologie setzte Witte die neuen technischen Möglichkeiten für die Deutung und Prognose ein. Er arbeitete mit ▶ Halbsummen und entwickelte eine drehbare 360-Grad-Scheibe. Gleichzeitig war er ein zutiefst spiritueller Mensch, was seine astrologische Tätigkeit ebenfalls prägte. So arbeitet die Hamburger Schule mit hypothetischen Planeten, den so genannten ▶ Transneptunern, die Witte intuitiv geschaut hat. Zudem beschäftigte er sich mit dem Zusammenhang von Zahlen, Farben und Tönen. Seine Theorien legte er in zahlreichen Aufsätzen nieder. Das Verbot der Astrologie durch den Nationalsozialismus traf ihn hart. Aus Angst, verhaftet zu werden, schied er mit 63 Jahren freiwillig aus dem Leben.

Wohltäter

In der ▶ klassischen Astrologie der Ausdruck für die Planeten Venus und Jupiter, denen man günstige Einflüsse zuschrieb. Außerdem wurde noch unterschieden zwischen dem großen Wohltäter Jupiter (»das große Glück«) und dem kleinen Wohltäter Venus (»das kleine Glück«). Die ▶ Revidierte Astrologie lehnt das Konzept von Wohltätern und ▶ Übeltätern ab, da es wertet und festlegt.

Würde

Synonym für die Erhöhung eines Planeten (▶ Domizil). Wenn ein Planet in einem Tierkreiszeichen in Würde ist (Übersicht unter dem Stichwort Domizil), so kommt er dort auf eine Weise zum Ausdruck, die seinem Wesen ähnlich ist. Das Zeichen der Würde liegt immer dem Zeichen gegenüber, in dem der Planet im Fall ist.

Yin/Yang

In der chinesischen Tradition die Einteilung alles Seienden in zwei Urkräfte. Es entspricht der abendländischen Idee der Polarität und bedeutet übersetzt dunkel und hell. Yin ist das ▶ weibliche Prin-

Das Yin/Yang-Symbol

zip, die Erde, das Dunkle, Passive und Nachgiebige. Yang ist das ▶ männliche Prinzip, das Helle und Aktive. Die Vorstellung von Yin und Yang ist über 2.500 Jahre alt. Eines kann nicht ohne das andere sein. Sie ergänzen sich notwendig und schaffen dadurch den »großen Ur-Anfang«. Wie das Symbol zeigt, ist das eine im anderen enthalten.

Die ▶ chinesische Astrologie, Medizin und Alchemie bauen auf dem Yin-Yang-Prinzip auf.

Yod-Figur

Eine ▶ Aspektfigur, bei der ein Planet zwei ▶ Quinkunxe (150 Grad) bildet und die beiden anderen Planeten wiederum zueinander im Sextil (60 Grad) stehen. Im Brennpunkt steht derjenige Planet, auf den die beiden Quinkunxe zulaufen. Diese Aspektfigur wird auch »Finger Gottes« genannt.

Bei einem Quinkunx-Aspekt gilt es ja, die Spannung zwischen den beteiligten Faktoren durch ein analysierendes Herangehen zu bewältigen. Man fühlt sich zu einer Entscheidung aufgefordert. Das Sextil fördert einen sich gegenseitig befruchtenden Austausch der Kräfte. Eine Yod-Figur verstärkt die Quinkunx-Thematik. Der Planet im Brennpunkt ist einer unterschwelligen Spannung ausgesetzt. »Diesem Planeten wird die ›Lebensaufgabe‹ zugeschrieben, er stellt den ›Finger Gottes‹ dar ... Als in der Halbsumme der Sextil-Planeten stehend ... stellt dieser Planet den Mittler dar, welcher die dynamische kreative Energie und die günstige Gelegenheit nutzen kann, die durch das Sextil gegeben ist, um eine neue Seinsweise hervorzubringen ...«[106]

Zahlenmystik

Die Zahlenmystik gehört zur wichtigen Symbolik der Astrologie (▶ Symbolik), und gleichzeitig ist die Himmelsbeobachtung eine der Wurzeln der Zahlenmystik. Sie besagt, dass die Zahlen nicht nur einen quantitativ-numerischen Wert haben, bei dem eine auf die andere folgt, sondern auch eine vom numerischen Wert unabhängige Qualität. Sie dient dazu, die kosmischen Zyklen und Gesetzmäßigkeiten zu erfassen, zu ordnen und auf die Erde zu übertragen (▶ Mikrokosmos-Makrokosmos; ▶ Analogie). Manche esoterischen Schulen setzen auch die Buchstaben mit bestimmten Zahlen in Verbindung und gelangen dadurch zu einem ganz anderen Verständnis von Texten, etwa der Bibel. Die abendländische Zahlenmystik geht vor allem auf den griechischen Mathematiker und Philosophen Pythagoras zurück. Ihm zufolge ist die Zahl der ▶ Archetyp aller Dinge. Unter den Astrologen hat sich vor allem ▶ Thomas Ring näher mit der Zahlenmystik befasst.

Die Grundzahlen der Astrologie sind die Drei und die Vier. Die Drei gilt als die göttliche Zahl. Sie ist die Auflösung der von der Zwei repräsentierten ▶ Polarität. Die vier gilt als die irdische Zahl, das Quadrat mit seinen vier Ecken als ein Ursymbol der weltlichen Sphäre. Die Drei und die Vier addiert ergibt Sieben, die Anzahl der ▶ klassischen Planeten (Sonne, Mond, Merkur, Venus, Mars, Jupiter, Saturn). Viermal sieben Tage beträgt der Umlauf des Mondes um die Erde, viermal sieben Jahre der des Saturn um die Sonne. Uranus benötigt sieben Jahre für ein Zeichen, also zwölf mal sieben Jahre für einen Sonnen-Umlauf. Die Drei und die Sieben multipliziert ergibt die Zwölf, die Anzahl der Tierkreiszeichen und der Häuser, aber auch die Anzahl der Jahre eines Jupiterumlaufs um die Sonne.

Zehntes Haus

Analoges Tierkreiszeichen: Steinbock
Herrscherplanet: Saturn
Element: Erde
Qualität: kardinal
Quadrant: vierter Quadrant, Taghälfte
Deutung: Das zehnte Haus, dessen Spitze (▶ Häuserspitze), das Medium coeli, die Berufung und das Lebensziel symbolisiert, steht für das, was ein Mensch in der Öffentlichkeit darstellt und welche Rolle er in der Gesellschaft einnimmt. In diesem Haus geht es um das, was man sich im Lauf seines Lebens erarbeitet, wofür man Verantwortung übernimmt und wofür man die Anerkennung der anderen bekommt. Der Beruf ist ein wichtiger Teil dessen, was jemand nach außen hin repräsentiert. Daher wird er dem zehnten Haus zugeordnet.
Das Tierkreiszeichen am Medium coeli sowie etwaige im zehnten Haus vorhandene Planeten sagen etwas darüber aus, wie ein Mensch seiner Berufung nachkommt. Im Unterschied zum gegenüberliegenden vierten Haus, das die Wurzeln symbolisiert, zeigt das zehnte Haus die Früchte der Bemühungen.
Traditionellerweise wird der Vater dem zehnten Haus zugeordnet (und entsprechend die Mutter dem vierten), doch heute gibt es auch die umgekehrte Zuordnung (▶ viertes Haus).

Zeichen

Häufig als Kurzform für ▶ Tierkreiszeichen verwendeter Begriff.

Zeichenherrscher

Jeder der zehn Planeten ist Herrscher über mindestens ein Tierkreiszeichen (eine Übersicht findet sich unter dem Stichwort ▶ Herrscher). Wenn man von Zeichenherrschern spricht, so macht man dies, um sie von ▶ Häuserherrschern zu unterscheiden.
Zeichenherrscher sind insofern von Interesse, als man mit ihrer Hilfe innere Verbindungen und Zusammenhänge des Horoskops entschlüsseln kann: Der ▶ Dispositor – das ist der Herrscher des Zeichens, in dem sich ein anderer Planet befindet – hat Einfluss auf diesen Planeten. Die ▶ Dominantenverkettung verdeutlicht, von welchem Planeten der Dispositor beherrscht wird und wo diese Reihe ihren Anfang nimmt.

Zeit

»Was Zeit ist, weiß ich, solange ich nicht darüber nachdenke; wenn ich es aber erklären soll, bin ich ratlos und kann es nicht«, klagte der Kirchenvater

Augustinus schon vor mehr als anderthalb Jahrtausenden. Für die Astrologie ist es jedoch von entscheidender Bedeutung zu verstehen, was Zeit ist. Bis zur Antike gab es zwei verschiedene Arten, die Zeit wahrzunehmen: die Quantität (griechisch *chronos*) und die Qualität (griechisch *chairos*). Letzterer lag die Vorstellung zugrunde, dass ein Moment niemals wie ein anderer ist. Beide Wahrnehmungsweisen ergänzten sich, während uns heute nur noch *chronos* vertraut ist. Die Quantität beinhaltet die Messung der Zeit. Sie geht auf das menschliche Bedürfnis zurück, die subjektive Erfahrung von Vergangenheit, Gegenwart und Zukunft zu systematisieren. Als Basis für die Messung dienen astronomische Phänomene wie die Erdrotation (Drehung der Erde um sich selbst), die einen Tag ausmacht, sowie die Erdrevolution (Drehung der Erde um die Sonne), die ein Jahr dauert. Zwar haben Präzisionsuhren nachgewiesen, dass beide Drehbewegungen nicht ganz regelmäßig erfolgen, doch haben sie ihre grundlegende Funktion bei der Zeitmessung dadurch nicht verloren. Beide Einheiten können heute so sehr unterteilt oder ausgedehnt werden, dass sich die Dimensionen der menschlichen Wahrnehmung und Vorstellungskraft entziehen.

Für die Bewegung der Zeit gibt es zwei verschiedene Konzepte, das lineare und das zyklische. Das lineare prägt vor allem das christlich-abendländische Weltbild und daraus resultierend das Fortschrittsdenken der Industrienationen. Danach gibt es einen Anfang und ein Ende der Zeit. Alles bewegt sich auf dieses Ende hin, und es gibt dabei einen unaufhaltsamen Fortschritt. Für das Christentum steht der Schöpfungsakt Gottes am Anfang und die Wiederkehr Christi am Ende der Zeit, eine Vorstellung, die vor allem auf Augustinus zurückgeht. Das zyklische Denken prägt die asiatischen Religionen des Hinduismus und Buddhismus. Danach ist der Lauf der Zeit ein unendlicher Kreis, der periodisch immer wiederkehrt. Es gibt kein Ziel, das angesteuert wird; das letzte Streben des Menschen ist darauf gerichtet, aus diesem Kreislauf herauszukommen.

Die Physik betrachtet die Zeit seit Einstein auch als vierte Dimension, neben dem Punkt, der Geraden und dem Raum. Seine Relativitätstheorie hat das starre Konzept einer gleichmäßig fließenden Zeit erschüttert. Damit stellt auch die moderne Physik den linearen Zeitablauf in Frage und nähert sich mystischen Vorstellungen von Zeit als subjektiver Erfahrung an.

Die Astrologie basiert ebenfalls auf einem zyklischen Zeitverständnis. Der Tierkreis mit seinen immer wiederkehrenden zwölf Zeichen ist die wichtigste Bezugsgröße. Er entspricht dem Sonnenjahr. Der größte Zyklus ist das ▶ platonische Jahr. Es umfasst einen Zeitraum von 25.729 Jahren (einer anderen Angabe zufolge 25.771 Jahre), in dem der ▶ Frühlingspunkt einmal durch den Tierkreis wandert.

Darüber hinaus hat sich in der Astrologie das Verständnis von *chairos*, der Qualität der Zeit, erhalten, das in der physikalischen wie in der kulturphilosophischen Betrachtung der Zeit keine Rolle mehr spielt. Möglicherweise geht die Wahrnehmung von der unterschiedlichen Zeitqualität auf die verschiedenen Mondphasen zurück. Die Erkenntnis, dass sich der gleiche Himmelskörper in immer unterschiedlicher Form zeigt, bisweilen sogar vollkommen verschwindet und wiederkehrt, zählt zu den grundlegenden Erfahrungen der Menschheit. Offenkundig beschränkt sich die Wandlung des Mondes nicht nur auf Äußerlichkeiten. Daraus erwuchs die Einsicht, dass es für jede Aktivität und jedes Unternehmen, einschließlich der Geburt, günstige und ungünstige Voraussetzungen gibt. Wenn sich etwas verwirklichen soll, muss die Zeit dafür »reif« sein, und zwar nicht im Sinne von Quantität. Wird der »falsche« Zeitpunkt gewählt, sind die Schwierigkeiten erheblich größer, das angestrebte Ziel zu erreichen. Die Konstellationen der Planeten sind eine Art, die Qualität der Zeit zu bestimmen und daraus praktische Schlüsse zu ziehen.

Eines der schönsten literarischen Zeugnisse vom Wissen um die Qualität der Zeit ist aus dem Buch Prediger, Kapitel 3, 1 – 8 des Alten Testamentes überliefert:

»Ein jegliches hat seine Zeit, und alles Vornehmen unter dem Himmel hat seine Stunde. Geboren werden und sterben, pflanzen und ausrotten, das gepflanzt ist,
Würgen und heilen, brechen und bauen,
Weinen und lachen, klagen und tanzen,
Steine zerstreuen und Steine sammeln, herzen und ferne sein von Herzen,
Suchen und verlieren, behalten und wegwerfen,
Zerreißen und zunähen, schweigen und reden,
Lieben und hassen, Streit und Friede hat seine Zeit.«

Zeitkürzel

Die gebräuchlichsten Kürzel für Zeitangaben in der deutschsprachigen astrologischen Literatur sind:

GMT	Greenwich Mean Time (= ▶ Greenwich-Zeit)
GZ	Greenwich-Zeit
LT	Local Time (= Lokalzeit)
MESZ	Mitteleuropäische ▶ Sommerzeit
MET	Middle European Time (= ▶ Mitteleuropäische Zeit)
MEZ	Mitteleuropäische Zeit
UT	Universal Time (entspricht der Greenwich-Zeit)

Die wichtigsten Zeitzonenkürzel finden sich unter dem Stichwort ▶ Zeitzone.

Zeitungshoroskop

Die in Zeitungen und Zeitschriften anzutreffende ▶ Vulgärastrologie. Sie ist aus dem Bedürfnis nach Zukunftsprophezeiung und Unterhaltung entstanden. Dabei werden sehr allgemein gehaltene Prognosen und Verhaltenstipps pauschal für alle Angehörigen eines ▶ »Sternzeichens« gegeben. Aufgrund des allgemeinen Charakters der Zeitungshoroskope sind die Voraussagen in der Substanz belanglos.

Mit einem wirklichen Geburtshoroskop, das die Basis jeder seriösen astrologischen Betätigung ist, haben Zeitungshoroskope nichts zu tun. Außerdem verursachen sie Missverständnisse. So gibt es immer noch viele Menschen, die Astrologie mit Zeitungshoroskopen gleichsetzen. Sich mit Astrologie befassen heißt demnach nichts anderes als an Zeitungshoroskope glauben. Auch ▶ Astrologiegegner beziehen sich in Unkenntnis dessen,

was Astrologie wirklich ist, oft auf Zeitungshoroskope.
Als Reaktion auf das wachsende Interesse an seriöser Astrologie gibt es inzwischen auch Mondhoroskope, oder die Tierkreiszeichen werden in Drittel aufgeteilt (Dekaden), um die Adressaten der Prognose etwas mehr zu spezifizieren. Darüber hinaus bieten vor allem viele Zeitschriften Jahresprognosen auf derselben allgemeinen Basis an. Sie sind so umfangreich, dass sie bisweilen als Sonderheft erscheinen. Die grundlegende Problematik – der fehlende Bezug zum Geburtshoroskop – wird dadurch jedoch nicht aufgehoben. Eine andere Form des Zeitungshoroskops zum Jahreswechsel sind Prognosen für Prominente, die im Gegensatz zu den allgemeinen Vorhersagen und Tipps ganz konkrete Ereignisse angeben (Hochzeit, Schwangerschaft, Trennung, Erfolg, Misserfolg). Da die Trefferquote bei derartigen Prognosen ausgesprochen gering ist, dienen sie offenkundig dem Unterhaltungsbedürfnis. Selbst Astrologen, die sich daran beteiligen, räumen dies ein.

Zeitzone

Ein Gebiet, in dem dieselbe Uhrzeit (Zonenzeit) gilt. Es gibt auf der Erde 24 Zeitzonen. Sie wurden im Jahr 1884 festgelegt, der Zeitunterschied macht jeweils eine Stunde aus. Die Zeitzonen umfassen theoretisch je 15 Bogengrad. Praktisch wurde die Aufteilung vor allem den politischen Grenzen angepasst. Eine Zeitzone fasst die mittleren ▶ Ortszeiten in einem bestimmten Bereich zusammen. Die mitteleuropäische Zeit (MEZ) beispielsweise stimmt mit der mittleren Ortszeit des 15. östlichen Längengrades überein. In Deutschland befindet sich Görlitz auf diesem Längengrad.
Für die Horoskopberechnung muss immer auf die ▶ Greenwich-Zeit umgerechnet werden, die zum nullten Längengrad gehört, dem ▶ Null-Meridian, und auch als ▶ Weltzeit bezeichnet wird.
Für die Berechnung eines Horoskops ist nicht nur die Zonenzeit von Bedeutung. Ebenso müssen auch gegebenenfalls ▶ Sommerzeiten berücksichtigt werden sowie weitere, länderspezifische Abweichungen. Während des Zweiten Weltkriegs und in den Jahren danach gab es beispielsweise in Deutschland Monate mit doppelter Sommerzeit.

Die wichtigsten Zonenzeiten

Ausgangspunkt ist die Greenwich-Zeit. Hinter dem internationalen Zeitzonenkürzel sind in Klammern jeweils die Abweichungen von der Greenwich-Zeit in Stunden angegeben.

GMT (0)	Greenwich Mean Time (Greenwich-Zeit, GZ)
WET (0)	Western European Time (Westeuropäische Zeit, WEZ)
WAT (–1)	West African Time
AT (–2)	Azores Time
AST (–4)	Atlantic Standard Time
EST (–5)	Eastern Standard Time
CST (–6)	Central Standard Time
MST (–7)	Mountain Standard Time
PST (–8)	Pacific Standard Time
YST (–9)	Yukon Standard Time
AHST (–10)	Alaska-Hawaii Standard Time
CAT (–10)	Central Alaska Time
HST (–10)	Hawaii Standard Time
NT (–11)	Nome Time
IDLW (–12)	International Date Line West
CET (+1)	Central European Time
MET (+1)	Middle European Time

	(Mitteleuropäische Zeit, MEZ)
EET (+2)	Eastern European Time (Osteuropäische Zeit, OEZ)
BT (+3)	Baghdad Time
WAST (+7)	West Australian Time
CCT (+8)	China Coast Time
JST (+9)	Japan Standard Time
EAST (+10)	East Australian Time
GST (+10)	Guam Standard Time
IDLE (+12)	International Date Line East
NZST (+12)	New Zealand Standard Time

Zenit

Scheitelpunkt. Der Schnittpunkt zwischen der ▶ Himmelskugel und dem von einem bestimmten Ort auf der Erde aus nach oben gefällten Lot. Dieser Punkt befindet sich also senkrecht über dem Beobachter.
Zwar kann in dichterischer Freiheit gesagt werden: »Die Sonne stand im Zenit«, astronomisch ist dies jedoch in unseren Breitengraden nicht möglich.
Dem Zenit gegenüber liegt der ▶ Nadir.
In der astrologischen Praxis wird der Zenit oft fälschlicherweise mit dem ▶ Medium coeli gleichgesetzt.

Zentauren

▶ Kentauren.

Zodiak

Synonym für ▶ Tierkreis.

Zoll

Einteilung des Tierkreises in Abschnitte von 2,5 Grad. Damit wird jedes Zeichen in zwölf Abschnitte unterteilt, die ihre Entsprechung in den zwölf Tierkreiszeichen haben. In der astrologischen Praxis findet diese Aufteilung wenig Beachtung.

Zweites Haus

Analoges Tierkreiszeichen: Stier
Herrscherplanet: Venus
Element: Erde
Qualität: fix
Quadrant: erster Quadrant, Nachthälfte
Deutung: Im zweiten Haus geht es um Werte, und zwar sowohl die materiellen Werte wie auch das, was einem Menschen im übertragenen Sinn etwas wert ist. Gemeint ist damit, was einen Menschen anspricht und ihm etwas bedeutet, aber auch wie er mit materiellem Besitz umgeht und wie er zu diesem kommt. Ebenso ist das Körperempfinden ein Thema des zweiten Hauses.
Das Zeichen an der Spitze des zweiten Hauses (▶ Häuserspitze) und etwaige in ihm vorhandene Planeten sagen etwas darüber aus, was einem Menschen Sicherheit und Substanz verleiht. Nicht zuletzt ist dieses Haus ein Anzeiger der Fähigkeiten und Talente, über die ein Mensch verfügt. Es beschreibt also auch seinen inneren Reichtum.
Im Gegensatz zu den eigenen Werten, wie sie im zweiten Haus zum Ausdruck kommen, geht es im gegenüberliegenden achten Haus um die Werte der anderen, sofern sie die eigenen berühren.

Zwergplanet

Im August 2006 nahm die Internationale Astronomische Union (IAU) eine Neudefinition der Körper im ▶ Sonnensystem vor. Demzufolge gibt es drei Kategorien:

- *Planeten:* Merkur, Venus, die Erde, Mars, Jupiter, Saturn, Uranus und Neptun.
- *Zwergplaneten:* ▶ Eris, Pluto und ▶ Ceres. Sicherlich werden dieser Ka-

tegorie in Zukunft weitere Körper zugeordnet werden (Stand: Mitte 2008).

- *Kleinkörper:* Sämtliche anderen Körper, die um die Sonne auf eigenen Umlaufbahnen kreisen, etwa ▶ Kometen. Auch die ▶ Kleinplaneten, Asteroiden und Kentauren gelten, sofern sie nicht eines Tages den Zwergplaneten zugeordnet werden, als Kleinkörper.

Die Tatsache, dass Pluto mit diesem Beschluss der Status eines Planeten aberkannt und er der neu geschaffenen Kategorie der Zwergplaneten zugeordnet wurde, hat auf die astrologische Arbeit mit Pluto bislang keinen Einfluss: Er wird hier weiterhin als Planet behandelt

Zwillinge

Symbol: ♊
Element: Luft
Qualität: veränderlich
Polarität: Yang/männlich
Herrscherplanet: Merkur
Sonne in den Zwillingen: etwa vom 21. Mai bis zum 21. Juni
Jahreszeit: Das Schwirren und Summen der Insekten, das Wachsen und Gedeihen der Pflanzen
Kultur: Pfingsten, Kommunikation, Begegnung, Austausch
Körperbereich: Luftröhre und Lunge, Arme und Hände
Namen gebendes Sternbild: Gemini
Mythologie des Sternbilds: Die Zwillinge Kastor und Polydeukes (lateinisch Pollux) haben dem Sternbild ihren Namen gegeben. Ihre Mutter war die Spartanerkönigin Leda. Polydeukes hatte Zeus zum Vater und war deshalb unsterblich, Kastors Vater war jedoch ein Sterblicher. Polydeukes zeichnete sich durch Gelassenheit und überlegtes Handeln aus; Kastor durch ungestümes Vorwärtsdrängen. Dennoch waren sie Zeit ihres Lebens ein Herz und eine Seele. Alle Abenteuer unternahmen sie gemeinsam, so die Teilnahme an der Fahrt der Argonauten (▶ Widder). Als sie heiraten wollten, gerieten sie mit ihren Vettern Idas und Lynkeus in Streit, die Anspruch auf dieselben Bräute erhoben. Dabei wurde Kastor von einem Pfeil durchbohrt. Polydeukes rächte seinen Bruder und tötete seine Vettern, doch war er untröstlich über den Verlust von Kastor. Zeus erlaubte ihnen deshalb, gemeinsam die Hälfte der Zeit in der Unterwelt und die andere im Götterhimmel zu verbringen. Zudem verewigte er sie als Sternbild am Himmel.
Deutung: Die Zwillinge sind das dritte Zeichen des Tierkreises. Sie stehen für das Aufnehmen und Weitergeben der vielfältigen Eindrücke, die das Leben zu bieten hat. Die Wahrnehmung geschieht hier mit dem Intellekt.

Der Erwerb von Wissen steht im Vordergrund. Zwillinge-Geborene sind am aktuellen Geschehen interessiert und lieben es, stets auf dem neuesten Stand zu sein. Ihr Erkenntnisdrang ist auf alle möglichen Dinge gerichtet. Kontaktfreudig, wie sie sind, verstehen sie es, sich auf die unterschiedlichsten Menschen einzustellen. Die Sprache spielt für sie eine wichtige Rolle. Dazu zählt viel lesen und sich informieren, aber auch die eigenen Gedanken an andere weitergeben, sei es durch Worte oder eigenes Schreiben von Texten. Nicht zuletzt sind Zwillinge gern in Bewegung, um sich von dem, was die Welt zu bieten hat, anregen zu lassen.

Die Gefahr bei ihnen besteht darin, sich zu verzetteln. Da die Interessen weit gestreut sind und der Zwilling allen nachgehen will, neigt er bisweilen dazu, alles nur oberflächlich anzutippen und sich dann wieder Neuem zuzuwenden. Das ist zugleich eine Art Vermeidungsstrategie, um sich der eigenen dunklen Seite und Tiefe nicht zuwenden zu müssen. Hier trifft man das zweite Gesicht dieses Zeichens, wie es im Mythos von Kastor und Polydeukes angedeutet wird: etwas, das als dem eigenen Wesen gegensätzlich und als nicht zur eigenen Persönlichkeit gehörig empfunden wird, obwohl es doch ein Teil von dieser ist. So haben Zwillinge zugleich eine besondere Ader für die Gegensätzlichkeiten, die es auf der Welt gibt, sei es unter Menschen oder in der Natur oder bei Dingen aller Art. Und sie können auch gut einen Ausgleich zwischen Gegensätzen herstellen: Sie sind hervorragende Vermittler und besitzen die Fähigkeit, eine Sache von den unterschiedlichsten Standpunkten aus zu betrachten. Dies birgt allerdings die Gefahr, dass sie es mit der Wahrheit nicht immer so genau nehmen. Das Tierkreiszeichen Zwillinge verleiht ▶ Achsen und Planeten, die sich in ihm befinden, Beweglichkeit, Schnelligkeit und Anpassungsfähigkeit.

Mit den anderen beiden Luftzeichen, Waage und Wassermann, haben die Zwillinge die Leichtigkeit im Umgang mit anderen Menschen gemein. Doch während die Zwillinge mit anderen Menschen Kontakt aufnehmen, um möglichst viele verschiedene Facetten des Lebens kennen zu lernen, sucht die Waage im Gegenüber eine Ergänzung und der Wassermann aus seiner Men-

Zwillinge, französische Buchmalerei um 1423 (The British Library, London).

schenfreundlichkeit heraus die Begegnung. Mit dem Oppositionszeichen Schütze teilt der Zwilling die Faszination für das Wissen: Dabei geht es dem Zwilling darum, die Vielfalt des Daseins durch Anhäufung von Informationen zu erfassen, wohingegen der Schütze eine ganzheitliche Vision des Lebens entwirft. Von den beiden Zeichen, die zu den Zwillingen im Quadrat stehen, können diese Hingabe ans Detail (Jungfrau) und seelische Durchlässigkeit (Fische) lernen.

In den Zwillingen ist Jupiter im Exil.

Zwölftes Haus

Analoges Tierkreiszeichen: Fische
Herrscherplanet: Neptun (früher: Jupiter)

Element: Wasser
Qualität: veränderlich
Quadrant: vierter Quadrant, Taghälfte
Deutung: Das zwölfte Haus steht für den Rückzug vom Lärm der Welt. Dieser kann freiwillig geschehen – weshalb dieses Haus Symbol ist für Kloster- und Kuraufenthalte und für Erfahrungen mit Meditation, Mystik, Transzendenz – oder auch unfreiwillig – weshalb Waisenhaus-, Heim-, Krankenhaus- und Gefängnisaufenthalte ihm ebenfalls zugeordnet werden.
Schlaf und Traumwelt gehören zu diesem Haus und alles, was den Menschen mit anderen Dimensionen in Verbindung bringt. Das Tierkreiszeichen an der Spitze des zwölften Hauses (▶ Häuserspitze) und etwaige in ihm vorhandene Planeten sagen etwas darüber aus, wie jemand mit diesen nicht greifbaren Dingen umgeht, aber auch, wie er den Kontakt zu dem sucht, was ihn die Einheit mit allen Menschen erfahren lässt. Auch Heimlichkeiten sowie heimliche Feinde (im Gegensatz zu den offenen Feinden, die im siebten Haus dargestellt werden) sind Thema des zwölften Hauses. Im Unterschied zum gegenüberliegenden sechsten Haus, wo es um alltägliche Gesetzmäßigkeiten geht, beschreibt das zwölfte Haus transzendente Erfahrungen.

Zyklus

Eine in sich geschlossene Folge immer wiederkehrender Vorgänge. Der Begriff geht auf das griechische Wort *kyklos* (Kreis, Ring) zurück. Das Verständnis von ▶ Zeit ist in der Astrologie ein zyklisches. Danach bewegt sich die Zeit nicht linear auf ein bestimmtes Ziel zu, sondern in Zyklen. Jeder Himmelskörper hat seinen eigenen Zyklus, und die Länge ist sehr unterschiedlich. Der für uns grundlegende ist die Erdrotation, die alle 24 Stunden (astronomisch exakt: 23 Stunden 56 Minuten 4 Sekunden) einen neuen Tag anbrechen lässt. Der Mondzyklus umfasst 27 Tage, 7 Stunden und 43 Minuten (▶ siderischer Mondlauf), im Verhältnis zur Sonne jedoch 29 Tage, 12 Stunden und 44 Minuten (▶ synodischer Mondlauf), der Sonnenzyklus (Erdrevolution) 365 Tage, 5 Stunden und 49 Minuten. Ein in seiner Größenordnung kaum mehr vorstellbarer Zyklus ist das ▶ platonische Jahr mit 25.729 Sonnenjahren (einer anderen Angabe zufolge 25.771 Jahre).
In der Astrologie sind auch die Zyklen, die zwei Planeten im Zusammenspiel miteinander bilden, von großer Bedeutung. Der offenkundigste ist der Sonne-Mond-Zyklus: Sonne und Mond in Konjunktion bedeutet Neumond, das zunehmende Quadrat zunehmenden Halbmond, die Opposition Vollmond und das abnehmende Quadrat schließlich abnehmenden Halbmond. Eben solche Zyklen bilden alle möglichen Planetenpaare. Am wichtigsten ist immer die Konjunktion, dann die Opposition. Ein bedeutender Zyklus ist beispielsweise auch der Jupiter-Saturn-Zyklus: Die beiden Planeten treffen sich in der so genannten ▶ großen Konjunktion alle 20 Jahre. Für die ▶ astrologische Geschichtsbetrachtung sind insbesondere die Zyklen der ▶ geistigen Planeten Uranus, Neptun und Pluto von Bedeutung.

Anhang

Astrologie für Einsteiger, einfach und spannend

Wenn Sie sich bislang noch nicht näher mit der Astrologie befasst haben, bieten wir Ihnen auf den folgenden Seiten die einfache Möglichkeit, Ihr Mondzeichen (das Zeichen, in dem sich der Mond zum Zeitpunkt Ihrer Geburt befand) und den Aszendenten zu berechnen.

Wenn Sie tiefer in die Astrologie einsteigen wollen, sollten Sie sich unbedingt Ihr Horoskop genau berechnen lassen (und wenn sich der Aszendent oder der Mond gerade an der Grenze zwischen zwei Zeichen befindet und Sie sich deshalb nicht sicher sind, natürlich auch). Dies können Sie bei einem anerkannten Astrologen machen oder auch über die Website www.astro.com. Dort besteht die Möglichkeit, sich kostenlos Horoskope berechnen zu lassen.

Sie benötigen dazu außer Ihrem Geburtstag und dem Geburtsort auch die Geburtszeit, die Sie beim Standesamt Ihres Geburtsortes erfragen können. Vielleicht ist die Geburtszeit auch auf Ihrer Geburtsurkunde eingetragen.

Wenn Sie Ihren Aszendenten, Ihr Mondzeichen und Ihr Sonnenzeichen kennen - Letzteres ist Ihr „Sternzeichen“, das Tierkreiszeichen, in dem sich die Sonne zum Zeitpunkt Ihrer Geburt befand –, dann haben Sie schon die beste Grundlage, um in die Horoskopdeutung einzusteigen.

Für alle, die ein paar Deutungsanregungen wünschen, haben wir noch eine Übersicht über das Beziehungsgeflecht zwischen den Tierkreiszeichen sowie eine Übersicht über im Beruf zu verwirklichende Eigenschaften angefügt. Für Letztere müssen Sie wissen, in welchem Tierkreiszeichen sich Ihr Medium coeli befindet – auch das können Sie über die genannte Website in Erfahrung bringen.

So berechnen Sie Ihren Aszendenten

Zeichenerklärung

Widder ♈	Waage ♎
Stier ♉	Skorpion ♏
Zwillinge ♊	Schütze ♐
Krebs ♋	Steinbock ♑
Löwe ♌	Wassermann ♒
Jungfrau ♍	Fische ♓

Gebrauchsanweisung zu den Tabellen

Um den Aszendenten festzustellen, sieht man in der Tabelle beim Geburtstag nach. Dort findet man in der 2. Spalte, unter Zeit, eine Zeitangabe. Diese Zeitangabe zählt man zur Geburtszeit (Stunde plus Minuten) hinzu. Dann sucht man in der Städtetafel (S. 293) die Stadt auf, die dem Geburtsort am nächsten liegt, und zieht die dort angegebenen Minuten bei – ab oder zählt sie bei + hinzu und merke sich den Breitengrad. Kommt eine Zeit von über 24 Stunden heraus, so muss man 24 Stunden abziehen. Diese Zeitangabe sucht man in der Spalte Zeit auf.

Trifft die Zeit nicht exakt zu, dann benutzt man die nächstliegende nach oben oder unten. Man liest den dazugehörenden Aszendenten unter dem richtigen Breitengrad ab und beachtet auch das dazugehörige Tierkreiszeichen (siehe Zeichenerklärung). Das Symbol für das Tierkreiszeichen ist in der senkrechten Spalte so lange gültig, bis ein neues Symbol auftaucht. Diese Tabelle kann für Geburten in Deutschland, Österreich und der Schweiz angewendet werden. Bei Sommerzeit (S. 294) muss man eine Stunde von der Geburtszeit abziehen.

Beispiel

Welcher Aszendent ist am 3. Mai um 12.10 Uhr in München?

Davon ziehen wir eine Stunde ab, da im Mai Sommerzeit herrscht.

Zeit am 3. Mai	=	14 Std.	44 Min.
Zeit des Ereignisses	= +	11 Std.	10 Min.
		25 Std.	**54 Min.**
München 48° – 14 Min.	= –		14 Min.
		25 Std.	**40 Min.**
da über 24 Stunden	–	24 Std.	
Ergebnis		**1 Std.**	**40 Min.**

Diese Zeit schlagen wir nun in der Tabelle unter Zeit nach und finden unter 48° (dem Breitengrad von München) den Aszendenten Löwe vor (12 Grad Löwe). Der zugehörige Aszendent ist Löwe!

Januar

Tag	Zeit	Aszendent				
		46°	48°	50°	52°	54°
1	6.40	7♎	7♎	7♎	7♎	6♎
2	6.44	8	8	7	7	7
3	6.48	9	8	8	8	8
4	6.52	9	9	9	9	8
5	6.56	10	10	10	9	9
6	7.00	11	11	10	10	10
7	7.04	12	11	11	11	10
8	7.08	12	12	12	11	11
9	7.12	13	13	12	12	12
10	7.16	14	13	13	13	13
11	7.20	15	14	14	14	13
12	7.24	15	15	15	14	14
13	7.28	16	16	16	15	14
14	7.32	17	16	16	16	15
15	7.36	18	17	17	16	16
16	7.40	18	18	18	17	17
17	7.44	19	19	18	18	17
18	7.48	20	19	19	18	18
19	7.52	21	20	20	19	19
20	7.56	21	21	20	20	19
21	8.00	22	22	21	20	20
22	8.04	23	22	22	21	21
23	8.08	24	23	22	22	21
24	8.12	24	24	23	23	22
25	8.16	25	24	24	23	23
26	8.20	26	25	25	24	23
27	8.24	26	26	25	25	24
28	8.28	27	27	26	25	25
29	8.32	28	27	27	26	25
30	8.36	29	28	27	27	26
31	8.40	29	29	28	27	27

Februar

Tag	Zeit	Aszendent				
		46°	48°	50°	52°	54°
1	8.43	0♏	0♏	29♎	28♎	27♎
2	8.47	1	0	0♏	29	28
3	8.51	2	1	0	0♏	29
4	8.55	2	2	1	0	29
5	8.59	3	2	2	1	0♏
6	9.03	4	3	2	2	1
7	9.07	5	4	3	2	2
8	9.11	5	5	4	3	2
9	9.15	6	5	5	4	3
10	9.19	7	6	5	4	4
11	9.23	8	7	6	5	4
12	9.27	8	8	7	6	5
13	9.31	9	8	7	7	6
14	9.35	10	9	8	7	6
15	9.39	11	10	9	8	7
16	9.43	11	10	10	9	8
17	9.47	12	11	10	9	8
18	9.51	13	12	11	10	9
19	9.55	14	12	12	11	10
20	9.59	14	13	12	11	10
21	10.03	15	14	13	12	11
22	10.07	16	15	14	13	12
23	10.11	17	15	15	13	12
24	10.15	17	16	15	14	13
25	10.19	18	17	16	15	14
26	10.23	19	18	17	16	14
27	10.27	20	19	17	16	15
28	10.31	20	19	18	17	16

März

Tag	Zeit	Aszendent 46°	48°	50°	52°	54°
1	10.34	21♏	20♏	19♏	17♏	16♏
2	10.38	22	20	19	18	17
3	10.42	22	21	20	19	17
4	10.46	23	22	21	19	18
5	10.50	24	23	21	20	19
6	10.54	25	23	22	21	20
7	10.58	25	24	23	22	20
8	11.02	26	25	24	22	21
9	11.06	27	26	24	23	22
10	11.10	28	26	25	24	22
11	11.14	28	27	26	24	23
12	11.18	29	28	27	25	24
13	11.22	0♐	29	27	26	24
14	11.26	1	29	28	27	25
15	11.30	1	0♐	29	27	26
16	11.34	2	1	29	28	26
17	11.38	3	2	0♐	29	27
18	11.42	4	2	1	29	28
19	11.46	4	3	2	0♐	28
20	11.50	5	4	2	1	29
21	11.54	6	5	3	2	0♐
22	11.58	7	5	4	2	1
23	12.02	8	6	5	3	1
24	12.06	8	7	5	4	2
25	12.10	9	8	6	4	3
26	12.14	10	8	7	5	4
27	12.18	11	9	8	6	4
28	12.22	12	10	8	7	5
29	12.26	12	11	9	7	6
30	12.30	13	12	10	8	6
31	12.34	14	12	11	9	7

April

Tag	Zeit	Aszendent 46°	48°	50°	52°	54°
1	12.37	15♐	13♐	11♐	9♐	8♐
2	12.41	15	14	12	10	8
3	12.45	16	15	13	11	9
4	12.49	17	15	14	12	10
5	12.53	18	16	14	12	10
6	12.57	19	17	15	13	11
7	13.01	20	18	16	14	12
8	13.05	20	19	17	15	13
9	13.09	21	19	18	16	13
10	13.13	22	20	18	16	14
11	13.17	23	21	19	17	15
12	13.21	24	22	20	18	16
13	13.25	25	23	21	19	17
14	13.29	26	24	22	20	17
15	13.33	26	25	23	20	18
16	13.37	27	25	23	21	19
17	13.41	28	26	24	22	20
18	13.45	29	27	25	23	21
19	13.49	0♑	28	26	24	21
20	13.53	1	29	27	25	22
21	13.57	2	0♑	28	26	23
22	14.01	3	1	29	26	24
23	14.05	4	2	0♑	27	25
24	14.09	5	3	1	28	26
25	14.13	6	4	1	29	26
26	14.17	7	5	2	0♑	27
27	14.21	8	6	3	1	28
28	14.25	9	7	4	2	29
29	14.29	10	8	5	3	0♑
30	14.33	11	9	6	4	1

November

Tag	Zeit	Aszendent 46°	48°	50°	52°	54°
1	2.40	22♌	23♌	24♌	25♌	26♌
2	2.44	23	24	24	25	26
3	2.48	24	24	25	26	27
4	2.52	24	25	26	27	28
5	2.56	25	26	27	27	28
6	3.00	26	27	27	28	29
7	3.04	27	27	28	29	0♍
8	3.08	27	28	29	29	0
9	3.12	28	29	29	0♍	1
10	3.16	29	29	0♍	1	2
11	3.20	0♍	0♍	1	2	2
12	3.24	0	1	2	2	3
13	3.28	1	2	2	3	4
14	3.32	2	2	3	4	4
15	3.36	3	3	4	4	5
16	3.40	3	4	4	5	6
17	3.44	4	5	5	6	6
18	3.48	5	5	6	6	7
19	3.52	5	6	7	7	8
20	3.56	6	7	7	8	8
21	4.00	7	7	8	9	9
22	4.04	8	8	9	9	10
23	4.08	8	9	9	10	10
24	4.12	9	10	10	11	11
25	4.16	10	10	11	11	12
26	4.20	11	11	12	12	12
27	4.24	11	12	12	13	13
28	4.28	12	13	13	13	14
29	4.32	13	13	14	14	15
30	4.36	14	14	14	15	15

Dezember

Tag	Zeit	Aszendent 46°	48°	50°	52°	54°
1	4.38	14♍	15♍	15♍	15♍	16♍
2	4.42	15	15	16	16	16
3	4.46	16	16	16	17	17
4	4.50	16	17	17	17	18
5	4.54	17	18	18	18	18
6	4.58	18	18	19	19	19
7	5.02	19	19	19	19	20
8	5.06	19	20	20	20	20
9	5.10	20	20	21	21	21
10	5.14	21	21	21	22	22
11	5.18	22	22	22	22	22
12	5.22	22	23	23	23	23
13	5.26	23	23	24	24	24
14	5.30	24	24	24	24	25
15	5.34	25	25	25	25	25
16	5.38	25	26	26	26	26
17	5.42	26	26	26	26	27
18	5.46	27	27	27	27	27
19	5.50	28	28	28	28	28
20	5.54	28	29	29	29	29
21	5.58	29	29	29	29	29
22	6.02	1♎	1♎	1♎	1♎	1♎
23	6.06	1	1	1	1	1
24	6.10	2	1	1	1	1
25	6.14	2	2	2	2	2
26	6.18	3	3	3	3	3
27	6.22	4	4	4	4	3
28	6.26	5	4	4	4	4
29	6.30	5	5	5	5	5
30	6.34	6	6	6	6	5
31	6.38	7	7	6	6	6

Mai

Tag	Zeit	Aszendent 46°	48°	50°	52°	54°
1	14.36	12♑	9♑	7♑	5♑	2♑
2	14.40	13	10	8	6	3
3	14.44	14	11	9	7	4
4	14.48	15	13	10	8	5
5	14.52	16	14	11	9	6
6	14.56	17	15	12	10	7
7	15.00	18	16	13	11	8
8	15.04	19	17	14	12	9
9	15.08	20	18	16	13	10
10	15.12	21	19	17	14	11
11	15.16	23	20	18	15	12
12	15.20	24	22	19	16	13
13	15.24	25	23	20	17	14
14	15.28	26	24	22	19	15
15	15.32	28	25	23	20	17
16	15.36	29	27	24	21	18
17	15.40	0♒	28	25	22	19
18	15.44	1	29	27	24	20
19	15.48	3	1♒	28	25	22
20	15.52	4	2	29	26	23
21	15.56	6	3	1♒	28	24
22	16.00	7	5	2	29	26
23	16.04	8	6	4	1♒	27
24	16.08	10	8	5	2	29
25	16.12	11	9	7	4	0♒
26	16.16	13	11	8	5	2
27	16.20	14	12	10	7	3
28	16.24	16	14	11	8	5
29	16.28	17	15	13	10	7
30	16.32	19	17	15	12	8
31	16.36	21	19	16	14	10

Juni

Tag	Zeit	Aszendent 46°	48°	50°	52°	54°
1	16.38	21♒	19♒	17♒	14♒	11♒
2	16.42	23	21	19	16	13
3	16.46	24	23	20	18	14
4	16.50	26	24	22	20	16
5	16.54	28	26	24	22	18
6	16.58	0♓	28	26	24	20
7	17.02	1	0♓	28	26	23
8	17.06	3	2	0♓	28	25
9	17.10	5	4	2	0♓	27
10	17.14	7	5	4	2	29
11	17.18	9	7	6	4	2♓
12	17.22	11	9	8	6	4
13	17.26	12	11	10	8	6
14	17.30	14	13	12	11	9
15	17.34	16	15	14	13	11
16	17.38	18	17	17	15	14
17	17.42	20	20	19	18	17
18	17.46	22	22	21	20	19
19	17.50	24	24	23	23	22
20	17.54	26	26	25	25	25
21	17.58	28	28	28	28	27
22	18.02	0♈	0♈	0♈	0♈	0♈
23	18.06	2	2	2	2	3
24	18.10	4	4	5	5	5
25	18.14	6	6	7	7	8
26	18.18	8	8	9	9	11
27	18.22	10	10	11	12	13
28	18.26	12	13	13	15	16
29	18.30	14	15	15	17	19
30	18.34	16	17	18	19	21

Juli

Tag	Zeit	Aszendent 46°	48°	50°	52°	54°
1	18.36	17♈	18♈	19♈	21♈	23♈
2	18.40	19	20	22	23	26
3	18.44	21	22	24	25	28
4	18.48	23	24	26	28	0♉
5	18.52	25	26	28	0♉	3
6	18.56	26	28	0♉	2	5
7	19.00	28	0♉	2	4	7
8	19.04	0♉	2	4	6	9
9	19.08	2	3	5	8	11
10	19.12	3	5	7	10	13
11	19.16	5	7	9	12	15
12	19.20	7	9	11	14	17
13	19.24	8	10	13	15	19
14	19.28	10	12	14	17	21
15	19.32	12	14	16	19	22
16	19.36	13	15	18	21	24
17	19.40	15	17	19	22	26
18	19.44	16	18	21	24	27
19	19.48	18	20	22	25	29
20	19.52	19	21	24	27	0♊
21	19.56	21	23	25	28	2
22	20.00	22	24	27	0♊	3
23	20.04	23	26	28	1	5
24	20.08	25	27	0♊	3	6
25	20.12	26	28	1	4	7
26	20.16	28	0♊	2	5	9
27	20.20	29	1	4	7	10
28	20.24	0♊	2	5	8	11
29	20.28	1	4	6	9	12
30	20.32	3	5	7	10	14
31	20.36	4	6	9	12	15

August

Tag	Zeit	Aszendent 46°	48°	50°	52°	54°
1	20.38	4♊	7♊	9♊	12♊	15♊
2	20.42	6	8	10	13	16
3	20.46	7	9	12	14	17
4	20.50	8	10	13	16	18
5	20.54	9	11	14	17	19
6	20.58	10	13	15	18	20
7	21.02	11	14	16	19	21
8	21.06	13	15	17	20	22
9	21.10	14	16	18	21	23
10	21.14	15	17	19	22	24
11	21.18	16	18	20	23	25
12	21.22	17	19	21	24	26
13	21.26	18	20	22	25	27
14	21.30	19	21	23	26	28
15	21.34	20	22	24	27	29
16	21.38	21	23	25	28	0♋
17	21.42	22	24	26	29	1
18	21.46	23	25	27	0♋	2
19	21.50	24	26	28	1	3
20	21.54	25	27	29	2	4
21	21.58	26	28	0♋	2	5
22	22.02	27	29	1	3	6
23	22.06	28	0♋	2	4	7
24	22.10	29	1	3	5	8
25	22.14	0♋	2	4	6	8
26	22.18	1	3	5	7	9
27	22.22	2	3	5	8	10
28	22.26	2	4	6	8	11
29	22.30	3	5	7	9	12
30	22.34	4	6	8	10	12
31	22.38	5	7	9	11	13

September

Tag	Zeit	Aszendent 46°	48°	50°	52°	54°
1	22.40	5♋	7♋	9♋	11♋	13♋
2	22.44	6	8	10	12	14
3	22.48	7	9	11	13	15
4	22.52	8	10	12	14	16
5	22.56	9	11	12	14	17
6	23.00	10	11	13	15	17
7	23.04	11	12	14	16	18
8	23.08	11	13	15	17	19
9	23.12	12	14	16	18	20
10	23.16	13	15	16	18	20
11	23.20	14	16	17	19	21
12	23.24	15	16	18	20	22
13	23.28	16	17	19	21	22
14	23.32	16	18	20	21	23
15	23.36	17	19	20	22	24
16	23.40	18	19	21	23	25
17	23.44	19	20	22	24	25
18	23.48	20	21	23	24	26
19	23.52	20	22	23	25	27
20	23.56	21	23	24	26	27
21	24.00	22	23	25	26	28
22	0.04	23	24	26	27	29
23	0.08	23	25	26	28	0♌
24	0.12	24	26	27	29	0
25	0.16	25	26	28	29	1
26	0.20	26	27	29	0♌	2
27	0.24	27	28	29	1	2
28	0.28	27	29	0♌	2	3
29	0.32	28	29	1	2	4
30	0.36	29	0♌	2	3	4

Oktober

Tag	Zeit	Aszendent 46°	48°	50°	52°	54°
1	0.38	29♋	1♌	2♌	3♌	5
2	0.42	0♌	1	3	4	6
3	0.46	1	2	3	5	6
4	0.50	2	3	4	6	7
5	0.54	2	4	5	6	8
6	0.58	3	4	6	7	8
7	1.02	4	5	6	8	9
8	1.06	5	6	7	8	10
9	1.10	5	7	8	9	10
10	1.14	6	7	9	10	11
11	1.18	7	8	9	11	12
12	1.22	8	9	10	11	13
13	1.26	8	10	11	12	13
14	1.30	9	10	11	13	14
15	1.34	10	11	12	13	15
16	1.38	11	12	13	14	15
17	1.42	11	12	14	15	16
18	1.46	12	13	14	15	17
19	1.50	13	14	15	16	17
20	1.54	14	15	16	17	18
21	1.58	14	15	16	17	19
22	2.02	15	16	17	18	19
23	2.06	16	17	18	19	20
24	2.10	17	18	19	20	21
25	2.14	17	18	19	20	21
26	2.18	18	19	20	21	22
27	2.22	19	20	21	22	23
28	2.26	20	20	21	22	23
29	2.30	20	21	22	23	24
30	2.34	21	22	23	24	25
31	2.38	22	23	24	24	25

Städtetafel

Stadt	Breitengrad	Minuten	Stadtt	Breitengrad	Minuten	Stadt	Breitengrad	Minuten
Aachen	50	- 36	Genf	46	- 35	Münster	52	- 29
Amsterdam	52	- 40	Gießen	50	- 25	Nürnberg	50	- 16
Augsburg	48	- 16	Görlitz	52	—	Oberhausen	52	- 33
Baden-Baden	48	- 27	Göttingen	52	- 20	Oberstdorf	48	- 19
Basel	48	- 30	Graz	48	+ 2	Oldenburg	54	- 27
Berlin	52	- 6	Hamburg	54	- 20	Osnabrück	52	- 28
Bern	46	- 30	Hannover	52	- 21	Paderborn	52	- 25
Bielefeld	52	- 26	Heidelberg	50	- 25	Paris	48	- 51
Bochum	52	- 31	Helgoland	54	- 28	Passau	48	- 6
Bonn	50	- 32	Hildesheim	52	- 20	Prag	50	- 2
Bozen	46	- 15	Hof	50	- 12	Regensburg	50	- 12
Braunschweig	52	- 18	Husum	54	- 28	Rostock	54	- 11
Bregenz	48	- 20	Iglau	50	+ 2	Saarbrücken	50	- 32
Bremen	54	- 24	Ingolstadt	48	- 14	Salzburg	48	- 8
Breslau	52	+ 8	Innsbruck	48	- 14	Straßburg	48	- 29
Brünn	50	+ 6	Kaiserslautern	50	- 29	Stuttgart	48	- 23
Brüssel	50	- 43	Karlsruhe	50	- 26	Trier	50	- 33
Budapest	48	+ 16	Kassel	52	- 22	Triest	46	- 5
Danzig	54	+ 14	Kiel	54	- 19	Ulm	48	- 20
Dortmund	52	- 30	Klagenfurt	46	- 3	Vaduz	48	- 22
Dresden	52	- 5	Köln	50	- 33	Warschau	52	+ 24
Düsseldorf	52	- 33	Königsberg	54	+ 22	Weimar	50	- 15
Emden	54	- 31	Leipzig	52	- 10	Wien	48	+ 6
Erfurt	50	- 16	Linz	48	- 3	Wiesbaden	50	- 27
Essen	52	- 32	London	52	- 60	Würzburg	50	- 20
Frankfurt/M.	50	- 25	Luxemburg	50	- 35	Zagreb	46	+ 4
Frankfurt/O.	52	- 2	Magdeburg	52	- 13	Zürich	48	- 26
Freiburg	48	- 29	Mainz	50	- 27			
Fulda	50	- 21	München	48	- 14			

Sommerzeit

Deutschland (auch BRD und DDR)			
01.04.1940	2 h	bis 02.11.1942	3 h
29.03.1943	2 h	bis 04.10.1943	3 h
03.04.1944	2 h	bis 02.10.1944	3 h
02.04.1945	2 h	bis 16.09.1945	2 h
24.05.1945	*2 h*	*bis 24.09.1945*	*3 h**
24.09.1945	3 h	bis 18.11.1945	2 h*
14.04.1946	2 h	bis 07.10.1946	3 h
06.04.1947	3 h	bis 11.05.1947	3 h
11.05.1947	*3 h*	*bis 29.06.1947*	*3 h*
29.06.1947	3h	bis 05.10.1947	3 h
18.04.1948	2 h**	bis 03.10.1948	3 h
10.04.1949	2 h**	bis 02.10.1949	3 h
06.04.1980	2 h	bis 28.09.1980	3 h
29.03.1981	2 h	bis 27.09.1981	3 h
28.03.1982	2 h	bis 26.09.1982	3 h
27.03.1983	2 h	bis 25.09.1983	3 h
25.03.1984	2 h	bis 30.09.1984	3 h
31.03.1985	2 h	bis 29.09.1985	3 h
30.03.1986	2 h	bis 28.09.1986	3 h
29.03.1987	2 h	bis 27.09.1987	3 h
27.03.1988	2 h	bis 25.09.1988	3 h
26.03.1989	2 h	bis 24.09.1989	3 h
25.03.1990	2 h	bis 30.09.1990	3 h
31.03.1991	2 h	bis 29.09.1991	3 h
29.03.1992	2 h	bis 27.09.1992	3 h
28.03.1993	2 h	bis 26.09.1993	3 h
27.03.1994	2 h	bis 25.09.1994	3 h
26.03.1995	2 h	bis 24.09.1995	3 h
31.03.1996	2 h	bis 27.10.1996	3 h
30.03.1997	2 h	bis 26.10.1997	3 h
29.03.1998	2 h	bis 25.10.1998	3 h
28.03.1999	2 h	bis 31.10.1999	3 h
26.03.2000	2 h	bis 29.10.2000	3 h
25.03.2001	2 h	bis 28.10.2001	3 h
31.03.2002	2 h	bis 27.10.2002	3 h
30.03.2003	2 h	bis 26.10.2003	3 h
28.03.2004	2 h	bis 31.10.2004	3 h
27.03.2005	2 h	bis 30.10.2005	3 h
26.03.2006	2 h	bis 29.10.2006	3 h
25.03.2007	2 h	bis 28.10.2007	3 h
30.03.2008	2 h	bis 26.10.2008	3 h
29.03.2009	2 h	bis 25.10.2009	3 h

Österreich			
01.04.1940	2 h	bis 02.11.1940	3 h
01.04.1943	2 h	bis 04.10.1943	3 h
01.04.1944	2 h	bis 02.10.1944	3 h
01.04.1945	2 h	bis 18.11.1945	3 h***
14.04.1946	2 h	bis 07.10.1946	3 h
06.04.1947	3 h	bis 05.10.1947	3 h
18.04.1948	2 h	bis 03.10.1948	3 h

ab 1980 wie Deutschland

*** In der sowjetisch besetzten Zone endete die Sommerzeit bereits im April.

Schweiz			
05.05.1941	2 h	bis 06.10.1941	0 h
04.05.1942	2 h	bis 05.10.1942	0 h

ab 1981 wie Deutschland

* Berlin und sowjetisch besetzte Zone
** sowjetisch besetzte Zone: 3 h
kursiv: Doppelte Sommerzeit – in dem Fall müssen 2 Stunden von der Geburtszeit abgezogen werden.

So berechnen Sie Ihr Mondzeichen

Die folgenden Tabellen erlauben Ihnen, ohne großen Aufwand das Tierkreiszeichen, in dem sich der Mond zum Zeitpunkt Ihrer Geburt oder eines anderen Ereignisses befand, herauszufinden. Gehen Sie folgendermaßen vor:

- Ermitteln Sie in Tabelle A auf den Seiten 296-298 die Mondzahl A.
- Stellen Sie dann in Tabelle B auf Seite 298 die Mondzahl B fest.
- Addieren Sie die Mondzahlen A und B.
- Falls die Summe aus Mondzahl A und Mondzahl B größer ist als 360, ziehen Sie bitte 360 ab.
- Nehmen Sie aufgrund Ihrer Geburtszeit aus Tabelle C auf Seite 298 den entsprechenden Korrekturwert dazu.
- In Tabelle D auf Seite 299 können Sie nun Ihre Mond-Deutungszahl ablesen. Sie sagt Ihnen, in welchem Tierkreiszeichen der Mond bei Ihrer Geburt stand.

Beispiel

In welchem Tierkreiszeichen stand der Mond am 21. Oktober 1956 um 5.30 Uhr?

Mondzahl A	151
Mondzahl B	268
Summe aus A + B	**419**
Zeitangabe Tabelle C	– 6
Gesamtsumme	**413**
360 abziehen	– 360
Monddeutungszahl	53

Das zugehörige Mondzeichen ist – laut Tabelle D – Stier. Wenn Sie als Ergebnis zwei Tierkreiszeichen erhalten, können Sie sich auf der Website www.astro.com das genaue Tierkreiszeichen berechnen lassen.

Tabelle A / Mondzahl A, Monat und Jahr des Ereignisses

Jahr	1	2	3	4	5	6	7	8	9	10	11	12
1920	38	91	115	167	202	248	281	326	14	50	104	153
1921	194	241	249	294	325	10	44	94	148	186	237	271
1922	317	1	10	55	91	153	182	234	284	318	3	35
1923	80	128	138	188	227	280	316	1	46	78	123	159
1924	210	263	288	339	13	59	91	137	185	222	270	314
1925	4	51	59	103	129	179	214	265	319	357	48	81
1926	126	172	180	226	262	315	356	46	95	128	172	204
1927	250	299	306	359	38	90	126	172	216	248	294	330
1928	22	76	100	150	184	229	261	307	356	34	87	125
1929	175	221	229	273	304	350	25	76	130	168	218	252
1930	296	341	350	37	74	127	166	218	265	298	342	14
1931	59	109	117	170	208	261	295	341	26	58	105	142
1932	194	248	272	321	355	38	71	117	167	205	258	296
1933	345	31	38	82	114	160	196	248	302	340	29	63
1934	107	152	161	208	245	299	337	29	76	108	152	184
1935	230	280	288	341	20	72	106	151	196	229	277	314
1936	7	60	84	132	165	209	241	287	237	15	69	106
1937	155	200	208	252	285	331	8	60	114	151	200	233
1938	277	322	331	19	56	110	148	199	246	278	321	253
1939	40	90	99	153	191	242	276	322	6	39	88	126
1940	180	232	255	302	335	19	51	97	148	188	240	277
1941	352	10	18	61	95	142	180	232	286	223	10	43
1942	87	133	141	190	227	281	329	9	55	88	131	163
1943	211	262	272	325	3	53	87	132	176	210	260	298
1944	351	43	65	112	145	188	221	268	318	357	50	87
1945	135	180	188	232	266	314	352	45	97	134	381	214
1946	258	303	311	1	38	91	130	156	225	257	301	334
1947	22	73	84	136	175	224	258	302	347	22	71	116
1948	163	215	236	282	314	358	30	77	129	168	221	257
1949	305	350	358	45	76	126	164	216	269	305	351	24
1950	67	114	121	171	209	263	300	350	35	67	111	144
1951	193	245	256	309	347	35	68	112	157	192	243	281
1952	335	25	46	92	124	167	200	248	300	339	31	68
1953	115	159	168	213	247	297	336	30	81	116	161	193
1954	237	283	291	241	29	73	111	160	205	237	281	315
1955	5	58	69	121	158	205	238	282	328	357	54	92
1956	145	196	214	262	293	337	11	60	112	151	203	239
1957	285	330	339	24	58	109	148	201	252	287	331	3
1958	47	93	101	142	190	244	281	330	15	47	92	126

Jahr	1	2	3	4	5	6	7	8	9	10	11	12
1959	157	230	241	293	330	16	48	92	126	173	225	263
1960	316	6	26	71	103	147	181	231	284	323	14	50
1961	95	140	149	194	229	280	319	13	32	97	141	172
1962	216	264	272	323	2	55	92	140	184	217	263	298
1963	349	43	53	105	140	186	218	262	308	343	36	74
1964	126	176	196	241	273	317	353	43	96	135	186	221
1965	246	310	319	5	40	92	130	184	233	267	311	342
1966	27	74	83	135	174	227	263	310	355	28	74	110
1967	161	185	225	276	311	356	28	72	118	157	208	245
1968	297	346	6	51	83	129	164	215	268	307	357	31
1969	76	121	129	175	210	263	302	354	43	76	120	152
1970	197	245	255	307	347	38	74	121	165	198	245	281
1971	334	27	36	87	121	156	197	241	288	324	17	56
1972	107	156	176	221	254	300	335	27	81	119	168	202
1973	246	290	298	345	21	74	114	165	213	246	290	322
1974	7	57	66	120	158	210	245	291	325	8	55	92
1975	145	199	207	257	290	335	7	52	98	137	188	227
1976	278	326	347	32	63	110	147	200	253	291	339	12
1977	56	100	118	155	191	245	283	335	23	56	100	132
1978	178	227	238	292	331	22	56	101	145	178	226	263
1979	317	9	18	67	100	145	176	221	269	307	1	38
1980	23	136	157	201	234	282	319	11	65	102	150	182
1981	226	270	278	325	2	55	94	145	193	226	270	303
1982	349	40	51	104	142	192	226	271	315	348	37	74
1983	127	181	188	237	270	314	346	31	80	118	171	210
1984	260	306	327	12	45	93	130	184	236	273	320	353
1985	36	80	88	136	173	226	266	316	353	36	80	113
1986	161	212	223	276	315	4	37	81	125	159	207	239
1987	296	351	359	46	80	124	156	203	253	291	344	23
1988	71	117	138	182	216	264	301	355	42	84	130	161
1989	205	250	258	306	344	38	77	127	173	206	250	284
1990	333	24	34	88	126	174	206	251	295	328	18	56
1991	109	161	168	217	250	294	327	14	64	103	156	194
1992	242	287	307	352	26	75	112	166	219	254	300	331
1993	15	60	66	119	156	210	249	297	344	16	61	95
1994	144	196	207	260	297	344	17	61	105	139	189	226
1995	278	331	340	27	59	105	132	185	236	275	328	6
1996	53	98	118	162	195	245	283	337	29	64	109	141

Jahr	1	2	3	4	5	6	7	8	9	10	11	12
1997	18	232	241	291	330	23	61	109	154	187	232	267
1998	318	11	20	73	109	155	187	231	276	310	1	40
1999	93	143	152	198	231	275	309	358	50	90	142	178
2000	198	246	269	329	8	67	97	128	180	221	270	305
2001	2	41	60	98	127	184	217	270	311	342	44	67
2002	127	157	176	196	247	307	338	40	84	119	167	196
2003	247	302	307	356	37	97	126	158	205	247	284	328
2004	14	68	89	149	176	229	247	335	337	29	66	117
2005	167	192	217	268	302	338	37	68	124	165	210	247
2006	307	339	345	31	67	124	159	209	252	299	337	6
2007	67	96	125	157	185	247	276	336	37	67	105	147
2008	186	240	270	307	338	37	56	97	157	186	247	276
2009	338	22	34	67	107	157	194	247	307	338	37	67
2010	97	152	167	186	247	276	338	17	67	97	157	185

Tabelle B/Mondzahl B, Tag des Ereignisses

Tag	Zahl	Tag	Zahl	Tag	Zahl	Tag	Zahl
1.	0	8.	94	16.	209	24.	309
2.	13	9.	107	17.	222	25.	322
3.	26	10.	121	18.	236	26.	336
4.	40	11.	134	19.	249	27.	349
5.	53	12.	148	20.	263	28.	3
6.	67	13.	161	21.	268	29.	16
7.	80	14.	175	22.	282	30.	30
		15.	288	23.	295	31.	43

Tabelle C/Korrekturwert, Uhrzeit des Ereignisses

0-6 h	6-12 h	12-18 h	18-24 h
− 6	− 3	+ 3	+ 6

Tabelle D/Mond-Deutungszahl

Ihre Mondzahl liegt zwischen:	Sie entspricht dem Mond in:
355 – 5	Fische/Widder
6 – 24	Widder
25 – 34	Widder/Stier
35 – 54	Stier
55 – 64	Stier/Zwillinge
65 – 84	Zwillinge
85 – 94	Zwillinge/Krebs
95 – 114	Krebs
115 – 124	Krebs/Löwe
125 – 144	Löwe
145 – 154	Löwe/Jungfrau
155 – 174	Jungfrau
175 – 184	Jungfrau/Waage
185 – 204	Waage
205 – 214	Waage/Skorpion
215 – 234	Skorpion
235 – 244	Skorpion/Schütze
245 – 264	Schütze
265 – 274	Schütze/Steinbock
275 – 294	Steinbock
295 – 304	Steinbock/Wassermann
305 – 324	Wassermann
325 – 334	Wassermann/Fische
335 – 354	Fische

Wenn der Widder mit dem Steinbock ...

Auf den folgenden Seiten finden Sie einige Deutungsanregungen zum Zusammenspiel der Tierkreiszeichen. Viel Spaß bei der Lektüre!

Erklärung:

Harmonisch: Hier fließt die Energie – manchmal so gut, dass andere Bereich des Lebens, mit denen die Beteiligten weniger vertraut sind, in Vergessenheit geraten.

Offen: Hier ist sozusagen alles drin. Es kommt sehr stark darauf an, was die Beteiligten daraus machen.

Herausfordernd: Ein gegenseitiges Verständnis ist nicht automatisch gegeben. Die Beteiligten müssen sich über ihre Unterschiedlichkeit klar werden und im Umgang miteinander bewusst sein.

Zeichen	*Harmonisch*	*Offen*	*Herausfordernd*
Widder	Schütze, Wassermann	Zwillinge, Jungfrau, Löwe, Waage	Widder, Stier, Krebs, Skorpion, Steinbock, Fische
Stier	Stier, Krebs, Waage	Löwe, Jungfrau, Schütze, Steinbock, Fische	Widder, Zwillinge, Skorpion, Wassermann
Zwillinge	Widder, Zwillinge, Schütze, Wassermann	Waage, Löwe, Jungfrau, Steinbock, Fische	Stier, Krebs, Skorpion
Krebs	Stier, Krebs, Jungfrau, Waage, Fische	Skorpion, Steinbock	Widder, Zwillinge, Löwe, Schütze, Wassermann
Löwe	Stier, Waage, Schütze	Widder, Zwillinge, Jungfrau, Wassermann, Fische	Krebs, Löwe, Skorpion, Steinbock
Jungfrau	Krebs, Jungfrau, Steinbock	Stier, Zwillinge, Skorpion, Schütze	Widder, Löwe, Waage, Wassermann, Fische

Zeichen	*Harmonisch*	*Offen*	*Herausfordernd*
Waage	Stier, Krebs, Waage, Schütze, Wassermann	Widder, Zwillinge, Löwe, Steinbock, Fische	Skorpion, Jungfrau
Skorpion	Jungfrau, Skorpion, Fische	Zwillinge, Krebs, Waage, Steinbock, Wassermann	Widder, Stier, Löwe, Schütze
Schütze	Widder, Zwillinge, Waage, Schütze, Wassermann	Löwe, Jungfrau, Skorpion, Steinbock	Stier, Krebs, Fische
Steinbock	Jungfrau, Fische	Widder, Zwillinge, Krebs, Waage, Schütze, Steinbock	Stier, Löwe, Skorpion, Wassermann
Wassermann	Widder, Waage, Schütze, Wassermann	Zwillinge, Löwe, #Jungfrau	Stier, Krebs, Skorpion, Steinbock, Fische
Fische	Krebs, Skorpion, Steinbock, Fische	Stier, Jungfrau, Waage	Widder, Zwillinge, Löwe, Schütze, Wassermann

Wenn der Widder ...

... mit dem Widder: Ein Grundverständnis ist vorhanden, denn beide kennen den Ehrgeiz und die Dynamik. Doch es gibt eine ständige Konkurrenz. Wenn beide die Spannung in der Zweisamkeit schätzen, passen sie gut zueinander.

... mit dem Stier: Der eine sucht mit Elan und Dynamik immer neue Ziele, der andere sehnt sich nach Stabilität und Verlässlichkeit – nicht gerade ideale Voraussetzungen. Beide benötigen eine hohe Frustrationsgrenze, um auf der Basis miteinander auszukommen.*

*Bei den folgenden Sternzeichen werden die bereits beschriebenen Paarungen ausgelassen.

... **mit dem Zwilling:** Neugierig und offen treten sie in die Welt. Dadurch sind viele gemeinsame Erkundungen und Erfahrungen möglich. Auch wenn sie sich manchmal aus den Augen verlieren, finden sie sich immer wieder und haben sich viel mitzuteilen.

... **mit dem Krebs:** Eine große Herausforderung für beide. Die Dynamik des Widders läuft Gefahr, in den Tiefen des Krebses zu ertrinken. Dann fühlt er sich ausgebremst, während sich der Krebs überfahren vorkommt. Aber beide können viel voneinander lernen, wenn sie wollen.

... **mit dem Löwen:** Hier stimmt die Chemie in der Substanz, doch es geht nicht ohne Neid und Konkurrenz. Der Widder will der Erste sein, der Löwe im Mittelpunkt stehen. Wenn sie damit klarkommen, leisten sie gemeinsam Großes.

... **mit der Jungfrau:** Nicht die Liebe auf den ersten Blick, aber die Anpassungsfähigkeit und der Pragmatismus der Jungfrau lassen dem Widder den Raum, den er benötigt. Wenn der Widder seinerseits versteht, dass die Jungfrau für ihre Arbeit im Stillen anerkannt werden will, kann es eine tragfähige Beziehung werden.

... **mit der Waage:** Beide bringen das mit, was der andere sucht – die Waage hat die Fähigkeit, sich auf den anderen einzulassen; der Widder kann seine Interessen durchzusetzen. Sobald beide über ihren eigenen Tellerrand hinausschauen und das Fehlende am anderen schätzen, kommt es zur Erfüllung.

... **mit dem Skorpion:** Tiefe und Abgründe des Skorpions fürchtet der Widder. Ebenso hält sich der Skorpion lieber vom Feuer des Widders fern. Kommen sie doch zusammen, benötigen sie ein hohes Maß an Toleranz, das beiden nicht leicht fällt, doch genau das kann ihre gemeinsame Aufgabe sein.

... **mit dem Schützen:** Beide fühlen sich sehr wohl miteinander, sie verstehen die Ungeduld und Rastlosigkeit des anderen. Dabei kann der Schütze den Widder gut inspirieren, seine Suche nach neuen Herausforderungen hohen Zielen unterzuordnen, und der Widder motiviert den Schützen, nach Rückschlägen nicht aufzugeben.

... **mit dem Steinbock:** Der Steinbock verleiht den Aufbrüchen des Widders Disziplin, Ordnung und Struktur, und der Widder ist ein ständiger Stachel im Fleisch des Steinbocks. Wenn sie das annehmen, liegt ihnen die Welt zu Füßen.

... **mit dem Wassermann:** Zwei, die sich verstehen, weil sie beide hoch hinaus wollen, aber in Bereichen, in denen sie sich nicht in die Quere kommen. Der Widder will im Hier und Jetzt der Erste sein; der Wassermann trachtet mit Gleichgesinnten nach höheren Zielen. Wenn überhaupt, kommt es zu produktiven Spannungen.

... mit dem Fisch: Das Feuer des Widders verlöscht im Ozean, in dem sich der Fisch bewegt. Der Fisch verspürt seinerseits keine Neigung, sich so viel Dynamik auszusetzen. Verbindet sie doch eine gemeinsame Aufgabe, benötigen sie viel Verständnis füreinander.

Wenn der Stier ...

... mit dem Stier: Hier feiern Harmonie, Sinnlichkeit und Lebensfreude ein Fest, das alle Lebensbereiche umfasst. Beide verstehen sich blind, beide genießen sich, aber womöglich fehlt ihnen irgendwann die echte Herausforderung.

... mit dem Zwilling: Das dem Zwilling eigene Interesse an allem und jedem dürfte den Stier mit der Zeit sehr anstrengen. Im Gegenzug könnte der Zwilling vom Stier auf die Dauer zu wenig Anregung bekommen und sich unausgelastet fühlen. Eine solche Verbindung benötigt viel Verständnis, Toleranz und Freiraum.

... mit dem Krebs: Die Sehnsucht nach einem Ort, an dem man sich wohl fühlt und für nichts anderes sorgen muss als für dieses Wohlergehen, findet in dieser Verbindung ihre Erfüllung. Und beide achten darauf, dass die alltäglichen Kämpfe und Herausforderungen ihre heile Welt nicht erreichen.

... mit dem Löwen: Zwei selbstbewusste und sinnliche Persönlichkeiten treffen aufeinander und genießen, was sie am anderen finden. Aber um langfristig genießen zu können, wovon beide träumen, müssen sie auch ihre sensiblen Seiten entwickeln und nicht nur die eigene Lust sehen.

... mit der Jungfrau: Sie verstehen sich, denn beide sind verlässlich und praktisch veranlagt. Der Stier hat nichts dagegen, wenn die Jungfrau die meiste Arbeit und Verantwortung übernimmt, er darf dabei nur nicht vergessen, ihr seine Wertschätzung dafür kundzutun. Dann ist der Jungfrau nichts zu viel.

... mit der Waage: Wenn beide ihrer ausgeprägten venusisch-sinnlichen Seite Raum geben, wird ihr Leben zu einem Fest voll Schönheit und Ästhetik. Die Herausforderungen geraten dabei leicht aus dem Blick, aber wenn sie sich hin und wieder bewusst daran erinnern, können sie keine böse Überraschung erleben.

... mit dem Skorpion: Hier findet der Stier seine Ergänzung – und wird dadurch besonders herausgefordert. Vom Skorpion kann der Stier Tiefgang und Loslassen lernen; und der Skorpion lernt vom Stier die Freude an dem, was die Sinne zu bieten haben. Sie müssen dem anderen nur sein Anderssein zugestehen.

... mit dem Schützen: Mit dem Schützen tut sich der Stier schwer, denn der sehnt sich nach Regionen, von denen der Stier nichts ahnt. Wenn sie sich begegnen, kommen sie miteinander aus, solange jeder dem anderen seine Welt lässt.

... mit dem Steinbock: Sie sind sich vertraut und fremd zugleich. Sie leben ganz in der Gegenwart und betrachten alles von der praktischen Seite, aber während der Stier genießt, was um ihn herum an Schönem da ist, muss der Steinbock mit Disziplin und Ehrgeiz tätig werden. Das kann zu manchem Missklang führen.

... mit dem Wassermann: Die weite Welt des Wassermanns ist dem erdgebundenen Stier fremd, und wenn sie sich begegnen, sind Spannungen wahrscheinlich. Der Wassermann zeigt dem Stier, dass es auch Ziele im geistigen Bereich gibt, und der Stier zeigt dem Wassermann die sinnlichen Freuden, doch beide mögen das eher als Störung empfinden. Toleranz ist gefragt.

... mit dem Fisch: Zwar entzieht sich der Fisch leicht, doch das faszinieren den Stier. Der Fisch repräsentiert eine Welt voller Geheimnisse, eine Welt, die der Stier nicht kennt, von der er sich jedoch angezogen fühlt, weil sie seiner Seele Nahrung gibt; und der Fisch fühlt sich zum Stier hingezogen, weil er praktische Lebenstauglichkeit bietet.

Wenn der Zwilling ...

... mit dem Zwilling: Wer könnte die weltoffene Neugierde des Zwillings besser verstehen als der Zwilling selbst? Gemeinsam entdecken beide immer neue faszinierende Dinge, bis es irgendwann ermüdet. Dann merken sie, dass ihnen der Raum fehlt, die immer neuen Eindrücke zu verarbeiten. Vermutlich erlaubt es ihre Toleranz, diesen Raum woanders zu suchen.

... mit dem Krebs: Die Verständigung ist schwer, denn die Bedürfnisse könnten unterschiedlicher nicht sein, als die Lust des Zwillings auf die große Welt und die Sehnsucht des Krebses nach dem kuscheligen Heim. Nur wenn sie diese Unterschiedlichkeit akzeptieren, können sie es miteinander aushalten.

... mit dem Löwen: Der Zwilling wird den Löwen bewundern, und der Löwe wird das genießen. Insofern können beide gut miteinander, auch wenn das für eine langfristige Beziehung nicht ganz ausreicht. Wenn der Löwe bereit ist, vom Zwilling Flexibilität und Offenheit zu lernen und der Zwilling vom Löwen Souveränität und Gelassenheit, denn hat die Beziehung Bestand.

... mit der Jungfrau: Die zwei verstehen sich unter dem Patronat von Merkur. Sie können sich mitteilen, sind flexibel und neigen nicht zu emotionaler Dramatik. Der Zwilling lernt von der Jungfrau die praktischen Dinge im Leben und die Jungfrau vom Zwilling die Offenheit für die Welt.

... mit der Waage: Der Zwilling nimmt auf, was die Welt zu bieten hat; die Waage wägt ab, was davon nützlich und schön ist. Damit ergänzen sie sich und das ist eine gute Basis, solange jeder die Rolle des anderen akzeptiert. Die beiden eigene Offenheit unterstützt sie darin.

... mit dem Skorpion: Es fällt ihnen schwer, einander zu verstehen. Der Tiefgang des Skorpions ist dem Zwilling ebenso fremd wie dessen weltoffene Neugierde. Deshalb finden sie nicht häufig zueinander. Geschieht es doch, ist ihre Beziehung ein großes Übungsfeld in Sachen Toleranz.

... mit dem Schütze: Hier begegnen beide ihrem fehlenden Anteil, und damit ergänzen sie sich hervorragend. Der Schütze lehrt den Zwilling den Sinnzusammenhang hinter allem, was er wahrnimmt, und der Zwilling eröffnet dem Schützen, wie vielfältig die Welt ist. Wenn sich beide darauf einlassen, ist das eine sichere Basis.

... mit dem Steinbock: Zunächst tun sie sich schwer miteinander, denn dem Steinbock ist der Zwilling zu leicht und dem Zwilling der Steinbock zu schwer. Sobald sie aber über diese Grenzen hinausschauen, können sie erkennen, dass genau darin die Chance liegt, durch den anderen etwas Neues zu lernen.

... mit dem Wassermann: Zum Wassermann fühlt sich der Zwilling hingezogen, denn dessen Horizont reicht noch viel weiter als sein eigener. Eine spannende Welt offenbart sich deshalb für ihn. Auch der Wassermann genießt den Zwilling um sich herum, denn der versteht seine Höhenflüge.

... mit dem Fisch: Beide wissen nicht so recht etwas miteinander anzufangen, auch wenn sie sich nicht direkt ablehnen. Eine freundliche Indifferenz verbindet sie. Der Zwilling entwickelt jedoch Neugierde gegenüber der schwer greifbaren Welt des Fischs. Solange er dem Fisch nicht zu nahe rückt mit seinen Fragen, geht es gut.

Wenn der Krebs ...

... mit dem Krebs: Mit niemandem fühlen sich Krebse wohler als mit Ihresgleichen, denn niemand teilt so sehr die eigenen Sehnsüchte und niemand kann so stark spüren. Wenn sie zueinander gefunden haben, müssen sie nur darauf achten, dass sie sich nicht gänzlich in ihren Schalenpanzern verkriechen und von der Welt nichts mehr mitbekommen.

... mit dem Löwen: Die Herausforderung ist für beide groß. Der Löwe will sich öffentlich präsentieren, der Krebs will sich zurückziehen und spüren. Wenn sie zusammenfinden, darf der Krebs seine Bedürfnisse nicht ganz aufgeben und der Löwe muss Sensibilität entwickeln.

... mit der Jungfrau: Beide können gut aufeinander aufbauen, und deshalb verstehen sie sich. Die pragmatische Jungfrau kann Wesentliches dazu beitragen, dass der Krebs seinen Rückzugsraum bekommt, und der Krebs vermittelt der Jungfrau einen Eindruck, wie schön es sein kann, auch einmal nicht zu organisieren.

... mit der Waage: Auch sie verstehen sich, denn beide wissen, wie nötig es ist, sich einen Raum zu schaffen, an dem man sich wohl fühlt. Spannungen tauchen auf, wenn die Ansprüche der Waage immer größer werden, aber gerade das ist eine gute Chance, Kompromisse zu finden zwischen den Anforderungen nach Geborgenheit und nach Ästhetik.

... mit dem Skorpion: Ein Grundverständnis ist vorhanden, denn beide leben aus der Emotion heraus. Dem Krebs wird jedoch leicht unheimlich vor dem Skorpion. Er mag zwar auch Tiefgang und Intensität im Spüren, aber nicht jeder Tabubereich muss erforscht werden. Das sollte der Skorpion respektieren.

... mit dem Schützen: Der Krebs weiß mit dem Schützen zunächst wenig anzufangen. Sie finden eine gemeinsame Basis, wenn sie zusammen reisen. Doch dem Krebs macht das aus einem anderen Grund Freude als dem weltläufigen Schützen: weil er so gern wieder heimkommt.

... mit dem Steinbock: Beim Steinbock ist der Krebs besonders herausgefordert, denn er zeigt ihm das, was ihm am schwersten fällt, seinen Platz in der Öffentlichkeit einzunehmen. Gleiches gilt umgekehrt: Der Steinbock erkennt im Krebs den Wert der Intimität. Wenn er das beim anderen akzeptiert, haben sie eine gute Basis.

... mit dem Wassermann: Der Krebs zieht sich gern zurück, der Wassermann will hoch hinaus – da könnte der Krebs emotional unterernährt bleiben, während der Wassermann kaum versteht, welche Anforderungen an ihn gestellt werden. Die beiden können viel voneinander lernen.

... mit dem Fisch: Beide tauchen gerne ab, wenn auch in unterschiedliche Gefilde, aber dadurch verstehen sie sich, und sie können sich gut ergänzen. Der Fisch lernt die Schönheit der Intimität, der Krebs die Weite der eigenen Seele kennen.

Wenn der Löwe ...

... mit dem Löwen: Beide wollen das Gleiche, nämlich als Zentralgestirn mit ihrem Glanz die Umgebung beeindrukken. Das macht sie jedoch eher zu Konkurrenten als zu Partnern, denn auf der Bühne des Löwen hat nur einer Platz. Finden dennoch zwei zusammen, benötigen sie ein hohes Maß an Selbstreflexion, um sich nicht in ständigen Konkurrenzkämpfen zu lähmen.

... mit der Jungfrau: Der Löwe wird die ordnungsliebende Jungfrau gelassen und großmütig annehmen und glücklich sein, dass sie ihm in seiner Selbstdarstellung nicht in die Quere kommt. Die Jungfrau lässt ihm gern den Vortritt..

... mit der Waage: Sie verstehen sich grundsätzlich, und wenn der Löwe bei seiner Selbstdarstellung nicht unsensibel vorgeht, sondern Sinn für Ästhetik entwickelt, unterstützt ihn die Waage. Das wiederum fördert den großzügigen Anteil im Löwen, und er lässt sich auf die Waage ein.

... mit dem Skorpion: Der Skorpion ist dem Löwen unheimlich, und deshalb geht er ihm lieber aus dem Weg. Der Skorpion wiederum hält die Selbstdarstellung des Löwen für Eitelkeit und entlarvt sie gern. Kommt es dennoch zur Begegnung, müssen beide das lernen, was ihnen so schwer fällt: Toleranz.

... mit dem Schützen: Endlich ein Verwandter des Löwen, bei dem es nicht gleich zum Konkurrenzkampf kommt. Der Idealismus des Schützen ist vom Bedürfnis nach persönlicher Profilierung so weit entfernt, dass er am Löwen keinen Anstoß nimmt. Der Optimismus, mit dem beide der Welt begegnen, ist eine tragende Säule der Beziehung.

... mit dem Steinbock: Beim Steinbock wird der Löwe reserviert, denn dessen zielorientierte und disziplinierte Art verweigert ihm die nötige Bewunderung. Lassen sie sich aufeinander ein, werden sie immer wieder in ihrem Selbstverständnis herausgefordert und können reifen.

... mit dem Wassermann: Die Begegnung kann für beide eine Bereicherung sein. Der Wassermann erkennt den Wert der Individualität und der Löwe den der Gemeinschaft. Da es sich um eine ausgesuchte Wahlgemeinschaft handelt, die sich deutlich von anderen abhebt, kann sich der Löwe darauf einlassen.

... mit dem Fisch: Dem Fisch liegt wenig an der exponierten Welt des Löwen, und die Weite des Meeres, in das die Fische eintauchen, ist dem Löwen nicht vertraut. Das Einfühlungsvermögen des Fischs macht eine Beziehung möglich.

Wenn die Jungfrau ...

... mit der Jungfrau: Hier ist geballte Ordnung, Fürsorge und Pragmatismus. Die beiden sollten sich nicht gegenseitig die Arbeit streitig machen. Gelingt ihnen das und leben sie ihre Jungfrau-Qualität nicht nur auf der äußeren Ebene, entsteht eine ideale »Vernunft-Ehe«, aus der beide viel Kraft schöpfen.

... mit der Waage: Beide treten eher leise auf. Die Waage schätzt den Ordnungssinn der Jungfrau, doch irgendwann will sie auch genießen, und sich nicht immer etwas Neues vornehmen, das noch erledigt werden muss. Die Jungfrau kann von ihr lernen, dass Genießen nichts Schlechtes ist.

... mit dem Skorpion: Der Skorpion macht die Jungfrau neugierig, und sie fühlt sich deshalb – bei aller Vorsicht – zu ihm hingezogen. Der Skorpion wird einige Zeit benötigen, um die Jungfrau wahrzunehmen oder schätzen zu lernen. Hat die Annäherung jedoch stattgefunden, kann aus der Begegnung eine lange Beziehung werden.

... mit dem Schützen: Zwei, die sich nicht auf Anhieb verstehen, denn das konkrete Hier und Jetzt der Jungfrau und der Horizont des Schützen liegen weit auseinander. Doch die Jungfrau kann vom Schützen lernen, über ihren Tellerrand hinauszuschauen, und der Schütze wird von ihr mit dem Alltag konfrontiert – für beide eine lohnende Perspektive.

... mit dem Steinbock: Hier herrscht Verständnis auf den ersten Blick. Beide bringen Ordnung und Pragmatismus ins Leben. Dabei ist Konkurrenz nicht zu befürchten, denn die Jungfrau ist für „das Unten" und der Steinbock für „das Oben" zuständig. Eine solche Beziehung hat Bestand, wenn auch bisweilen die Leidenschaft unterentwickelt sein mag.

... mit dem Wassermann: Beiden fällt es schwer, den anderen zu verstehen, denn ihre Visionen ebenso wie ihre Aktionsfelder treffen sich nicht. Immerhin verfügen beide über ein Maß an Toleranz, das es ihnen ermöglicht, miteinander auszukommen.

... mit dem Fisch: Der Fisch konfrontiert die Jungfrau mit dem, was ihr fehlt – und umgekehrt. Das Pragmatisch-Erdige erkennt die Kraft der Spiritualität; das, was nach Überschreitung aller Grenzen sucht, wird im Hier und Jetzt gehalten. Sofern sie genau das im and eren schätzen, gibt es eine wunderbare Basis für eine stabile Beziehung.

Wenn die Waage ...

... mit der Waage: Der Sinn für Kunst, Ästhetik und Schönheit trifft auf einen Gleichgesinnten. Da es bei diesen Bedürfnissen eher um ein Miteinander als um Konkurrenz geht, ergibt sich eine großartige Perspektive für eine stabile Beziehung. Sie dürfen nur nicht vergessen, dass es nicht nur Schönheit auf der Welt gibt.

... mit dem Skorpion: Die beiden wissen zunächst wenig miteinander anzufangen. Die Waage will die Ästhetik ins Leben bringen, der Skorpion loslassen und sich ganz der Erforschung der inneren Welten hingeben. Wenn sie sich begegnen, ist das Misstrauen ein häufiger Begleiter. Mit der Zeit finden sie zueinander.

... mit dem Schützen: Der Schütze fasziniert die Waage durch seine Visionen, und die Waage wird vom Schützen wegen ihres Sinns für die schönen Dinge des Lebens bewundert. Das ist eine gute Basis für eine Beziehung, in der beide gemeinsam große Werke schaffen.

... mit dem Steinbock: Sie können sich viel geben, doch dafür müssen sie große innere Widerstände überwinden. Die Waage lernt vom Steinbock, wie sie ihren ästhetischen Anspruch konkret umsetzen kann, und der Steinbock lernt von der Waage, wie viele schöne Seiten das Leben haben kann.

... mit dem Wassermann: Der eine versteht den anderen, auch wenn sie unterschiedliche Ambitionen mitbringen. Aber beide wollen etwas kreieren, das über die konkrete materielle Welt hinausgeht. Die Gefahr liegt darin, die Umsetzung aus den Augen zu verlieren. Deshalb muss die stabile Basis der Beziehung bewusst erarbeitet werden.

... mit dem Fisch: Die beiden können sich gegenseitig inspirieren. Die Waage fördert die künstlerische Seite des Lebens, der Fisch will die Grenzen der materiellen Welt überschreiten. Er bringt die spirituelle Seite in die Beziehung ein.

Wenn der Skorpion ...

... mit dem Skorpion: Treffen beide aufeinander, entwickeln sich Intensität und Leidenschaft in einem nicht zu übertreffenden Ausmaß. Insofern fühlen sie sich sehr zueinander hingezogen, doch müssen sie schauen, dass sie sich nicht verzehren. Gelingt es ihnen, Grenzen zu setzen, leben sie eine ganz besondere Beziehung.

... mit dem Schützen: Sie machen es sich gegenseitig nicht leicht, denn mit der gleichen Intention, mit der der Skorpion in die Tiefe abtaucht, will der Schütze fremde Welten kennen lernen und strebt nach Höherem. Beide müssen Toleranz entwickeln.

... mit dem Steinbock: Die beiden respektieren und schätzen sich und haben somit eine gute Basis für eine Beziehung, in der Großes erreicht werden kann, denn beide verfügen über viel Stärke. Der Steinbock lernt vom Skorpion, was wahre Intensität und Hingabe bedeutet, der Skorpion lernt, wie hohe Ziele konkret verwirklicht werden können.

... mit dem Wassermann: Keine einfache Begegnung, aber sie fühlen sich zueinander hingezogen, denn die Fixierung auf ihre Ideale – die Freiheit des Wassermanns und der Tiefgang des Skorpions – verbindet sie. Aus der Begegnung mit dem anderen erwächst die Chance, diese Fixierung etwas loszulassen, auch wenn es schwer fällt.

... mit dem Fisch: Sie verstehen sich und fühlen sich gut miteinander. Wenn sie gegenseitig ihre Welten erkunden wollen, ergeben sich viele Berührungspunkte. Für den Austausch benötigen sie nicht viele Worte, denn beide wissen, dass wirklich Wichtiges nicht verbal vermittelt werden kann; man muss es einfach spüren.

Wenn der Schütze ...

... mit dem Schützen: Wenn zwei Idealisten und Visionäre aufeinander treffen, ist das Verständnis groß. Das birgt jedoch die Gefahr, die Bodenhaftung zu verlieren und irgendwann Frustration zu verfallen. Die beiden sollten sich immer wieder die praktischen Anforderungen des Lebens bewusst machen.

... mit dem Steinbock: Sie schenken sich nichts, doch wenn sie sich aufeinander einlassen, ist nichts mehr unmöglich. Der Schütze hat die Visionen und der Steinbock findet die Wege, um sie Wirklichkeit werden zu lassen. Dabei kommt es zu manchen Reibungen, aber auch zu einem großen Ergebnis.

... mit dem Wassermann: Auch dies ist ein großartiges Paar, in dem jeder gut nachvollziehen kann, warum die Sehnsüchte des anderen nicht an die irdische Welt gebunden sind. Bisweilen werden sie indes unsanft damit konfrontiert, dass sie dem Alltag nicht wirklich entkommen können. Dann dürfen sie nicht in gegenseitige Vorhaltungen verfallen.

... mit dem Fisch: Sie tun sich schwer miteinander, obwohl sie auf einer tiefen Ebene Ähnliches suchen, nämlich die Erlösung von der materiellen Wirklichkeit. Der Schütze geht mit großem Elan auf die Suche, während der Fisch seiner Intuition folgt. Sobald sie das als Ergänzung verstehen, finden sie zueinander.

Wenn der Steinbock ...

... mit dem Steinbock: Sie respektieren sich, doch sie lieben sicht nicht sonderlich und gehen sich eher aus dem Weg, weil sie sich zu ähnlich sind. Lassen sie sich dennoch aufeinander ein, ist es gut, wenn sie sich im Leben nicht zu sehr auf das Materielle konzentrieren.

... mit dem Wassermann: Das gegenseitige Verständnis fällt ihnen zunächst schwer, denn zu unterschiedlich sind der Traum des Wassermanns von der großen Freiheit und das Wissen des Steinbocks um die irdischen Pflichten. Wenn sie sich gegenseitig anregen, kann die Beziehung funktionieren.

... mit dem Fisch: Beide üben eine Faszination aufeinander aus. Der Fisch fühlt sich beim Steinbock geborgen, denn jenseits seiner Sehnsucht nach der anderen Welt spürt er, dass er auch auf der Erde zurecht kommen müssen. Und der Steinbock lernt beim Fisch, dass es im Leben nicht nur Pflichten gibt.

Wenn der Wassermann ...

... mit dem Wassermann: Sie suchen Gleichgesinnte in ihren Visionen von einer besseren, freien Welt, und wo finden sie diese leichter als im gleichen Zeichen? Also bilden sie ein ideales Paar, das sich nur mit der ständigen Herausforderung konfrontiert sieht, auch dem Alltag gerecht zu werden.

... mit dem Fisch: Beider Welten gehen weit über das Persönliche und Alltägliche hinaus. Der Fisch schwelgt in Gefühlen, und das ist dem Wassermann eher unheimlich, denn er bleibt lieber distanziert. Da beide jedoch über ein hohes Maß an Toleranz verfügen, können sie sich verstehen..

Wenn der Fisch ...

... mit dem Fisch: Beide vereint die Sehnsucht nach der Welt jenseits der materiellen Grenzen sowie ihre Art, sich dieser Welt durch Spüren und Intuition zu nähern. Insofern herrscht ein Höchstmaß an Übereinstimmung – mit der Gefahr, die Anforderungen des Alltags völlig aus den Augen zu verlieren. Das müssen sich die beiden immer bewusst machen.

Beruf und Berufung – wohin zieht es mich?

Bei dieser Übersicht geht es nicht um konkrete Berufe. Das Medium coeli (MC) ist der höchste Punkt im Horoskop, dort, wo wir auf dem Podest stehen und uns aller Welt zeigen. Das geschieht in unserer Kultur vor allem durch den Beruf. Das MC zeigt die Eigenschaften an, die wir im Beruf verwirklichen sollten.

MC im Zeichen	**Im Beruf zu verwirklichende Eigenschaften**
Widder	Sucht im Beruf das Abenteuer und die Herausforderung. Ist innovativ, mutig und ehrgeizig. Braucht die Selbständigkeit.
Stier	Benötigt das Beständige, Verlässliche, Sichere, um sich entfalten zu können. Werte und Finanzen sind von Bedeutung.
Zwillinge	Möchte mit seinen Tätigkeiten viele Menschen erreichen, ohne allzu sehr in die Tiefe zu gehen. Journalist oder Lehrer sind Formen der Umsetzung.
Krebs	Strebt danach, Geborgenheit und Wärme weiterzugeben. Die Arbeit mit Kindern, vor allem kleinen, bietet sich an, auch die Gastronomie.
Löwe	Will glänzen und sich produzieren. Benötigt den Applaus, um zur Hochform aufzulaufen. Ein Schauspieler in jeder Rolle und Lage.
Jungfrau	Wirkt im Stillen und sorgt sich um die Gemeinschaft. Ein Mahner, der eine wichtige Rolle einnimmt.
Waage	Geschaffen für einen künstlerisch-kreativen Beruf. Glänzt überall da, wo Diplomatie gefragt ist.
Skorpion	Liebt es, allen Vorkommnissen auf den Grund zu gehen, z.B. als Therapeut, Detektiv oder Forscher.
Schütze	Entfaltet seine Möglichkeiten dort, wo er andere mitreißen und begeistern kann. Der ideale Motivator.
Steinbock	Schafft selbst in schwierigen, unüberschaubaren Situationen Struktur und Ordnung. Ein idealer Planer, sehr ehrgeizig.
Wassermann	Sucht das Außergewöhnliche und neue Wege im Kreise Gleichgesinnter. Wie geschaffen für die Welt des IT und der New Technology, aber auch der geborene Astrologe.
Fische	Fühlt sich zu Randgruppen und Ausgestoßenen hingezogen. Will gerne helfen, deshalb häufig im Pflegebereich anzutreffen. Auch ein wandlungsfähiger Schauspieler.

Anmerkungen

1 Bernd A. Mertz: Venus und Merkur als Morgen- und Abendstern im Horoskop, Mössingen 1997, Seite 18.
2 Louise Huber: Die Kunst des Aspektbildlesens. In: Meridian 1/1999, Seite 10.
3 Theodor W. Adorno: Aberglaube aus zweiter Hand, aus: Gesammelte Schriften, Band 8, Soziologische Schriften I, Frankfurt a. M. 1972, Seite 174 f.
4 Wir haben uns bei der Auswahl auf einige traditionsreiche Schulen beschränkt, die eigene Methoden entwickelt haben.
5 Wolfgang J. Denzinger: Die Entfaltung des Aszendenten, Freiburg 1996, Seite 25 f.
6 Stephen Arroyo: Astrologie, Karma und Transformation, München 1980, Seite 332.
7 Mathias Wais: Biographie-Arbeit – Lebensberatung, Stuttgart 1992, Seite 41.
8 Marcel Granet: Das chinesische Denken: Inhalt, Form und Charakter, Frankfurt a. M. 1997, Seite 114.
9 Quelle der astronomischen Daten: http: / / www.robertvonheeren.de, Das Kentauren-Forschungsprojekt.
10 Eva Stangenberg: Chiron, der ‚verwundete Heiler'. In: Meridian 4/98, Seite 43 ff.
11 Mona Riegger: Handbuch der Combin- und Composit-Deutung, Freiburg 1997, Seite 34.
12 Mona Riegger: Handbuch der Combin- und Composit-Deutung, Freiburg 1997, Seite 12 f., 21.
13 Ernst Ott: Liebe – Lust am Untergang? In: Meridian 3/99, Seite 46 f.
14 Gertrud I. Hürlimann: Astrologie, Zürich 1990, Seite 52.
15 Für diese Hinweise danken wir Maximilian Glas.
16 Claudia von Schierstedt: Astrologische Terminwahl, Mössingen 1997, Seite 45.
17 Stephen Arroyo: Astrologie, Psychologie und die vier Elemente, Reinbek 1989, Seite 86 ff.
18 Bernd A. Mertz: Liebe – Opfer – Magie, Wettswil 1993, Seite 25 ff.
19 Diese und weitere Angaben über den Abstand zur Mondknotenachse entnommen aus Claudia von Schierstedt: Finsternisse astrologisch deuten, Mössingen 1999, Seite 14 ff.
20 Claudia von Schierstedt: Finsternisse astrologisch deuten, Mössingen 1999, Seite 32.
21 Claudia von Schierstedt: Finsternisse astrologisch deuten, Mössingen 1999, Seite 91.
22 Claude Weiss: Finsternisse als kollektive und persönliche Phänomene. In: Astrologie heute 69, Okt./Nov. 1997, Seite 21.
23 Peter Niehenke: Astrologie, Stuttgart 1994, Seite 30.
24 Christoph Schubert-Weller: Die astrologische Geburtszeitkorrektur, München 1989, Seite 25.
25 Christoph Schubert-Weller: Die astrologische Geburtszeitkorrektur, München 1989, Seite 18.
26 Christoph Schubert-Weller: Wege der Astrologie, Mössingen 199, Seite 297.
27 Wolfgang J. Denzinger: Die Entfaltung des Aszendenten, Freiburg 1996; Olga von Ungern-Sternberg: Die Sternenschrift im Heraklesmythos, Schaffhausen 1989.
28 Olga von Ungern Sternberg: Die Sternenschrift im Heraklesmythos, Schaffhausen 1989, Seite 100.
29 Liz Greene: Schicksal und Astrologie, München 1994, Seite 308.
30 Robert von Heeren/Dieter Koch: Pholus, Mössingen 1995, Seite 38.
31 Robert von Heeren: Nomen est Omen. In: Meridian 4/97, Seite 28.
32 Wilhelm Knappich: Geschichte der Astrologie, Frankfurt a. M. 1967, Seite 96.
33 Robert von Heeren/Dieter Koch: Pholus, Mössingen 1995, Seite 17.
34 Robert von Heeren/Dieter Koch: Pholus, Mössingen 1995, Seite 38.
35 Christoph Schubert-Weller: Kometenglaube – Kometenfurcht. In: Meridian 3/97, Seite 29.
36 Dennis Elwell: Das kosmische Netzwerk, Wettswil o. J. (englisches Original 1987), Seite 23.
37 Lilith. Mythos und Wirklichkeit. In: Meridian 5/99, Seite 10.
38 Lilith: Mythos und Wirklichkeit. In: Meridian 5/99, Seite 10.
39 Liz Greene: Schicksal und Astrologie, München 1994, Seite 293.
40 Babs Kirby/Janey Stubbs: Solare und Lunare, Hamburg 1993, Seite 158.
41 Dane Rudhyar: Astrologie der Persönlichkeit, München 1979, zitiert nach: Liz Greene/Howard Sasportas: Dimensionen des Unbewussten in der psychologischen Astrologie, München 1995, Seite 16.

42 Babs Kirby/Janey Stubbs: Solare und Lunare, Hamburg 1993, Seite 265.
43 Wilhelm Knappich: Geschichte der Astrologie, Frankfurt a. M. 1967, Seite 23.
44 Blendkraft der Sterne. In: Focus 52/1993, Seite 121.
45 Wo hast Du Deinen Mond? In: Publik Forum, 29. Juni 1990, Seite 28.
46 Milan Špůrek: Das große Handbuch der Astrologie, München 1996, Seite 115.
47 Ulrike Voltmer: Astro-Medizin im Aufbruch. In: Meridian 2/99, Seite 9 f.
48 Rüdiger Dahlke: Krankheit als Symbol, München 1996, Seite 76.
49 Babs Kirby/Janey Stubbs: Solare und Lunare, Hamburg 1993, Seite 265.
50 Udo Becker: Lexikon der Astrologie, Freiburg 1997, Seite 189.
51 Rüdiger Dahlke: Krankheit als Symbol, München 1996, Seite 76.
52 Claude Weiss: Karmische Horoskopanalyse, Band II, Wettswil 1997, Seite 9.
53 Claude Weiss: Karmische Horoskopanalyse, Band I, Wettswil 1994, Seite 117.
54 Christoph Schubert-Weller: Wege der Astrologie, Mössingen 1996, Seite 204.
55 Dane Rudhyar: Astrologie der Persönlichkeit, München 1992, Seite 471.
56 Quelle der astronomischen Daten: http://www.robertvonheeren.de, Das Kentauren Forschungsprojekt.
57 Robert von Heeren: Nomen est omen. In: Meridian 4/97, Seite 26.
58 Robert von Heeren/Dieter Koch: Pholus, Mössingen 1995.
59 Ernst Ott: Ein neuer Planet? In: Meridian 3/2004, Seite 58. Rolf Baltensperger: Kleinplaneten und ihre Rolle in der Astrologie. In: Meridian 5/2004, Seite 43 ff. Steven Forrest: The New Solar System. In: The Mountain Astrologer August/September 2007, Seite 32 ff.
60 Dane Rudhyar, zitiert nach Bil Tierney: Dynamik der Aspektanalyse, München 1990, Seite 78.
61 Gertrud I. Hürlimann: Astrologie, Zürich 61990, Seite 93.
62 Beate Metz: Die Asteroiden 1997. In: Meridian 2/97, Seite 27.
63 Quelle der astronomischen Daten: http://www.robertvonheeren.de, Das Kentauren Forschungsprojekt.
64 Robert von Heeren/Dieter Koch: Pholus, Mössingen 1995.
65 Dieter Koch: Neue Planeten. In: Meridian 2/94, Seite 18.
66 Dieter Koch: Der neue Planet Pholus. In: Meridian 3/96, Seite 41 f.
67 Bibiana Maria Wachter: Einfach Druck ablassen! In: merCur 4/1998, Seite 25.
68 Howard Sasportas: Astrologische Häuser und Aszendenten, München 1987, Seite 99.
69 Christine Ruf: Die Macht der Projektionen. In: Meridian 1/2000, Seite 24 ff.
70 Zitiert nach Wilhelm Matthiessen/Wulf Haidyl: Die vier Bücher des Claudius Ptolemäus, J. J. Couvreur Verlag, Den Haag o. J., Seite 3.
71 Die Artikel von Christine Keidel-Joura und Cornelia Salvato-Kober erschienen in Meridian 4/2003 (Zitate S. 14 und 16).
72 Michael Roscher: Das Astrologie-Buch, München 1989, Seite 171.
73 Näheres zur Datensammlung von Lois Rodden ist zu finden unter www.astrodatabank.com.
74 Babs Kirby/Janey Stubbs: Solare und Lunare, Hamburg 1993, Seite 265.
75 Marc Edmund Jones: Die Sabischen Symbole in der Astrologie, Wettswil 1994, Seite 102.
76 Joachim Schultz: Rhythmen der Sterne, Dornach 1963, Seite 95.
77 Claude Weiss: Die Saros-Zyklen der Eklipsen. In: Astrologie heute 70, Dez. 1997/Jan. 1998, Seite 45 ff.
78 Liz Greene: Saturn. München 1981, Seite 11.
79 Howard Sasportas: Astrologische Häuser und Aszendenten, München 1987, Seite 87.
80 Siehe Ruediger Dahlke: Krankheit als Symbol, München 1996.
81 Weitere Metho den siehe Brigitte Eichenberger: Prognose-Fibel, Wettswil 1998, Seite 33 ff.
82 Brigitte Eichenberger: Prognose-Fibel, Wettswil 1998, Seite 55.
83 Gunter Sachs: Die Akte Astrologie, München 1997, Seiten 9, 14.
84 C. G. Jung: Symbole der Wandlungen, Olten und Freiburg 1977, Seite 248.
85 Dieter Koch: Der Weihnachtsstern. In: merCur 6/98, Seite 30 ff.
86 Fritz Riemann: Lebenshilfe Astrologie, München »1989, Seite 83.
87 So Erik van Slooten: Lehrbuch der Stundenastrologie, Freiburg 1994, Seite 21.
88 Jessie Adler Gral: Unser innerer Geliebter, Wettswil 1995, Seite 243 ff.

89 Stephen Arroyo: Astrologie, Karma und Transformation, München 1980, Seite 10 f.
90 Richard Houck: Der Tod in der Astrologie, München 1997.
91 Markus Jehle: Wenn Jupiter auf Mars zugeht, Freiburg 1997, Seite 217 ff.
92 So Richard Tarnas: Uranus und Prometheus. Zollikon 1996.
93 Babs Kirby/Janey Stubbs: Solare und Lunare, Hamburg 1993, Seite 265.
94 Babs Kirby/Janey Stubbs: Solare und Lunare, Hamburg 1993, Seite 158.
95 Demetra George: Das Buch der Asteroiden, Mössingen 1991, Seite 164.
96 Demetra George: Die Asteroiden und ihre Anwendung. In: Meridian 6/91, Seite 43.
97 Liz Greene: Kosmos und Seele, Frankfurt a. M. 1991, Seite 197 ff.
98 Howard Sasportas: Astrologische Häuser und Aszendenten, München 1987, Seite 75.
99 Erik van Slooten: Lehrbuch der Stundenastrologie, Freiburg 1994, Seite 36 f.
100 Claude Weiss: Wenn der Mond ins Leere läuft. In: Astrologie heute 65, Feb./ März 1997, Seite 12.
101 J. Claude Weiss: Karmische Horoskopanalyse, Band II, Wettswil 1997, Seite 214.
102 Liz Greene: Kosmos und Seele, Frankfurt a. M. 1991, Seite 280.
103 Gertrud I. Hürlimann: Astrologie, Zürich 61990, Seite 93.
104 Milan Špůrek: Das große Handbuch der Astrologie, München 1996, Seite 20.
105 Dennis Elwell: Das kosmische Netzwerk, Wettswil o. J. (englisches Original 1987), Seiten 13 und 19.
106 Tracy Marks: Schwierige Aspekte, Berlin 1997, Seite 319.

Literatur

Die folgende Literaturübersicht spiegelt unsere persönlichen Schwerpunkte wider.

Einführungen und Grundlagenwerke

Arroyo, Stephen: Handbuch der Horoskopdeutung, Hamburg (Verlag Hier & Jetzt) 1991

Arroyo, Stephen: Astrologie, Karma und Transformation. Die Chancen der schwierigen Aspekte, München (Heinrich Hugendubel Verlag) 1980

Banzhaf, Hajo/Haebler, Anna: Schlüsselworte zur Astrologie, München (Heinrich Hugendubel Verlag) 1994

Bauer, Erich: Der Tierkreiszeichenführer, München (Wilhelm Heyne Verlag) 1990

Brown, George: Dicke Bären und kalte Winter. Eine Einführung in das astrologische Denken, Reinbek (Rowohlt Verlag) 1995

Ebertin, Baldur R.: Vom kosmischen Symbol zur ganzheitlichen Deutung, Freiburg (Ebertin Verlag) 1998

Ebertin, Reinhold: Kombination der Gestirneinflüsse, Freiburg (Ebertin Verlag) 14. Auflage 1989

Eichenberger, Brigitte: Astrologie-Fibel. Ein Wegweise für Laien, Wettswil (Edition Astrodata) 1995

Elwell, Dennis: Das kosmische Netzwerk. Astrologie – eine neue Wissenschaft, Wettswil (Edition Astrodata) o. J. (engl. Original 1987)

Forrest, Steven: Der innere Himmel. Eine astrologische Reise in das eigene Zentrum, München (Heinrich Hugendubel Verlag) 1997

Francia, Luisa: Berühre Wega. Kehr' zur Erde zurück. Trancen, Meditationen und Rituale mit Sternen, München (Frauenoffensive Verlag) 7. Auflage 1994

Hamann, Brigitte: Die zwölf Archetypen. Tierkreis und Persönlichkeit, München (Droemer-Knaur Verlag) 1991

Hürlimann, Gertrud L: Astrologie. Ein methodisch aufgebautes Lehrbuch, Zürich (M & T Verlag), 6. Auflage 1990

Jehle, Markus: Wenn der Mond im siebten Hause steht ... Kreative Astrologie für Einsteiger, Freiburg (Ebertin Verlag) 1996

Klöckler, Herbert Freiherr von: Kursus der Astrologie, Bände I–III, Freiburg (Hermann Bauer Verlag) 1974 (Neuauflage)

Mertz, Bernd A.: Das Grundwissen der Astrologie. Persönlichkeit, Lebensplan, Partnerschaft, Zukunft, Kreuzlingen (Seehamer Verlag) 1990

Niehenke, Peter: Astrologie. Eine Einführung, Stuttgart (Reclam Verlag) 1994

Parker, Julia/Parker, Derek: Welt der Astrologie, München (Dorling Kindersley Verlag) 2007

Riemann, Claus: Der tiefe Brunnen. Die zwölf Archetypen der psychologischen Astrologie, München (Goldmann Verlag) 2003

Riemann, Fritz: Lebenshilfe Astrologie. Gedanken und Erfahrungen, München (Verlag J. Pfeiffer), 11. Auflage 1989

Ring, Thomas: Astrologische Menschenkunde, Bände I–IV, Freiburg (Hermann Bauer Verlag), Neuauflage 1989–1994

River, Lindsay/Gillespie, Sally: Zeitknoten. Astrologie und weibliches Wissen, München (Goldmann Verlag) 1991

Rohr, Wulfing von: Karma und freier Wille im Horoskop, Bad Oldesloe (Verlag Hier & Jetzt) 1995

Roscher, Michael: Das Astrologie-Buch, München (Droemer-Knaur Verlag) 1989

Rudhyar, Dane: Astrologie der Persönlichkeit. Ein neues Verständnis astrologischer Konzepte in Bezug auf die zeitgenössische Psychologie und Philosophie, München (Wilhelm Heyne Verlag) 1992

Špůrek, Milan: Das große Handbuch der Astrologie, München (Ludwig Verlag) 1996

Xylander, Ernst von: Lehrgang der Astrologie, Bern (Origo Verlag) 1983

Psychologie, Medizin und Familienthemen

Arroyo, Stephen: Astrologie, Psychologie und die vier Elemente, Reinbek (Rowohlt Verlag) 1989

Bauer, Erich: Astro-Gesundheit. Das Handbuch astrologischer Gesundheitslehren für alle Sternzeichen, München (Wilhelm Heyne Verlag) 1995

Bauer, Erich: Die Kraft der Ahnen. Familienschicksale im Horoskop, München, Kreuzlingen (Heinrich Hugendubel Verlag) 2000

Ebertin, Reinhold: Sterne helfen heilen. Geschichte und Praxis der Astro-Medizin, Freiburg (Ebertin Verlag) 1981

Greene, Liz: Kosmos und Seele. Wege zur Partnerschaft. Ein astro-psychologischer Ratgeber, Frankfurt a. M. (S. Fischer Verlag) 1983

Greene, Liz: Schicksal und Astrologie. Die Familie im Spiegel des Horoskops, München (Heinrich Hugendubel Verlag) 1985

Greene, Liz/Sasportas, Howard: Entfaltung der Persönlichkeit durch psychologische Astrologie, München (Heinrich Hugendubel Verlag) 1988

Greene, Liz/Sasportas, Howard: Dimensionen des Unbewussten in der psychologischen Astrologie, München (Wilhelm Heyne Verlag) 1995

Hamann, Brigitte: Das innere Kind im Horoskop. Die Entwicklung des Wesenskerns aus astrologischer Sicht, Tübingen (Chiron Verlag) 2006

Hebel, Doris: Himmlische Psychologie. Ein astrologischer Reiseführer zu den Planeten Saturn, Uranus, Neptun und Pluto, Bad Oldesloe (Verlag Hier & Jetzt) 1995

Hover, Detlef/Voltmer, Ulrike (Hg.): Astrologie und Medizin, Mössingen (Chiron Verlag) 1998

Meyer, Hermann: Astrologie und Psychologie. Eine neue Synthese, Reinbek (Rowohlt Verlag) 1986

Orban, Peter: Astrologie als Therapie. Auf der Suche nach der Lüge – Ein Selbsterfahrungsbuch, München (Heinrich Hugendubel Verlag) 1995

Schütz, Wilfried: Ganzheitliche Astromedizin. Eine astrologische Gesundheitslehre, Tübingen (Chiron Verlag) 2006

Sullivan, Erin: Astrologische Familiendynamik. Eltern, Kinder und Generationen im Horoskop, Wettswil (Edition Astrodata) 1997

Kinder

Burmyn, Lynne/Baldwin, Christina: Das Sternzeichen meines Kindes. Ein astrologischer Ratgeber für Eltern, München (Kösel Verlag) 1986

Cortesi, Anita: Kinder-Horoskope deuten und verstehen. Astrologie als Schlüssel zum Kinderherzen, Freiburg (Ebertin Verlag) 1997

Ludwig, Klemens: Horoskop meines Kindes. Kinder in ihrer Einzigartigkeit verstehen und unterstützen, München (Kösel Verlag) 2001

Star, Gloria: Das Kind im Horoskop. Begabungen erkennen und optimal fördern, Freiburg (Ebertin Verlag) 1994

Partnerschaft

Adler Gral, Jessie: Unser innerer Geliebter, Wettswil (Edition Astrodata) 1995

Adler Gral, Jessie: Magischer Spiegel Liebe. Praxisbuch der dynamischen Partnerschaftsastrologie, Freiburg (Ebertin Verlag) 1998

Arroyo, Stephen: Astrologie und Partnerschaft, München (Heinrich Hugendubel Verlag) 1983

Banzhaf, Hajo/Theler, Brigitte: Du bist alles, was mir fehlt. Suchbild und Selbstbild im Horo-

skop, München (Heinrich Hugendubel Verlag) 1996
Hamann, Brigitte: Grundmuster der Liebe. Die Astrologie der Beziehungen, München (Droemer-Knaur Verlag) 1997
Hand, Robert: Planeten im Composit. Astrologie der Beziehungen, München (Heinrich Hugendubel Verlag), 4. Auflage 1991
Idemon, Richard/Sasportas, Howard: Partnerschaft und Selbstfindung im Spiegel der Sterne, München (Heinrich Hugendubel Verlag) 1996
Livaldi-Laun, Lianella: Liebe und Eifersucht. Astrologie in Beziehungsfragen, Mössingen (Chiron Verlag) 1997
March, Marion D./McEvers, Joan: Lehrbuch der Partnerschaftsastrologie. Synastrie und Composit, Freiburg (Ebertin Verlag) 1995
Riegger, Mona: Handbuch der Combin- und Composit-Deutung, Freiburg (Ebertin Verlag) 1997
Starsky, Stella/Cox, Quinn: Sextrology. Männliche und weibliche Sexualität im Spiegel der 12 Tierkreiszeichen, München (Goldmann) 2006
Stone, Pauline: Partnerschaft, Astrologie und Karma. Wie man Beziehungen verstehen, transformieren und heilen kann, Wettswil (Edition Astrodata) 1992
Theler, Brigitte: Astrologische Partnerschafts-Fibel. Wettswil (Edition Astrodata) 1999

Mythologie
Barz, Ellynor: Götter und Planeten. Grundlagen archetypischer Astrologie, Zürich, Kreuz Verlag 1988
Denzinger, Wolfgang: Die zwölf Aufgaben des Herakles im Tierkreis. Der zeitlose Entwicklungsweg des Menschen, München (Heinrich Hugendubel Verlag) 1994
Ridpath, Ian: Sterne erzählen. 88 Sternbilder und ihre Geschichte(n), München (Goldmann Verlag) 1995
Schäfer, Thomas: Vom Sternenkult zur Astrologie, Solothurn, Düsseldorf (Walter Verlag) 1993
Sicuteri, Roberto: Astrologie und Mythos, Freiburg (Aurum Verlag) 1983
Stangenberg, Eva: Astrologie Mytho-Logisch. Das astrologische Alphabet. Den eigenen Lebensroman lesen und verstehen, Pforzheim (FBQ Verlag) 2000
Ungern-Sternberg, Olga von: Die Sternenschrift im Heraklesmythos, Schaffhausen (Novalis Verlag) 1989

Prognose
Bonert, Klaus W.: Sonnenbogen-Direktionen im Lebenslauf. Astrologische Prognose einfach und effektiv, Tübingen (Chiron Verlag) 2007
Eichenberger, Brigitte: Prognose-Fibel. Die astrologischen Methoden der Vorausschau, Wettswil (Edition Astrodata) 1998
Felber, Frank: Wiederkehrhoroskope. Der Schlüssel zu verborgenen Zyklen, Graz (Jupiter + Uranus Verlag) 2006
Forrest, Steven: Der äußere Himmel. Die Bedeutung von Transiten und Progressionen, München (Heinrich Hugendubel Verlag) 1999
Hand, Robert: Das Buch der Transite, München (Heinrich Hugendubel Verlag) 1984
Hastings, Nancy Anne: Progressionen und Transite. Ein praxisorientiertes Deutungsbuch, Wettswil (Edition Astrodata) 1990
Hover, Detlef/Voltmer, Ulrike: Astrologie und Prognose. Möglichkeiten und Grenzen astrologischer Vorhersagen, Mössingen (Chiron Verlag) 2000
Jehle, Markus: Wenn Jupiter auf Mars zugeht. Kreative Astrologie für Fortgeschrittene, Freiburg (Ebertin Verlag) 1997
Kirby, Babs/Stubbs, Janey: Solare und Lunare, Hamburg (Verlag Hier & Jetzt) 1993
Livaldi Laun, Lianella: Transite und Träume, Mössingen (Chiron Verlag) 1999
March, Marion D./McEvers, Joan: Lehrbuch der astrologischen Prognose. Progressionen – Direktionen – Solare – Lunare – Transite, Freiburg (Ebertin Verlag) 1993
Negus, Joan: Transite. Chancen zur Verwandlung, Hamburg (Verlag Hier & Jetzt) 1994
Ruperti, Alexander: Kosmische Zyklen. Entwicklung im Kreislauf der Planeten, Reinbek (Rowohlt Verlag) 1994
Sasportas, Howard: Götter des Wandels. Die astrologische Bedeutung von Uranus, Neptun und Pluto, München (Droemer-Knaur Verlag) 1991
Sullivan: Saturn im Transit. Prüfung für Körper, Seele und Geist, München (Droemer-Knaur Verlag) 1992
Weise, Daniela: Astrologie der Planetentransite. Lebenschancen nutzen – Krisen meistern, Niedernhausen (Falken Verlag) 1999

Beratung
Hover, Detlef/Hover, Katja: Die Astrologie-Sprechstunde. Hinweise für Ratsuchende, Tübingen (Chiron Verlag) 2002

Jehle, Markus: Wenn unten nicht wie oben ist. Kreative Astrologie in der Beratung, Freiburg (Ebertin Verlag) 1999

Cunningham, Donna: Handbuch der astrologischen Beratung, Wettswil (Edition Astrodata) 1996

Einzeldarstellungen

Adler Gral, Jessie: Die verzauberte Seele. Sucht und Spiritualität im Horoskop, Wettswil (Edition Astrodata) 1993

Denzinger, Wolfgang J.: Die Entfaltung des Aszendenten, Freiburg (Ebertin Verlag) 1996

Gravelaine, Joelle de: Lilith – Der Schwarze Mond. Die große Göttin im Horoskop, Wettswil (Edition Astrodata) 1990

Hamaker-Zondag, Karen: Deutung der Häuser. Die Planeten in den zwölf astrologischen Häusern, München (Heinrich Hugendubel Verlag) 1996

Houck, Richard: Der Tod in der Astrologie. Das Tabu-Thema astrologischer Todeskonstellationen im neuen Licht, München (Droemer-Knaur Verlag) 1997

Huber, Bruno/Huber Louise: Mondknoten-Astrologie. Innerer Kompass der Evolution. Astrologische Psychologie, Adliswil (API-Verlag) 1991

Huber, Bruno/Huber, Louise/Huber, Michael: Aspektbild-Astrologie, Adliswil (API-Verlag) 2000

Marks, Tracy: Schwierige Aspekte. Herausforderungen und Chancen, Berlin (Ullstein Verlag) 1997

Mertz, Bernd A.: Venus und Merkur als Morgen- und Abendstern im Horoskop, Mössingen (Chiron Verlag) 1997

Mertz, Bernd A.: Schicksalspunkte im Horoskop, Wettswil (Edition Astrodata) 1993

Ott, Ernst: Der Deszendent. Das Tor zur Partnerschaft im Horoskop, Mössingen (Chiron Verlag) 1999

Pelletier, Robert: Das Buch der Aspekte, München (Heinrich Hugendubel Verlag) 1985

Reinhart, Melanie: Die Mondknoten, Das innere Gleichgewicht im Horoskop, Mössingen (Chiron Verlag) 1999

Roscher, Michael: Astrologische Aspektlehre mit Transiten, München (Droemer-Knaur Verlag) 1997

Sasportas, Howard: Astrologische Häuser und Aszendenten, München (Droemer-Knaur Verlag) 1987

Schierstedt, Claudia von: Finsternisse astrologisch deuten, Mössingen (Chiron Verlag) 1999

Schöffler, H. H.: Mozart und die Sterne. Ein astrologischer Lebenslauf, Wettswil (Edition Astrodata) 1990

Stuckrad, Kocku von: Lilith. Im Licht des schwarzen Mondes zur Kraft der Göttin, Braunschweig (Aurum Verlag) 1997

Tierney, Bil: Dynamik der Aspektanalyse, München (Heinrich Hugendubel Verlag) 1990

Traugott, Hannelore: Lilith. Eros des Schwarzen Mondes, Wettswil (Edition Astrodata) 1995

Voltmer, Ulrike: Lebendige Astrologie. Raum und Umwelt in den zwölf Horoskop-Feldern, Braunschweig (Aurum Verlag) 1990

Voltmer, Ulrike: Wie frei ist der Mensch? Über Möglichkeiten und Grenzen der Astrologie, Stuttgart (Urachhaus) 1999

Voss, Gerhard: Astrologie – christlich, Regensburg (Pustet Verlag) 1996

Planeten und Kleinplaneten

Braukmüller, Beatrix: Merkur. Intelligenz und Kommunikation im Horoskop, München (Heinrich Hugendubel Verlag) 1995

Clow, Barbara: Chiron. Die Verbindung zwischen inneren und äußeren Planeten, München (Heinrich Hugendubel Verlag) 1989

Cunningham, Donna: Erkennen und Heilen von Pluto-Problemen, Neuhausen (Urania Verlag) 1987

Cunningham, Donna: Astrologie und Energiearbeit. Der heilende Umgang mit Saturn und Uranus, Hamburg (Verlag Hier & Jetzt) 1993

George, Demetra: Das Buch der Asteroiden. Mythologie, Psychologie, Astrologie und neue Weiblichkeit, Mössingen (Chiron Verlag) 1991

Fassbender, Ursula: Die Erde, der vergessene Planet. Unser Heimatplanet im Spiegel der intuitiven Astrologie, Freiburg (Ebertin Verlag) 1994

Greene, Liz: Saturn, München (Heinrich Hugendubel Verlag), 8. Auflage 1991

Greene, Liz: Jenseits von Saturn. Pluto, Neptun, Uranus. Eine Astrologie des Kollektiven, München (Heinrich Hugendubel Verlag) 1984

Greene, Liz: Neptun. Die Sehnsucht nach Erlösung, Zollikon (Astrodienst Verlag) 1996

Greene, Liz: Uranus im Horoskop. Prometheus und die Kunst, das Feuer zu stehlen, Mössingen (Chiron Verlag) 1999

Greene, Liz/Arroyo, Stephen: Saturn und Jupiter. Neue Aspekte astrologischer Praxis, München (Heinrich Hugendubel Verlag) 1986

Greene, Liz/Sasportas, Howard: Sonne und Mond. Die Bedeutung der großen Lichter in der

Mythologie und im Horoskop. München (Heinrich Hugendubel Verlag) 1994

Greene, Liz/Sasportas, Howard: Die inneren Planeten. Venus, Mars und Merkur in der Mythologie und im Horoskop, München (Heinrich Hugendubel Verlag) 1995

Heeren, Robert von/Koch, Dieter: Pholus. Wandler zwischen Saturn und Neptun, Mössingen (Chiron Verlag) 1995

Orban, Peter: Pluto. Über den Dämon im Innern der eigenen Seele, Reinbek (Rowohlt Verlag) 1989

Reinhart, Melanie: Chiron – Heiler und Botschafter des Kosmos, Wettswil (Edition Astrodata) 1993

Sullivan, Erin: Rückläufige Planeten. Aufbruch in die innere Landschaft, Wettswil (Astrodata) 1993

Sullivan, Erin: Venus. Planet der Liebe und Sinnlichkeit, Mössingen (Chiron Verlag) 1998

Sullivan, Erin: Jupiter. Die innere Weisheit im Horoskop finden, Mössingen (Chiron Verlag) 2000

Tarnas, Richard: Uranus und Prometheus, Zollikon (Astrodienst Verlag) 1996

Weiss, Jean Claude/Bachmann, Verena: Pluto – Das Erotische und Dämonische, Wettswil (Edition Astrodata) 1989

Verschiedene Themen

Harding, Michael/Harvey, Charles: Die Feinanalyse des Horoskops. Die Arbeiten mit Harmonics, Schnittpunkten und Astro*Carto*Graphy, Wettswil (Edition Astrodata 1992

Jones, Marc Edmund: Die sabischen Symbole in der Astrologie, Wettswil (Edition Astrodata) 1994

Niehaus, Petra: Das Handbuch der astrologischen Biografiearbeit, Freiburg (Ebertin Verlag) 1998

Weiss, J. Claude: Karmische Horoskopanalyse, Band I. Unbewusste Lebenspläne erkennen und verändern. Mondknoten-, Saturn- und Plutothemen im Horoskop, Wettswil (Edition Astrodata) 1994

Weiss, J. Claude: Karmische Horoskopanalyse, Band II. Der Mond als Gefäß karmischer Erinnerungen – Der karmische Neumond – Das Skript als Ausdruck neu entscheidbarer karmischer Prägungen.

Geschichte der Astrologie, Schulen und Methoden

Böttcher, Helmuth M.: Dreißigtausend Jahre Astrologie. Sterne, Schicksal und Propheten, Frechen (Komet Verlag) o. J.

Hoppmann, Jürgen G. H.: Astrologie der Reformationszeit, Berlin (Clemens Zerling Verlag) 1998

Knappich, Wilhelm: Geschichte der Astrologie, Frankfurt a. M. (Vittorio Klostermann), 3. Auflage 1998

Lorentz, Irma von: Sternenrhythmen in der Geschichte, Stuttgart (J. Ch. Mellinger Verlag) 1986

Morin de Villefranche, Jean Baptiste: Astrologia Gallica, Buch 21, Mössingen (Chiron Verlag) 1997 (Neuauflage)

Oppenheimer, Wolfgang: Die Macht der Sterne. Astrologie und Geschichte, München (Universitas Verlag) 1994

Prönay, Alexander von: Astrologie – Spiegel des Lebens, München (Realis Verlag) 1998

Ptolemaeus, Claudius: Tetrabiblos, Mössingen (Chiron Verlag) 1995 (Neuauflage)

Schubert-Weller, Christoph: Wege der Astrologie. Schulen und Methoden im Vergleich, Mössingen (Chiron Verlag) 1996

Stuckrad, Kocku von: Geschichte der Astrologie. Von den Anfängen bis zur Gegenwart, München (C.H. Beck Verlag) 2003

Klassische Astrologie, Stundenastrologie, Elektionen

Gil Brand, Rafael: Lehrbuch der klassischen Astrologie, Mössingen (Chiron Verlag) 2000

Frawley, John: Praktische Stundenastrologie, Düsseldorf (Skandro Verlag) 2006

Schierstedt, Claudia von: Astrologische Terminwahl. Durch Elektionen im Einklang mit der Zeitqualität, Mössingen (Chiron Verlag) 1997

Slooten, Erik van: Lehrbuch der Stundenastrologie. Fragen und Antworten aus dem Horoskop des Augenblicks, Freiburg (Ebertin Verlag) 1994

Slooten, Erik van: Klassische Horoskopdeutung. Würden und Aspektbildung in der klassischen Astrologie, Tübingen (Chiron Verlag) 2005

Astronomie

Der Brockhaus: Astronomie. Planeten – Sterne – Galaxien, Mannheim (Brockhaus) 2005

Delz, Hans H. : Astronomie für Astrologen. Astronomische Grundlagen – Himmelsmechanik – Astrologische Berechnungen, Tübingen (Astronova) 2003

Schultz, Joachim: Rhythmen der Sterne. Erscheinungen und Bewegungen von Sonne, Mond und Planeten, Dornach (Philosophisch-Anthroposophischer Verlag am Goetheanum) 1963

Tabellen- und Nachschlagewerke

Becker, Udo (Hg.): Lexikon der Astrologie, Freiburg (Herder Verlag) 1997

Biedermann, Hans: Lexikon der magischen Künste, Wiesbaden (VMA-Verlag), 3. Auflage 1998

Die globalen Häuser-Tabellen nach Placidus, vervollständigt und neu computerberechnet. Mit den Zeitzonen und Sommerzeiten aller europäischen Länder, Bern und München (Otto Wilhelm Barth Verlag/Scherz Verlag), 7. Auflage 1990

Huber, Bruno: Astro-Glossarium. Das ABC der Astrologie, Band 1, Adliswil (API-Verlag) 1995

Koch, Walter A./Schaeck, Elisabeth: Häusertabellen des Geburtsortes für 0°–60° nördliche Breite, Bietigheim (Rohm Verlag) 1985

The New International Ephemerides 1900–2050, 0 Uhr, Saint-Michel-de-Boulogne (Editions St. Michel) 1993

Roscher, Michael: Das Buch der Horoskope. 240 Horoskope bekannter Persönlichkeiten, München (Droemer-Knaur Verlag) 1990

Taeger, Hans Hinrich: Internationales Horoskope Lexikon, 4 Bände, Hermann Bauer Verlag (Freiburg) 1991–1996

Astrologiesysteme anderer Kulturen

Braha, James: Die indische Mondastrologie. Spiritualität und Weissagung. Methodische Grundlagen. Symbollehre. Horoskop. Eine neue Dimension der Astrologie, Bern, München, Wien (Otto Wilhelm Barth Verlag/Scherz Verlag) 1997

Curcio, Michele: Chinesische Astrologie als Lebensberatung. Charakterbild. Berufs- und Liebesleben, persönliche Erfahrung, München (Kailash Verlag) 2001

Cornu, Philippe: Handbuch der tibetischen Astrologie, Berlin (Theseus Verlag) 1999

Dalvit, Matthias: Geburts-I Ging und Astrologie, München (Diederichs Verlag) 1998

Johnson, Kenneth: Die Weisheit des Jaguars. Praxis und Anwendung des Maya-Kalenders, München (Kailash Verlag) 2001

Norbu, Namkhai: Schlüssel zum tibetischen Kalender, Dietikon (Garuda Verlag) 1999

Sun Bear & Wabun: Das Medizinrad. Eine Astrologie der Erde, München (Goldmann Verlag) 1980

Abbildungsnachweis:

Der Abdruck der Astro*Carto*Graphy-Karte auf Seite 23 erfolgt mit freundlicher Genehmigung der Astrodata AG, Wettswil.

AKG Photo Berlin: S.78, 118, 121 (Erich Lessing), 140, 144, 147, 157, 162 (Erich Lessing), 171 (Erich Lessing), 188, 211, 215, 223, 233, 237, 259 (Erich Lessing), 266, 269, 272, 283;
Daniela Schneider, Frankfurt/M.: 42, 100, 170, 181, 208, 248;
Michael Greiss, Wiesbaden: 75, 76, 108, 146, 165, 179, 229, 230